Retrato interrompido da vida de
Euclides da Cunha

Roberto Ventura

Retrato interrompido da vida de
Euclides da Cunha

Organização Mario Cesar Carvalho / José Carlos Barreto de Santana

2ª edição ampliada

Companhia Das Letras

Copyright © 2003 by Espólio de Roberto Ventura
Copyright de "O diabo dos livros" © 2019 by Mario Cesar Carvalho
Copyright de "Diálogo com a memória de um computador"
© 2003 by Mario Cesar Carvalho
Copyright de "Antes do texto" © 2003 by José Carlos Barreto de Santana

Grafia atualizada segundo o Acordo Ortográfico da Língua Portuguesa de 1990, que entrou em vigor no Brasil em 2009.

CAPA E PROJETO GRÁFICO
Raul Loureiro

FOTO DE CAPA
Euclides da Cunha fotografado por George Huebner, Manaus, c. 1905. The Catholic University of America, Oliveira Lima Library, Washington DC, Estados Unidos

PREPARAÇÃO
Beatriz de Freitas Moreira

REVISÃO
Maysa Monção
Isabel Jorge Cury

ATUALIZAÇÃO ORTOGRÁFICA
Marina Nogueira

Dados Internacionais de Catalogação na Publicação (CIP)
(Câmara Brasileira do Livro, SP, Brasil)

Ventura, Roberto
  Euclides da Cunha : Esboço biográfico / Roberto Ventura. — 2ª ed. — São Paulo : Companhia das Letras, 2019.

  Bibliografia.
  ISBN 978-85-359-3247-8

  1. Cunha, Euclides da, 1866-1909 — Biografia 2. Escritores brasileiros - Biografia I. Título.

19-26916   CDD-928.699

Índice para catálogo sistemático:
1. Escritores brasileiros : Vida e obra   928.699

Iolanda Rodrigues Biode — Bibliotecária — CRB-8/10014

[2019]
Todos os direitos desta edição reservados à
EDITORA SCHWARCZ S.A.
Rua Bandeira Paulista, 702, cj. 32
04532-002 — São Paulo — SP
Telefone: (11) 3707-3500
www.companhiadasletras.com.br
www.blogdacompanhia.com.br
facebook.com/companhiadasletras
instagram.com/companhiadasletras
twitter.com/cialetras

Sumário

9	NOTA EDITORIAL
13	O DIABO DOS LIVROS (2019) Mario Cesar Carvalho
21	DIÁLOGO COM A MEMÓRIA DE UM COMPUTADOR (2003) Mario Cesar Carvalho
29	ANTES DO TEXTO (2003) José Carlos Barreto de Santana
35	**Euclides da Cunha — ESBOÇO BIOGRÁFICO**
273	PÓS-ESCRITO — NO VALE DA MORTE
293	NOTAS
317	CRONOLOGIA
329	BIBLIOGRAFIA
375	CRÉDITOS DAS IMAGENS DO CADERNO ICONOGRÁFICO
379	SOBRE OS ORGANIZADORES

35 Euclides da Cunha — ESBOÇO BIOGRÁFICO

1. Nas serras fluminenses 41   Na corte 49

2. Praia Vermelha 57   Espada contra coroa 73
Aos pés do ministro 75

3. Propagandista político 85   Preparativos 90
Golpe militar 91

4. Ruína dos ideais 95   A linha reta 98
República S.A. 101
Velho de vinte anos 107
Escola Politécnica 116
Revolta da Armada 124
Saída do Exército 136

5. O arraial maldito 153   A nossa Vendeia 159
Bizâncio nos trópicos 164
O pregador contra a República 177
Nas trincheiras 179

6. Os sertões revisitados 191 Às margens do rio Pardo 193
Na ilha dos Búzios 204
Os sertões 206
Maldição antiga 212
Um pouco de poesia e mistério 217
O Conselheiro prega 218
Para onde vai a República? 221

7. O círculo dos sábios 229 Preso numa rede de esgotos 235
De volta ao jornalismo 238

8. No coração da selva 241 O viajante ilustrado 244
Meca dos seringueiros 247
Em busca do deserto 248

9. O inferno urbano 251 Um paraíso perdido 254

10. Na caverna de Platão 257

11. Cabeças cortadas 265 Tragédia familiar 266
Ana 267
Céu azul 271

NOTA EDITORIAL

Este livro foi composto a partir de um levantamento feito por Marcia Zoladz e Mario Cesar Carvalho nos arquivos do computador de Roberto Ventura, onde foi encontrado o presente trabalho, nomeado "Euclides da Cunha — uma biografia". Devido a seu tamanho e conteúdo, parece corresponder às referências feitas pelo autor a diversos interlocutores, dando conta da existência de parte da biografia que escrevia. O texto tem características das biografias clássicas, narrando do nascimento à morte de Euclides da Cunha.

Ainda que não seja a versão final pretendida pelo autor, decidiu-se pela sua publicação, respeitando a sua incompletude e reconhecendo as contribuições que este texto possa trazer aos leitores que se interessem em conhecer a vida do engenheiro e escritor.

Existe certa desigualdade entre os capítulos e subcapítulos. Alguns seriam mesmo definitivos e são mais analíticos, a exemplo dos que recriam, sob a ótica do biografado, muitos períodos da história brasileira, como a proclamação da República, o encilhamento, a repressão política do primeiro governo republicano e a Revolta da Armada. Outros estariam ainda em fase de desenvolvimento, como, por exemplo, o que trata do drama familiar do escritor. Também podem ser encontrados trechos que, ao assumirem uma estrutura muito cronológica, parecem indicar um roteiro para a elaboração do texto.

Para a edição do texto optou-se pela menor intervenção possível, realizando:

- opção de título (*Euclides da Cunha: esboço biográfico*) e frontispício (*Retrato interrompido da vida de Euclides da Cunha*) que melhor representam o estágio de elaboração do texto;
- correções de erros evidentes de digitação;
- supressão de repetições de trechos quando foi possível verificar que esse procedimento em nada alterava o conteúdo;
- duplicação do espaço entre os parágrafos, com acréscimo de sinal editorial [...], quando constatada uma mudança brusca de assunto entre eles, considerada indicativo de posterior revisão;
- duplicação do espaço entre os parágrafos, sem acréscimo de sinal editorial, quando a mudança de assunto é mais sutil e não necessariamente indica futura revisão;
- introdução de notas de rodapé, quando se julgou necessário esclarecer o leitor sobre aspectos específicos do texto. As notas do autor foram mantidas no final do texto; e
- por uma questão de padrão editorial, as citações que vêm entre aspas iniciam-se sempre em caixa-alta, ou seja, letra maiúscula, ainda que nos textos de onde foram retiradas não estejam necessariamente em abertura de parágrafo ou período.

Esta edição inclui ainda:

- uma cronologia, que, sendo uma versão de responsabilidade dos organizadores, foi elaborada tomando como base o "Resumo biográfico" de Euclides da Cunha, publicado na edição de *Os sertões* da coleção Folha Explica, e a cronologia "Memória seletiva", de Roberto Ventura, publicada em 2002 nos *Cadernos de Literatura Brasileira: Euclides da Cunha*, do Instituto Moreira Salles. Nela o leitor vai encontrar informações que podem ajudar a entender como algumas questões que não aparecem na biografia seriam ainda trabalhadas pelo autor;

- uma bibliografia geral que foi também encontrada na forma de arquivo entre os documentos de Roberto e que contempla todas as referências encontradas no texto, além de incluir outras que certamente estavam sendo utilizadas em sua elaboração; e
- um caderno iconográfico, organizado cronologicamente e tendo como ponto de partida as opções feitas pelo autor quando preparava a "Memória seletiva".

E especialmente nesta nova edição, há também um dos mais ambiciosos textos de Roberto Ventura sobre Euclides, apresentado originalmente na defesa de sua livre-docência na Universidade de São Paulo (USP), em 1999, e batizado de "No vale da morte", que fala da impossibilidade de se relatar a barbárie da guerra.

O DIABO DOS LIVROS

Mario Cesar Carvalho

Ao desembarcar em Belém em 1905, a caminho do Acre, Euclides da Cunha ficou surpreso com a cidade radiante, muito diferente do local acanhado e provinciano que imaginara em suas teorias; mas ficou decepcionado com a floresta, com "horizontes vazios e indefinidos" e um rio que lhe provocava "uma monotonia inaturável". A decepção era proporcional ao encanto que Euclides nutria pela Amazônia luxuriante, um mito construído à base de leituras de viajantes e pesquisadores como Humboldt, Spix, Martius, Bates, Chandless.

Outro livro mudaria rapidamente essa frustração com a Amazônia real, como conta Euclides no seu discurso de posse na Academia Brasileira de Letras, em 1906. Nas horas que passou em Belém, ganhou um tratado de botânica do suíço Jacques Huber, pesquisador visitante do Museu Paraense de História Natural. Depois de varar a noite lendo a obra, Euclides teve uma quase epifania: "Deletreei-me a noite toda: e na antemanhã do outro dia — um daqueles 'glorius days' de que nos fala Bates, subi para o convés, de onde com os olhos ardidos de insônia, vi, pela primeira vez, o Amazonas... Salteou-me, então, a emoção que eu não sentira".

Essa mesma obsessão literária e científica marcou a principal obra de Euclides, *Os sertões: Campanha de Canudos*, relato e ensaio sobre o genocídio praticado pelo Exército brasileiro contra católicos tradicionalistas que se opunham à República em 1897, no sertão da Bahia.

Antes de Roberto Ventura, outros autores já haviam destacado as influências literárias e científicas que confluem em *Os sertões*, mas *Esboço biográfico* vai um pouco além. Aqui, Roberto disseca esse cipoal de referências literárias, sociológicas, políticas e geológicas, e conclui com uma tese que é o diamante bruto do livro: a ideia de que o líder religioso Antônio Conselheiro descrito por Euclides da Cunha é uma projeção das obsessões do escritor, um duplo do autor e, em última instância, um personagem cuja feição tem mais elementos de ficção que de história.

Apesar de Roberto nunca ter concluído a biografia que pesquisava fazia uma década — a qual foi encontrada por mim e Marcia Zoladz, sua esposa, após a morte do autor em 2002 num acidente de carro, quando voltava da Semana Euclidiana, realizada em São José do Rio Pardo —, é possível ver que o Euclides e o Conselheiro de Roberto se parecem mais com personagens de Jorge Luis Borges, com suas vidas espelhadas, do que com as descrições e análises que apontam nexos históricos no modo como o líder religioso aparece em *Os sertões*.

A maneira como Roberto analisa a literatura e a ciência em *Os sertões* lança novas luzes sobre o livro e, ao mesmo tempo, revela o quanto do próprio Euclides se pode vislumbrar através da narrativa.

Republicano, Euclides foi cobrir em 1897 a quarta campanha do Exército contra os católicos que eram tratados como fanáticos porque não aceitavam as leis da República, sobretudo o casamento civil, que tirou da Igreja católica o monopólio das uniões. O convite partira de Júlio Mesquita, diretor do jornal *O Estado de S. Paulo*, na época *A Província de São Paulo*. Mesquita também era republicano e via na ação do Exército contra Antônio Conselheiro uma oportunidade para defender o nascente e instável regime. Para o monarquista Conselheiro, a República era o Anticristo.

Sem sequer haver pisado no povoado de Canudos, Euclides já tinha uma tese para o conflito que se iniciara em 1896. Em dois artigos, publicados em *O Estado de S. Paulo* antes de partir para o sertão baiano, ele compara o conflito com a Vendeia, uma reação de camponeses monarquistas contra a revolução que se deu entre 1793 e 1796 no norte da França. A comparação tinha caráter propagandístico: como ocorreu naquele país, os monarquistas do sertão da Bahia seriam derrotados, porque essa é a lei da história. Na visão de Euclides, repúblicas sempre sucedem monarquias, como numa lei da física.

Euclides foi para a guerra já com o plano de escrever um livro em defesa do regime republicano. Nos textos que encaminhou para *O Estado de S. Paulo*, omitiu as barbáries praticadas pelo Exército e adotou um tom de exaltação, finalizando despachos com os slogans "Viva a República!" ou "A República é imortal!". Os despachos enviados por telex sofriam censura do Exército, mas os artigos remetidos pelos Correios não passavam por nenhum controle oficial. As omissões de Euclides tinham uma razão programática: o seu apoio incondicional à República. De agosto a outubro de 1897, ele publicou 54 telegramas, com relatos breves, e 32 artigos sobre o conflito.

Quando escreveu *Os sertões*, Euclides já havia trocado a euforia pelo desencanto com a República. O livro, na visão de Roberto, é resultado de remorso e perplexidade do escritor com a brutalidade da guerra. Na obra ele revelou o que havia omitido nos textos jornalísticos: o massacre que vira o Exército praticar com armamentos modernos contra sertanejos cuja maior arma era o conhecimento da região. Foi assim que nasceu o que Euclides chamou de "o livro vingador", definição cunhada em carta a Francisco Escobar, político, erudito e amigo do escritor: "Serei um vingador e terei desempenhado um grande papel na vida — o de advogado dos pobres sertanejos assassinados por uma sociedade pulha, covarde e sanguinária...".

Euclides se vinga com um estilo muito particular, em que a violência extrema é sugerida, nunca narrada em detalhes.

Roberto Ventura compara a ausência da violência mais abjeta em *Os sertões* com *Coração das trevas*, de Joseph Conrad, e com o relato de Primo Levi sobre sua temporada como prisioneiro dos nazistas no campo de concentração de Auschwitz, no livro *É isto um homem?*. Diz Roberto:

> Redigido com o propósito de denunciar o crime cometido em Canudos, seu livro traz um curioso paradoxo, já que deixa de relatar aquilo que forma a base de sua acusação contra as Forças Armadas: o massacre dos prisioneiros e a destruição da cidade. Tais eventos de crueldade extrema são antes sugeridos do que propriamente narrados, já que não haveria linguagem capaz de exprimir tamanho horror.

Neste *Esboço biográfico*, Roberto aponta que havia também um componente literário no tom acusatório de *Os sertões* — Euclides estava fascinado pelo artigo intitulado "J'Accuse", no qual o escritor Émile Zola defende o capitão Alfred Dreyfus, um oficial do Exército francês de origem judaica, contra a acusação de traição num processo maculado por fraudes e nenhuma transparência (depois ficou provado que a carta usada para condenar o militar era falsa).

> Euclides assumiu o mesmo tom de acusação que o escritor francês Émile Zola empregara para pregar a inocência do capitão Dreyfus. Responsabilizou a Igreja, os governos federal e estadual baiano e sobretudo o Exército pelo massacre dos habitan-

tes de Canudos. Seu objetivo era [...] denunciar a guerra como fratricídio, matança entre irmãos, filhos do mesmo solo.

Duas outras marcas profundas de *Os sertões* também derivam das leituras de Euclides, de acordo com Roberto: a divisão do livro em três partes e o uso da geologia para criar a metáfora do sertanejo como um forte.

A estrutura em tríptico provém das ideias do historiador francês Hippolyte Taine. Em *Histoire de la Littérature anglaise*, de 1863, Taine defende uma visão naturalista da história baseada em três fatores: o meio, ambiente físico; a raça, determinada pela hereditariedade e de caráter imutável; e o momento histórico, definido por ele como o resultado dos dois primeiros elementos.

Euclides dividiu *Os sertões* no que se tornaria uma tríade clássica na história da literatura brasileira: "A terra", "O homem" e "A luta".

O escritor contorna a maneira esquemática do determinismo de Taine com dois ingredientes que não faziam parte da receita do historiador: a escrita que mimetiza a natureza retorcida do sertão e o tratamento de choque a que submete o naturalismo. Faz isso aplicando ao texto "um tom antiépico" e um "fatalismo trágico".

Talvez seja por essa razão que Roberto ria daqueles que tratam *Os sertões* como uma obra de não ficção. Sua definição é bem mais complexa:

> É uma obra híbrida, que transita entre a narrativa e o ensaio, entre a literatura e a história. Obra que oscila entre o tratamento científico e o enfoque literário, com excesso de termos técnicos e profusão de imagens. Daí resulta um estilo barroquizante e exuberante, repleto de dissonâncias e antíteses, cuja singularidade advém da aliança incomum entre narrativa, história e ciência.

Euclides submete a ciência a um tratamento similar ao que deu ao determinismo de Taine: ele parte da formação geológica do país e, numa guinada inesperada, chega a conclusões sociológicas usando uma metáfora que se tornaria a marca de *Os sertões*: "O sertanejo é, antes de tudo, um forte. Não tem o raquitismo exaustivo dos mestiços neurastênicos do litoral".

Roberto escreve que a geologia está presente não só no primeiro capítulo do livro, que trata do meio físico do sertão, mas nas metáforas com que Euclides descreve o sertanejo ("rocha viva" da nacionalidade) e o Conselheiro, comparado a um "anticlinal extraordinário".

"Antônio Conselheiro, como a dobra, teria se originado das forças internas à sociedade sertaneja, dela se destacando apenas em função do rebaixamento do meio que o cercava, e se destinou à história como poderia ter seguido para o hospício", diz num ensaio o geólogo e historiador José Carlos Barreto de Santana, que organizou comigo este livro de Roberto.

Euclides havia estudado geologia na Escola Militar e lia autores como o geólogo canadense Charles Frederick Hartt, autor de *Geologia e geografia física do Brasil*, sobre a formação do continente americano. Também era amigo de Orville Adelbert Derby, diretor da Comissão Geográfica e Geológica de São Paulo. Foi com base nessas leituras que comparou o homem brasileiro, formado por três raças, segundo as teorias raciais do final do século XIX, com o granito, rocha composta de três minerais: quartzo, feldspato e mica. Roberto afirma que Euclides parte desses autores para criar "uma teoria do Brasil, cuja história seria movida pelo choque entre etnias e culturas".

A Guerra de Canudos, de acordo com a visão de Euclides, seria "o choque entre dois processos de mestiçagem: a litorânea e a sertaneja". Roberto descreve assim o pensamento do escritor: "O mestiço do sertão apresentaria vantagens sobre o mulato do litoral, devido ao isolamento histórico e à ausência de componentes africanos, que tornariam mais estável sua evolução racial e cultural". O arremate desse raciocínio é o bordão segundo o qual "o sertanejo é, antes de tudo, um forte".

Euclides conheceu essas teorias, comuns na virada do século XIX para o XX, na obra do sociólogo austríaco Ludwig Gumplowicz, para o qual a história era um confronto entre raças, em que as mais fortes subjugavam as mais fracas.

Essa mesma visão etnocêntrica é aplicada por Euclides a Canudos, chamada por ele de "urbs monstruosa" e tratada como um povoamento pouco diferenciado, formado por índios e brancos. Foi um dos grandes equívocos do autor em *Os sertões*. Ele não notara "que se tratava de uma sociedade diferenciada em termos sociais, com a presença de comerciantes, e, do ponto de vista étnico, com parte da população mulata e forte presença indígena".

Não deixa de ser irônico que eu não tenha notado em 2003, ano da primeira edição deste livro, toda a riqueza presente no texto incompleto de Roberto Ventura. O impacto da morte do amigo e a expectativa, que eu tinha criado a partir de conversas com ele, de uma biografia definitiva sobre o autor de *Os sertões* me cegaram. Não sou um especialista em Euclides, mas penso que a interpretação psicanalítica que Roberto fez do Conselheiro, como uma projeção dos piores fantasmas do escritor, abriu uma clareira nos estudos euclidianos.

DIÁLOGO COM A MEMÓRIA DE UM COMPUTADOR

Mario Cesar Carvalho

Logo que passou o choque inicial provocado pela morte de Roberto Ventura, em um acidente de carro em agosto de 2002, seguiu-se uma onda incrivelmente homogênea de perguntas:
"E o livro? Você viu o livro?"
O livro era a biografia de Euclides da Cunha que Roberto começara a pesquisar havia dez anos. A biografia — tal qual Roberto a concebera, como uma obra que espelhasse a grandeza e a complexidade de *Os sertões*, capaz de abarcar a mitologia que Euclides mobilizara para descrever os horrores da Guerra de Canudos, a formação ao mesmo tempo romântica e cientificista do autor, sua desilusão política com a nascente República, suas frustrações amorosas, o embate entre o engenheiro e o escritor — nunca foi concluída.
O que foi encontrado no disco rígido do computador de Roberto é uma espécie de guia sumário da vida de Euclides, quando comparado aos planos que ele mesmo anotara. O arquivo, chamado "Euclides da Cunha — uma biografia", tinha 189 páginas e fora modificado pela última vez em 10 de novembro de 2001 — abandonado talvez seja a palavra exata, já que nesse período Roberto escreveu pelo menos um livro didático, *Os ser-*

tões (da coleção Folha Explica, do Publifolha), e três artigos para o centenário de *Os sertões*, comemorado em 2002.

A pergunta óbvia é por que Roberto abandonou o que escrevera. A questão não era de qualidade do texto ou de precariedade do levantamento — ele era um dos pesquisadores mais originais de sua geração, pelo modo como combinava, obsessivamente, estudos literários com história e psicanálise. Seu tormento era outro.

"Euclides da Cunha — uma biografia" não é o livro que Roberto publicaria por razões literárias, sobretudo, e pela falta de ênfase nas interpretações que ele gostaria de frisar.

Roberto nunca reclamou que lhe faltava um documento sobre a vida de Euclides — pesquisava como um mouro e era capaz de ficar encantado com um documento aparentemente sem importância, como a demissão de Euclides da Companhia de Saneamento de Santos. Suas raríssimas queixas eram sobre o tom e o ritmo do texto — não era fortuito, talvez, que escrevesse sobre o século XIX e início do século XX ao ritmo de música eletrônica (Kraftwerk e Massive Attack) e Miles Davis. Ele dizia ter encontrado o tom e o ritmo certos para escrever sobre Euclides no livro em que explica *Os sertões* para não especialistas. Estão lá a clareza e a leveza do texto, e uma capacidade didática que parecia perdida depois que os acadêmicos aceitaram viver atrás dos muros da especialização.

A preocupação literária de Roberto com a biografia de Euclides ficou gravada no disco rígido de seu computador. Num arquivo chamado "Aberturas", ele lista sete possibilidades para a mais árdua das tarefas de quase todo escritor: como começar um texto. Ei-las:

- tiroteio na Piedade e morte de Euclides;
- proclamação da República: ida à Escola Militar;
- subida à serra de Monte Santo;
- combate de 1º de outubro: visão do inferno: soldados feridos;

- lançamento de *Os sertões*: surpresa com a recepção do livro;
- viagem ao Purus;
- entrevista a Viriato Corrêa.

Roberto demonstrava nas conversas com amigos um entusiasmo especial por duas dessas possibilidades: a subida a Monte Santo e a entrevista de Euclides ao escritor Viriato Corrêa. Ele descrevia a subida à serra de modo cinematográfico: Euclides, de terno de linho branco e camisa de seda, chega em agosto de 1897 para cobrir, como correspondente do jornal *O Estado de S. Paulo*, o que seria a quarta e última expedição contra Canudos, com 8 mil soldados. O descompasso entre a missão de Euclides e a roupa com que se vestira, na visão de Roberto, parecia espelhar o equívoco da elite brasileira, que via num arraial de cristãos primitivos uma ameaça à República.

A entrevista de Euclides a Viriato Corrêa também era carregada de simbolismo. O texto foi publicado na *Ilustração Brasileira* em 15 de agosto de 1909, no dia em que Euclides foi morto em tiroteio com os cadetes Dinorá e Dilermando de Assis, amante de sua mulher. Euclides recebera Corrêa em sua casa em Copacabana, com vista para o mar, em um domingo. Após a entrevista, almoçaram e passearam descalços pela praia, uma antítese do fardo de frustrações que havia sido a vida do escritor. Roberto sabia que não podia começar uma biografia de Euclides com uma cena qualquer. Usou a mesma cena para acabar esta versão da biografia: "Era sol e era azul" é a última frase.

A classificação de "guia sumário" que dei para o texto encontrado no computador de Roberto tem pelo menos duas razões. É "guia" porque segue uma ordem cronológica que parecia imprópria ao biógrafo para uma vida repleta de lacunas como a de Euclides. Numa nota armazenada no computador, ele reprova a ordem cronológica e dá algumas pistas do que pensava em adotar como modelo narrativo:

forma não cronológica: episódios interligados por traços de memória: criar suporte narrativo para o livro (como em *Deus e o Diabo* de Glauber Rocha: cantador: criação tempo mítico e alegórico: dois núcleos: messianismo (Canudos, Pedra Bonita), cangaço (Lampião, Corisco, Durango).

O mais curioso no que chamo de "guia" é como Roberto se deixa contaminar pelos textos de época — a narrativa começa como uma biografia do século XIX pela cerimônia e detalhismo com que encara a empreitada, revelando, talvez, a indecisão do autor.

Chamei o texto encontrado de "sumário" porque falta a ele o desenvolvimento das principais interpretações que Roberto fizera sobre a vida e a obra de Euclides. Não é um detalhe. Foi através de interpretações que ele construíra para o seu círculo íntimo uma nova imagem de Euclides, de Antônio Conselheiro e de Canudos. Roberto deixou no computador um esboço do que parece ser um ensaio, chamado "Biografia como micro-história", no qual faz uma defesa radical da "coragem e da ousadia" do biógrafo para interpretar:

> Em princípio, tudo sobre o biografado deve interessar ao biógrafo. É preciso pesquisar tudo, ou quase tudo, seguir todas as pistas. Em um primeiro momento, é difícil estabelecer o limite entre o que entra e o que fica de fora da biografia. Este limite é traçado quando o livro toma forma e seus contornos se tornam nítidos. É este limite que permite ao biógrafo apresentar sua visão pessoal da vida do biografado.
>
> Toda biografia é um relato verossímil construído a partir de fontes diversas. Este relato será sempre uma versão dos fatos, criada a partir de depoimentos e documentos. Muitos indícios, como uma carta ou uma entrevista, são interpretados, sem que se possa ter certeza sobre o grau de verdade da interpretação proposta.

O biógrafo precisa ter a coragem e a ousadia de dar a sua versão dos fatos, de trazer ideias sobre as motivações de seu personagem. É isto que cria o interesse pelo relato biográfico, que deve ir além da mera exposição de fatos e dados. Isto aproxima a biografia do romance e da ficção, com a diferença de que, no relato biográfico, a narração deve partir de evidências dadas por documentos e depoimentos. Para escrever uma biografia, é preciso confrontar testemunhos contraditórios e rever o que se conhece sobre o biografado à luz das fontes levantadas. É aí que o biógrafo pode descobrir fatos novos ou pistas até então desconhecidas.

As interpretações de Roberto sobre Euclides seriam, acredito, a usina de força da biografia que escrevia. Ele deixou pistas, tanto em ensaios quanto em conversas com amigos, sobre aonde queria chegar. Antes de morrer, estava fascinado com os paralelos entre a vida de Euclides e do Conselheiro. Ficou à beira da euforia quando descobriu que Euclides havia sido leitor de Plutarco (no inventário do escritor estão relacionados quatro volumes de *La Vie des hommes illustres*). Para engrandecer os romanos, Plutarco escrevera biografias de 22 de seus estadistas e guerreiros, ressaltando supostos paralelos com a vida de pares gregos.

Roberto encantara-se com o artifício literário de Plutarco, no qual há algo dos duplos de Poe e de Borges, e com as possibilidades de interpretação que o recurso permitiria. Em notas preparatórias para a biografia, Roberto deixou registrada a pretensão de explorar esse tipo de paralelismo:

> recorrer a Plutarco: princípio das vidas paralelas: Euclides e Conselheiro como vidas paralelas e invertidas, Conselheiro como personagem criado por Euclides, que aponta em sua vida os componentes trágicos e arcaicos que acabaram se projetando sobre sua vida.

Os paralelos entre a vida de Euclides e a de Antônio Conselheiro estão espalhados em vários textos de Roberto, inclusive nesta biografia. Ambos eram órfãos, tiveram uma experiência traumática com o adultério, foram construtores (Euclides de pontes e o Conselheiro de igrejas) e tiveram suas trajetórias marcadas pela República.

O próprio Euclides, como escreveu Roberto, usara modelos gregos para escrever *Os sertões* — nas degolas há um paralelo com a cena de *As bacantes*, de Eurípides, em que as mênades dilaceram o rei Penteu, e a ideia da cidade sitiada que resiste ao cerco, "a Troia de taipa dos jagunços", remete claramente a *As troianas*. Num texto de 1902, mesmo ano em que foi publicado *Os sertões*, Euclides relaciona Canudos ao Tucídides de *A guerra do Peloponeso*.

A grande invenção de Roberto, porém, é a ideia do Conselheiro como uma projeção psicanalítica e uma criação literária de Euclides. Até então, a mais ousada das interpretações psicanalíticas de Euclides talvez tenha sido a de Gilberto Freyre em *Perfil de Euclides e outros perfis* (1904). Freyre notara que "a paisagem que transborda de *Os sertões* é outra: é aquela que a personalidade angustiada de Euclides da Cunha precisou de exagerar para completar-se e exprimir-se nela".

Roberto ousa um pouco mais ao realocar o Conselheiro como uma projeção dos piores fantasmas de Euclides. Conselheiro era alfabetizado, uma raridade para os padrões do Nordeste brasileiro do século XIX, e defensor de um cristianismo primitivo. O personagem que aparece em *Os sertões* como um fanático religioso desafiando a nova ordem da República seria uma projeção de Euclides ao ver os descaminhos do novo regime que apoiara como um jacobino. O desmonte que Roberto promove na imagem do Conselheiro implica, ao mesmo tempo, o desmonte da imagem de Euclides. O fanático que acabou se transformando em personagem histórico é uma construção literária do escritor. Sem a descrição fascinada de Euclides, talvez o Conselheiro não passasse de mais um pálido mártir.

A interpretação que Roberto fazia para os seus amigos não era uma simples desconstrução literária. Ele construiu uma imagem borgeana, o duplo Euclides-Conselheiro, que talvez sintetizasse as suas mais profundas obsessões e desconfianças com o gênero biografia — o seu biografado, afinal, subdividira-se em dois. Para o círculo íntimo de Roberto, nem Euclides nem o Conselheiro foram os mesmos depois que esse duplo começou a circular entre nós.

ANTES DO TEXTO

José Carlos Barreto de Santana

Euclides da Cunha e sua obra, capitaneada por *Os sertões*, são objeto de uma fortuna crítica que não encontra paralelo na cultura brasileira, ultrapassando a dezena de milhar de livros, artigos, folhetos, teses. Sucesso imediato de crítica e vendas quando do seu lançamento em 1902, *Os sertões* conta com mais de cinquenta edições em língua portuguesa, já foi traduzido para pelo menos nove idiomas e inspirou diversos romances europeus e latino-americanos, como *Le Mage du sertão* [O mago do sertão] (1952), do francês Lucien Marchal; *João Abade* (1958), de João Felício dos Santos; *Capitão Jagunço* (1959), de Paulo Dantas; *Veredicto em Canudos* (1970), do húngaro Sándor Márai; *La guerra del fin del mundo* (1981), do peruano Mario Vargas Llosa; *A casca da serpente* (1989), de José J. Veiga; *As meninas do Belo Monte* (1993), de Júlio José Chiavenato; e *Canudos* (1997), de Ayrton Marcondes. Esses números representam, de alguma forma, a importância do autor e de sua obra para a compreensão e o desvendamento de aspectos da realidade brasileira.

Autor consagrado, Euclides da Cunha teve um fim trágico e precoce em 15 de agosto de 1909, aos 43 anos, ao se envolver num tiroteio com o cadete Dilermando de Assis, amante de sua mulher, Ana da Cunha, e seu irmão, o aspirante naval Dinorá de Assis, num episódio que a imprensa registrou como "a tragédia da Piedade", considerado o maior escândalo brasileiro do início do século XX e que teve como um dos seus desdobramentos a morte de Euclides da Cunha Filho, o Quidinho, sete anos depois, também fulminado pelo então segundo-tenente Dilermando de Assis.

Sobre a vida de Euclides da Cunha já se produziu um número considerável de livros e esboços biográficos, como *A vida dramática de Euclides da Cunha* (1938), de Eloy Pontes; *A glória de Euclides da Cunha* (1940), de Francisco Venâncio Filho; *Euclides da Cunha, uma vida gloriosa* (1946), de Moisés Gicovate; *Euclides da Cunha* (1948), de Sílvio Rabelo; *História e interpretação de "Os sertões"* (1960), de Olímpio de Souza Andrade, e *Paraíso perdido: Euclides da Cunha, vida e obra* (1997), de Adelino Brandão. No entanto, esta produção está longe de esgotar o assunto. Para o euclidianista Leopoldo Bernucci, a vida de Euclides continua a reclamar ajustes de toda ordem, seja de datas, nomes de pessoas e lugares, versões de episódios etc.

Estes são elementos importantes para entender por que Roberto Ventura escolheu Euclides da Cunha como objeto de pesquisa, que desenvolveu por mais de uma década. Fora parcialmente atraído pela leitura de *Os sertões*, que o fascinava por ser uma obra híbrida, transitando entre a literatura, a história e a ciência, uma interpretação do Brasil que revela os impasses do intelectual que tenta entender uma cultura que lhe é estranha. Ajudara na sua escolha a vida do autor, com os seus aspectos de personagem romanesco, repleto de conflitos e decepções.

Sabia das dificuldades que o aguardavam na busca para trazer novas contribuições no âmbito dos estudos euclidianos. Optou por realizar um rigoroso e quase obsessivo levantamento documental. Considerava que, em princípio, tudo interessava ao biógrafo, pesquisava tudo, ou quase tudo, seguia todas as pistas (lembro os vários dias em que nos dedicamos a procurar no

Arquivo do Estado de São Paulo a documentação relativa aos trabalhos de Euclides da Cunha como engenheiro nesse estado, e a nossa alegria ao localizar os papéis que associavam a sua demissão da Comissão de Saneamento de Santos a um prosaico litígio de pagamento da conta de água por parte de uma casa de banhos santista).

Foi um ouvinte e anotador incansável. Entrevistou descendentes de Euclides da Cunha e de seus contemporâneos e dialogou com os principais autores de trabalhos sobre o biografado e sobre Canudos. Transitou com serenidade tanto entre as vertentes do "conselheirismo" — sediado sobretudo na Bahia e que tem em Canudos o seu foco prioritário — e do "euclidianismo" — que tem como polo aglutinador a cidade de São José do Rio Pardo-SP — quanto entre as diferentes gerações de pesquisadores.

Considerava ser dever do biógrafo confrontar testemunhos contraditórios e rever o que se conhece sobre o biografado, e estava pronto para trazer a público a sua versão dos fatos e ideias novas sobre as motivações do seu personagem.

Utilizava com muita frequência as "infovias" para enviar os textos em produção para o "pente-fino" de alguns colegas. Aceitava réplicas e tréplicas, expunha o seu ponto de vista e era correto na distribuição dos créditos. A sua preocupação de biógrafo gerava interrogações sobre algumas questões curiosas que escapariam à atenção de estudiosos menos atentos. Queria saber, por exemplo, se Euclides era vesgo ou estrábico ou se tinha apenas orelhas grandes, e perguntava isso a partir da observação da preferência do escritor em ser fotografado de lado ou de perfil, ou ainda manifestava urgência em saber quando voltou a chover em Canudos, e a encher o açude de Cocorobó após a seca que, em 1999, reduziu o volume de água a 10% do seu total.

Durante o ano do centenário de *Os sertões* foi sempre dos primeiros a ser convidado para participar dos mais variados eventos e colaborar na publicação de livros e periódicos. Teve de recusar alguns convites, considerando ser uma melhor opção terminar o livro do que passar o ano viajando e sem poder escrever, como já acontecera durante o outro centenário, o da Guerra de Canudos. Todavia aceitou escrever vários trabalhos, e uma relação dos mais recentes incluiria "Do mar se fez o sertão: Euclides da Cunha e Canudos", publicado na *Revista Canudos*; "Euclides no Vale da Morte", publicado em *O clarim e a oração: cem anos de "Os sertões"*, edição da Geração Editorial, e pela *Rivista di Studi Portoghesi e Brasiliani*; a cronologia "Memória seletiva", publicada nos *Cadernos de Literatura Brasileira*, e *Os sertões* da coleção Folha Explica, edição do Publifolha. Todos esses trabalhos seriam versões supercondensadas do que iria aparecer na biografia que construía e pretendia ver publicada no ano de 2003.

Um dos convites que aceitou foi a participação na 90ª Semana Euclidiana em São José do Rio Pardo-SP, que comemorou o centenário de *Os sertões*. Chegou na noite de quinta-feira e no dia seguinte participamos, junto com Walnice Galvão, de uma mesa-redonda sobre "Literatura e ciência em *Os sertões*". Planejara com antecedência retornar para São Paulo no sábado à noite, após as homenagens que foram prestadas aos euclidianos, mas reconsiderou a decisão, viajou na manhã de domingo e voltou à "meca do euclidianismo" na noite de segunda-feira.

Repetiu alguns dos "rituais" que costumávamos fazer todos os anos: trabalhou no acervo da Casa Euclidiana, agora enriquecido pela incorporação do material doado pelos herdeiros de Oswaldo Galotti; visitou a Herma Euclidiana, onde estão os restos mortais de Euclides da Cunha e do seu filho Quidinho, e o barracão de sarrafo e zinco que foi utilizado pelo engenheiro para os trabalhos de reconstrução de uma ponte metálica, e também para escrever alguns trechos de *Os sertões*; atravessou sem pressa a ponte metálica, relendo as suas placas; conversamos sobre o provável tema da Semana Euclidiana de 2003 — a recepção crítica a *Os sertões* — e combinamos propor uma mesa na qual abordaríamos a recepção científica e literária.

"Tenho sete questões a fazer para Marco Villa." Foi assim que Roberto iniciou, na tarde do dia 13 de agosto, uma terça-feira, aquela que seria a sua última intervenção durante uma mesa-redonda da Semana Euclidiana. Não fez as sete perguntas; contentou-se com três ou quatro, talvez convencido de que não esgotaria nunca as divergências que o biógrafo mantinha com o historiador a respeito de aspectos relacionados à participação de Euclides da Cunha na cobertura da Guerra de Canudos e à elaboração de *Os sertões*.

Durante o retorno para São Paulo, uma tragédia, um desastre automobilístico ocorrido na madrugada do dia 14 de agosto de 2002, trouxe a morte precoce para Roberto Ventura, aos 45 anos de idade e uma intensa e brilhante vida intelectual.

Roberto Ventura

Euclides da Cunha

Esboço biográfico

Que um indivíduo queira despertar em outro indivíduo recordações que não pertenceram senão a um terceiro, é um paradoxo evidente. Realizar com despreocupação esse paradoxo é a inocente vontade de toda biografia.

Jorge Luis Borges, 1930

Eu sistematizo a dúvida.
Bahia, 23 de agosto de 1897

1.

Nas serras fluminenses

Euclides Rodrigues Pimenta da Cunha nasceu em 20 de janeiro de 1866, na fazenda Saudade, em Santa Rita do Rio Negro, no município de Cantagalo, no estado do Rio de Janeiro. Pouco antes de seu nascimento, no início de 1865, o Império tinha concluído sua breve guerra contra o Uruguai.

Com a família empobrecida, Euclides escolheu atividades profissionais sob o manto protetor do Estado. Seguiu a carreira militar, mas logo deixou o Exército, para trabalhar como engenheiro no serviço público de São Paulo. Chefiou a expedição ao Purus e serviu como cartógrafo no Itamaraty, sob o comando do barão do Rio Branco. Foi ainda professor de lógica no Colégio Pedro II, antigo Ginásio Nacional, no Rio de Janeiro.

Seu avô paterno, o português Manuel Rodrigues Pimenta da Cunha, trazia escravos da África, que abasteciam os sobrados e solares de Salvador e as casas-grandes e senzalas dos engenhos de açúcar do Recôncavo Baiano. Seu pai, que também se chamava Manuel, foi fazendeiro de café no Oeste Paulista, depois de ter trabalhado como contador nas plantações do Vale do Paraíba do Sul, no Rio de Janeiro, onde se casou com a filha de um pequeno proprietário. Sem conseguir escapar ao endividamento, sua fazenda em São Paulo foi liquidada após sua morte, em outubro de 1909, menos de dois meses após o trágico homicídio do filho.

Manuel Rodrigues Pimenta da Cunha fora traficante de escravos em Salvador, então cidade da Bahia.* Manuel transportava no veleiro *Pestana*, de sua propriedade, cativos dos povos iorubas, gegês, angolas, bengas e cabindas, que eram comprados ou capturados nas costas da África. Os prisioneiros eram desembarcados na cidade da Bahia e vendidos a intermediários nos armazéns do cais.

A próspera atividade do avô de Euclides, como traficante de escravos, permitiu-lhe levar uma vida confortável com a mulher, Teresa Maria de Jesus, nascida em Salvador, na freguesia de Conceição da Praia. O casal foi diversas vezes a Portugal. Manuel morreu em uma dessas viagens, quando o navio chegava a Lisboa. Deixou a mulher com vários filhos, entre os quais Antônio, Manuel e José. Teresa Maria de Jesus não ficou viúva por muito tempo e se casou com Joaquim Antônio Pereira Barreto, também de Salvador.[1]

O tráfico de escravos crescera de forma significativa a partir da década de 1820, no decênio da independência, para suprir as necessidades de mão de obra das lavouras de café, que se expandiam no Vale do Paraíba. Mas a Inglaterra, que se opunha ao tráfico, conseguiu arrancar do Brasil, em 1826, um tratado que tornava ilegal o comércio de escravos e cinco anos depois, em 1831, uma lei que previa penas severas para os traficantes. Mesmo tendo se tornado uma lei "para inglês ver", sem qualquer efeito imediato, sua aprovação permitia prever que a extinção do tráfico seria só uma questão de tempo. Criava-se assim o temor do colapso da economia brasileira, baseada no trabalho cativo.

---

* Este parágrafo repete informações do anterior e indica que o texto ainda estava sendo trabalhado na busca da sua melhor forma. Ao longo do texto aparecerão outros exemplos da mesma natureza.

O Parlamento inglês aprovou, em 1846, o *Bill Aberdeen*, proposto por lorde Aberdeen, ministro das Relações Exteriores do governo britânico. O ato autorizava a Marinha inglesa a tratar os navios negreiros como embarcações piratas, que podiam ser apreendidas, ficando seus tripulantes sujeitos a julgamento e a prisão. Além de apreender embarcações suspeitas em alto-mar, os navios ingleses entravam em águas territoriais brasileiras e ameaçavam bloquear portos, provocando incidentes ao longo da costa.[2]

O tráfico foi abolido pela lei de setembro de 1850, proposta pelo ministro da Justiça Eusébio de Queiroz, do gabinete conservador do visconde de Monte Alegre. O pai de Euclides tinha então nove anos de idade. Os fazendeiros de café do Rio de Janeiro e São Paulo e os donos de engenhos no Recôncavo Baiano e no Nordeste não podiam mais contar com o fluxo de africanos para suprir as necessidades de braços para suas lavouras. Isso tornou necessária, sobretudo a partir da década de 1880, a substituição do escravo por trabalhadores assalariados.

Com a morte do pai, os irmãos Antônio e Manuel migraram para o Rio de Janeiro por volta de 1860. Enquanto Antônio foi morar na capital, Manuel preferiu tentar a vida como contador nas fazendas de café de Cantagalo, região serrana no Vale do Paraíba do Sul. As antigas plantações de cana-de-açúcar tinham dado lugar aos imensos cafezais que se espalhavam pelas baixadas. A cana-de-açúcar foi substituída pelo café devido ao alto preço alcançado pelo produto no mercado internacional. A exportação brasileira, que era de 4,5 milhões de sacas por volta de 1840, quase triplicou em duas décadas, para atingir 12,5 milhões de sacas em 1860, vindas em grande parte do Vale do Paraíba.[3]

Manuel percorria as fazendas de Cantagalo, para fazer a contabilidade dos livros-caixa e das contas correntes. Conheceu, em uma das fazendas da região, no distrito de Santa Rita do Rio Negro, Eudóxia Alves Moreira, filha mais moça de Joaquim Alves Moreira e Carolina Florentina Mendes.

Casaram-se em 24 de outubro de 1864 na igreja de Santa Rita do Rio Negro, no município de Cantagalo. Manuel tinha 23 anos e Eudóxia era um ano mais moça. A cerimônia foi realizada pelo vigário Calado Geminiano da Piedade Miranda, que depois batizaria os filhos do casal. Foram testemunhas Antônio Teixeira de Carvalho e José Teixeira de Carvalho, proprietário da fazenda Saudade, em cuja casa-grande iria nascer Euclides, o primeiro filho de Eudóxia e Manuel, pouco mais de um ano após o casamento.[4]

A fazenda Saudade, que pertencia a Emerenciana e José Teixeira de Carvalho, tinha um antigo engenho, construído em pedra no início do século. A cerca de quinhentos metros da casa, encontrava-se a casa-grande, com paredes de pau a pique, telhas de barro e janelas largas e altas. Ao lado havia um pomar com jabuticabeiras e mangueiras. Uma pequena construção atrás da casa servia de depósito. Seis palmeiras enfileiradas em frente da casa davam imponência à sede da fazenda.[5]

Nascido em 20 de janeiro de 1866, Euclides foi batizado pelo vigário Calado, em 24 de novembro de 1866, na mesma igreja em que se casaram seus pais. Situada no alto da praça central de Santa Rita do Rio Negro, podem-se ver de sua entrada os vales e montanhas do interior fluminense. Emerenciana e José Teixeira de Carvalho, donos da fazenda Saudade, foram seus padrinhos.[6]

Sua irmã, Adélia, nasceu no ano seguinte, em 9 de agosto de 1867, mas só foi batizada em 1º de novembro de 1868. Foram seus padrinhos a avó paterna, Teresa Maria de Jesus Barreto, e seu marido, Joaquim Antônio Pereira Barreto, que moravam na Bahia e se fizeram representar por Antônio Teixeira de Carvalho e sua mulher, Virgínia Durão Teixeira.[7]

Euclides tinha uma saúde frágil, assim como sua mãe, Eudóxia, ambos portadores de tuberculose. Por causa da fraqueza de Euclides, que corria o risco de não completar o primeiro ano, foram, algumas vezes, para a casa da irmã de Eudóxia, Rosinda

Gouveia, em Teresópolis, esperando que o clima serrano pudesse ajudar na recuperação de mãe e filho. Como Eudóxia já não podia mais dirigir os serviços da casa e cuidar dos filhos, Manuel resolveu liquidar seus negócios em Cantagalo e se mudou, com a família, para a fazenda São Joaquim, em São Fidélis, onde morava Laura Garcez, outra irmã de sua mulher.

A fazenda ficava em um dos pontos mais montanhosos do Vale do Paraíba do Sul, com ar próprio para doentes do pulmão. Mas a família logo se mudou para Conceição da Ponte Nova. Eudóxia morreu alguns meses depois, em agosto de 1869, com 27 anos. Deixava órfãos Euclides, com três anos, e Adélia, com dois anos de idade, que foram morar com a tia Rosinda em Teresópolis.[8]

Atravessada pelo pequeno rio Paquequer e cercada por serras cobertas por névoa nas manhãs e tardes, Teresópolis era a lembrança de infância mais remota de Euclides. Já adulto, confessava, em carta a Lúcio de Mendonça, que a cidade serrana fora como uma terra sagrada, onde passara os seus mais verdes anos: "a adorável vila forma o cenário mais longínquo das minhas recordações e das minhas saudades".[9]

Recordava-se também das cidades próximas à sua cidade natal, como Nova Friburgo, onde estivera em companhia do pai, que o impressionou pelo tamanho. Escreveu já adulto a Machado de Assis:

> O sr. está numa cidade que eu vi na mais remota juventude, e bem perto do pequeníssimo vilarejo onde nasci — Santa Rita do Rio Negro. Não a conheço mais. Mesmo dessa encantadora Nova Friburgo tenho uma impressão exagerada. Foi a primeira cidade que eu vi; e conservo-lhe neste rever na idade viril, uma impressão de criança, a imagem desmesurada de uma quase Babilônia...[10]

Lembrava-se das paisagens vistas na infância com serras envoltas na cerração, rochedos banhados por filetes de água, visões do sol entre as montanhas. Voltava-se para a natureza para se consolar da morte da mãe e da difícil instabilidade de sua infância e juventude, em que teve de trocar, por inúmeras vezes, de casa e colégio. Viveu, dos três aos dezoito anos, em Teresópolis, São Fidélis, Rio de Janeiro, Salvador e novamente no Rio. Passou por no mínimo cinco cidades e por seis colégios em pouco mais de dez anos, dos oito aos dezoito anos, até ingressar na Escola Militar da Praia Vermelha.

Associou à infância as paisagens serranas que se foram trocando ao longo dos anos de Santa Rita do Rio Negro, Nova Friburgo, Teresópolis e São Fidélis. Esses cenários foram substituídos depois pelo encantamento com as matas e morros do Rio de Janeiro, com as escarpas à beira-mar de Salvador, com a caatinga áspera e seca dos sertões baianos, com as matas, colinas e serras de São Paulo e Minas Gerais e com os rios e selvas da Floresta Amazônica.

[...]

Castro Alves, que se tornara conhecido com a publicação de *Espumas flutuantes* em 1870, morreu em 6 de julho do ano seguinte. Era tuberculoso como Euclides. Mas a saúde do poeta ficou comprometida depois que se feriu em uma caçada com arma de fogo, que disparou por acidente ao passar por uma vala, atingindo o seu pé esquerdo, que teve de ser amputado.

Manuel, o pai de Euclides, ficou comovido com a morte do poeta dos escravos. Chegou a escrever um poema em sua memória, "À morte de Castro Alves", publicado no *Almanaque Luso-Brasileiro* em 1875 e depois incluído na segunda edição das *Espumas flutuantes*:

À sombra do cipreste ele repousa!
E a brisa que perpassa em torno à lousa
    Murmura o nome seu!...
Poeta — despertou cantando amores,
Criança — ao vicejar da vida as flores
    Sorrindo adormeceu!...

Manuel retomava a inspiração romântica do francês Victor Hugo e do próprio Castro Alves, ao conceber o poeta morto como águia, que desceu à terra, para viver em conflito com o mundo:

Águia — um dia arrojada lá da altura,
Viu o mundo através da névoa escura,
    De negra cerração.
Voltejou, por instantes, sobre a terra,
Soprou-lhe o vendaval que a morte encerra,
    Perdeu-se no bulcão!

Mas o poeta se consagra na morte, ao se tornar tesouro da pátria, cujo nome é escrito em letras de ouro:

Oh! Deixai-o na paz dessa ventura!
Ele que foi do berço à sepultura
    Tão cercado de luz!
Se a pátria nele via o seu tesouro,
Na glória o nome seu em letras d'oiro,
    Já bem perto reluz![11]

Euclides pretendia citar o poema do pai em seu discurso de ingresso na Academia Brasileira de Letras, na cadeira cujo patrono é Castro Alves. Mas acabou deixando de fora esse arrebatamento poético do pai, ao tomar posse de sua cadeira na Academia em 1906.[12]

[...]

A Guerra do Paraguai chegara ao fim entre a morte da mãe de Euclides em 1869 e o desaparecimento de Castro Alves em 1871. Foram mais de cinco anos de combates, de novembro de 1864 a março de 1870, que consumiram as reservas de ouro do país, gastas nas despesas com armas e mantimentos. O Exército brasileiro, porém, ganhou prestígio com a vitória sobre o Paraguai, que foi arrasado e teve a metade de sua população dizimada, além de ter perdido parte do território para o Brasil e a Argentina.

O número total de brasileiros mobilizados ficou entre 135 mil e 200 mil, para uma população masculina de quase 5 milhões em 1865. Parte desse contingente era formada por escravos, que se tornavam livres ao servir na guerra. Companheiros de armas, a presença de cativos nas fileiras do Exército gerou um forte sentimento antiescravista entre os soldados e oficiais brasileiros, que chegaram a abolir o cativeiro no país derrotado.[13]

[...]

Euclides morou em Teresópolis até a morte da tia Rosinda em 1871, pouco mais de um ano após sua chegada. Com a morte da tia, viu-se mais uma vez obrigado a trocar de lar. Foi levado para a fazenda São Joaquim, em São Fidélis, que pertencia à outra tia, Laura Garcez, com quem já havia passado curta temporada. Ficou três anos na fazenda, antigo engenho de açúcar, que tinha substituído os canaviais por cafezais que cobriam as encostas. Ao lado da casa-grande havia a senzala com mais de cem escravos e o curral, onde o gado era recolhido no fim do dia.

Os Garcez se mudaram, em 1874, para o solar na cidade de São Fidélis, às margens do rio Paraíba, que servia de residência de verão, já que os meninos da fazenda, Euclides, sua irmã Adélia e os primos Cândido e Trajano, precisavam dar início aos estudos. Com oito anos de idade, Euclides foi matriculado no Colégio Caldeira, onde iam estudar os filhos dos fazendeiros da região. O colégio era dirigido pelo português Francisco José Caldeira da Silva, que se exilara no Brasil devido às suas ideias liberais e republicanas. Euclides frequentou por três anos o internato, onde aprendeu as primeiras letras.

A Grande Depressão mundial chegou ao Brasil em 1875, dois anos depois da quebra da Bolsa de Valores de Viena. Os preços do café sofreram forte queda e o barão de Mauá suspendeu as operações de seu banco. Com o colapso do Banco Mauá, caiu também o amigo pessoal do empresário, o primeiro-ministro visconde do Rio Branco, que tinha utilizado o seu prestígio junto ao Banco do Brasil para que este adiantasse ao barão recursos consideráveis. Os fazendeiros de café sofreram nos dez anos seguintes com a queda dos preços do produto e o aumento de seus custos de mão de obra, decorrente da extinção do tráfico de escravos em 1850.[14]

Na corte

Euclides se mudou novamente em 1877, quando foi com o pai para o Rio de Janeiro. Manuel pretendia trabalhar no comércio do Rio e colocar o filho em colégio na corte, mas acabou mandando Euclides para Salvador, a pedido da avó. Euclides ficou um ano na Bahia, dos onze aos doze anos, morando na casa da avó, Teresa Maria de Jesus, e de Joaquim Antônio Pereira Barreto, e frequentando o Colégio Carneiro Ribeiro.

Em 1879, voltou para o Rio e foi morar na casa do tio Antônio Pimenta da Cunha, no largo da Carioca. Passou por quatro colégios no curto período de seis anos. Cursou o Colégio Anglo-Americano, onde prestou exame de português. Estudou no Colégio Vitória da Costa, onde ficou de 1880 a 1882. Transferiu-se, por breve período, para o Colégio Menezes Vieira, que ficava na rua dos Inválidos, em um prédio pesado, com muitas janelas, próximo do edifício da Polícia Central.[15]

Entrou em 1883 para o curso de preparatórios do Colégio Aquino, onde ficou dois anos. O colégio preparava para o ingresso nas escolas de ensino superior do Império, como a Politécnica e a Militar. Ficava em uma grande casa na rua da Ajuda, conhecida como Chácada da Floresta, no antigo centro do Rio, próximo ao Passeio Público. Apesar do apelido, o colégio era desprovido de árvores. Um grande portão na entrada dava acesso a um extenso corredor. A poucos metros, encontrava-se o teatro Fênix Dramática, palco de comédias. Mais à frente, próximo à praia, erguia-se o convento de N. Srª da Ajuda, que dera nome à rua.[16]

Escragnolle Dória, da Bahia, foi colega de Euclides no curso do Colégio Aquino e depois na Escola Militar da Praia Vermelha. Dória conheceu Euclides quando este tinha dezessete anos, nos seus tempos de bicho, como eram chamados os estudantes dos preparatórios. Guardou a imagem de um rapaz moreno, baixo, com olhos vivos, muito falante, mas sujeito a oscilações bruscas de ânimo e humor: "Imaginoso, acessível, trabalhador. Cheio de ímpetos, de sobressaltos, de ascensões à energia e à fantasia, de descidas ao desânimo. Irregular, assimétrico de alma, mas original, escravizante de simpatia".[17]

Euclides admirava os poetas românticos, sobretudo o Fagundes Varela de *Vozes da América*. Gostava de recitar "Mauro, o escravo", o longo poema narrativo de Varela. Herói rebelde e romântico, descendente de africanos, dos quais herdou a coragem sobre-humana, Mauro mata o filho do senhor para vingar a morte da irmã. Varela seguia, como Castro Alves, a tradição do negro nobre da literatura francesa, personificada por Bug-Jargal, do romance de mesmo nome de Victor Hugo. O Bug-Jargal de Hugo se sacrificava pelo amor por uma mulher branca e a fidelidade aos antigos senhores, em meio à rebelião dos escravos, como ele, que se levantaram contra o domínio francês no Haiti.[18]

Euclides e seus colegas simpatizavam com a causa abolicionista, que era agitada, em artigos de jornal e em comícios e manifestações, por Joaquim Nabuco, José do Patrocínio, André Rebouças e Luís Gama. Mas a denúncia dos horrores do tráfico ou a exposição da crueldade dos senhores, comuns na poesia romântica, evocavam temas caros aos colegiais e estudantes: a perda de raízes, a nostalgia das origens e a ausência de liberdade. Os colegiais e estudantes, que os veteranos chamavam de bichos e que os professores e diretores dos internatos e escolas militares submetiam a dura disciplina, também se sentiam cativos, como os escravos sofredores e rebeldes de Varela e Castro Alves.

Euclides e Dória tinham aulas de matemática com Benjamin Constant,* que iriam reencontrar no estabelecimento militar, já convertido em líder político da mocidade revolucionária. Suas lições provocavam admiração em Euclides, que se dedicava ao estudo da matemática, necessária para a carreira de engenheiro, que pretendia seguir.

As aulas de Benjamin eram bastante concorridas e muitos vinham assistir a elas apenas por gosto, inclusive o próprio diretor do colégio, João Pedro de Aquino, sempre vestido de preto, com um charuto entre os lábios. O mestre não se preocupava em seguir o tempo regulamentar, mas ninguém ousava dar o menor sinal de advertência. Distraído, entretido com o assunto, seguia com suas lições até se dar conta de que havia excedido o horário.

O primeiro artigo de Euclides, "Em viagem", foi publicado em 4 de abril de 1884, em *O Democrata*, folha de duas páginas que os alunos do curso preparatório editavam a cada dois meses. Participavam da redação Escragnolle Dória, Eurico Jaci Monteiro,

---

* Personagem relevante na formação cientificista e política de Euclides da Cunha, Benjamin Constant aparecerá em vários momentos do texto. Alguns deles conterão variantes do mesmo tema e certamente passariam por reelaborações.

depois engenheiro na Repartição de Obras Públicas, e Manuel Francisco de Azevedo Júnior.

Euclides já mostrava, em seu artigo, o mesmo interesse pela natureza que o acompanhou por toda a vida. Tratou de temas frequentes em sua obra literária e científica, como a idealização da natureza, ameaçada pelo avançar do progresso e da civilização. Comentava o percurso do bonde puxado por cavalos, que tomava para ir até o colégio, de onde via as encostas cobertas de mata. Sua prosa artística transfigurava a paisagem à sua volta numa explosão de sons e cores, em que, no esplendor da primavera, a vida palpitava:

> Guiam-me a pena as impressões fugitivas das multicores e variegadas telas de uma natureza esplêndida que o *tramway* me deixa presenciar de relance quase.
>
> É majestoso o que nos rodeia — no seio dos espaços palpita coruscante o grande motor da vida; envolta na clâmide cintilante do dia, a natureza ergue-se brilhante e sonora numa expansão sublime de canções, auroras e perfumes... A primavera cinge, no seio azul da mata, um colar de flores e o sol oblíquo, cálido, num beijo ígneo, acende na fronte granítica das cordilheiras uma auréola de lampejos... por toda a parte a vida...

Euclides introduzia, neste quadro quase idílico, um tom lúgubre ditado por sua sensibilidade romântica. Por entre as paisagens deslumbrantes dos morros cariocas, via a estrada de ferro, que rasga a natureza e degrada sua beleza, antecipando o domínio da cidade sobre a floresta:

> [...] uma ideia triste nubla-me este quadro grandioso — lançando para a frente o olhar, avisto ali, curva sinistra, entre o claro azul da floresta, a linha da locomotiva, como uma ruga fatal na fronte da natureza...

> Uma ruga, sim!... Ah! Tachem-me muito embora de antiprogressista e anticivilizador; mas clamarei sempre e sempre: — o progresso envelhece a natureza, cada linha do trem de ferro é uma ruga e longe não vem o tempo em que ela, sem seiva, minada, morrerá! [...]
> Tudo isto me revolta, me revolta vendo a cidade dominar a floresta, a sarjeta dominar a flor![19]

Ao recriar a paisagem em termos literários e filosóficos, Euclides revelava aos colegas de colégio o embate entre natureza e cultura que se desenrolava sob seus olhos no lento trajeto do bonde pelas ruas do Rio de Janeiro.

Euclides escreveu, em 1883, seus primeiros poemas, enquanto cursava o Colégio Aquino. Os poemas foram escritos em um pequeno caderno, a que deu o título de *Ondas — primeiras poesias de Euclydes Cunha*. Escreveu na capa do mesmo caderno: "14 anos". E acrescentou mais tarde, em 1906: "Observação fundamental para explicar a série de absurdos que há nestas páginas". E prosseguia, na advertência ao leitor futuro de seus manuscritos: "Eu tinha 15 anos. Contém, pois, a tua ironia, quem quer que sejas".[20]*

Alguns dos poemas de *Ondas* foram publicados no jornal dos alunos do colégio. Outros só chegaram a ser conhecidos após sua morte. Um dos sonetos, "Amor algébrico", foi criado depois de uma das aulas de Benjamin Constant:

Acabo de estudar e pálido, cansado,
Dumas dez equações os véus hei arrancado,
Estou cheio de spleen, *cheio de tédio e giz.*[21]

---

* As datas discrepantes deste parágrafo são encontradas assim mesmo, no original de *Ondas*. As poesias estão datadas de 1883 e 1884, quando o autor teria então entre dezessete e dezoito anos. A explicação para esse jogo de datas ainda está por ser construída.

Recitava seus versos para Manuel Francisco de Azevedo Júnior, colega do colégio, cuja casa frequentava. Os pais de Manuel, Josefina Grinaldi e Manuel Francisco de Azevedo, funcionário da companhia ferroviária Leopoldina, moravam em uma ampla casa, com jardim, no largo da Lapa, próximo da Biblioteca Nacional e do Cassino Fluminense.[22]

Tinha à tarde aulas de história com Teófilo das Neves Leão. Os relatos de Leão sobre a Revolução Francesa lhe inspiraram os quatro poemas dedicados a Danton, Marat, Robespierre e Saint--Just. Sua galeria de heróis mostra a predileção pela atuação dos jacobinos, partidários da ditadura da salvação pública, que dominaram a cena política francesa de 1792 a 1794 e implantaram o terror como política de Estado. Eram chamados de jacobinos por terem criado um clube revolucionário, que se reunia na biblioteca do convento dos Jacobinos, na rua Saint-Honoré, em Paris. Os jacobinos denunciaram e condenaram à morte os suspeitos de traição à Revolução, que foram executados em guilhotinas nas praças públicas.

Euclides concebeu, nos sonetos sobre a Revolução Francesa, o indivíduo como herói ou gênio, capaz de mudar, com suas ações, o curso da história. Sobre Saint-Just, presidente da Convenção, que defendeu o terror e a suspensão das garantias constitucionais, escreveu em seu caderno:

Quando à tribuna ele se ergueu, rugindo, [...]
E a luz do gênio em seu olhar fulgindo,

A tirania estremeceu nas bases, [...]

E a Europa — o mundo — mais que o mundo, a França —
Sentiu numa hora sob o verbo seu
As comoções que em séculos não sofreu!...[23]

A luz do gênio e a luta universal contra a tirania se irradiam, nesse soneto épico, dos discursos de Saint-Just para o mundo, fazendo tremer reis e cortesãos e despertando, em cada peito, uma nova esperança: o Direito.

Euclides lia os românticos franceses, como o poeta Victor Hugo e o historiador Jules Michelet, que haviam escrito sobre a Revolução de 1789. Hugo abordou o período em que a Revolução foi dominada pela Convenção e por líderes jacobinos como Saint-Just no romance histórico *Quatre-vingt-treize* [Mil setecentos e noventa e três], que lançou em 1874. Tratava ainda, no mesmo livro, da guerra na Vendeia, na região oeste da França, em que camponeses católicos se rebelaram contra os republicanos e revolucionários. Michelet foi um dos criadores do imaginário revolucionário do século XIX, que inspirou Euclides e muitos republicanos brasileiros, com sua *Histoire de la Révolution Française* (1847-53).

Euclides se sentia desajustado no mundo urbano e civilizado, em que a beleza e a moral se degradavam, ameaçando a linha reta da inteireza de caráter e do dever. Adotava uma postura romântica diante da vida e da história, com sentimentos que oscilavam entre a utopia e a melancolia. Escreveu, em maio de 1908, a seu amigo, o diplomata e historiador Oliveira Lima: "Reivindico [...] o belo título de último dos românticos, não já do Brasil apenas, mas do mundo todo, nestes tempos utilitários!".[24]

Tais ideais românticos e revolucionários marcaram Euclides não só nos tempos de estudante, no Colégio Aquino, com os artigos e poemas em *O Democrata*, ou na Escola Militar, quando publicou na *Revista da Família Acadêmica*. Fizeram-se presentes em sua obra, tanto nos artigos de jornal e ensaios políticos quanto nas reportagens sobre a Guerra de Canudos, para *O Estado de S. Paulo* em 1897, que deram origem ao livro que o consagraria como escritor.

Mas o romantismo de Euclides ia porém muito além de seus escritos. Adotou, em sua vida, atitudes extremadas e gestos arrebatados, com atos de heroísmo e abnegação, em que colocou a defesa de princípios éticos e de crenças políticas acima dos interesses pessoais. Protestou, de forma solitária, contra a Monarquia na Escola Militar, o que lhe custou o desligamento do Exército em dezembro de 1888. Perseguiu suas missões e encargos profissionais de forma obstinada, como na exploração do rio Purus em 1905, que levou a termo apesar dos inúmeros obstáculos, que colocaram em risco sua vida e a dos demais membros da expedição. Mais do que um poeta romântico, tentou ser, ele próprio, um herói, que perseguia visões inspiradas nos romances e narrativas da Revolução Francesa que lera na juventude.

2.

Praia Vermelha

Mal tenho vinte e um anos
E sou um velho poeta — a dor e os desenganos
Sangraram-me mui cedo; a minha juventude
Rio de Janeiro, janeiro de 1888

Euclides entrou em 1885 no curso preparatório da Escola Politécnica, no largo de São Francisco, no Rio. Ingressou, no ano seguinte, na Escola Militar da Praia Vermelha, que tinha a vantagem, para estudantes com poucos recursos como Euclides, de pagar soldo, além de fornecer alojamento, comida e parte dos uniformes.

O engenheiro Alberto Rangel, que foi seu colega na Escola Militar, comentou, em suas memórias inéditas, a origem humilde de grande parte dos cadetes, entre os quais eram raros os filhos de famílias da elite civil:

> A maioria provinha de gente paupérrima, órfãos desamparados ou filhos de pequenos agricultores, militares, negociantes ou funcionários que roíam o osso dos respectivos soldos, pensões e pequenos ordenados; sendo muitos deles forçados a

mandarem os descendentes à tarimba, que nada lhes custaria, para lhes dar uma situação quiçá mais segura e porventura mais gloriosa que outra qualquer carreira.[1]

Alguns dos cadetes vinham de importantes famílias militares, como Gama e Lobo, Lima e Silva, Mena Barreto, Silva Tavares, Niemeyer, Argolo e Fonseca, Saldanha da Gama. Um dos Saldanha, descendente do marquês de Pombal e do conde da Ponte, que fora governador da Bahia, matriculou-se junto com Euclides e Rangel, mas logo deixou a escola, após ter sido fuzilado com cartuchos de areia pelos veteranos, porque fora visto fardado acompanhado de mulher perdida...

A Escola Militar se erguia como construção fortificada, com três baluartes, cercada por majestosos rochedos de ambos os lados, os morros da Urca e da Babilônia. À direita da escola, que fechava o acesso à Praia Vermelha, erguia-se um sobrado amarelo, que os cadetes chamavam de expoente, já que lembrava, pela altura e posição, os números que indicam na matemática a potência a que se deve elevar outro número.

A escola se tornara, após a Guerra do Paraguai, um centro de estudos científicos, sobretudo matemáticos. A reforma do ensino militar de 1874 havia liberado o Exército da tarefa, que tinha desde 1810, de formar engenheiros para as atividades civis. Os engenheiros civis continuaram a estudar na antiga Escola Central, que passou a se chamar Escola Politécnica, no largo de São Francisco.

A reforma centralizou os estudos militares na Praia Vermelha, que ficou responsável pelos cursos de infantaria e cavalaria e de artilharia e pela formação dos oficiais para os corpos de Estado-Maior e de engenharia. A matemática predominava no currículo da Escola Militar, o que favorecia a formação em engenharia militar, mas se tornava prejudicial ao preparo dos oficiais, os quais recebiam um ensino sobretudo teórico. Os ensinamentos práticos e os aspectos propriamente militares do curso ficavam limitados a exercícios de infantaria e a algumas aulas práticas de artilharia e cavalaria.[2]

O positivismo de Auguste Comte se fazia presente graças à ação pregadora de Benjamin Constant, que entrara para a escola em 1872 como professor de álgebra, geometria e cálculo. Ao se apresentar para concurso, Benjamin marcara sua independência política, ao proclamar perante a banca examinadora, na presença de d. Pedro II, suas convicções positivistas. Expunha, em suas aulas na Escola Militar, sínteses expositivas e formulações filosóficas, que despertavam o entusiasmo dos estudantes.[3]

Euclides passou por exame médico para entrar na escola, que o considerou apto para o serviço do Exército, apesar da tuberculose que trazia da infância. Matriculou-se, em 26 de fevereiro de 1886, no primeiro ano do curso superior. Apresentou certidão de aprovação em português, francês, inglês, geografia, história, aritmética, geometria e desenho elementar e geométrico, que cursara no Colégio Aquino, e nas matérias da aula preparatória da Escola Politécnica, comprovando os três anos de curso preparatório necessários para ingresso.[4]

O oficial que fazia o registro de praças anotou os seguintes dados no livro da escola:

> Euclides Rodrigues da Cunha, filho de Manuel Rodrigues Pimenta da Cunha, nasceu em 1866, natural do Rio de Janeiro, cor morena, cabelos castanhos lisos, olhos pardos, ofício nenhum, estado solteiro e altura 1,65 m.[5]

Foi incluído na 2ª Companhia, como o cadete de número 308, com soldo de 3500 réis, e recebeu o uniforme de brim pardo usado pelos cadetes.[6] Estava incorporado à grande academia do Exército, com os benefícios de uma educação gratuita.

Entrou, junto com outros cadetes, em uma saleta da casa anexa, onde se fazia a cerimônia de ingresso. Viu-se diante da bandeira verde e amarela do Império, com seus ramos de fumo e café, os braços vermelhos da cruz de Cristo e a esfera de ouro manuelina. Jurou fidelidade à bandeira e ao imperador d. Pedro II. Ouviu a seguir a leitura nada tranquilizadora dos artigos de guerra, criados pelo conde de Lippe em 1763, que ainda eram utilizados pelo Exército brasileiro. As faltas disciplinares eram contempladas com severas punições, que incluíam desde pranchadas até a pena de morte por enforcamento ou por tiros de arcabuz.[7]

A escola era um centro de irradiação de ideias positivistas, evolucionistas e republicanas. O positivismo do filósofo francês Auguste Comte e o evolucionismo do inglês Herbert Spencer foram as duas concepções científicas e filosóficas a que Euclides aderiu como cadete da Escola Militar e jovem oficial do Exército no início dos anos 1890. Suas convicções filosóficas e políticas se fortaleceram ao reencontrar Benjamin Constant, seu antigo professor do Colégio Aquino.

Positivista não ortodoxo, que se tornaria um dos líderes do golpe militar que proclamou a República, Benjamin ensinava não apenas a equação da linha reta, mas falava de assuntos filosóficos e políticos, como as leis que regem a sociedade e comandam a história ou a ciência que racionaliza o governo dos povos e lhes ilumina o futuro. Assim comentou Cândido Mariano Rondon, colega de Euclides, a influência do mestre: "Benjamin Constant operava o prodígio quase sobre-humano de transfigurar a sua cátedra de Geometria Algébrica em altar levantado à mais pura idealização da pátria".[8]

A Revolução Francesa serviu a Euclides e aos republicanos de inspiração para a derrubada do Antigo Regime, representado no Brasil pela realeza hereditária e por uma Monarquia constitucional acusada de arbítrio político, sobretudo em suas relações com o Exército. Essa mistura de credos — Revolução Francesa e filosofias positivista e evolucionista — reforçava a fé do jovem cadete na evolução da humanidade, que deveria se dar através de uma série linear de etapas históricas. A República surgia, aos seus olhos, como a salvação da nação brasileira, que traria a reparação da honra da corporação, cujos membros se sentiam indignados com os baixos salários e a lentidão nas promoções.

Mas a República era também a mulher amada, com que os cadetes sonhavam. Essa personificação feminina da República, meio revolucionária e meio romântica, foi um dos traços que os republicanos brasileiros trouxeram da França. Euclides e seus colegas tinham predileção pela poesia romântica e admiravam o poeta Victor Hugo, cuja morte em 1885 foi pranteada na Escola Militar.

[...]

Euclides obteve boas notas nos dois primeiros anos do curso e esperava receber a promoção ao posto de alferes-aluno, reservada aos melhores estudantes, que dava direito a farda especial e a aumento de soldo. Foi aprovado, no início de 1887, com nota 8 em álgebra superior, geometria analítica e cálculo diferencial e integral; 9 em física experimental e química inorgânica; 7 em desenho topográfico e 8 em exercícios práticos. Concluiu, no início de janeiro de 1887, o curso de cavalaria e infantaria e tirou, no dia 5, dois meses de licença para tratar de assuntos particulares na província do Rio de Janeiro.

Retornou à escola em 3 de março para o início do segundo ano do curso. Recebeu, no ano de 1887, as seguintes notas: 8 em tática, estratégia, história militar, castrametação, fortificação e noções de balística; 7 em direito internacional aplicado às relações de guerra, noções de direito natural e direito público, direito militar e análise da Constituição do Império; e 7 em desenho.

Teve problemas de saúde durante o curso na Praia Vermelha. Em 1886, ficou internado com colite por três dias, de 3 a 6 de novembro. No ano seguinte, ficou internado três vezes na enfermaria, em períodos que duravam de dois a três dias. Tirou, em 4 de janeiro de 1888, licença de sessenta dias para tratamento de saúde e passou mais três dias na enfermaria, de 18 a 20 de julho. Voltou à escola, em 2 de março, para mais um ano letivo, em que iria dar uma guinada em sua vida.[9]

[...]

A Assembleia Geral Legislativa foi reaberta em 3 de maio de 1888.* Em frente ao Senado e em suas imediações havia grande concentração de pessoas. À entrada do edifício, os membros do Ministério e os deputados e senadores favoráveis à abolição eram saudados com júbilo. Dentro do Senado, uma multidão se apertava nas galerias, salas e corredores. Todos esperavam que a princesa regente anunciasse, na sessão de abertura, a tão aguardada e ao mesmo tempo tão temida libertação dos escravos.

A princesa Isabel chegou de carro à uma hora da tarde. Foi aplaudida com grande entusiasmo e muitos vivas foram dados à Sua Alteza. Acompanhada do conde d'Eu, entrou no Senado e tomou assento em uma poltrona colocada abaixo do estrado do trono. Das galerias, flores eram atiradas sobre a princesa, que iniciou a leitura da Fala do Trono. Comentou a melhoria da saúde de seu pai, d. Pedro II, que se encontrava na Itália em busca de tratamento para a diabetes, mas que esperava logo poder regressar à pátria. Tratou, a seguir, do assunto que agitava o governo e a opinião pública:

---

* O texto passa a apresentar uma descrição do ambiente na corte nos dias próximos à abolição. Observe-se a semelhança das manifestações dos dias 3 (leitura da Fala do Trono) e 13 (assinatura da Lei Áurea), inclusive na repetição dos ramos de camélia, flor que, cultivada no quilombo do Leblon, se tornou símbolo da luta contra a escravidão. A esse respeito, ver *As camélias do Leblon e a abolição da escravatura*, de Eduardo Silva (Companhia das Letras, 2003).

A extinção do elemento servil, pelo influxo do sentimento nacional e das liberalidades particulares, em honra do Brasil adiantou-se pacificamente de tal modo, que é hoje aspiração aclamada por todas as classes, com admiráveis exemplos de abnegação da parte dos proprietários.

Quando o próprio interesse privado vem espontaneamente colaborar para que o Brasil se desfaça da infeliz herança que as necessidades da lavoura haviam mantido, confio que não hesitareis em apagar do direito pátrio a única exceção que nele figura, em antagonismo com o espírito cristão e liberal das nossas instituições.

E anunciava a esperança no início de uma nova era de progresso e prosperidade, que seria aberta com a emancipação:

Mediante providências que acautelem a ordem na transformação do trabalho, apressem pela imigração o povoamento do país, facilitem as comunicações, utilizem as terras devolutas, desenvolvam o crédito agrícola e aviventem a indústria nacional, pode-se asseverar, que a produção, sempre crescente, tomará forte impulso e nos habilitará a chegar mais rapidamente aos nossos auspiciosos destinos.[10]

Quando a princesa terminou seu discurso, uma explosão de alegria rebentou no salão do Senado. O casal imperial foi aplaudido por mais de quinze minutos e foi coberto por uma chuva de flores. Sua Alteza recebeu muitos ramos de flores, dentre eles um dos jornalistas do *Diário de Notícias*, e um de camélias, que lhe foi entregue por um menino, filho do abolicionista João Clapp, em nome dos escravos do quilombo do Leblon.

A princesa e o conde foram ovacionados, à saída do Senado, pela multidão que os aguardava nas ruas cobertas de flores e enfeitadas por bandeiras. No caminho para a estação de trem, que os levaria a Petrópolis, o casal imperial recebeu da filha do diretor do Colégio Ítalo-Brasileiro um ramo de flores. Girândolas de foguetes subiram ao ar e o povo levantava vivas, acompanhando o carro que transportava a princesa Isabel.

Os membros do gabinete, como os conselheiros João Alfredo e Tomás Coelho, também foram aclamados. Quando o conselheiro Dantas apareceu à porta do Senado, acompanhado de Joaquim Nabuco, as pessoas irromperam em uma ovação delirante, atirando grandes buquês e tentando abraçá-los.

O senador Dantas falou, das janelas do Senado, reafirmando o compromisso que assumira de empregar todos os seus esforços em favor da abolição. Joaquim Nabuco discursou a seguir. Lembrou que o momento era de paz, sem que houvesse vencedores ou vencidos. Via hoje todos congregados para saudarem a bandeira que tremulava aos ventos da liberdade e que dava a redenção aos cativos. Falaram ainda o deputado Afonso Celso Júnior, o jornalista José do Patrocínio, que falou da rua sobre uma cadeira, e o líder abolicionista João Clapp.

[...]

A sessão de abertura das Câmaras foi a primeira das grandes comemorações populares pela abolição da escravatura. A *Gazeta de Notícias* considerou a manifestação como a maior já ocorrida no segundo reinado: "Nunca, nunca se viu tal entusiasmo, tão sincero e tão veemente!".

O ministro da Agricultura, Rodrigo Silva, leu na Câmara, em 8 de maio, a lei que extinguia o cativeiro, proposta pelo gabinete conservador de João Alfredo. Sua aprovação na Câmara no dia 10 foi comemorada pela plateia que lotava as tribunas e galerias, jogando flores sobre os ministros e deputados. Um representante da Confederação Abolicionista entrou no salão e ofereceu um grande ramo de flores ao presidente da Câmara.

A multidão seguiu em festa pelas ruas Primeiro de Março e do Ouvidor, acompanhada por banda de música e pelos estandartes das sociedades abolicionistas. O cortejo parou, na rua do Ouvidor, em frente às redações dos jornais, de onde foram proferidos discursos e levantados muitos vivas.

Machado de Assis, em sua coluna na *Gazeta de Notícias*, olhava com ironia a euforia que tomara conta da cidade. Imaginava conversar com alguém que achava que a abolição não iria mudar o caráter autoritário das elites políticas:

— Aposto que não vê que anda alguma coisa no ar.

— Vejo; creio que é um papagaio.

— Não, senhor; é uma república. Querem ver que também não acredita que esta mudança é indispensável?

— Homem, eu, a respeito de governos, estou com Aristóteles no capítulo dos chapéus. O melhor chapéu é o que vai bem à cabeça. Este, por ora, não vai mal.

— Vai pessimamente. Está saindo dos eixos; é preciso que isto seja, senão com a monarquia, ao menos com a república, aquilo que dizia o *Rio-Post* de 21 de junho do ano passado. Você sabe alemão?

— Não.

— Não sabe alemão?

E dizendo-lhe eu outra vez que não sabia, ele imitando o médico de Molière, dispara-me na cara esta algaravia do diabo:

— *Es dürfte leicht zu erweisen sein, dass Brasilien weiniger eine konstitutionelle Monarchie als eine absolute Oligarchie ist.*

— Mas que quer isto dizer?

— Que é deste último tronco que deve brotar a flor.

— Que flor?

— As.[11]

O personagem dizia em alemão, de forma cifrada para os leitores da crônica: "Seria fácil provar que o Brasil é mais uma oligarquia absoluta do que uma Monarquia constitucional". A conversa se encerrava com palavras enigmáticas que indicavam a expectativa de uma transformação política desencadeada pela extinção do cativeiro — a flor que nasceria do tronco.

Após ter sido aprovado na Câmara, o projeto de abolição foi votado no Senado no dia 13, em sessão com as galerias lotadas. Uma salva de palmas irrompeu assim que a lei foi sancionada. Os senadores foram cobertos por uma chuva de flores, que se acumulavam sobre o tapete. Vivas foram levantados aos senadores, ao gabinete, à princesa Isabel e à abolição. Passarinhos e pombos foram soltos no salão. Uma comissão da Confederação Abolicionista entregou ao senador Dantas e ao presidente do conselho coroas de louro com espigas de ouro e um ramo de flores ao presidente do Senado.[12]

A multidão reunida em frente ao Senado saiu em desfile pela rua do Ouvidor, acompanhada por duas bandas de música e pelos estandartes da Confederação Abolicionista. Das redações dos jornais, cujos edifícios se encontravam enfeitados com panos e bandeiras, flores eram jogadas sobre os passantes.

O cortejo se dirigiu ao Paço da cidade, onde a princesa regente ia assinar a Lei Áurea. Uma comissão da Confederação, da qual faziam parte João Clapp, Joaquim Nabuco, Afonso Celso Júnior e José do Patrocínio, subiu para uma das salas, onde aguardou a chegada de Sua Alteza. Em outra sala, uma comissão do Senado aguardava a princesa para a assinatura da lei.

A princesa chegou pouco antes das três horas, anunciada por gritos da multidão, que em delírio a aclamava. Subiu, acompanhada de seu marido, as escadas do Paço, em que alas de senhoras atiravam flores.

Na sala do trono, a comissão do Senado apresentou à Sua Alteza os autógrafos da lei. À direita do trono estavam os ministros e à esquerda, as damas e os camareiros. O senador Dantas, relator da comissão, tomou a palavra. Foi seguido pela princesa, que respondeu, muito comovida, com os olhos cheios de lágrimas:

> Seria hoje o dia mais feliz de minha vida, se meu extremoso pai não se achasse enfermo; mas espero em Deus que em breve ele regresse bom à nossa pátria.

Às três e meia da tarde, na sala ao lado do recinto do trono, a princesa Isabel assinou a Lei Áurea com uma caneta de ouro coberta de pedras preciosas. Com apenas dois artigos, extinguiu a escravidão e libertou 750 mil escravos, cerca de 10% da população negra do país:

> Art. 1º: É declarada extinta desde a data desta lei a escravidão no Brasil.
> Art. 2º: Revogam-se as disposições em contrário.

Milhares de pessoas aguardavam, no largo em frente ao Paço, a aparição da princesa regente, que chegou a uma das janelas. A multidão ergueu vivas à Sua Alteza e João Clapp lhe entregou, em nome da Confederação Abolicionista, um ramo de violetas e camélias artificiais, em cujas fitas de seda branca lia-se o dístico:

> Libertas alma mater
> A Srª Imperial Regente, a Confederação Abolicionista
> 13 de maio de 1888[13]

Outro representante da Confederação entregou à princesa um ramo de camélias cultivadas no quilombo do Leblon. José do Patrocínio destacou, em seu discurso, que o ato de Sua Alteza satisfazia a mais justa, a mais santa e a mais nobre aspiração do povo brasileiro.

Depois que a princesa se retirou, Joaquim Nabuco falou, de

uma das janelas do Paço, para congratular-se com o povo pelo glorioso acontecimento. Seguiram-se discursos de Clapp, Patrocínio e Dantas, todos eles aplaudidos com entusiasmo.

Formou-se um cortejo, composto das associações abolicionistas, com os respectivos estandartes, que seguiu, acompanhado de grande multidão, para a rua do Ouvidor, onde bandas de música tocaram durante todo o dia. Discursos foram proferidos das janelas dos jornais, que foram iluminados à noite. Às sete horas, a banda de música dos marinheiros desfilou pela rua do Ouvidor. Seguiu-se uma marcha com tochas — *marche aux flambeaux* — dos estudantes das escolas naval, politécnica, de medicina e da Escola Militar da Praia Vermelha, na qual estudava Euclides.

A princesa Isabel retornou a Petrópolis após a assinatura da Lei Áurea. Foi recebida na cidade serrana por centenas de pessoas, que jogavam flores, soltavam foguetes e davam vivas à abolição. O percurso da comitiva real entre a estação e o palácio se tornou um desfile triunfal. Pétalas de flores choviam das sacadas das casas e músicos tocavam nas ruas. A multidão desatrelou os cavalos do coche a fim de puxá-lo com as mãos, mas a princesa se recusou e continuou o trajeto a pé. Do palácio, a princesa seguiu a pé para a igreja, acompanhada de um grupo de ex-escravos que carregavam tochas, onde rezou pelos pais distantes na Europa.[14]

As comemorações se estenderam por uma semana, tomando de júbilo todas as cidades do país. "É um delírio", comentava a *Gazeta de Notícias*, "um verdadeiro delírio em que, como que se sente o pulsar vertiginoso do coração da pátria, engrinaldada de louros pela soberana conquista da liberdade."[15]

Os cadetes da Escola Militar desfilaram, com seus estandartes, nas noites de 14 e 16 de maio, precedidos por banda de música. Na Secretaria da Agricultura, os funcionários homenagearam no dia 16 o ministro Rodrigo Silva, que apresentara à Câmara o projeto de lei. Coberto de flores por seus funcionários,

Rodrigo Silva foi saudado pelo escritor Machado de Assis, chefe de seção, que encerrou seu discurso com as palavras:

> Todos os vossos empregados, que eram vossos amigos agradecidos pela elevação do trato e confiança com que hão sido acolhidos, são hoje vossos admiradores pelo imorredouro padrão de glória a que ligastes vosso nome, referendando a lei que declarou para sempre extinta a escravidão no Brasil.

O dramaturgo Artur Azevedo leu, para o ministro, um soneto jocoso que compusera para a ocasião, em que pedia que a liberdade concedida aos escravos fosse estendida aos funcionários da secretaria:

> *Os mesmos sentimentos delicados*
> *Que hoje vos dão direito a honrada lenda,*
> *Oh! Providência dos escravizados!*
>
> *Apelo (e o vosso coração me atenda!):*
> *Estendei para os vossos empregados*
> *A mão que a Liberdade referenda!*[16]

Os festejos prosseguiram com missa campal no campo de São Cristóvão, na quinta-feira, 17 de maio, com a presença da princesa regente e de seu esposo. No dia seguinte, o Derby Club realizou corrida de cavalos promovida pelos jornais fluminenses, com páreos que homenageavam os que contribuíram para a abolição: Joaquim Nabuco, José do Patrocínio, Ministério Dez de Março, Princesa Imperial. Os teatros Politeama e o Recreio Dramático deram espetáculos gratuitos. As festas prosseguiram no fim de semana, com a queima de fogos de artifício em vários pontos da cidade e bailes populares no largo do Paço e no campo da Aclamação.

Os festejos no Rio de Janeiro tiveram, como ponto alto, o

grande desfile organizado pela imprensa no domingo, 20 de maio. Todos os grupos das elites ou das camadas urbanas estiveram representados: jornais e revistas, repartições públicas, clubes, sociedades e associações profissionais, escolas e colégios. Os únicos ausentes da festa eram os ex-escravos, cuja libertação era comemorada.

Sob um céu cor de chumbo, carregado de nuvens, os participantes do desfile começaram a se reunir no campo da Aclamação às onze horas da manhã. Assistido por Suas Altezas Imperiais e por seus filhos das janelas do Paço da cidade e da Câmara Municipal, o desfile teve início pouco depois de uma hora da tarde. Foi aberto por membros da comissão da imprensa, que saudaram a primeira brigada do Exército.

O cortejo entrou às duas horas da tarde na rua do Ouvidor, por entre alas compactas de pessoas e sob uma chuva de flores. Um grupo de jornalistas passou a cavalo, seguido de guarda de clarins e de bandas de música policiais e militares. Seguiu-se o general Deodoro, montado em seu cavalo, que foi muito aclamado. Desfilaram o corpo de marinheiros, os cadetes da Escola da Marinha, o corpo de fuzileiros navais e os operários do arsenal da Marinha.

Passou a comissão do Clube dos Democráticos, seguida de carros com os alunos dos colégios e liceus e com os estandartes dos comerciantes, dos imigrantes italianos e das sociedades beneficentes. Desfilaram a pé os operários da companhia construtora e a banda de música que precedia o pessoal da alfândega.

Os esquadrões e bandas da primeira brigada foram saudados com muitas palmas e cobertos de flores. Passaram, depois da brigada, os alunos da Fábrica de Flores Orfanológica, que traziam um carro alegórico com os dizeres: *A caridade não tem pátria*. Seguiu-se outra comissão da imprensa, a que se juntou José do Patrocínio, acompanhado por seu filho pequeno, que recebeu muitas flores.

Sucederam-se comissões de funcionários públicos, carros de clubes e associações, como a Confederação Abolicionista e o Clube de Gutenberg, que trazia o busto do inventor da imprensa. Alunos e professores da Escola Politécnica conduziam o carro com uma alegoria à Liberdade. Passaram, a seguir, os jóqueis do Derby Club, montados em magníficos cavalos, e os alunos da Escola da Marinha e da Escola de Medicina.

Todos os jornais e revistas enviaram carros com representantes, que foram muito aplaudidos. A *Gazeta de Notícias*, com Ferreira de Araújo e seu principal cronista Machado de Assis, a *Cidade do Rio*, o *Jornal do Comércio*, o *Diário de Notícias*, a *Gazeta de Notícias*, a *Gazeta da Tarde*, o *Diário de Notícias*, da Bahia, o *Apóstolo*, a *Revista Ilustrada* e *The Rio News*. Artur Azevedo passou, com a família, no carro das *Novidades*.

O jornalista Ernesto Sena exibia, no carro do *Jornal do Comércio*, o original da Fala do Trono, que a princesa Isabel tinha lido na abertura das Câmaras no início de maio. Os cadetes da Escola Militar, com uniforme e estandarte, desfilaram depois dos representantes da imprensa.

O desfile saiu do campo da Aclamação e passou pelo largo de São Francisco e pelas ruas do Ouvidor e Primeiro de Março até o largo do Paço, onde foi saudada a princesa regente, a quem se ofereceram muitas flores.[17]

[...]

Benjamin Constant, professor de Euclides na Escola Militar, foi promovido a tenente-coronel no final de maio, pouco após os festejos da abolição. Obteve o posto por antiguidade, após ter permanecido quase treze anos como major. Os estudantes resolveram homenagear o mestre, muito admirado por suas convicções positivistas. A manifestação aproximou Benjamin dos cadetes e jovens oficiais, que compunham a mocidade militar, simpatizante do movimento republicano.

Benjamin costumava ir à paisana até a escola, só vestindo o uniforme na casa do porteiro, antes de entrar no edifício. No dia

9 de junho, ao se trocar, descobriu que as divisas de major haviam sido trocadas pelas de tenente-coronel e seu boné substituído por um novo. Teve nova surpresa ao entrar na escola. Passou, do portão até a sala de aula, por fileiras de alunos que lhe jogavam pétalas de rosas. Encontrou sua sala completamente lotada e recebeu dos estudantes três rodadas de vivas e palmas. Comovidíssimo, agradeceu a homenagem.

Benjamin saiu da escola, após a aula, acompanhado pelos alunos. Foi convidado a tomar o escaler privativo do comandante, que os estudantes fizeram questão de tripular até a praia de Botafogo, substituindo os soldados que desempenhavam tal função. Pôde avistar ainda, do escaler, os estudantes na praia da Saudade, que davam vivas e batiam palmas.

Mas as homenagens ao professor não haviam terminado. Recebeu de presente, no dia 26, um exemplar encadernado da *Síntese subjetiva*, de Auguste Comte, a bíblia dos positivistas, com a dedicatória: "Ao venerando Mestre Benjamin Constant Botelho de Magalhães. Homenagem dos alunos da Escola Militar da Corte". O livro vinha dentro de um estojo, forrado de couro verde, com o lema positivista inscrito em letras douradas:

O Amor por princípio, e a Ordem por base;
O Progresso por fim.[18]

Chapas de prata enfeitavam os cantos do estojo, onde se liam os nomes dos heróis positivistas: "Humanidade — Descartes 49 — Vauvenargues 11 — Bacon". Crítico da República, Alberto Rangel ironizou a homenagem, que presenciou como cadete: "Foi exposto em *O País* o Alcorão, emplastrado dos dísticos em que costuma exprimir-se tudo quanto pretende a estética no regímen sectário que se importava".[19]

Euclides cursava o terceiro ano na Escola Militar. Foi transferido, em 5 de junho, para a 1ª Companhia, com o número 188, e foi nomeado, em 27 de setembro, sargento da Companhia por proposta do comandante.

Mas a disciplina da escola, com horários rígidos para as aulas e os estudos, atormentava Euclides, que não se adaptava aos rigores da vida de caserna. Em agosto, três meses antes de seu protesto ao ministro da Guerra, revelava, em algumas notas escritas em um caderno, seu embate para conter o gênio explosivo:

> Dominar-me! Este trabalho de Hércules que a minha consciência a todo o instante impõe-me, constitui aqui — às vezes — o meu único esforço durante dias seguidos; é uma luta cruel que sempre reflete em meus estudos uma perturbação bastante sensível!... Feliz de mim se conseguir acumular no cérebro força bastante para equilibrar a do coração — pois que para mim dominar a violência é mais difícil e mais perigoso que subjugar um touro.

Mostrava, em outra anotação da Praia Vermelha, o esforço que despendia para conseguir se conter com os colegas:

> Não amanheci bom; amolei-me cedo com um colega — que tem a propriedade de irritar sempre o meu gênio mau e irascível; levantei-me até disposto (valha a verdade) a expandir o meu mau humor numa tourada, dominei-me, porém, e bem foi que isso se desse para que nesta dolorosa comédia eu não começasse representando o triste papel de capadócio.[20]

Espada contra coroa

O Clube Militar foi fundado em 26 de junho de 1887, em reunião no salão principal do Clube Naval. Muitos dos cadetes e oficiais presentes à reunião se opunham à escravidão e alguns à Monarquia. O general Deodoro da Fonseca foi eleito presidente do clube, e o major Benjamin Constant escolhido para tesoureiro. Tinha, como objetivo, representar as forças armadas em suas reivindicações junto ao governo. Os oficiais exigiam do governo o direito de exprimir suas opiniões políticas e se sentiam prejudicados pelos baixos salários e pela lentidão nas promoções, resultantes dos cortes nos orçamentos militares nos últimos anos da Monarquia.

Na Escola Militar, muitos, como Euclides, esperavam em vão subir ao posto de alferes-aluno, a que tinham direito por terem tirado boas notas nos dois primeiros anos do curso. Além de ser o primeiro posto com fardamento especial, representava a ascensão por mérito próprio, com aumento substancial nos vencimentos. Era, como disse um colega de Euclides, o depois general Augusto Tasso Fragoso, "a maior aspiração e a maior glória do estudante militar".[21]

As promoções para o quadro de alferes-aluno não eram concedidas por causa da ausência de vagas, que se tornaram insuficientes a partir de 1881, e pela falta de recursos para aumentar o número de postos. O governo ignorava assim os direitos de três turmas de alunos e prejudicava sobretudo os que vinham de famílias remediadas, como Euclides, sem recursos para frequentar as escolas preferidas pelos filhos das elites, o que contribuía para reforçar sua simpatia pela República.

Os cadetes se sentiam menosprezados pelo governo e pelo Ministério da Guerra, que permitiam que a escola apresentasse condições de higiene deploráveis e fornecesse má alimentação. Reclamavam da comida ruim, muitas vezes estragada, e eram devorados à noite pelos percevejos de infestavam os dormitórios. Era como se estivessem cumprindo pena ou tivessem de passar por longo caminho de provações até obter o diploma e a cinta de oficial.

O descontentamento na Escola Militar já havia sido noticiado pela imprensa, antes do protesto de Euclides. A *Gazeta de Notícias* observou, em julho de 1888, que a situação poderia ser resolvida, mesmo sem o aumento das vagas, com a promoção, prevista em lei, de alguns dos atuais alferes-alunos para o primeiro posto do Exército. Mas o governo descumpria a lei havia mais de um ano e deixara de preencher 65 vagas. O jornal advertia sobre os riscos de tal política: "que não continue o governo a fazer economias à custa dos servidores do Estado, e que faça justiça a quem a merece".[22]

Aos pés do ministro

Euclides foi desligado da carreira militar em 13 de dezembro de 1888, sob o pretexto de incapacidade física. A verdadeira razão foi seu protesto contra a política de promoções no Exército durante a revista dos cadetes da Escola Militar pelo ministro da Guerra, Tomás Coelho. Contou, muitos anos depois, que o protesto fazia parte de um plano de rebelião da escola, combinado com os colegas, com o objetivo de proclamar a República.

O incidente teve início com a chegada ao Rio de Janeiro do propagandista republicano Lopes Trovão em novembro de 1888. Quando o vapor *Ville de Santos* entrava na baía do Rio, alguns alunos da Escola Militar subiram ao baluarte da escola e saudaram Trovão, que retornava da Europa, com vivas e acenos de lenço.[23]

O entusiasmo dos cadetes não agradou ao general Clarindo de Queirós, comandante da escola, que viu no ato uma quebra de disciplina. O general resolveu impedir a saída dos alunos no fim de semana, para evitar que tomassem parte de manifestação contra a Monarquia prevista para o desembarque de Trovão. Marcou assim inspeção das tropas pelo ministro da Guerra, Tomás

Coelho, para o sábado, 3 de novembro. No final da tarde de sábado, a visita foi adiada para a manhã do dia seguinte. Com isso, os alunos ficariam impedidos de tomar parte na recepção, caso fosse realizada na tarde de sábado ou na manhã de domingo, quando o vapor atracasse.

Na manhã de domingo, os cadetes assistiram à missa na capela da escola, com a presença do comandante. Inconformados com a proibição de saída, bateram de tal modo com as armas sobre o assoalho da capela que este cedeu. Quando a sentinela anunciou a chegada do ministro, acompanhado do senador Silveira Martins, foi tocado o clarim de sentido e se fez a formatura dos alunos, que bateram continência para Tomás Coelho.

O ministro examinou as dependências da escola junto com o senador e o general Clarindo e ordenou um exercício de esgrima para o encerramento da visita. Mas os cadetes se recusaram a lutar, com o argumento de que haviam acabado pouco antes a refeição da manhã. Antes da retirada do ministro, tocou-se novamente o clarim para a formação das tropas para a revista.

Tomás Coelho inspecionou as tropas, que marchavam em continência. Durante a revista, Euclides, com 22 anos, saiu de forma, tomou o sabre e tentou quebrá-lo sobre a perna. Não o conseguindo, atirou a arma aos pés do ministro. Assustado, o senador Silveira Martins ergueu o guarda-chuva, na tentativa de se defender.

O ministro reagiu:

— O sr. aluno está muito alterado... Diga-me: o que é que estuda?

— Não estou alterado. Pugno pelos meus direitos. Sou aluno do terceiro ano do curso superior, e há um ano que tenho direito à minha promoção. Estudo mecânica... e estudo muito, mas creia que estou em pleno gozo das minhas faculdades intelectuais.

Respondeu o ministro:

— Não... o senhor está visivelmente superexcitado... Vou fazê-lo baixar à enfermaria.[24]

Alberto Rangel também estava em forma na revista das tropas, com o fuzil Comblain no ombro. Mas, como muitos de seus colegas, não pôde ver o que estava acontecendo: "Quase todos nós só conhecemos do fato, depois da ordem de dispersar".[25]

Depois que Euclides foi recolhido à enfermaria, o general Clarindo deu a ordem de debandar e acompanhou Tomás Coelho até a saída da escola.

E então da 2ª Companhia partiu um grito:

"Viva o dr. Lopes Trovão!"

O comandante voltou e mandou formar a Companhia. Deu a ordem para que os responsáveis pela desordem se apresentassem. Não conseguindo saber quem gritara o viva, responsabilizou o sargento da Companhia. Enquanto isso, outros vivas partiram da 4ª Companhia:

"Viva o dr. Lopes Trovão!"

O general repetiu sua intimação para a apresentação dos culpados. E logo os mesmos vivas partiram da 8ª Companhia. Sem conseguir controlar os cadetes, abandonou a escola montado em seu cavalo.[26]

O general Clarindo só retornou à escola no dia seguinte. Sentia-se consternado com o episódio, que o ferira em sua honra de comandante militar. Havia assumido fazia poucos meses, em junho, a direção da escola.

Sentou-se à sua mesa na sala do comando, abriu o livro de registro da Escola Militar da Corte e tomou a pluma para escrever a ordem do dia de número 66, que seria lida aos cadetes reunidos em forma no pátio:

> Alguns alunos desta Escola, felizmente em limitadíssimo número, pretenderam anteontem à tarde, fazendo uma ma-

nifestação inconveniente, dar a entender que no Corpo a que pertencem predominam os indisciplinados e mal--educados; longe porém de conseguirem o que desejavam, ririam os seus colegas, em grande maioria, que já conheciam o que era educação quando se alistaram no Exército, não os acompanharam no irregular e reprovado procedimento que tiveram, dando assim uma valiosa prova de que sabem respeitar os seus superiores, de que compreendem os deveres disciplinares, e de que julgam com muito acerto não poderem sem menoscabo da própria dignidade e seu dever para a Escola aplaudir os desmandos dos poucos, que, repelidos do seio da família por seus maus precedentes são infelizmente alistados nas fileiras do Exército para se corrigirem pelo que erroneamente pensam que seja este um dos fins de tão nobre instituição.

Achava que os rebeldes haviam desonrado a farda que vestiam, desviando-se do reto caminho do dever. Voltou a escrever:

> No interesse da reputação desta Escola e dos créditos da mocidade que a frequenta lamento profundamente não poder conhecer os poucos que anteontem, desviando-se do reto caminho do dever, mostraram-se pouco zelosos de seus brios como militares; espero, porém, que sejam os seus próprios colegas, quem, com o exemplo de moderação e respeito lhes mostrem que o caminho, que seguem, não é por certo o que trilha o militar, que aspira cingir um dia a banda de oficial, que tanto tem de honrosa, quão árduos são os deveres que impõe as que a usam.[27]

O general Clarindo permaneceu à frente da escola até a proclamação da República, em novembro do ano seguinte. Mas continuou a enfrentar problemas de insubordinação entre os cadetes.

Precisou repreender, no mesmo mês do incidente com Euclides, Tristão de Alencar Araripe Sobrinho, que agiu de forma inconveniente quando prestava o exame oral de trigonometria, óptica, astronomia e geodésia. Mandou prender, em dezembro, por 25 dias na fortaleza de Lage, outro aluno, Lafaiete Barbosa Rodrigues Pereira, que se retirou sem licença da sala de exames, atirando o giz e o apagador enquanto era arguido.[28]

A *Gazeta de Notícias* relatou o protesto de Euclides e comentou o ambiente de revolta entre os cadetes: "Na Escola Militar, não de hoje mas de há muito tempo, lavra o maior descontentamento. Estão ali muitos moços, que, por aprovações em seus estudos, têm adquirido direito à promoção para alferes-aluno — alguns desde 1886; e como é do governo que podiam esperar o reconhecimento desse seu direito, é do governo que se queixam, e com grande soma de razão".[29]

O futuro autor de *Os sertões* foi o centro de uma controvérsia, que se somou aos muitos atritos desde 1884, entre o Exército e o governo, sobre o direito dos militares de exprimirem suas ideias. Alberto Rangel comentou, em suas memórias, o caráter político que foi dado ao gesto do amigo: "Euclides, empurrado, menos pelas Eumênides, que pelos artigos de *O País* e os discursos de Lopes Trovão e de Silva Jardim, avisaria que o Império estava infelizmente com os seus dias contados".[30]

Os jornais do Rio, como *O País* e a *Gazeta de Notícias*, relataram os acontecimentos na segunda-feira, 5 de novembro, sem revelar o nome do cadete envolvido. *O País* considerou o episódio de extrema gravidade:

> Ao saírem os alunos da capela, em ordem de marcha, depois de ouvida a missa, um deles moço distinto e que sempre gozou a consideração dos seus colegas e a animação dos seus professores, acometido inesperadamente de violenta superexcitação nervosa, desrespeitou um dos primeiros postos do Exército,

atirando-lhe aos pés o cinturão e o sabre que anteriormente procurara quebrar.

Mas o jornal, que fazia propaganda pela República, não atribuiu significado político ao ato do cadete, que justificava pelo excesso de estudos, seguindo a versão oficial do ministro da Guerra e do comandante da escola:

> Por informações acima de qualquer suspeita, sabemos que o fato é explicável por excesso de trabalho e má alimentação. A época dos exames está próxima e o aluno a quem nos referimos tem passado as noites em vigílias, debruçado sobre os livros, a procurar-lhes os segredos que o habilitem a conquistar a aprovação, que, desde o começo da sua carreira, há coroado os seus esforços.[31]

A Província de São Paulo relatou o ocorrido em artigo com o bem-humorado título de "Trovoada... militar", em alusão ao republicano Lopes Trovão, cuja chegada ao Rio dera início aos conflitos entre os cadetes e o comandante. O jornal paulista considerava o fato indicativo das disposições antimonárquicas dos militares. E retornava ao assunto, no editorial "Aproxima-se a República", de 28 de dezembro, em que comparava o gesto de Euclides às recentes declarações do dr. Domingos Freire, que, em cerimônia de formatura dos alunos do curso de medicina, convidara o próprio imperador a participar do movimento republicano, que se tornara uma legítima aspiração nacional.[32]

Como o incidente na Escola Militar podia trazer dúvidas sobre a lealdade das forças armadas, o governo procurou abafar o incidente, que considerou ser apenas o acesso nervoso de um estudante muito esforçado. O senador Silveira Martins, que presenciara o protesto de Euclides, leu no Congresso carta do ministro da Guerra, que negava o caráter político do ato e afirmava não ter sido atingido pela arma. Já o deputado Joaquim Nabuco declarou, na Câmara, que o governo não devia permitir que uma instituição mantida pelo Estado se tornasse um foco de agitação revolucionária.

Outras minúcias do episódio foram debatidas na imprensa e no Parlamento. Discutia-se se Euclides havia conseguido, ou não, partir a arma sobre a perna ou o joelho, como se tal ato tivesse um valor simbólico de quebra de fidelidade à Monarquia. Artur Azevedo ironizou a controvérsia em crônica no *Diário de Notícias*:

> Quem falou verdade nessa questão da Escola Militar? A *Gazeta de Notícias*? O governo? O sr. Silveira Martins? O sr. Joaquim Nabuco? De que lado está a deusa nua com um espelhinho na mão? O aluno Euclides da Cunha quebrou a baioneta, ou amolgou o sabre? Arremessou a arma aos pés do sr. ministro da Guerra ou quis com ela furar a pança de S. Ex.?...[33]

Euclides ficou detido por um mês no Hospital Militar. Foi submetido a conselho de disciplina, que recomendou ao governo que fosse trancada sua matrícula na escola, por ter concluído, com base no relatório do médico, dr. Alexandre José Loeiro de Farias Guarani, que o aluno era isento de responsabilidade pelo ato que praticou "em virtude de excitação nervosa motivada por desordens de nutrição e de funcionamento do cérebro".[34]

O ministro da Guerra ordenou, em 11 de dezembro de 1888, o trancamento de sua matrícula e Euclides foi desligado do corpo de alunos no dia 13, saindo do hospital militar para se apresentar à Repartição de Ajudante-General. Deu baixa do serviço do Exército no dia seguinte por motivo de "incapacidade física", segundo a portaria de 26 de dezembro.[35]

Sob o pretexto de incapacidade física, o governo evitava a aplicação da pena de enforcamento prevista no código militar, ao mesmo tempo que negava o caráter político de seu protesto. A Coroa não pretendia oferecer um mártir ao movimento republicano, que já se manifestava vivamente nos quartéis e escolas militares.

Euclides contou, muitos anos mais tarde, ao político e diplomata Gastão da Cunha, que seu protesto fazia parte de um plano de rebelião para proclamar a República, que acabou sendo traído pelos colegas. Jantou na casa de Gastão, no Rio, na noite de 15 de maio de 1907, e depois caminhou até sua residência no Humaitá, acompanhado do amigo. Relembrou o episódio na Escola Militar, ocorrido havia quase duas décadas, quando cursava o terceiro ano.

"Nunca foi meu intuito", disse Euclides, "destratar ou desrespeitar o ministro. Meu ato não foi contra Tomás Coelho. Visava levantar os próprios colegas da Escola."

E continuou:

"Havia com uns seis ou sete companheiros, entre os quais Dória, da Bahia, terceiranista como eu, o conchavo de não apresentar armas ao ministro e dar vivas à República. Formando o grupo de alunos, estes, que já estavam amotinados e haviam afundado o assoalho da capela a pancadas com as coronhas das espingardas, faltaram ao combinado e apresentaram as armas. No pelotão da frente estava Lauro Müller, do 5º ano, comandante de um pelotão. É de saber que Lauro ignorava a combinação.

"Esperávamos", prosseguiu Euclides, "que o movimento fosse seguido por todos, que estavam preparados para qualquer movimento revolucionário, de modo que qualquer ato de indisciplina ou provocação subversiva seria secundado, sem exceção, por todos, incendiando os ânimos como um rastilho de pólvora.

"Logo após o pelotão do Lauro, o pelotão em que sargenteava Dória igualmente apresentou armas e assim todos os outros pelotões. Num ímpeto de indignação contra a defecção dos colegas, tirei o sabre que estava no cinturão. Como sargento, não tinha baioneta calada. Tentei quebrá-lo no joelho, não o conseguindo, atirei-o ao chão, mas com todo cuidado, para que caísse junto de mim. Não atirei o sabre contra, nem na direção do ministro."

Prosseguiu Euclides, enquanto caminhavam:

"O caso fez escândalo. Silveira Martins, presente, teve um movimento de erguer o guarda-chuva, como quem quisesse se defender. O comandante da escola, Clarindo de Queirós, se aproximou e disse que aquele moço estudava muito e estava muito mal disso. Fui logo recolhido à enfermaria. Aí o ministro me interrogou carinhosamente e disse que eu estava muito agitado e nervoso. Fez logo sentir que eu nada sofreria.

"Alguns dias depois, o dr. João Severiano da Fonseca procurou convencer-me que devia submeter-me a um exame médico, o qual declararia que eu estava sofrendo das faculdades mentais, fato que não me desonrava. Do mesmo passo, mostrou-me o regulamento do conde de Lippe, pelo qual eu seria enforcado.

"Reagi com energia, asseverando que jamais me submeteria àquela força, demais a mais, sabia ser uma mentira, me inutilizaria no futuro. Reiterei então o que já dissera a Tomás Coelho, isto é, que era republicano e que a tais ideias políticas se ligavam o ato que havia praticado. Por fim, disse a João Severiano que se conseguisse alguma declaração médica relativa à minha insanidade mental, iria no dia seguinte à Academia de Medicina, provocando o exame de todos os lentes, para mostrar que estava de posse de plena integridade mental e desmoralizar o laudo dos médicos militares.

"Diante desta formal recusa, fui desligado da escola e remetido para a fortaleza de Santa Cruz. Aí me mandaram para a sala do Estado-Maior. Mas sabendo que aí se achava um sargento assassino, protestei e pedi ao comandante Santiago que me mandasse antes para a companhia dos forçados. O comandante Santiago me disse então: 'Esta formiguinha, depois do que fez, ainda vem falar neste tom'."

Gastão riu com a indignação que aquele qualificativo, formiguinha, ainda causava ao amigo, que prosseguiu:

"Cunha Pires, hoje major dos bombeiros, interveio e me levou para uma casa na fortaleza. Aí fiquei um mês, quando chegou um telegrama nestes termos: 'Euclides da Cunha — liberdade'. Foi ato do imperador. Matriculei-me na Politécnica e, proclamada a República, voltei à Escola Militar a chamado de Benjamin Constant."

Revelou o plano de rebelar a escola e proclamar a República:
"O meu plano era revoltar toda a escola, prender até o ministro e bater em marcha para São Cristóvão, onde prenderíamos o imperador. Tinha a certeza absoluta, plena, de que a República estava feita. Era questão de dias...".[36]

Não seria questão de dias, mas de alguns meses, cerca de onze, até a proclamação da República tão sonhada por Euclides e seus colegas da Escola Militar. E os cadetes e os jovens oficiais iriam participar dos acontecimentos que levaram ao golpe do Exército em 15 de novembro do ano seguinte, 1889.

3.

Propagandista político

*Desiluda-se pois, o governo; a evolução
se opera na direção do futuro.*
São Paulo, 22 de dezembro de 1888

Destruir — para construir.
São Paulo, 29 de dezembro de 1888

O protesto de Euclides foi um dos assuntos políticos do final de 1888. Júlio Mesquita o convidou para escrever coluna política nas páginas de *A Província de São Paulo,* que deu origem ao atual *O Estado de S. Paulo.* Com uma tiragem diária de 4200 exemplares, era o maior jornal da cidade. A redação e as oficinas ficavam em modestas instalações na rua da Imperatriz, 58, depois rua 15 de Novembro, na esquina com o largo do Rosário, mais tarde praça Antônio Prado.

A colaboração de Euclides servia aos propósitos do jornal, que fazia propaganda pela República. Era um jovem idealista, cuja carreira militar fora sacrificada por convicções políticas. Seu desligamento do Exército era visto como sintomático da tirania da Coroa, que perseguia os cadetes e oficiais que ousassem manifestar suas ideias.

O convite para colaborar com a *Província* deu início à longa amizade entre Júlio Mesquita e Euclides, que considerava o futuro diretor do jornal como um "irmão mais velho".[1] Formado pela Faculdade de Direito de São Paulo, Mesquita ingressou na *Província* como redator político em 1885, com 22 anos, quando o jornal era dirigido por João Alberto Salles, separatista militante. Mesquita se tornou diretor de *O Estado de S. Paulo* em 1890 e se manteve à sua frente até a morte, em 1927.[2]

A cidade de São Paulo tinha em 1886 uma população de 48 mil pessoas. Fundada em uma colina sobre os vales do Tamanduateí e do Anhangabaú, onde havia um colégio de padres jesuítas, a antiga vila de São Paulo de Piratininga tinha crescido nas duas últimas décadas graças à expansão ferroviária e ao surto do café no oeste do estado. A estrada de ferro Santos-Jundiaí, terminada em 1876, permitiu superar a serra do Mar, até então o maior obstáculo à lavoura do café, cuja produção precisava chegar ao litoral, para ser embarcada. Manuel, o pai de Euclides, seguiu essa migração, ao deixar a região de Cantagalo, no Vale do Paraíba, para se tornar fazendeiro em Belém do Descalvado, no interior de São Paulo, depois de passagem pelo comércio do Rio.

Euclides estreou na imprensa diária com artigos de propaganda, em que atacava o imperador e a família real e pregava a necessidade de revolução política. Em seu primeiro artigo, "A pátria e a dinastia", de 22 de dezembro de 1888, criticava a transferência de tropas para o Mato Grosso sob o comando do marechal Deodoro da Fonseca, presidente do Clube Militar, enviado para um mal disfarçado exílio político. A ação do governo de dispersar o Exército para enfraquecê-lo não impediria, segundo Euclides, a lei da evolução de seguir o seu curso "fatal" e "inexorável": "Desiluda-se pois, o governo; a evolução se opera na direção do futuro".[3]

Assinou seu primeiro artigo apenas com as iniciais E. C. Os artigos seguintes, de fins de 1888 e início de 1889, foram assinados como Proudhon, com o qual se identificava pela atuação revolucionária e pela defesa de ideias anarquistas e socialistas. Recorreu ao pseudônimo talvez por temer encontrar dificuldades para ingressar na Escola Politécnica, no Rio de Janeiro, onde pretendia continuar os estudos de engenharia.

Principiava assim a colaboração que manteve com *A Província de São Paulo* e depois com *O Estado de S. Paulo* por quase duas décadas, de 1888 a 1907, apesar de algumas interrupções. Foram ao todo 114 artigos e ensaios, catorze na *Província* e cem no *Estado*, além de 57 telegramas sobre o conflito de Canudos e um poema. Foi enviado por Mesquita à Bahia, em agosto de 1897, como correspondente do jornal, para escrever reportagens e preparar um livro sobre a Guerra de Canudos. Publicado em dezembro de 1902, *Os sertões: Campanha de Canudos*, o consagrou como escritor.

Dos artigos na *Província*, apenas um, "Da corte", de 17 de maio de 1889, foi assinado com o nome completo, quando já cursava a Politécnica. Revelava o drama de feições trágicas resultante do conflito entre o ideal e o real, entre o espírito e a sociedade, que iria nortear a sua vida e a sua obra:

> Colocado no seio da sociedade atual — à mercê das forças que a agitam, expansões egoísticas de milhares de interesses irradiando a todas as direções — o nosso espírito — não poderá fixar uma direção retilínea e agitando-se, morrendo-se, oscilará indeterminadamente, indeciso, da esperança à desilusão — a todo o instante feliz, triste a todo o instante.

Caberia ao indivíduo, ou ao seu espírito, fixar uma direção e seguir a linha reta orientada por princípios éticos e morais, capazes de contribuir para o progresso do homem e da sociedade. Sua posição filosófica contra as forças irracionais e os interesses particulares que governavam a sociedade da época trazia um tom lúgubre e pessimista à sua visão de mundo:

> Quanto a nós — apaixonados —, inermes ante o assalto das emoções, em comunicação direta com a perturbação geral, harmonizados à desarmonia, batidos pela inconstância dos homens e dos fatos — meditaremos através de uma vertigem — e o mesmo fluxo de sangue, irrompendo-nos do coração, nos levará ao cérebro, a um tempo, a mais consoladora esperança e o mais sombrio desalento...[4]

Euclides construiu, nos artigos anteriores à proclamação, do final de 1888 até junho de 1889, sua versão do ideal republicano, que o levara à oposição à Monarquia e ao desligamento do Exército. Procurou precisar sua concepção de República, mas não foi além de definições vagas e genéricas de "governo do povo pelo povo". Sem entrar em detalhes sobre forma e sistema de governo, retomava a acepção genérica de República como "coisa pública", baseada na soberania do povo, que delegava o poder a representantes eleitos, em oposição ao governo autocrático de um monarca.

Achava que tal governo teria de ser naturalmente aristocrático, como resultado de uma democracia dos talentos: "É o governo de todos por alguns — mas estes são fornecidos por todos".[5] Tal conceito de uma aristocracia do mérito era caro aos militares, cuja carreira trazia possibilidades, bastante raras à época, de ascensão social por esforço pessoal.

Acreditava que a República seria introduzida pela via pacífica, de forma evolutiva, ou com o uso da força, pela via revolucionária. Julgava ser inevitável a passagem da Monarquia à República, em conformidade com as leis gerais da evolução. Sua formação positivista e evolucionista o levava à crença fatalista em uma série linear de etapas históricas e políticas. Escrevia assim em janeiro de 1889:

> [...] sabemos que a República se fará hoje ou amanhã, fatalmente como um corolário de nosso desenvolvimento; hoje, calma, científica, pela lógica, pela convicção: amanhã...
> ... Amanhã será preciso quebrar a espada do senhor Conde d'Eu.[6]

Euclides saudou, em 1º de janeiro de 1889, o novo ano com o artigo intitulado "89", em que fazia o paralelo entre a revolução na França em 1789 e as comemorações de seu centenário no Brasil, que poderiam apressar a evolução para a República, para a qual contribuíra com seu protesto na Escola Militar ou os artigos de propaganda na *Província*.[7]

O movimento republicano apresentava divisão entre os evolucionistas, favoráveis à transição pacífica para a nova forma de governo, e os revolucionários, que lutavam pela derrubada do imperador por um movimento armado, a ser conduzido pelo povo ou pelo Exército. Euclides se mostrava ao mesmo tempo evolucionista e revolucionário. Era evolucionista, em termos filosóficos, ao conceber a história como sucessão de etapas evolutivas. Mas era revolucionário em termos políticos, ao pregar a revolução como um modo de abreviar a passagem da Monarquia para a República, a exemplo do que fizera a França para derrubar o Antigo Regime.

A Revolução Francesa esteve presente no imaginário dos republicanos brasileiros. Jornais do Rio e de São Paulo, como a *Gazeta de Notícias* e *A Província de São Paulo*, publicaram, ao longo de 1889, narrativas de episódios da derrubada do Antigo Regime, retiradas das obras de historiadores franceses, como Jules Michelet e Hippolyte Taine. Comemorava-se, nas principais cidades, o aniversário da queda da Bastilha, com recepções e passeatas ao som da "Marselhesa", a canção revolucionária preferida dos republicanos e dos cadetes da Escola Militar.

Tal paralelo entre a história francesa e a brasileira teve trágicas consequências, oito anos depois, na Guerra de Canudos, quando o governo, o Exército e o próprio Euclides acreditaram estar lutando, nos confins da Bahia, contra a restauração monárquica. Este é o tom dos dois artigos "A nossa Vendeia", que Euclides publicou no *Estado de S. Paulo*, em março e julho de 1897, antes de seguir para o local do conflito. Comparava Canudos à Vendeia, rebelião de camponeses monarquistas e católicos contra os republicanos, ocorrida havia mais de cem anos, na Revolução Francesa.

Preparativos

A mocidade militar foi o setor dentro do Exército que participou, de forma mais ativa, da conspiração e do golpe que levaram à proclamação da República. Faziam parte do grupo os jovens oficiais, com patentes inferiores, formados pela Escola Militar ou pela Escola Superior de Guerra, e os alunos dos corpos científicos do Exército — Estado-Maior, artilharia e engenharia — que ainda cursavam uma das escolas. Era um grupo de oficiais com estudos superiores dentro de um Exército que não se modernizara.[8]

Os cadetes e jovens oficiais levaram à frente a conspiração republicana no interior da corporação, já que os generais, com exceção de Deodoro da Fonseca, estiveram ausentes da preparação do golpe. E mesmo líderes do movimento republicano, como Benjamin Constant, professor de Euclides na Escola Militar, foram em parte convertidos para a ação contra o governo sob o incentivo da mocidade militar.

Benjamin recebeu, pouco antes do golpe, a adesão incondicional dos cadetes e dos oficiais, que lhe prometeram, por meio de abaixo-assinados, solidariedade até a morte. Das 173 pessoas que assinaram os pactos de sangue, 120 eram alunos de escolas militares, dentre os quais 55 da Escola Militar e 56 da Escola Superior de Guerra. Os oficiais eram quase todos militares em início de carreira: treze capitães e 37 tenentes. Apenas dois dos signatários eram oficiais superiores. Grande parte dos oficiais, 48 ao todo, pertencia à 2ª brigada do Exército, sediada em São Cristóvão, que incluía o 1º e o 9º regimentos de cavalaria e o 2º regimento de artilharia, que se rebelariam na noite de 14 de novembro.

Com sua oposição à Monarquia, os cadetes e oficiais exprimiam seu isolamento social e o ressentimento que sentiam contra os bacharéis em Direito que ocupavam cargos políticos e mandavam nas fileiras do Exército. Mostravam-se insatisfeitos com a precária situação financeira do Exército, cujos salários ficaram congelados por mais de três décadas.

As despesas com o Exército tinham caído de 15% do orçamento do Império depois da Guerra do Paraguai para 10% na década de 1880. O governo reduziu os gastos com as forças armadas, diminuindo o número de praças e mantendo inalterados os soldos, que ficaram sem qualquer aumento de 1852 a 1887, para uma inflação de 51% em trinta anos. Foi dado, em 1887, um aumento de dois terços, mas o longo período sem reajustes prejudicou os oficiais da geração que lutara na Guerra do Paraguai, da qual faziam parte o marechal Deodoro da Fonseca e o major Solon Ribeiro, futuro sogro de Euclides.[9]

Golpe militar

Às dez horas da noite de 14 de novembro de 1889, a 2ª brigada, sediada em São Cristóvão, se encontrava rebelada. Estava em forma e pronta para marchar contra o governo, cujos ministros iriam se reunir pela manhã no quartel-general no campo de Santana, no centro do Rio. Numa decisão surpreendente, os chefes revolucionários resolveram enviar um capitão ao quartel-general, para informar da rebelião o marechal Floriano Peixoto, ajudante-general do Exército, responsável pelas forças armadas.

Para Euclides, que escreveu em 1904 um ensaio sobre Floriano Peixoto, a conspiração se denunciava como um criminoso que ia ao juiz para confessar sua culpa: "Atirava aquela cartada arriscadíssima; iludia o temor do adversário procurando-o; trocava a expectativa do perigo pelo perigo franco".

Mas o capitão enviado de São Cristóvão nada conseguiu do marechal Floriano, nem a sua cumplicidade, nem sequer a certeza da sua oposição à conspiração. O oficial encontrou o ajudante-general na única sala iluminada do vasto quartel no campo de Santana, mergulhado na mais profunda escuridão. Indecifrável, com a indiferença de quem dava a ordem mais corriqueira, o marechal determinou que se desarmasse a brigada sediciosa. Mas não fez a menor recriminação ou traiu o seu espanto. E nem ao menos prendeu o emissário indisciplinado, que, ao sair, percebeu no escuro, dentro do vasto pátio interno, todos os batalhões de infantaria, com as espingardas em descanso e as baionetas armadas.

Escreveu Euclides:

> A consulta à esfinge complicara o enigma. Como interpretar-se aquela ordem apenas balbuciada pela primeira autoridade militar rodeada da parte mais numerosa da guarnição que os regimentos levantados iriam encontrar vigilante e firme nas formaturas rigorosas?...
>
> A revolta desencadeou-se nesta indecisão angustiosa, e foi quase um arremesso fatalista para a derrota.
>
> Porque a vitória foi uma surpresa; e desfechara-a precisamente o homem singular que equilibrara até ao último minuto a energia governamental e a onda revolucionária — até transmudar a própria infidelidade no fiel único da situação, de súbito inclinado para a última.

Este golpe teatral, deu-o com a impassibilidade costumeira; mas foi empolgante.

Horas depois, quando diante do Ministério vencido o marechal Deodoro erguia a palavra imperativa da revolução, não era sobre ele que convergiam os olhares, nem sobre Benjamin Constant, nem sobre os vencidos — mas sobre alguém que a um lado, vestido de forma deselegante com uma sobrecasaca militar folgada, presa por um cinto frouxo de onde pendia uma espada, olhava para tudo aquilo com uma serenidade imperturbável.
Observou Euclides:

E quando, algum tempo depois, os triunfadores, ansiando pelo aplauso de uma plateia que não assistira ao drama, saíram pelas ruas principais do Rio — quem quer que se retardasse no quartel-general veria sair de um dos repartimentos, no ângulo esquerdo do velho casarão, o mesmo homem, vestido à paisana, passo tranquilo e tardo, apertando entre o médio e índex um charuto consumido a meio, e seguindo isolado para outros rumos, impassível, indiferente, esquivo...

E foi assim — esquivo, indiferente e impassível — que ele penetrou na História.[10]

4.

Ruína dos ideais

*A luta começa a perder a sua feição entusiástica
e a inocular-nos o travor das primeiras desilusões.*
Rio de Janeiro, 18 de março de 1890

*Fazem-me mal as multidões ruidosas
E eu procuro, nesta hora,
Cidades que se ocultam majestosas
Na tristeza solene do sertão*
Campanha, 1895

Euclides só soube da proclamação da República na manhã do dia seguinte, 16 de novembro, quando procurou descobrir o motivo da agitação nas ruas. Informou-se dos acontecimentos através dos jornais e de Edgar Sampaio, colega da Politécnica, que voltara a cursar após sua saída do Exército. Edgar lhe contou os detalhes da revolução e o convidou para uma reunião à noite na casa do tio, o major Frederico Solon Sampaio Ribeiro, um dos chefes militares do golpe.

Esteve, na tarde do mesmo dia, no quartel-general, com o

marechal Deodoro da Fonseca, líder do movimento, nomeado presidente do Governo Provisório. Foi recebido afetuosamente como o cadete que tentara quebrar o sabre na frente do ministro. Deodoro queria que Euclides fosse reintegrado às armas e voltasse a usar farda, para reparar a injustiça que sofrera. Para atender ao desejo do marechal vitorioso, foi-lhe emprestado um cavalo para ir até a Escola Militar e pegar um uniforme nos cabides dos alojamentos. Voltou ao quartel-general, para se juntar aos antigos colegas, com roupa e quepe bem maiores do que seu número, num desajuste significativo de seu desconforto na carreira militar, tanto nos tempos da Monarquia quanto na era republicana...[1]

Euclides, com 23 anos, conheceu Ana, sua futura mulher, então com dezessete anos, na noite de 16 de novembro, na residência do major Solon Ribeiro, em São Cristóvão. Solon tinha participado das reuniões de preparação do movimento desde o início de novembro. Esteve presente em dois encontros decisivos, em 11 de novembro, na casa do marechal Deodoro da Fonseca, em que foi escolhido o ministério do novo governo, e no largo de São Francisco, no dia 14, com Quintino Bocaiuva e Benjamin Constant, em que foi decidida a antecipação do golpe para o dia seguinte, devido aos rumores de que o governo fazia preparativos para deter a rebelião.

Ante a hesitação de Benjamin, que queria adiar o golpe por alguns dias, Solon tomou, junto com Bocaiuva, a decisão de precipitar os acontecimentos. Espalhou boatos, no final da tarde de 14 de novembro, de que o governo pretendia prender Deodoro e Benjamin e enviar forças policiais contra a 2ª brigada em São Cristóvão. Conseguiu assim levantar as tropas contra o governo.

Solon era o comandante de um dos regimentos de cavalaria que saíram de São Cristóvão na madrugada de 15 de novembro, para derrubar o governo, prendendo os ministros reunidos no quartel-general no campo de Santana, hoje praça da República.

Foi ainda o portador, em 16 de novembro, da mensagem do Governo Provisório a d. Pedro II, que comunicava a sua deposição e o banimento do país. Acompanhou, na madrugada do dia 17, o embarque da família real rumo a Lisboa.[2]

Euclides retornou ao Exército após a proclamação, com o apoio de Solon e de seus colegas da Escola Militar, que encaminharam pedido de reintegração a Benjamin Constant, seu antigo professor, agora ministro da Guerra. Encontrou-se com Benjamin no dia 17, para falar de sua volta à carreira. Dois dias depois, em 19 de novembro de 1889, foi reintegrado ao Exército, tendo sido declarada sem efeito a baixa do serviço que lhe fora dada quando aluno da Escola Militar. Logo recebeu, no dia 21, a esperada promoção a alferes-aluno, que dera origem a seu protesto um ano antes.

Obteve, em 26 de dezembro, autorização para prestar os exames que faltavam para completar o curso de artilharia, interrompido em dezembro de 1888. Foi aprovado nos exames complementares de física, química e cálculo e nos exames das matérias do segundo ano da Escola Superior de Guerra, criada pela reforma do ensino militar de março de 1889. Com a reforma, foram transferidos para a Escola Superior de Guerra os cursos de artilharia, que durava dois anos, e de Estado-Maior e de engenharia militar, feito em quatro anos. Esses cursos eram precedidos do curso de infantaria e cavalaria, mais voltado para questões militares, feito em dois anos na Escola Militar da Praia Vermelha.[3]

Euclides recebeu, em janeiro de 1890, licença para se matricular na Escola Superior de Guerra. Foi incluído, em 22 de fevereiro, na companhia dos alunos e se matriculou no terceiro ano da escola, que correspondia ao quinto ano do curso de Estado-Maior e de engenharia, com a duração total de seis anos. Subiu ao posto de segundo-tenente, em 14 de abril de 1890, cinco meses após a proclamação, beneficiado pela política de rápidas promoções do Governo Provisório.[4] Benjamin Constant, ministro da Guerra, tinha aumentado, em janeiro de 1890, os vencimentos dos militares e fez a reforma compulsória de muitos oficiais superiores, mesmo que aptos a continuar na ativa, para promover, em janeiro, um grande número de oficiais próximos a Deodoro.

A *linha reta*

A primeira carta de Euclides de que se tem notícia foi escrita em 14 de junho de 1890. Dirigia-se ao pai, o fazendeiro Manuel Rodrigues Pimenta da Cunha, que morava em Belém do Descalvado, no interior de São Paulo. Tratava de assuntos políticos e sentimentais. Anunciava o casamento com Ana, filha do major Solon e Túlia Ribeiro, previsto para agosto, mas que acabaria por se realizar no mês seguinte, em 10 de setembro. E fazia críticas ao Governo Provisório da República e sobretudo ao seu antigo ídolo, Benjamin Constant.

Euclides tinha pressa em se casar com Ana, com o argumento de que precisava se preparar, nos meses de outubro e novembro, para os exames de final de ano na Escola Superior de Guerra: "Já agora eu sinto — e confesso ao sr. com a maior sinceridade — que me seria penosíssimo esperar, pois é muito difícil afastar a preocupação constante que alimento e prefiro antes do que pensar nas grandes responsabilidades do futuro, senti-las e desempenhá-las". Esperava que o pai e a irmã, Adélia, pudessem vir logo ao Rio para conhecerem Ana, o que ocorreu no mês seguinte, em julho.[5]

Euclides tinha se desligado, a conselho do sogro, de algumas ligações políticas e parou de escrever para o jornal *Democracia*, em que atacara, nos últimos meses, alguns atos do governo republicano. Mas mantinha uma postura crítica diante do novo regime. Atacava, na carta, a política de promoções no Exército e se mostrava contrário à política financeira de Rui Barbosa. Considerava que o país entrava no "desmoralizado regime da especulação mais desensofrida", que permitia pensar-se em tudo, menos na pátria. Preferia retrair-se da vida política e se dedicar aos estudos, só esperando ser chamado para postos públicos quando tivesse passado "essa febre egoística e ruim que parece alucinar a todos", escrevia, referindo-se aos primeiros efeitos do encilhamento.

Procurava se isolar da decomposição geral que estava aniquilando até os indivíduos mais sólidos. Reprovava também Benjamin Constant, seu mestre de outrora, que não se envergonhava de nomear parentes e conhecidos para cargos no governo:

> Imagine o sr. que o Benjamin, o meu antigo ídolo, o homem pelo qual era capaz de sacrificar-me, sem titubear e sem raciocinar, perdeu a auréola, desceu à vulgaridade de um político qualquer, acessível ao filhotismo, sem orientação, sem atitude [altitude?], sem valor e desmoralizado — dói-me dizer isto — justamente desmoralizado.

Contra a desilusão que sofria e a corrupção que via se alastrar, agarrava-se à elevação dos ideais e à retidão de caráter, que lhe guiavam os passos: "Eu creio que se não tivesse a preocupação elevada e digna que me nobilita, teria de sofrer muito, ante esse descalabro assustador, ante essa tristíssima ruinaria de ideais longamente acalentados...".[6]

Falava, com frequência, nas cartas aos amigos e familiares, da fidelidade aos princípios éticos aprendidos com o pai. Recorria à imagem da linha reta para exprimir a firmeza no cumprimento das obrigações morais que se impunha como orientação para a vida. Seu esforço em ser fiel, a todo custo, aos limites morais impostos pela linha reta, junto com seu temperamento ríspido e intransigente, o levou a atitudes altruístas, em que sacrificou seus interesses pessoais, como no desligamento da Escola Militar em 1888. Mas essas atitudes lhe trouxeram também conflitos em seus locais de trabalho, como na Comissão de Saneamento de Santos, da qual se demitiu em 1904, ou no Itamaraty, no Rio, em que trabalhou como adido ao barão do Rio Branco de 1906 a 1909.

Euclides retomava, na carta ao pai, algumas críticas ao governo republicano, que havia manifestado nos artigos que publicou em *Democracia*, de março a junho de 1890, antes de ser anunciado seu casamento com Ana. Atacara, nas páginas do jornal, alguns atos governamentais, como o decreto de Rui Barbosa que concedia a d. Pedro II um adiantamento pelo espólio de seus bens, que o ex-imperador altivamente recusou. O dinheiro da República iria servir, segundo ele, para subvencionar uma monarquia que havia sido abatida, deportada e banida, em hora feliz para o país.[7]

Revelava ainda, nesses artigos, sua precoce desilusão com os rumos da política republicana: "A luta [...] começa a perder a sua feição entusiástica e a inocular-nos o travor das primeiras desilusões".[8] Surgia a temática que iria perseguir em sua obra posterior, tanto em seus ensaios políticos quanto nos escritos sobre Canudos e a Amazônia: o desencanto com o regime pelo qual lutara na juventude. Tratou, em grande parte de seus artigos e livros, da ruína do sonho republicano convertido em amarga decepção e da busca de um novo rumo para o país.

[...]

Solon e Euclides nomearam, no final de julho, o major Carlos Teodoro Gomes Guimarães como procurador para tratar dos documentos necessários ao casamento. Ana e Euclides requereram ainda, em 29 de julho, comprovantes de idade. Foi expedida, após um mês, em 31 de agosto, a habilitação de casamento de Ana Emília Solon Ribeiro e do segundo-tenente Euclides Rodrigues da Cunha.[9]

Ana e Euclides se casaram em 10 de setembro de 1890. Ela estava com dezoito anos e ele com 24. O casamento civil, introduzido com a República, foi realizado na casa de Túlia e Solon, à rua São Luís Gonzaga, nº 61, às três e meia da tarde. Foram testemunhas o negociante José Alves Ferreira Chaves e o engenheiro Diogo Rodrigues Vasconcelos. Ana passou a se chamar Ana Emília Ribeiro da Cunha.[10] O casamento religioso foi celebrado, no mesmo dia, às cinco horas da tarde, na igreja matriz de São Cristóvão, pelo vigário Luiz Antônio Escobar Araújo, conforme consta no livro de casamentos da igreja.[11] Euclides pôde assim preparar-se nos meses seguintes para os exames da Escola Superior de Guerra, tendo obtido as seguintes notas no ano de 1890: 7 em trigonometria esférica, astronomia e geodésia; 9 em mineralogia e geologia; 8 em desenho de cartas geográficas e em prática. Matriculou-se, em 2 de março de 1891, nas aulas do 4º ano da escola, ingressando no 6º e último ano do curso de Estado-Maior e engenharia militar.[12]

República S.A.

Rui Barbosa, ministro da Fazenda do Governo Provisório, determinou, em 17 de janeiro de 1890, a reorganização dos bancos de emissão, que passaram a ter direito a emitir dinheiro, dando como garantia não apenas suas reservas em moeda corrente ou em ouro, mas também títulos da dívida pública. O decreto trouxe uma rápida expansão do crédito e da moeda e provocou uma euforia especulativa de abertura de empresas e de lançamento de ações na bolsa.

Essa política financeira foi logo chamada de encilhamento, por ter lembrado, com a disparada de preços dos papéis na bolsa, a preparação dos cavalos antes das corridas. O visconde de Taunay, no romance *O encilhamento*, que publicou sob pseudônimo na

Gazeta de Notícias em 1893, comentou o apelido que foi dado à política de Rui Barbosa e de seu sucessor, o barão de Lucena:

> Era o Encilhamento, palavra quase genial do povo, adaptada da linguagem característica do *sport* — local em que se dá a última demão aos cavalos de corrida antes de atirá-los à raia da concorrência e forçá-los, ofegantes e em supremos esforços, a pleitearem o prêmio da vitória.[13]

Diversos contemporâneos criticaram o decreto de Rui sobre os bancos de emissão como um ato que favorecia o conselheiro Francisco Mayrink, que recebia não só privilégios bancários como inúmeras facilidades para negócios com terras públicas e contratos de construção. O banco de Mayrink passou a ostentar, a partir do final de 1890, o nome muito significativo de Banco da República...[14]

Rui Barbosa dava, de certo modo, continuidade à política de crédito fácil, a que o visconde de Ouro Preto dera início nos últimos anos da Monarquia, na tentativa de ganhar o apoio dos cafeicultores para o trono. Com exceção de diferenças quanto ao federalismo, o monarquista Ouro Preto e os republicanos Rui e Lucena tiveram, em termos financeiros, mais em comum entre si do que com os governos que lhes antecederam e sucederam. Os três ministros aprovaram medidas para aumentar a oferta de moeda e crédito, de modo a facilitar aos fazendeiros o pagamento dos salários de imigrantes e libertos, sobretudo depois da abolição da escravatura. Tais medidas incluíram a permissão para que os bancos privados emitissem dinheiro e facilidades de crédito para os fazendeiros endividados.[15]

O visconde de Taunay criticou, em seu romance, as facilidades que o Governo Provisório da República concedeu aos bancos de emissão, autorizados a imprimir dinheiro, sem qualquer tipo de garantia:

> Pululavam os bancos de emissão e quase diariamente se viam na circulação monetária notas de todos os tipos, algumas novinhas, faceiras, artísticas, com figuras de bonitas mulheres e símbolos elegantes, outras sarapintadas às pressas, emplastradas de largos e nojentos borrões.
> Quanto aos lastros em libras esterlinas e apólices da dívida pública, fazia-se vista grossa.[16]

A expansão da moeda promovida por Rui trouxe uma euforia especulativa, que propiciou ganhos significativos na Bolsa de Valores do Rio de Janeiro. Empresas fantasmas eram criadas com o único objetivo de lançar ações que rapidamente se valorizavam, sem que jamais tivessem produzido ou vendido algo. Multidões se concentravam em volta do Banco do Brasil, na esquina das ruas da Alfândega e Candelária, ou nos arredores da bolsa, na rua do Ouvidor, para acompanhar o sobe e desce dos pregões. Apenas no jornal *O País*, 316 bancos e companhias anunciaram o seu lançamento na praça do Rio de Janeiro no ano de 1890.[17]

Mas a expansão vertiginosa da moeda provocou um surto de inflação, com a desvalorização do mil-réis perante a libra esterlina e a alta do custo de vida. As condições de vida se deterioraram e o governo do marechal Deodoro caiu no descrédito. Seus colegas de farda viam seus vencimentos, que o Governo Provisório havia aumentado logo após a proclamação, serem corroídos pela inflação. Um tenente da Marinha, Augusto Vinhaes, líder do movimento operário e deputado federal, proclamou na *Gazeta de Notícias* em fevereiro de 1891: "A fome já começa a sentir-se entre as classes pobres nesta capital...". E acrescentava: "O salário, é verdade, aumentou, mas esse aumento foi como um, ao passo que os gêneros de primeira necessidade aumentaram como dez".[18]

Não se tinha notícia de uma elevação tão rápida dos preços desde a década de 1820, quando o país contraíra dívidas para indenizar Portugal pela independência. Foi tão profunda a crise financeira após o colapso do encilhamento no final de 1891 que foi necessária quase uma década para que se retornasse à estabilidade da moeda e dos preços. A situação se agravou com a crise política que se seguiu à queda de Deodoro e com as guerras civis em várias frentes, de 1893 a 1897: a Revolução Federalista, a Revolta da Armada e a Guerra de Canudos.[19]

Na tentativa de contornar a crise, o marechal Deodoro fechou, em 3 de novembro de 1891, o Congresso, que rejeitara o projeto de reorganização do Banco do Brasil e a proposta de conceder nova autorização ao Banco da República para emissão de moeda. As tropas ocuparam o prédio da Quinta da Boa Vista, onde funcionava o Congresso. O golpe de 3 de novembro foi chamado de Golpe da Bolsa, pois tinha o objetivo de dar novo fôlego às emissões bancárias.

Como os deputados pretendiam também derrubar o veto oposto à lei sobre crimes de responsabilidade, de modo a tornar possível denunciar o presidente da República, Deodoro temeu ser responsabilizado pelo descontrole do país, que assistia à quebra da bolsa e à ameaça de colapso de alguns dos principais bancos, que se encontravam à beira da falência. Deodoro passou a governar, ainda que por poucos dias, com poderes ditatoriais, apesar dos protestos dos congressistas e da oposição, com a greve dos ferroviários e o movimento da Marinha.

O segundo aniversário da República foi comemorado logo após o golpe, em 15 de novembro de 1891. Euclides, segundo-tenente do 5º batalhão de artilharia, participou dos festejos, que viu como uma farsa sombria:

> Admirável dia aquele — ardentíssimo e claro —, defluindo, caindo, iluminado como uma auréola, de um firmamento sem nuvens.
> Era impossível haver mais resplandecente gambiarra, para

a sombria farsa que se ia desdobrar — a comemoração da vitória democrática, em pleno domínio da ditadura.[20]

Era um dia de sol ardente, com um céu sem nuvens, sob o qual desfilaram as baionetas alinhadas em batalhões. A multidão enchia a praça da República para assistir ao desfile, na esperança de contemplar o velho marechal que ali apareceria em breve. O vice-presidente, marechal Floriano, que preparava o movimento que tiraria Deodoro do poder, não compareceu. Nas janelas do quartel-general, onde dois anos antes se aprumavam os rebeldes vitoriosos, havia moças curiosas e sorridentes.

Anunciado pelos clarins estridentes e pelos estouros da artilharia, surgiu a sombra do marechal que liderara, havia dois anos, naquele mesmo lugar, a vitória do Exército sobre a Monarquia. Deodoro estava pálido e alquebrado, com o olhar triste, preocupado com as reações ao fechamento do Congresso e lutando contra a falta de ar que o atormentava havia anos, desde a época da proclamação.

O Golpe da Bolsa foi seguido, em 23 de novembro, pelo contragolpe da Marinha, que derrubou Deodoro e levou à Presidência seu vice, o marechal Floriano Peixoto. Euclides participou dos preparativos do golpe contra Deodoro, indo às reuniões na casa do vice-presidente, como contou no ensaio "O marechal de ferro", publicado no *Estado* em 1904, em que traçou o perfil de Floriano.

A casa de Floriano no Rio Comprido era o local em que se preparava o golpe. Os conspiradores iam para lá, em plena luz do dia, tomando o bonde, sem qualquer preocupação. Saltavam num portão à direita, subiam uma escada lateral de pedra e entravam em um salão modesto, com pouca mobília: um sofá, algumas cadeiras e dois bufês vazios.[21]

Lá dentro, com as janelas largamente abertas, como se fosse a reunião mais inofensiva, traçavam-se planos de combate e se fazia o balanço de elementos e recursos, enumerando os adeptos e os traidores. Envolvidos na conspiração, os jovens oficiais recuperavam o entusiasmo perdido desde o estabelecimento do Governo Provisório: "Nas palestras esparsas em grupos febricitantes vibrava longamente este entusiasmo despedaçado de temores que trabalha as almas revolucionárias".

No meio das conversas animadas, surgia o marechal Floriano, com a frieza e o desânimo que lhe eram próprios:

> De repente, uma ducha enregelada: aparecia o marechal Floriano com o seu aspecto característico de eterno convalescente e o seu olhar perdido caindo sobre todos sem se fitar em ninguém. Sentava-se, vagarosamente; e no silêncio, que se formava de súbito, lançava uma longa e pormenorizada resenha dos achaques que o vitimavam. Era desalentador.

Passado aquele momento, renovava-se a agitação. Naquele tumulto, Floriano lançava alguns poucos monossílabos, um *não* apagado, um *sim* imperceptível no balanço da cabeça, ou abria a encruzilhada de um *talvez*... Era como se um traidor estivesse na sala. E assim, pouco a pouco, ele foi infiltrando na conspiração a sua índole retraída e precavida: "Por fim", "escreveu Euclides, "confiava-se no melhor companheiro da véspera... desconfiando".

A trama se prolongou por vinte dias, totalmente às claras e imperceptível. No dia 23 de novembro, irrompeu o movimento da Marinha para derrubar a ditadura. O marechal Floriano foi chamado por Deodoro, que, com problemas de saúde e para evitar uma guerra civil, optou pela renúncia e entregou o cargo de presidente ao seu substituto legal.[22] Escreveu Euclides:

> É natural que a trama sediciosa se alastrasse durante vinte dias, inteiramente às claras e imperceptível; e que ao irromper a 23 de novembro o movimento da Armada — simples remate teatral da mais artística das conspirações — o Mare-

chal Floriano, imutável na sua placabilidade temerosa, seguisse triunfal e tranquilo para tomar o governo, "obedecendo" a um chamado do Itamaraty, espantosamente disciplinado no fastígio da rebeldia que alevantara — e indo depor o Marechal Deodoro vencido, com um abraço, um longo e carinhoso abraço, fraternal e calmo.[23]

Assim que assumiu a Presidência, em 23 de novembro de 1891, Floriano tentou, junto com o novo ministro da Fazenda, o conselheiro Rodrigues Alves, um plano de estabilização financeira, para conter a crise provocada pela política de Rui Barbosa e do barão de Lucena. Mas o plano fracassou devido às despesas com guerras prolongadas, que combateu em duas frentes: a Revolução Federalista no sul do país e a Revolta da Armada na capital. Seu sucessor, o paulista Prudente de Morais, também teve frustrados seus esforços para dar estabilidade à moeda por causa da Guerra de Canudos e do colapso do café no mercado mundial, principal produto de exportação. A liquidação do encilhamento só ocorreu no governo Campos Salles, que lançou, em 1898, um tão bem-sucedido quanto impopular plano de estabilização.[24]

Velho de vinte anos

Floriano adotou medidas ambíguas em dezembro de 1891. O governo, de um lado, normalizou o funcionamento do Congresso; de outro, apoiou intervenções nos estados, depondo os governadores que tinham sido nomeados por Deodoro e que haviam apoiado o golpe de 3 de novembro. A oposição parlamentar, liderada por Rui Barbosa no Senado e por J. J. Seabra e José Mariano na Câmara, criticou as arbitrariedades do governo e as intervenções nos estados.

Rui Barbosa definiu com precisão a incerteza geral, semelhante à que existira no governo anterior: "De uma ditadura que dissolve o Congresso Federal, apoiando-se na fraqueza dos governos locais, para outra, que dissolve os governos locais, apoiando-se no Congresso restabelecido, não há progresso apreciável".[25]

A queda dos governos estaduais — com exceção do Pará — se deu de novembro de 1891 a março do ano seguinte. O processo foi pacífico em alguns estados, mas em outros houve protestos armados. Em São Paulo, o Partido Republicano Paulista se opunha ao governo de Américo Brasiliense, que foi duramente atacado pelo *Estado de S. Paulo* e pelo *Correio Paulistano* por seu suposto apoio ao golpe de Deodoro.

Júlio Mesquita iniciou campanha no *Estado* contra Américo Brasiliense em 26 de novembro, com uma série de editoriais com o título de: "Vergonha!". As manifestações em São Paulo e em várias cidades e a oposição do Congresso estadual levaram Américo a requisitar o envio de tropas a Floriano, no que foi atendido. Mas o governador recebeu, em 12 de dezembro, a visita do general Bittencourt, que dizia ter recebido ordens do ministro da Guerra, para não permitir que forças federais tomassem parte em conflitos com os manifestantes. E foi visitado ainda pelo coronel Solon, sogro de Euclides, que Floriano enviara a São Paulo, para intimá-lo a deixar o governo.

Túlia ficou surpresa com a súbita partida de Solon do Rio, que lhe comunicou, por carta, no dia 12, que seguia para São Paulo com uma missão ordenada por Floriano. Recebeu a carta de Solon às sete horas da manhã e logo depois, às dez horas, uma carta de Euclides, que lhe dizia que o sogro já havia partido.

Escreveu ao marido em São Paulo no dia seguinte, para manifestar a preocupação com o seu envolvimento com o marechal Floriano. E antevia a oposição que seu governo iria enfrentar, impondo-se por meio de guerras e da perseguição aos adversários: "Só o que eu rogo a Deus é que não te arrependas de prestares serviços a este governo que será mil vezes pior do que o outro".

Queixava-se também de que Solon lhe fizera segredo da viagem a São Paulo, que já era conhecida por alguns desde a véspera. E mostrava seu ressentimento pelo papel secundário que o marido ocupara depois da proclamação, em que arriscara a carreira e mesmo a vida: "Eu fico rogando a Deus para que sejas mais feliz na continuação de fazeres escudos para outros subirem". E advertia sobre os perigos que Solon podia estar correndo ao servir a Floriano: "Aceita este conselho de quem nada sabe mas tem muito medo de ver tudo isto precipitado em um abismo. Manda-me notícias tuas que estou aflitíssima, não posso explicar-te o que me dita o coração".[26]

Américo Brasiliense entregou o governo, na madrugada de 15 de dezembro, ao major Castello Branco, inspetor da Força Pública, que deu posse provisória a Cerqueira César, vice-governador do Estado. Solon ficou exultante com a vitória fulminante obtida em São Paulo e enviou telegrama a Euclides no dia 17, logo transmitido a Túlia: "Entrou regime legal. Triunfei. Minha conduta agradou ambos os lados".[27]

O governo de Américo caíra, mas o Congresso estadual paulista, com maioria favorável ao ex-governador, continuava intacto e intimou o governador em exercício, Cerqueira César, a abandonar o cargo. Diante do impasse, Cerqueira César dissolveu o Legislativo e convocou novas eleições para 7 de março de 1892, em que o Partido Republicano Paulista obteve ampla vitória e voltou a dominar o estado. Mesquita foi eleito deputado federal pelo PRP e seguiu para o Rio, deixando Garcia Redondo na direção política do jornal.

[...]

Euclides concluiu, em 8 de janeiro de 1892, o curso de Estado--Maior e engenharia da Escola Superior de Guerra e foi promovido a primeiro-tenente, no dia seguinte, seu último posto na carreira militar. Tirou, em 1891, seu último ano na Escola Superior de Guerra, nota 7 em construção civil e militar, hidráulica e estradas; 9 em biologia, botânica e zoologia; 8 em direito administrativo, administração militar, economia e política; e 8 em desenho de arquitetura e em prática. Prestou ainda exames de latim, filosofia e retórica, para ter direito ao grau de bacharel.[28] Perdera, no último ano na escola, sua primeira filha, Eudóxia, morta com poucos dias de vida.

Recebeu, em 16 de janeiro de 1892, em sessão da congregação da Escola Superior de Guerra, o grau de bacharel em matemática e ciências físicas e naturais. Seu diploma, com as vistosas armas da República, era acompanhado de uma medalha de metal, decorada com fita verde e bordas vermelhas, que continha a inscrição dedicada às memórias da mãe, que perdera quando tinha três anos, e da filha, morta com poucos dias de vida, e ao pai e à mulher, Ana:

À memória de minha mãe
À memória de minha filha
A meu pai
A Saninha[29]

Foi promovido a tenente e nomeado, em 29 de janeiro, secretário da Escola Prática do Estado do Rio Grande do Sul, mas não chegou a ocupar o posto. Foi colocado, três dias depois, em 1º de fevereiro, à disposição do Ministério da Agricultura, como estagiário na Estrada de Ferro Central. O estágio na estrada de ferro pode ter resultado da desastrada entrevista que teve com Floriano, conforme contou a Lúcio de Mendonça, em carta de 1904.

O marechal Floriano o chamou ao Itamaraty, no dia em que foi assinada sua nomeação para a escola militar no Sul. Recebeu o seguinte convite, assinado pelo capitão Pinto Peixoto, ajudante de ordens de Floriano: "Euclides — o Marechal precisa lhe falar hoje". Dirigiu-se, cedo pela manhã, ao Palácio do Governo, com sua farda de segundo-tenente e a espada na cintura. Encontrou o marechal à vontade, na sala de jantar. Sua filha mais velha, Ana, estava junto a uma máquina de costura e se retirou logo que Euclides a cumprimentou.

"Veio em ar de guerra", disse Floriano, abrindo a sua intimidade. "Não precisava fardar-se. Vocês aqui entram como amigos e nunca como soldados..."[30]

O marechal falou da recente formatura de Euclides e de seu entusiasmo pela República. Acrescentou que, tendo Euclides direito a escolher posição, não se julgava competente para indicá-la. Era a época de derrubada dos governos estaduais e Floriano estava nomeando interventores, para substituir os governadores que tinham apoiado Deodoro. Euclides declarou com ingenuidade:

"Desejo apenas o que a lei prevê para os engenheiros recém-formados: um ano de prática na Estrada de Ferro Central do Brasil..."

Floriano se surpreendeu com a falta de ambição do recém-formado, que recusava um posto político por modéstia, ou talvez por excesso de orgulho, em nome do cumprimento de regras e normas. Quando se despediu de Floriano, pareceu a Euclides que no seu olhar mortiço estava escrito: *nada vales*. Desceu, com inexplicável satisfação, as escadas do Itamaraty e atravessou alegremente o saguão, de onde saiu agitando sonhos de futuro... Um futuro, diz ele, que desastradamente tinha destruído.

[...]

Euclides voltou a escrever para o *Estado de S. Paulo* em março de 1892, enquanto fazia estágio na Estrada de Ferro Central em São Paulo. Retomou a colaboração com o jornal, interrompida desde os artigos de propaganda republicana de 1888 e 1889. Tentava ainda, com o apoio de Júlio Mesquita, obter vaga de professor na

Escola Politécnica, que estava para ser inaugurada em São Paulo, o que tornaria possível a tão sonhada saída do Exército.

Defendeu, nos artigos de março a julho de 1892, a legalidade do governo do marechal Floriano, envolvido na controvérsia jurídica sobre o exercício da Presidência enquanto vice-presidente. Mostrava-se favorável a uma política conservadora, capaz de garantir o estabelecimento da ordem. Abandonara a postura de revolucionário e escrevia agora como situacionista, que reconhecia os limites da política real, restrita às possibilidades de atuação do governo. Enaltecia o marechal Floriano como o líder capaz de consolidar a República, ameaçada pelas conspirações e tentativas de golpe que se seguiram à deposição de Deodoro, apoiando o seu combate contra os grupos civis e militares contrários à sua permanência no poder.

Deu aos primeiros artigos, assinados com o pseudônimo de José Dávila, o estranho título "Da penumbra". Afirmava ter adotado a feição contemplativa dos que se recolhiam à meia-luz da obscuridade, para ver de longe as paixões diabólicas daqueles tempos de agitação desenfreada...

Defendia o encerramento do processo revolucionário, de modo a garantir a consolidação do novo regime. "Já fomos oposicionistas", escreveu em 15 de março, ao admitir sua mudança de posição. A luta regeneradora pela República dos bons tempos revolucionários, em que uma minoria, guiada pelos livros, fora capaz de criar uma maioria de ideias, estava para ele extinta. A antiga fé nos princípios políticos republicanos teria dado lugar a um caos tão espantoso e assustador que não via mais como seguir regras ou preceitos.[31]

[...]

No dia 5 de abril, treze generais divulgaram, no Rio, um manifesto, em que exigiam novas eleições presidenciais e denunciavam a deposição dos governos estaduais. Todos os signatários foram mandados para a reserva.

Euclides criticou, no *Estado*, os opositores de Floriano, que comparou, em 6 de abril, aos camponeses rebeldes da Vendeia: "A República brasileira tem também a sua Vendeia perigosa". Reafirmava sua certeza da vitória do governo, ao recorrer ao mesmo paralelo histórico que iria aplicar mais tarde a Canudos: "A República vencê-los-á, afinal, como a grande revolução à Vendeia"... A projeção da Revolução Francesa sobre a história brasileira, uma obsessão tirada de suas leituras do francês Jules Michelet e do inglês Thomas Carlyle, já se encontrava pronta para ser aplicada à Guerra de Canudos, muito antes da eclosão do conflito entre a República e os seguidores do Conselheiro.

Atacou, em 8 de abril, os generais signatários do manifesto, que teriam cometido uma falta disciplinar e um atentado à ordem, ao tentarem intervir na ação do governo. Mas o governo não iria ceder, cercado por uma "barreira ideal", formada pelo fulgor das espadas e pelos espíritos mais heroicos.[32]

[...]

Solon foi promovido a general em 10 de abril de 1892. No mesmo dia, um grupo de civis e oficiais organizou uma manifestação a Deodoro, com o objetivo de reconduzir o velho marechal à Presidência. O movimento foi financiado pelo grupo que rodeava o barão de Lucena, ex-ministro da Justiça e Agricultura e da Fazenda, e os banqueiros conde de Figueiredo e conselheiro Mayrink, cujos negócios foram prejudicados pelo novo governo. O governo reagiu de forma enérgica, prendendo e banindo os suspeitos, que foram deportados para pontos distantes da Amazônia.

Euclides voltou a defender a situação, em artigo no *Estado*, no dia 13. Censurou os envolvidos na conspiração de 10 de abril, que não passaria de uma "arruaça qualquer de irresponsáveis". Defendia a punição e o afastamento dos rebeldes, que o governo deportou para o Amazonas.[33]

Poucos dias após a manifestação reprimida por Floriano, o jornal *Figaro*, dirigido por Medeiros de Albuquerque, publicou uma charada que envolvia Solon na conspiração:

Um dos 7 sábios da Grécia
General Manqué
Denúncia feminina
400 contos[34]

Boatos que circulavam no Rio acusavam Solon de ter traído o golpe para derrubar Floriano. Segundo tais rumores, o general teria falhado no apoio militar aos rebeldes, tendo ficado com o dinheiro destinado a subornar as tropas contra o governo. Falava-se ainda que a condessa de Leopoldina, mulher do conde, tinha denunciado o plano, na tentativa de obter favores do governo para seu marido, que se encontrava foragido devido à falência da estrada de ferro que dirigia.

Solon escreveu um artigo, que pretendia divulgar na imprensa, em que se defendia das acusações. Mas, como militar, não podia publicá-lo sem a autorização do governo. Foi, assim, à presença de Floriano, para solicitar permissão. O marechal, depois de ler o artigo, sorriu e disse:

"Onde ouviste estas calúnias? Então Solon levantas o boato da lama. Não publiques isto, espera. Se for preciso, eu direi pelo *Diário Oficial* o que pedes."[35]

Retornando a casa, Solon contou a Túlia a entrevista que tivera com o marechal e acrescentou:

"Se as calúnias progredirem, o Floriano dirá pelo *Diário Oficial* que eu não fui mercenário e traidor. Revoltoso, eu não me importo, que façam de mim o que fizeram com os outros, me deportem, porque conspirar não é desonra. O que foi o 15 de novembro senão uma conspiração?"

Floriano não acreditou, porém, na versão que Solon lhe apresentara e determinou a realização de uma investigação secreta sobre sua participação na conspiração de 10 de abril. Foram interrogados os cadetes que escoltaram os desterrados à Amazônia, para obter informações sobre o envolvimento do general, e os revoltosos, que receberam anistia em junho.

Ao descobrir que estava sendo investigado por Floriano, Solon divulgou nos jornais, em 29 de junho, artigo em que se defendia das acusações e requereu ao governo um conselho de guerra, em que pudesse se defender. Euclides estava convencido, conforme escreveu a Porchat, da inocência do sogro.[36] Nomeado em setembro, o conselho concluiu que não recaía sobre o general Solon nenhuma culpa de haver participado, de forma direta ou indireta, na conspiração de 10 de abril, nem de ter recebido dinheiro ou fornecido armamentos para serem utilizados na revolução. Não deveria pesar sobre ele, dizia o parecer, a injúria de que foi vítima em sua honra e brios militares.[37]

Euclides defendia, nas cartas aos amigos, a honra do general Solon Ribeiro, acusado de ter se apropriado do dinheiro destinado a levantar os quartéis contra o governo. Tudo não passava, para ele, de calúnias que estavam sendo exploradas politicamente, respingos de lama, que meia dúzia de infames atirava sobre seu sogro, um homem honesto. Escrevia a Pedro de Alcântara, em 20 de junho de 1892:

> Como anda tudo isto! Quanta coisa pequenina vai por aí! Que misérrimos homens! Que infeliz gente essa! Eu já não sinto indignação por tanta baixeza; estou cansado de indignar-me e começo a olhar para tudo isto com olhos de velho, velho de vinte e poucos anos — que é a pior e a mais triste

espécie de velhos. Que o general se console e tenha a resignação, que é o último recurso dos fortes; ele há de vencer afinal — porque embora a sociedade inteira se dissolva, não se extingue a justiça.[38]*

Escola Politécnica

O engenheiro e deputado estadual Antônio Francisco de Paula Souza apresentou, em 1892, à Câmara de São Paulo projeto de criação de uma escola técnica, destinada a formar técnicos e engenheiros. Formado pela Technische Hochschule de Karlsruhe, Paula Souza se baseou no modelo das escolas técnicas suíças, com um ensino prático, voltado para as ciências aplicadas às artes e às indústrias. Afastava-se da ideia positivista, de ensino eminentemente matemático, de cujos princípios seriam deduzidas as aplicações práticas, característico do modelo francês, predominante na Escola Politécnica do Rio de Janeiro, que Euclides cursara em 1889.

Euclides atacou violentamente o projeto de Paula Souza em dois artigos no *Estado*, em 24 de maio e em 1º de junho, com o título de "Instituto Politécnico". Considerava o projeto desastroso, cheio de erros, como a enumeração arbitrária de matérias, que analisou a partir de um enfoque positivista. Criticava a quebra de hierarquia científica nas disciplinas previstas, dispostas sem qualquer ordem lógica no projeto, que conteria até matérias inexistentes, como a geometria superior. Achava inexplicável a ausência da astronomia, tida como a mais ilustre das ciências, da

---

* O texto aparece aqui interrompido para tratar das tentativas de ingresso de Euclides da Cunha na Escola Politécnica de São Paulo, mas será retomado para uma possível conclusão algumas páginas adiante, quando volta a tratar da crise republicana que envolvia o seu sogro.

biologia e da economia política, que considerava indispensáveis a todas as carreiras, além da engenharia geográfica.

O projeto era, para Euclides, incapaz de formar a mentalidade dos futuros engenheiros: "vazio de orientação, incorretíssimo na forma, e filosoficamente deficiente". Criticou ainda o fato de que a organização dos programas ficaria a cargo do futuro diretor do instituto, por julgar que o Poder Legislativo estava abrindo mão de sua formulação, que entregava a um terceiro, que poderia ser incompetente.

Euclides voltou a tratar do assunto em 1º de junho, quando afirmou, com ousadia, que havia deixado claramente provada, em artigo anterior, "a incompetência do projeto criador do Instituto Politécnico". Com grande exagero, declarava-se vencedor de uma polêmica que não chegou a existir, já que Paula Souza deixou ambos os artigos sem resposta. Forçando a mão, tomou o silêncio do futuro diretor da escola como a admissão dos erros e defeitos do projeto, que previa cadeiras preparatórias, comuns a todos os cursos, nos anos iniciais. A sociedade brasileira não comportava, para Euclides, "esse grande ideal de um preparo filosófico comum, presidindo a todas as atividades".[39] Tal crítica era, porém, contraditória com a defesa, feita no artigo anterior, da inclusão de disciplinas sem relação direta com o ensino de engenharia, como a astronomia, a biologia e a economia política.

Euclides escrevia, em 7 de junho de 1892, ao advogado Reinaldo Porchat, para mostrar seu interesse pela escola de engenharia que estava sendo organizada, sem perceber que os ataques a Paula Souza iriam impedir, para sempre, seu ingresso na Politécnica. Mostrava sua predileção pela cadeira de astronomia, à qual vinha se dedicando, frequentando o Observatório Astronômico no morro do Castelo, no prédio de um antigo templo jesuítico. O observatório pertencia desde 1890 ao Ministério da Guerra, de modo que os engenheiros geográficos e oficiais do Estado-Maior pudessem completar nele seus estudos, adquirindo os conhecimentos necessários para o trabalho nas comissões que deveriam fixar os limites territoriais da República.

Fundado em 1827, cinco anos após a independência, o observatório era dirigido por Luís Cruls, engenheiro militar, belga de nascimento, que se tornaria amigo de Euclides. Era seu colega na Escola Militar, onde ocupava desde 1888 a cadeira de astronomia e geodésia. Trabalhou, de 1892 a 1894, na Comissão Demarcadora da nova capital da República, que deveria ser instalada no planalto Central, em Goiás, de acordo com plano do marechal Floriano, que pretendia transferir o governo para um ambiente menos agitado e insalubre do que o Rio de Janeiro. Fez, no início do século, experiências de transmissão e recepção de telegrafia sem fio entre a fortaleza de Santa Cruz e a Ilha Grande. Morreu, em Paris, em 1908, devido à doença contraída na comissão de reconhecimento do Alto Javari, na fronteira com o Peru, que chefiou em 1901 para o Ministério das Relações Exteriores.[40]

Euclides pretendia abandonar, tão logo fosse possível, a carreira militar que não suportava: "Imediatamente lembrei-me de uma aspiração antiga: abandonar uma farda demasiadamente pesada para os meus ombros e passar a vida numa função mais tranquila, mais fecunda e mais nobilitadora". Conversou no Rio com Júlio Mesquita e Álvaro de Carvalho, quando estes estiveram na cidade, sobre seu interesse em se tornar professor da escola de engenharia. Ambos concordaram que deveria preferir um lugar de professor a persistir na carreira militar que considerava incompatível com o seu gênio.[41]

Euclides foi nomeado, em 4 de julho, auxiliar de ensino teórico da Escola Militar, tendo assumido no dia 13 como substituto interino da 2ª seção. Seus artigos situacionistas no *Estado* podem ter colaborado para sua nomeação. Aguardava, enquanto isso, a possibilidade de ser chamado para trabalhar na escola de engenharia em São Paulo, o que lhe permitiria sair do Exército.

Começou a ensinar na Escola Militar em 4 de agosto de 1892,

após uma violenta crise de nevralgia, que o deixou oito dias de cama. Dava aulas de física, química e astronomia às segundas, quartas e sextas-feiras. Levava, como escreveu a Porchat, uma vida monótona, marcada pelo relógio, mecânica e automática, como uma máquina que oscilava de casa para a escola, na Urca, e da escola para casa, no campo de São Cristóvão. Para escapar da rotina, passava às vezes pela rua do Ouvidor, centro do comércio elegante do Rio, com suas livrarias e cafés, onde apanhava um golpe de ar da existência comum, e continuava a frequentar o observatório, de modo a se preparar para concorrer a uma possível cadeira de astronomia na Politécnica de São Paulo.

Mas não acreditava que fosse capaz de manter, por muito tempo, essa vida pacata e monótona de instrutor militar: "Não dou para a vida sedentária, tenho alguma coisa de árabe — já vivo a idealizar uma vida mais movimentada, numa comissão qualquer arriscada, aí por estes sertões desertos e vastos de nossa terra, distraindo-me na convivência simples e feliz dos bugres". Sonhava com uma viagem à Europa, que pretendia fazer com o pai, ou com aventuras no interior do país, como parte de um projeto intelectual de conhecer o Brasil, seguindo as pegadas dos viajantes e exploradores, o que pôde realizar ao cobrir a Guerra de Canudos em 1897 e depois, em 1905, quando chefiou a expedição à foz do rio Purus, no Acre: "Eu sinto necessidade de abandonar por algum tempo o meio civilizado da nossa terra: assim ou aspiro aos sertões desertos ou às grandes capitais estrangeiras".[42]

Esse desejo de fuga da cidade e de reencontro com a vida simples do interior tinha raízes na infância passada em fazendas no interior do estado do Rio, em Cantagalo, na fazenda Saudade em que seu pai trabalhava como contador, na casa da tia Rosinda em Teresópolis e na fazenda da tia Laura em São Fidélis. Buscou, nos amplos espaços do sertão ou da selva, as paisagens e as emoções perdidas da infância, com bosques e matas, cercados por montanhas. Recordava-se, com nostalgia, da quietude e da ingenuidade que desapareceram, quando se mudou, com onze anos, para a casa dos avós paternos em Salvador, onde frequentou o Colégio Carneiro Ribeiro, e, a partir dos doze anos, no Rio, onde completou sua formação escolar. Exprimiu, em seu livro sobre Canudos e nos ensaios sobre a Amazônia, esse projeto de resgate das emoções da infância.

Instrutor da Escola Militar, estudava física, química e astronomia, sobretudo Newton, Laplace, Gay-Lussac e Claude Bernard, para os cursos que dava na escola. Com a volta ao Rio, depois do estágio em Caçapava, e as obrigações na Escola Militar, deixou de escrever para o *Estado* após quatro meses de colaboração, de 15 de março a 26 de julho de 1892. "Continuo", escrevia a Porchat em setembro, "na missão inglória, na triste e monótona e profundamente insípida missão de pedagogo; já agora levarei essa cruz até o fim do ano.[43]"

Sentia-se profundamente triste e desanimado, exercendo atividades de ensino, pelas quais tinha pouco interesse, e preocupado com as dificuldades políticas de seu sogro. Nos dias em que não precisava ir à Escola Militar, fechava-se em casa, para se isolar do mundo e entregar-se às leituras que lhe davam prazer, como os romances dos franceses Émile Zola, *La débâcle*, e de Huysmans, *Là-bas*, que considerava o mais original e brilhante livro dos últimos tempos, ou os poemas do português Guerra Junqueiro, em *Simples*, inspirados no francês Victor Hugo.[44]

Suas atividades de ensino e o exercício da engenharia no Rio, em Minas Gerais e depois em São Paulo o absorveram por quase cinco anos, período estéril em termos de produção intelectual. Só voltou a escrever para *O Estado de S. Paulo* em março de 1897, quando publicou o artigo sobre a distribuição dos vegetais em São Paulo seguido pelo artigo sobre a derrota da 3ª expedição contra Canudos, que traria o convite para cobrir a guerra como repórter.

Não abandonou a ideia de sair do Exército e a ambição, que manteve até 1904, de se tornar professor da Escola Politécnica de São Paulo, apesar do tédio que lhe causavam as aulas que tinha de dar na Escola Militar.

Pretendendo sair do Exército, escrevia, em agosto de 1893, ao engenheiro Teodoro Sampaio, da Superintendência de Obras Públicas, pedindo informações sobre a Politécnica, cujo projeto estava para ser aprovado. Recebia de Teodoro Sampaio a notícia de que as cadeiras deveriam ser preenchidas por nomeação, só estando prevista a realização de concurso em etapa posterior. Preparava-se, desde junho de 1892, para o concurso na Politécnica, ainda que tivesse poucas esperanças na nomeação.[45]

Euclides tinha acabado de ser posto à disposição do Ministério da Indústria, Viação e Obras Públicas, para fazer novo estágio na E. F. Central do Brasil. O passo atrás na carreira se deveu, talvez, às posições oposicionistas de Solon, que tinha assumido em maio lugar de deputado por Mato Grosso no Congresso.

Seus amigos de São Paulo, sobretudo Reinaldo Porchat, tentaram indicar seu nome para uma das cadeiras da nova escola. Mas recebeu, em novembro, a notícia de que o governo de São Paulo não aceitara a indicação do seu nome para a Politécnica. Porchat lamentava, em carta, a "censurável preterição" do seu nome pelo governador Bernardino de Campos.[46]

O projeto de Paula Souza para a criação da Escola Politécnica de São Paulo foi aprovado em 24 de agosto de 1893, prevendo cursos superiores de engenharia civil, industrial e agrícola, além de artes mecânicas. Inaugurada em fevereiro de 1894, no antigo solar do marquês de Três Rios, no bairro da Luz, seu primeiro diretor foi Paula Souza, que ficou à frente da escola por um quarto de século, até sua morte, em 1917, tornando-se obstáculo para o ingresso de Euclides. Dentre os professores, estavam Francisco de Paula Ramos de Azevedo, que impulsionou a construção de edifícios e a síntese entre engenharia civil e arquitetura em São Paulo, e Manuel Ferreira Garcia Redondo, colega de Euclides no *O Estado de S. Paulo*.[47]

Apesar do fracasso dessa primeira tentativa frustrada, Euclides não abandonou o sonho de se tornar professor da Escola Politécnica de São Paulo, que seria incorporada em 1934 à Universidade de São Paulo. Fez ainda duas outras tentativas, ambas frustradas, de ingressar na escola, já como engenheiro do estado de São Paulo, em 1896 e depois em 1904. Em carta a Alberto Sarmento, de fevereiro de 1901, comentava que alguns amigos, professores da Politécnica, manifestaram-lhe o desejo de que entrasse para ela e preferia aguardar o desenlace dos acontecimentos antes de responder ao convite deste para trabalhar em ginásio em Campinas.[48] Mas seus artigos de 1892, em que criticou Paula Souza e o projeto da Politécnica, impediram para sempre o seu ingresso. Suas candidaturas devem ter encontrado a oposição de Paula Souza ou de seus colegas, preocupados com o constrangimento que a presença de Euclides na Politécnica iria criar para seu diretor.[49]

[...]

O marechal Deodoro da Fonseca morreu em agosto de 1892, tendo sido enterrado, a seu pedido, sem farda ou insígnias militares. Sua morte causou, em Euclides, uma dolorosa impressão: "Vi imóvel [...] o general Deodoro e estou certo de que por muito tempo guardarei a lembrança da sua feição notável e extraordinária, aureolada por uma serenidade olímpica e profundamente comovedora".[50] No velório de Deodoro, ante o seu cadáver, sentiu remorsos de haver conspirado contra o ditador, que considerava a mais modelada e corretíssima figura de herói dos últimos tempos.

Na madrugada de 11 de novembro de 1892, nascia Solon, segundo filho de Euclides, após um penoso trabalho de parto. Em meio ao nascimento do filho, estudava física, química e astronomia para as provas que precisava examinar na Escola Militar.

Brincava, em carta a Porchat, sobre a escolha do nome da criança, que tinha o mesmo nome do avô, o general Solon. Mas que era também o mesmo nome do legislador e estadista ateniense, tido como um dos sete sábios da Grécia, pelo alcance das reformas políticas que fizera para limitar o poder das famílias aristocráticas: "Já o registrei, chama-se Solon: assim satisfiz à Saninha, que desejava ele tivesse o nome do avô e a mim, que com certeza não lhe darei o nome de um general, mas o de um filósofo...".[51]

Euclides se distanciou, como seu sogro, do governo do marechal Floriano, perante o qual adotou uma postura crítica, bastante diferente dos artigos situacionistas do início de 1892. Referiu-se, em carta a Porchat, de 25 de outubro de 1892, aos conflitos no Rio Grande do Sul. Considerava tão perigosa e corrupta a situação política que chegava a considerar que o desmembramento, antes tido como um crime para os verdadeiros patriotas, seria a melhor coisa que poderia acontecer.

Criticava, em outra carta a Porchat, de 21 de abril de 1893, o regime republicano, que trouxera duas abdicações: a do imperador, exilado do país, e a do povo, excluído do processo político. O país estava condenado, para ele, à "revolução dos cochichos": "Os revolucionários vivem a discursar pelas esquinas inclinados para o ouvido dos comparsas — mas toda a sua ação não vai além disto. Falta-nos vigor, falta-nos brio, falta-nos sentimento e falta-nos espírito".

Referia-se à sucessão de boatos, de que seu sogro fora vítima, ao ser envolvido na conspiração de abril de 1892 e caluniado como traidor do movimento. Aplaudia os revoltosos do Sul, que combatiam o governo estadual, dando o exemplo de que ainda havia uma minoria capaz de morrer em defesa de princípios. Previa longos e sombrios dias de anarquia sem nome, em razão dos combates no Rio Grande do Sul. Dizia ainda ter escrito um artigo oposicionista para *O Estado de S. Paulo,* que o jornal não chegou a publicar.[52]

Solon tinha sido inocentado, em janeiro de 1893, de participação no golpe de abril de 1892, após ter exigido do governo um conselho de guerra. Euclides tinha dificuldades na carreira militar, sendo colocado à disposição, em agosto do mesmo ano, do Ministério da Indústria, Viação e Obras Públicas, para servir novamente como estagiário na Estrada de Ferro Central do Brasil.

Revolta da Armada

A Revolta da Armada* estourou, em 6 de setembro de 1893, na capital da República, opondo a Marinha e o Exército, que se enfrentaram até março do ano seguinte. O marechal Floriano foi capaz de manter, em meio ao espanto e alarme, a quietude e o mutismo habituais, conforme relatou Euclides, de forma imaginativa. De uma das janelas do Itamaraty, abertas na direção do mar, Floriano se deteve, pensativo, na apatia enganosa e falsa de sempre. Depois levantou vagarosamente a mão direita, espalmada, na direção dos navios revoltosos, no gesto de quem atira de longe uma esperança ou uma ameaça. Mostrava-se, para Euclides, a um tempo ameaçador e plácido, sem expansões violentas e sem um tremor no rosto impenetrável, revelando, diante do assalto das paixões tumultuárias e ruidosas, a sua tenacidade incoercível, tranquila e formidável.[53]

O general Solon Ribeiro foi detido logo no início da revolta, em setembro de 1893, junto com outros opositores de Floriano, por suspeita de envolvimento com os rebeldes, e ficou preso quase um ano na fortaleza da Conceição, sem qualquer acusação

---

* Movimento que exigia novas eleições presidenciais, liderado inicialmente pelo almirante Custódio José de Melo, ex-ministro da Marinha do governo de Floriano Peixoto. Contaria, posteriormente, com a adesão do almirante Saldanha da Gama e seria acusado de pretender restaurar a Monarquia.

formal. O sogro de Euclides, então deputado, havia apresentado projeto de lei à Câmara, que incompatibilizava os militares para os cargos políticos, com o objetivo de barrar a candidatura de Floriano às eleições presidenciais em 1894. A atitude oposicionista de Solon era um desdobramento da traição que sofrera por parte de Floriano, por ocasião da tentativa de golpe em 10 de abril de 1892, quando o marechal havia afirmado sua confiança em Solon, ao mesmo tempo que ordenara uma investigação secreta sobre sua atuação na conspiração.

Euclides atuou, como tenente, a serviço das forças legais, construindo trincheiras e fortificações no morro da Saúde e no cais do porto do Rio. Sentia-se rodeado por uma trágica monotonia de praça de guerra, cheia de notas vivas de clarins e estouros de metralhadora. Ana e o filho se encontravam em São Paulo, a salvo dos bombardeios que por vezes atingiam a cidade, na fazenda do pai em Belém do Descalvado.

Servia ao governo, que ordenara a prisão de seu sogro, o qual foi mantido encarcerado por quase um ano, de setembro de 1893 a agosto de 1894, permanecendo em prisão domiciliar até dezembro de 1894.

Afirmava, em carta a Porchat, ter se colocado naturalmente ao lado da entidade abstrata, chamada de governo, por repelir as conspirações e golpes de Estado. Pressentia, por trás da revolta, "o fantasma do 3º Império", por acreditar que haveria monarquistas entre os revoltosos. Tais posições coincidiam com as assumidas pelo jornal *O Estado de S. Paulo*, que se colocara ao lado do marechal Floriano, o qual encarnava a segurança da República, apesar das violências de seu governo.

Os governistas chamavam os rebeldes da Marinha de sebastianistas, em alusão à crença na volta do rei português d. Sebastião, desaparecido em batalha contra os árabes no fim do século XVI, como se os oposicionistas de Floriano sonhassem com uma restauração impossível dos tempos da Monarquia: "Pressinto através da feição dúbia de alguns caracteres, através da simpatia suspeita pela revolta, por parte da esquadra estrangeira — o fantasma do 3º Império".[54] Euclides se equivocava quanto ao monarquismo dos revoltosos, mas já revelava o mesmo tipo de projeção política que a imprensa, inclusive ele próprio, iria fazer por ocasião da Guerra de Canudos.

Euclides foi nomeado, em 22 de dezembro de 1893, para servir na Diretoria Geral de Obras Militares, com a missão de construir fortificações no morro da Saúde. Passou dois meses na Saúde, retalhando a encosta e abrindo degraus para a instalação de baterias de artilharia, que deveriam bombardear os navios e fortalezas em mãos dos revoltosos. A área comercial próxima à Saúde se encontrava paralisada pela revolta, com os armazéns desertos, as ruas entulhadas de ferragens e banhadas pelas águas mortas de uma reentrância da baía, onde boiavam velhas barcaças sem mastros e inúteis.

Dois meses depois, em fevereiro de 1894, foi destacado para erguer fortificação no cais do porto, na Prainha, ao lado do edifício das Docas Nacionais, onde seria colocado um canhão Whitworth 70. Euclides se deslocou para o porto, comandando as turmas de operários, armados de picaretas e enxadas. Lá encontrou o encarregado de obras da diretoria de obras militares, com meia dúzia de praças e algumas dezenas de estivadores, recrutados à força nas cercanias, para ajudar na construção do estrado de madeira para o canhão.

Como correra o boato de que os revoltosos se preparavam para desembarcar na capital, tornava-se urgente a instalação do canhão, o que Euclides comentou com ironia: "Certo não desfaleceria da minha banda a defesa da *Legalidade* — belo eufemismo destes tempos sem leis".[55]

Mais de cem homens atacaram o trabalho, carregando durante todo o dia sacos cheios de areia, que eram arrumados uns sobre os outros. Ao chegar a noite, com chuviscos intermitentes, tinham conseguido erguer uma duna ensacada sobre a ponta do cais, dominante e desafiadora.

Protegidos pela noite, e com os lampiões de gás apagados, os carpinteiros começaram a ajeitar os pranchões, para cobrir de madeira a plataforma. Era a fase mais perigosa da empresa, pois o barulho dos martelos poderia atrair ataques inimigos. Euclides olhou em torno. Aquele trecho da Prainha parecia abandonado. Nenhuma voz. Nenhuma luz.

Em frente, no mar inteiramente calmo, percebia os vultos dos navios de guerra estrangeiros, vindos como observadores, dentre os quais se destacavam os encouraçados brancos da esquadra norte-americana. Ao fundo, um cordão de pontos luminosos indicava Niterói, do outro lado da baía. Percebiam-se ainda alguns perfis de ilhas, as da Conceição e Mucanguê, e a silhueta apagada do *Tamandaré* imóvel junto à última. À direita, viam-se algumas lanternas trêmulas, perdidas na bruma: o forte de Gragoatá e o de Santa Cruz e, mais longe, a fortaleza da Lage.

Um carpinteiro arriscou a primeira pancada, medrosa, vacilando. Depois outra, mais firme — um estalo aflitivo no silêncio da noite. Sucederam-se outras e, em breve, sem cadência, os martelos batiam sobre as tábuas.

Euclides tirou o relógio. Era uma hora da manhã. Iria acordar todo o Rio de Janeiro com aquele despertador estranho. As marteladas chegaram, alarmantes, ao escritório do Lloyd, onde se encontrava o comandante da linha, um coronel do Piauí, que veio em pessoa interrompê-las. Ponderou a inconveniência de continuar a obra àquelas horas. Proibiu-a.

Suspensa a tarefa, os operários se amontoaram, abrigados pelo beiral do velho armazém, mudos, tiritando sobre a calçada úmida. E o silêncio desceu de novo, deixando distinguir, ao longe, o tiroteio escasso de algum ataque, insignificante como tantos outros que se faziam todos os dias.

Atravessando a noite como dardos, os feixes de luz do holofote do morro da Glória se projetavam no espaço, divergentes e longos, fazendo surgir, à medida que giravam, de súbito iluminados e logo desaparecendo, os navios de guerra imóveis, mais à frente Niterói adormecida, a Armação deserta, e todas as baías e ilhas, uma a uma, aparecendo e extinguindo-se, até atingirem Magé, no fundo da baía.

Euclides subiu sobre a plataforma recém-construída e contemplou o mar silencioso. Imaginou-se personagem de uma das tragédias do dramaturgo grego Ésquilo, *Os persas*, em que a esquadra ateniense, comandada por Temístocles, derrotava, no estreito de Salamis, os navios do rei persa Xerxes. Com sua tendência a tratar a história como drama, observou sobre os desencontros tragicômicos que a revolta produzira:

> A ilusão é completa.
>
> Vai para quatro meses que não fazemos outra coisa senão representar um drama da nossa história, de desenlace imprevisto e peripécias que dia a dia se complicam, neste raro cenário que nos rodeia.
>
> A civilização, espectadora incorruptível, observa-nos, dentro de camarotes cautelosamente blindados [...].
>
> Aplaudem-nos?
>
> É duvidoso. Representamos desastradamente. Baralhamos os papéis da peça que deriva num jogar de antíteses infelizes, entre senadores armados até aos dentes, brigando como soldados, e muitos militares platônicos bradando pela paz — diante de uma legalidade que vence pela suspensão das leis e uma Constituição que estrangula abraços demasiado apertados dos que a adoram.[56]

Euclides se entregava a essas divagações quando dois vultos se aproximaram. Nada tinham de alarmantes, porque as sentinelas, velando à entrada da rua, permitiram-lhes a passagem. Vinham à paisana. Chegaram até a borda da plataforma, onde uma lanterna iluminava o estrado num raio de dois metros. E pararam.

Euclides aproximou-se, saudando-os.

O primeiro, um general, respondeu-lhe de forma corretíssima e firme. O outro era o marechal Floriano, que lhe deu um cumprimento frio. Viera incógnito no meio da noite, para inspecionar as obras de fortificação do porto.

Euclides o reconheceu e emudeceu. O marechal de ferro surgia, para ele, como esfinge, em cuja face enigmática via inscritos os destinos da República: "À meia penumbra da claridade em bruxuleios, lobriguei um rosto imóvel, rígido e embaciado, de bronze; o olhar sem brilho e fixo, coando serenidade tremenda, e a boca ligeiramente refegada num ríctus indefinível — um busto de duende, em relevo na imprimadura da noite, e diluindo-se no escuro feito a visão de um pesadelo".[57]

O marechal se aproximou da trincheira e se debruçou sobre o plano de fogo. Ali ficou meio minuto, pensativo, com a vista cravada entre as brumas no outro lado da baía.

"Estão tranquilos", murmurou.

Fez um gesto breve, despedindo-se, e seguiu acompanhado do general. Duas silhuetas que se agitavam, ao longe, sob o brilho escasso de um lampião distante até desaparecerem na noite.

Euclides lia, durante a Revolta da Armada, o romance de cavalaria *Ivanhoé*, de Walter Scott, e o livro sobre a Revolução Francesa do inglês Thomas Carlyle, *The French Revolution* (1837), em que encontrava consolo em seus comentários irônicos sobre os abusos do poder. Carlyle criticava a Revolução Francesa como violenta insurreição, que trouxera a vitória da anarquia sobre o mundo feudal. A salvação só poderia vir pela ação dos heróis, capazes de organizar o caos trazido pela atuação política das massas e de construir uma nova ordem social. A história podia ser escrita como a "sucessiva biografia dos seus grandes homens", o que procurou mostrar no seu livro sobre Frederico II da Prússia ou nos retratos de Mirabeau, Marat, Danton e Robespierre na obra sobre a derrubada do Antigo Regime na França.

A leitura de Carlyle servia, para Euclides, de antídoto à exaltação revolucionária daqueles tempos de combate, em nome da consolidação da República, contra os revoltosos da Marinha e do Rio Grande do Sul. Em suas páginas, penitenciava-se, conforme escreveu, do uso de uma espada inútil, de um heroísmo à força e de uma engenharia mal estreada...[58]

Euclides seguiu as lições de Carlyle sobre o herói como síntese individual dos aspectos de um povo nos ensaios sobre o marechal Floriano, "O marechal de ferro" e "A esfinge", reunidos em *Contrastes e confrontos*.[59] Esses ensaios são fragmentos do livro que pretendia escrever sobre a Revolta da Armada, iniciado em 1903 após a publicação de *Os sertões* e interrompido quando foi nomeado para a expedição ao Purus. Iria dar prosseguimento, nessa obra, à revisão da República, iniciada em *Os sertões*, tendo agora como centro a figura do marechal Floriano Peixoto, a quem aprendera a admirar e a temer à distância.

Floriano foi, na visão de Euclides, a esfinge da República, capaz de decidir os rumos políticos pela dubiedade de suas ações: "Diante da sua figura insolúvel e dúbia, os revolucionários apreensivos traçavam na tarde de 14 de novembro o ponto de interrogação das dúvidas mais cruéis, e ao meio-dia de 15 de novembro os pontos de admiração dos máximos entusiasmos". Chefe das forças da Monarquia, foi também o aliado, com o qual contaram Deodoro e outros militares rebeldes no momento da proclamação. Vice-presidente de Deodoro, conspirou contra ele e preparou o contragolpe de 23 de novembro de 1891, que tiraria o velho marechal do poder.

[cf. L. Barreto, *Triste fim de Policarpo Quaresma*: descreve o Rio de Janeiro durante a Revolta e população se diverte com bombardeios, ao contrário de Policarpo; Floriano faz visita inesperada ao quartel e encontra Policarpo sob a luz da lua: espectro solitário é o fantasma da Morte segundo o comentário de O. Lins em *Lima Barreto e o espaço romanesco*]*

No ensaio "O marechal de ferro", Euclides fez um retrato psicológico do marechal Floriano Peixoto, ao mesmo tempo que admitia sua própria ingenuidade política. Era uma época inconsistente, voltada a todos os ideais, em que predominava a "credulidade quase infantil com que consideramos os homens e as coisas". O marechal sobressaía pelo contraste entre seu temperamento desconfiado e cético e o entusiasmo ardente e efêmero dos revolucionários. Tal antagonismo lhe teria dado o destaque de uma glória excepcionalíssima, que seria impossível explicar no futuro.[60]

Após a publicação de *Contrastes e confrontos*, em 1907, o crítico Araripe Júnior contestou, ao se encontrar com Euclides, o retrato do marechal Floriano feito por este, sobretudo em "A esfinge", tida pelo crítico como uma de suas páginas mais sombrias. Araripe fora ministro da Fazenda, por um breve período, do Ministério formado pelo barão de Lucena, em janeiro de 1891, sob a presidência do marechal Deodoro.

Euclides contou então a Araripe o último encontro que teve com Floriano, no palácio do Itamaraty, em outubro de 1893, quando teve a ousadia de ir ao encontro do marechal, que governava com poderes ditatoriais, para pedir garantias de vida para o sogro, preso desde setembro.

"Esse homem", disse Euclides sobre Floriano, "que me fez tremer de assombro, num momento, com um gesto e uma frase incisiva de generosidade, repeliu-me de sua presença com a

---

* Esta anotação parece indicar a intenção de prosseguir o desenvolvimento do tema "Floriano — Revolta da Armada".

tranquilidade de que somente os verdadeiros fortes possuem o segredo."

Circulara pela cidade a notícia de que o general Solon estava para ser fuzilado. Euclides ficou perturbado, com o coração carregado de suspeitas e pavores. Não conseguia mais dormir. Pensava incessantemente no perigo que seu sogro corria. Vivia, entre amigos e inimigos, sempre desconfiado e nem os mais íntimos lhe inspiravam segurança. Acabou por achar que estava sendo vigiado.

Agitadíssimo, foi à sede do governo. Aproximou-se do marechal Floriano e pediu permissão para lhe falar:

"Senhor marechal Floriano, permita-me que lhe dirija a palavra."

O marechal olhou para o jovem tenente com frieza, sem proferir palavra. Euclides percebeu, por trás de suas pupilas, uma nuvem sinistra e se julgou perdido. Mas, num ímpeto de coragem, resolveu prosseguir:

"Correm boatos sobre o fuzilamento de meu sogro, o general Solon. É-me impossível viver mais uma hora sob a pressão desse horror e de tão estranhas suspeitas."

E, tomando fôlego, prosseguiu:

"Não pense, marechal, que me apresento aqui como um vil postulante da vida de meu sogro. Devo ser franco. Para que não se iluda a meu respeito, declaro que não o acompanho como homem, não sou seu partidário, mas o sigo, porque defende esta República, que eu também defendo. Por honra sua, não quero acreditar, não devo acreditar no que se anda propalando. Compreenda, porém, que há momentos em que de tudo posso duvidar. A fadiga já me invade; preciso restaurar a minha tranquilidade."

Floriano fechou o rosto, contraindo os músculos. De súbito, o olhar do marechal se desanuviou. Até aquele segundo, não proferira sequer um monossílabo. E respondeu a Euclides:

"Quando seu pai ainda não cogitava em procriá-lo, eu já era amigo de Solon. Pode retirar-se."[61]

Em meio aos temores causados pela prisão do sogro, confessava ao pai, em carta de dezembro de 1893: "Meu pai, eu sinto o maior abatimento". Sofria com o longo afastamento de Ana e do filho, recolhidos na fazenda do pai devido aos bombardeios no Rio. Inquietava-se com a situação de Solon, que continuava preso. Preocupava-se ainda com seu futuro profissional e com as incertezas do presente.

Padecia de tosse insistente, causada pela tuberculose, e vivia em condições precárias por causa dos combates no Rio e em Niterói: "Vivo uma vida realmente miserável — não por falta de dinheiro — sem poder ter a mais ligeira higiene como regularidade de alimentação". Temia morrer, sem poder rever a mulher e o filho: "Sinto-me abater dia a dia, minado por doença pertinaz (peço-vos não dizer isto a Saninha), sinto-me cada vez mais fraco e com o pressentimento cada vez maior de um tristíssimo fim". Ana também estava doente, na fazenda em Belém do Descalvado, e pedia que Euclides fosse buscá-la. Com os combates em Niterói e no Rio de Janeiro, Euclides não tinha conseguido obter licença sequer para tratamento, apesar da recomendação dos médicos.[62]

Euclides conseguiu ir à fazenda do pai em São Paulo em dezembro de 1893, depois de submeter seus alunos aos últimos exames de astronomia na Escola Militar. Pretendia viajar com o pai à Europa e fazer concurso para professor de sociologia em escola no Sul do país. Por causa dos conflitos no Rio, deixou Ana e o filho em Palmeiras, antes de retornar à capital.

Comunicou, por carta, à sogra, d. Túlia Ribeiro, em janeiro de 1894, que foi à fazenda do pai em São Paulo, para trazer Ana e o filho para Palmeiras: "Faço-a [esta participação] por escrito porque não a posso fazer a viva voz, impossibilitado como estou de entrar numa casa em que se me fez a mais dolorosa injustiça". Não pretendia voltar a pôr os pés na casa dos sogros. Sentia-se vítima de calúnias e de uma surda e traiçoeira conspiração e pedia que o seu nome não fosse mais pronunciado, desejando ser completamente esquecido... Fazia ainda um dramático desabafo, que revelava seu anseio por amplos espaços e por paragens desconhecidas, em que poderia escapar às imposições e frustrações do dia a dia:

> Depois da triste desilusão que sofri, só tenho uma ambição; afastar-me, perder-me na obscuridade a mais profunda e fazer todo o possível para que os que tanto me magoam esqueçam-me, como eu os esqueço. Quando se terminar a agitação da nossa terra eu realizarei ainda melhor este objetivo, procurando um recanto qualquer dos nossos sertões.[63]

A Revolta da Armada repercutiu na carreira militar e na vida familiar de Euclides, que teve atritos e divergências com os sogros, Túlia e Solon. A traiçoeira conspiração a que Euclides se referia, na carta à sogra, pode ter tido razões políticas. Não chegou a visitar o sogro na prisão, recolhido na Escola Militar e depois na fortaleza da Conceição, junto com outros inimigos de Floriano, desde setembro de 1893. Solon ficou preso até dezembro de 1894, quinze meses ao todo, passando dois meses, de setembro a novembro de 1893, na Escola Militar, e de novembro de 1893 a agosto de 1894, na fortaleza da Conceição.

Nas cartas escritas do cárcere, o general Solon se queixava a Túlia do genro "imprestável", incapaz de ir vê-lo ou mesmo de lhe escrever. Mas o governo impunha severas restrições às visitas aos presos políticos, o que tornava difícil, se não impossível, que um oficial do Exército, a serviço do governo, recebesse permissão para se encontrar com um general oposicionista preso.

Euclides protestou, em 18 de fevereiro de 1894, em carta à *Gazeta de Notícias*, contra a campanha do senador João Cordeiro para que fossem explodidas as prisões onde se encontravam os rebeldes e oposicionistas, caso não se conseguisse encontrar e fuzilar os autores do atentado a dinamite contra a redação de *O Tempo*. O atentado contra o jornal era, para Euclides, um crime que não justificava uma represália ainda mais criminosa.

Voltou ao assunto, em nova carta, de 20 de fevereiro, para rebater as conclusões que a redação de *O Tempo* havia tirado de suas palavras. Rejeitava os métodos de ação dos revoltosos, que deveriam ser combatidos por meios legais:

> Por isso mesmo que os condeno, é que entendo que eles devem cair esmagados pela reação de todas as classes; mas por isso mesmo que odeio os seus meios de ação repilo-os, entendendo que a reação pode perfeitamente, com maior intensidade, definir a serenidade vingadora das leis.

E concluía: "Não é invadindo prisões que se castigam criminosos". Recusava-se ainda a aderir ao fanatismo do senador pela República: "Há nos sentimentos que ambos tributamos à República uma diferença enorme: S. Ex. tem por ela um amor tempestuoso e cheio de delírios de amante, eu tenho por ela os cuidados e a afeição serena de um filho./ Persisto, pois, na deliberação fortemente tomada de o não considerar como um companheiro de lutas".[64]

As cartas de Euclides repercutiram no Exército e no governo, com suas críticas às medidas arbitrárias do governo no combate aos revoltosos, com a prisão de opositores políticos, como o general Solon, sem qualquer tipo de acusação formal. Com a capital em estado de sítio, submetida a leis de exceção, manifestava-se publicamente sobre questões políticas, desafiando as autoridades militares e provocando os setores jacobinos e florianistas, que já o viam sob suspeita por suas ligações familiares e políticas com Solon, convertido em inimigo da pátria em perigo.

Com sua defesa intransigente da legalidade, Euclides retomava o mesmo espírito de autonomia de seu protesto solitário na Escola Militar em 1888, antes da proclamação da República. Com o término dos combates no Rio de Janeiro e em Niterói, foi nomeado auxiliar da Diretoria de Obras Militares, com a missão de dirigir as obras de reforma de prédio da Santa Casa de Misericórdia, em Campanha, no interior de Minas Gerais, que seria convertido em quartel para alojar regimento do Exército.

Solon foi transferido, em agosto, para prisão domiciliar e submetido a conselho de investigação e de guerra em outubro de 1894.

Prudente de Morais tomou posse como presidente da República em 15 de novembro de 1894. O marechal Floriano, vice-presidente, se recusou a transmitir o cargo, fazendo-se representar pelo ministro das Relações Exteriores e da Justiça, Cassiano do Nascimento.[65]

Um mês depois da posse de Prudente de Morais, em 14 de dezembro, o general Solon foi inocentado e posto em liberdade. O novo presidente procurava pôr fim aos conflitos nas forças armadas.

Saída do Exército

Euclides foi transferido para Minas Gerais em 29 de março de 1894, tendo chegado a Campanha no dia 28 de abril. Cidade "aonde fui parar bruscamente, deixando o seio impuro de uma velha capital em desordem pela sociedade mais nobre do sertão", conforme escreveu a Bueno Brandão. Campanha foi, para ele, "o primeiro amparo de quem aí foi parar com lúgubre tristeza de sentir-se exilado dentro da sua própria terra...".[66] Opunha a sociedade nobre do sertão à impureza da capital conturbada por lutas políticas, como iria fazer em *Os sertões*, ao criticar a atuação dos jacobinos no Rio de Janeiro. As capitais, como Rio de Janeiro e São Paulo, eram, para ele, os centros que faziam os homens regredirem, através de intrigas pessoais e disputas entre grupos, à selvageria dos trogloditas.

Foi transferido para Campanha talvez como punição pelas cartas enviadas à *Gazeta* no mês anterior, em que protestava contra a execução de prisioneiros políticos. Sua mudança para a pequena cidade mineira pode ter sido uma espécie de exílio disfarçado, de modo semelhante ao que sofrera o marechal Deodoro, quando foi transferido para Mato Grosso em dezembro de 1888, nos últimos meses da Monarquia, assunto que Euclides comentou em seu primeiro artigo na *Província de São Paulo*.

Mas o clima serrano de Campanha podia ser benéfico à sua saúde abalada pelas tensões e privações por que passou durante a Revolta da Armada, quando ficou dividido entre o governo e a família, entre suas obrigações como oficial de Exército e a solidariedade ao sogro preso. A cidade abrigou outros escritores, também vítimas da tuberculose, como o poeta Manuel Bandeira, que por lá passou por volta de 1904, quando adoeceu do pulmão, abandonando os estudos de arquitetura na Escola Politécnica de São Paulo.

Euclides morou em Campanha de 28 de abril de 1894 a maio de 1895, com a tarefa de realizar obras no prédio da Santa Casa, que seria adaptado para quartel do 8º regimento de cavalaria.

Não se sabe em que momento tiveram início seus conflitos com Ana, nem em que medida tais atritos domésticos foram momentâneos ou vinham de uma longa erosão do relacionamento entre ambos, que teria culminado no adultério de sua mulher em 1905, quando ele se encontrava na Amazônia. É provável que sua situação desconfortável no Exército, agravada com a prisão do sogro e as cartas à *Gazeta de Notícias*, trouxesse a Euclides, de temperamento nervoso, uma enorme irritação que explodia em disputas domésticas.

Um morador de Campanha, Júlio Bueno, que afirma ter conhecido Euclides e sua família na intimidade, deu um depoimento após a morte do escritor, que foi publicado em um pequeno jornal de Minas Gerais. Esse depoimento foi anexado ao processo contra Dilermando de Assis pela morte de Euclides, como peça de defesa do acusado.

Euclides e Bueno eram vizinhos em Campanha e jogavam gamão quase todos os dias. As partidas, a princípio mera distração, logo se tornaram motivo de disputa entre ambos. "A princípio", contou Bueno, "eu fazia o meu jogo, empenhado em ganhar a partida. Porém como isto sucedesse várias vezes seguidas, percebi que Euclides ficava acerbado, trêmulo, terminando sempre por sair pisando forte e sem se despedir."

Numa dessas partidas, Júlio prendeu todas as peças de Euclides em um dos cantos do tabuleiro, fechando todas as casas. Euclides se levantou e exigiu que o adversário lhe deixasse uma casa livre para onde pudesse movimentar suas peças.

"Mas, doutor Euclides", exclamou Júlio, "isto não é permitido. Do contrário perderia todo o interesse a batalha."

Euclides se irritou:

"Eu não sou escravo de regrinhas de jogo, ouviu? Isto é mera convenção. Fica para nós estabelecido que não se deve bloquear o adversário, inutilizando-o, deixando-o na atitude vexatória de um inativo."

Júlio resolveu concordar com a introdução de uma nova regra no mais antigo dos jogos:

"Siga assim."

Euclides acabou por ganhar a partida. E se levantou radiante:

"Você vai aprender", disse a Júlio, "para jogar comigo. Fique sabendo que eu sou invencível no gamão."

Euclides projetava sobre o jogo a angústia que sentia com sua vida, convertida em prisão. Sentia-se tão encurralado quanto as peças que Júlio tinha cercado no tabuleiro. Seu sogro estava encarcerado no Rio como suspeito de envolvimento com os rebeldes da armada. Submetia-se aos desígnios da carreira militar, que detestava, mas que lhe permitia sustentar a mulher e os filhos. Tinha sido despachado, para uma pequena cidade do interior, condenado ao ostracismo pelo governo do marechal Floriano, que inicialmente apoiara. Tivera ainda muitos conflitos com a família de Ana, sobretudo com sua sogra, dona Túlia.

Sua saúde frágil, devido à tuberculose que trazia desde a infância, havia piorado durante a Revolta da Armada, em que foi obrigado a servir ao governo, apesar da opinião dos médicos que haviam recomendado que tirasse licença médica. O clima montanhoso de Campanha, com altitude de mais de novecentos metros, favorecia a sua recuperação. Reencontrava as paisagens alpestres vistas na infância em Cantagalo, Teresópolis, Nova Friburgo e São Fidélis.

Euclides tinha, segundo Bueno, desentendimentos com Ana, que procurava cercá-lo de carinho e dedicação. Ana tentava afastar Euclides das mesas de jogo, por lhe conhecer o temperamento impulsivo e arrebatado. Para Bueno, a grande falha de Euclides, o ponto negro de seu caráter, era a pouca atenção que dedicava à mulher.[67]

É possível que o estado irritadiço de Euclides e o ambiente tenso, que Bueno percebera em sua casa, tivessem sido provocados, ou pelo menos agravados, pelos desentendimentos políticos e familiares que havia enfrentado como oficial do Exército durante a Revolta da Armada. As disputas domésticas entre Ana e Euclides podem ter piorado com os embates políticos da República, dividida entre grupos e facções que se combatiam, entre Exército e Marinha, entre deodoristas e florianistas, entre federalistas e legalistas, entre monarquistas e republicanos.

Euclides só retomou o contato com seu sogro, o general Solon, no início de 1895, quando já se encontrava em Campanha. O general Solon foi nomeado comandante do 3º distrito na Bahia no final de 1894, no dia 25 de dezembro. Solon publicou, no dia seguinte à nomeação, artigo no *Jornal do Comércio*, em que negava ter tido qualquer envolvimento com a revolta da Marinha, que o governo vencera em março, reafirmando sua inocência. Ao discutir publicamente assuntos militares, Solon foi punido com a transferência para o comando em Mato Grosso e repreendido na ordem do dia de 20 de janeiro de 1895.

Após a repreensão de Solon, Euclides rompeu o silêncio que mantivera desde a prisão do sogro. Escrevia-lhe, para o aconselhar a não aceitar a transferência para Mato Grosso, que, por sua distância da capital e clima insalubre, servia, desde os tempos da Monarquia, para afastar os militares indesejáveis: "Havia resolvido não escrever-vos tão cedo; motivos imperiosos entre os quais sobressaía o fato de não vos haver escrito durante a quadra dolorosa da vossa prisão, impediam-me que assim procedesse". Com grande ousadia, recomendava ao seu antigo protetor que não aceitasse a transferência: "Permiti que vos fale, com a sinceridade que sempre usei: eu não creio que aceiteis tal transferência!".

Julgava que os atos do Exército desonravam o passado de Solon de brilhante soldado da República: "Há uma coisa que para a nossa família e para a nossa Pátria vale mais que a vossa espada de general, é o vosso caráter de homem". Euclides mantinha-se, porém, firme em seu apoio ao governo do marechal Floriano, em razão da grave situação política do país.[68]

Caso seguisse os conselhos do genro, Solon, que pertencia à geração de oficiais condecorados pela atuação na Guerra do Paraguai, precisaria renunciar à carreira militar, à qual havia dedicado a vida. Preferiu adotar uma solução pragmática, aceitando o comando do 7º distrito, que logo deixaria em junho de 1895, por estar com beribéri. Foi assim exonerado da função em agosto e finalmente nomeado, de novo, em novembro, para o comando do 3º distrito, na Bahia, que assumiu em 27 de dezembro de 1895.

Solon achava a carreira das armas a melhor profissão que existia no país, como iria escrever a Euclides, em março de 1896, quando este pedia, por sua vez, conselhos sobre a permanência ou a saída do Exército.[69] A posse de Prudente de Morais, primeiro presidente civil do país, permitia antever o declínio da influência dos setores jacobinos e florianistas no Exército, com os quais Solon e Euclides haviam se incompatibilizado.

Euclides discursou em banquete da oficialidade do 8º regimento de cavalaria e também na chegada da primeira locomotiva a Campanha. O coronel Cristino Bittencourt, irmão do futuro ministro da Guerra de Prudente de Morais, o marechal Carlos Bittencourt, comandava o regimento. Era um oficial voltado à disciplina, que pouco ria, mesmo com as mais elevadas patentes do regimento. Euclides se divertia em contar ao coronel piadas picantes, que acabavam por provocar o riso do comandante.

Foi inaugurada, na cidade, praça com seu nome. Euclides da Cunha Filho* tem como padrinho o dr. Bueno Brandão. Jogava pôquer com o sogro de João Luís Alves. Fez amizades em Campanha: coronel Faria, João Luís Alves e d. Fernandina, Bueno Brandão, Bernardo Veiga, dr. Saturnino, Lalica, Zoraide, Maria Antônia.**

Euclides lia o livro de Emmanuel Liais, *Geólogie, flore, faune et climats du Brésil*, depois citado em *Os sertões*, que lhe foi emprestado por Júlio Bueno. Estudava mineralogia e geologia, para se preparar para possível concurso na Politécnica. O astrônomo fran-

---

* Euclides da Cunha Filho, o Quidinho, nasceu em Campanha, no dia 18 de julho de 1894.
** Este parágrafo parece corresponder a anotações para um futuro desenvolvimento.

cês Liais dirigiu por dez anos, de 1871 a 1881, o Observatório Astronômico, até se demitir desanimado com a falta de verbas para a instituição. Seu livro sobre a geografia brasileira foi escrito após viagem de exploração ao Nordeste na década de 1860.* Euclides frequentou o Observatório entre 1892 e 1893, quando ensinava na Escola Militar.

Euclides havia cursado, antes, na Escola Militar, as cadeiras de mineralogia e geologia, que faziam parte do currículo do segundo ano do curso de engenharia militar. Chegou a pensar em se fixar em Campanha, caso fosse aberto um ginásio na cidade. Poderia viver num clima favorável à sua saúde e talvez encontrar a felicidade de uma vida perfeitamente tranquila e dedicada ao estudo, conforme escreveu a Bueno Brandão.[70]

Mas o interesse de Euclides pela geologia surgiu no exílio disfarçado em Campanha, em que se voltou para questões ligadas à natureza. Seu interesse pela natureza se devia à sua insatisfação política e pessoal, tanto com os rumos da República quanto com sua vida profissional no Exército. Interessava-se pela paisagem em torno de Campanha como forma de superar sua desilusão com a República e o Exército. Projetava-se nas colinas da cidade, paisagem não contaminada pelas disputas políticas que ensanguentavam a República. A própria cidade serrana lhe parecia mais nobre do que as grandes capitais, em que as intrigas e os conflitos isolavam os homens, que desconfiavam de todos.

Sem qualquer disposição para continuar no Exército, declarou-se doente e solicitou licença por motivos de saúde, com o objetivo de ir trabalhar como engenheiro em São Paulo, enquanto aguardava a abertura de concurso para a Politécnica. Julgava-se incapacitado para a vida militar tanto física quanto moralmente. Escrevia a Porchat, em março de 1895, que breve estaria em São

---

* A viagem de E. Liais incluiu também o alto do rio São Francisco e do rio das Velhas, em Minas Gerais.

Paulo: "Dei parte de doente — considerando-me incapaz para a vida militar, incapaz fisicamente porque moralmente creio-me incompatível de há muito com ela".[71] Foi a São Paulo em abril para fazer exame, realizado no dia 16, por junta de médicos que o julgou incapaz. Saninha também se encontrava doente, muito debilitada segundo os médicos.

Escrevia ao dr. Brandão após o primeiro exame: "Há de ser realmente interessante se volto outra vez para o seio da madrasta da classe militar".[72] Sentia-se deslocado no Exército, como se sentira antes nas casas de tias e avós e nos inúmeros colégios que frequentou após a perda da mãe aos três anos de idade.

Foi, no início de maio, com Saninha e os filhos, para a fazenda do pai em Descalvado, enquanto aguardava o novo exame, marcado para o final do mês. A viagem de Campanha à fazenda em Descalvado foi uma verdadeira romaria. Ana ficou enjoada com o movimento do trem, logo na partida de Campanha, e se deitou, para só levantar em São Paulo. Ao trocarem de trem em Cruzeiro, enquanto Euclides providenciava as passagens, Ana entrou no comboio para o Rio, do qual saiu, após perceber o engano, quando este já se achava em movimento.[73]

Euclides fez novo exame médico, em São Paulo, em 28 de maio, e foi novamente considerado incapaz para o serviço militar. Enquanto aguardava a decisão sobre sua licença, tentou se dedicar à agricultura na fazenda do pai, mas logo achou a vida no campo terrivelmente monótona, com uma agitação exclusivamente muscular que lhe deixava o cérebro adormecido. Escrevia a Porchat em 6 de agosto: "Estou muito atarefado nessa faina da roça — da qual me quero ver livre o mais breve possível". E voltava ao seu plano de ingressar na Politécnica: "Gorou a minha pretensão? Diga-me alguma coisa: caso haja naufragado mais uma vez, envia-me de lá um pouco da tua adorável filosofia, consoladora e amiga". Lia cronistas da época colonial, sobretudo dos séculos XVII e XVIII, interessando-se pelas excursões dos bandeirantes, pela antiga São Vicente e pela fundação de São Paulo. Ficou doente em junho, restabelecendo-se no final do mês.[74]

Obteve licença do Exército em 28 de junho de 1895, sendo transferido para a 2ª classe, como agregado ao Estado-Maior. No dia seguinte à concessão de sua licença, morria o marechal Floriano Peixoto, o que deixou Euclides comovido. "Quem lucrou e muito", escrevia a João Luís Alves, "foi a nossa história: tem agora uma figura original e admirável que recorda Luís XI envolto na couraça guerreira de Turenne."[75] Acreditava que o marechal, que havia passado parte de seus últimos dias em Campanha, se tornaria um problema insolúvel para a posteridade pela ausência de atos que justificassem seu renome. Foi um enigma para os seus contemporâneos, por ter sido um excêntrico entre eles. Seu peso político resultara, conforme escreveu no ensaio "O marechal de ferro", não de sua força, mas da fraqueza dominante na transição acelerada para o novo regime: "Destacou-se à frente de um país, sem avançar — porque era o Brasil quem recuava, abandonando o traçado superior das suas tradições...".[76]

Após o término da colheita na fazenda do pai, mudou-se para São Paulo, começando a trabalhar como engenheiro ajudante extraordinário na Superintendência de Obras Públicas em 1895, com a aprovação do pai, que reconheceu que lhe seria impossível adaptar-se à vida da roça: "Cansei-me afinal da roça; senti-me alquebrado pela faina de roceiro; a atividade exclusivamente muscular cansou e eu reconheci que era ainda cedo para fugir às agitações da vida". Mas não pretendia continuar como funcionário público por muito tempo, vida que achava detestável e cheia de vícios repugnantes. Acreditava poder exercer, fora do serviço público, a profissão de engenheiro de forma mais digna.[77] O desejo, alimentado por Euclides ao longo da vida, de deixar o serviço público acabou não se realizando, já que todas as atividades profissionais que exerceu foram sempre ligadas ao governo federal ou ao estado de São Paulo.

Mudou-se para uma casa confortável e recém-construída no número 2 da rua Santa Isabel, em São Paulo.[78] Estreitou amizade com o engenheiro Teodoro Sampaio, seu colega de Superintendência, que teve grande influência nas suas leituras científicas. Lia cronistas e viajantes estrangeiros, estudiosos da terra e da gente do Brasil, como Varnhagen, Morize, Caminhoá, Sílvio Romero, Capistrano de Abreu, Orville Derby, Saint-Hilaire, Liais.[79]

Viajou em novembro a Lorena e pegou malária em um banho forçado no rio Paraíba, que lhe trouxe febres intermitentes.[80] Comprou livros na Livraria Garraux em São Paulo, onde também encomendou livros de Direito para seu amigo de Campanha, João Luís Alves.

No período entre 1895 e 1896, Euclides consolidou a sua opção pela engenharia civil como atividade profissional. Depois de obter reforma do Exército, foi nomeado, em 13 de julho de 1896, engenheiro ajudante de 1ª classe da Superintendência de Obras Públicas, com salário de 720 mil-réis, sendo designado para o 5º distrito de obras públicas com sede em São Carlos do Pinhal. Recebeu, como primeiro serviço, a tarefa de fiscalizar a construção da ponte metálica sobre o rio Pardo, na cidade de São José do Rio Pardo, no interior de São Paulo.[81]

Para melhor exercer a profissão de engenheiro, voltou a sua atenção para os manuais de engenharia, como os *Aide Memoires* e os *Engineer's pocketbooks*, deixando de lado os filósofos, Comte, Spencer e Huxley: "A vida ativa de engenheiro, mas de engenheiro a braços com questões sérias e não cuidando de emboços e reboços em velhos pardieiros — veio convencer-me que tinha ainda muito a aprender e que não estava sequer no primeiro degrau de minha profissão".[82]

Mas a vida de engenheiro em São Paulo não aplacou suas inquietações e angústias, que o faziam oscilar entre momentos de desânimo e outros de agitação. Escrevia em outubro a João Luís Alves, seu amigo de Campanha: "O que poderei dizer-te de novo sobre a minha vida? É sempre a mesma, incoerente, sulcada, de desânimos profundos, agitada, de aspirações tumultuosas, iluminada às vezes por esperanças imensas...". E, após três meses de trabalho como engenheiro em São Paulo, já pensava em abandonar a carreira e buscar outra ocupação, ainda que se sentisse cansado dessa tarefa de Sísifo de iniciar e destruir carreiras.[83]

Tinha ido para São Paulo com o objetivo de concorrer a uma cadeira na Politécnica, pensando em permanecer na Superintendência de Obras Públicas até obter posição no ensino que lhe permitisse estudar e sobretudo se tornar escritor. Sentia-se preso à engenharia magra e ao serviço público, como se estivesse amarrado a um cadáver.[84]

Manteria esse conflito com a engenharia rude e obscura, com suas fórmulas áridas e inflexíveis, como escreveria, em maio de 1900, ao poeta Pethion de Villar: "Levo a mais inútil das vidas em perene conflito com a minha engenharia obscura cujas exigências me afastam de outras ocupações mais atraentes às quais somente dedico um ou outro quarto de hora de folga nos meus dias fatigantes de operário". Em carta ao tio José, que residia em Salvador, de maio de 1901, comentava: "A nossa carreira é, hoje, a mais infeliz do Brasil. Num país pobre, o engenheiro é a primeira vítima, o primeiro atingido pelo golpe da pobreza geral".[85]

Levava, como engenheiro, uma vida agitada, repleta de trabalhos na superintendência. Sentia-se como uma máquina, que cedia de forma automática e precisa às obrigações e deveres, só encontrando refúgio entre seus livros em casa. Sentia-se deslocado em meio às agitações da vida urbana e da competição profissional que lembravam, pela ferocidade, a agitação da vida das cavernas: "Estou entre trogloditas que vestem sobrecasacas, usam cartola e leem Stuart Mill e Spencer — com a agravante de usarem armas mais perigosas e cortantes que os machados de sílex ou rudes punhais de pedra lascada". Iria comentar depois, em *Os sertões*, com palavras semelhantes, as jornadas jacobinas em março de 1897 no Rio e em São Paulo, que se seguiram à derrota da expedição Moreira César contra Canudos, considerando que os manifestantes agiam como "trogloditas completos", "enluvados e encobertos de tênue verniz de cultura".[86]

Escreveu, em 10 de janeiro de 1896, ao general Solon, que se encontrava na Bahia como comandante do 3º distrito, pedindo conselhos sobre a permanência na carreira militar. Sentia-se extenuado pelas atividades como engenheiro em São Paulo. Como a licença do Exército estava para terminar em abril, precisava decidir se retornava à carreira militar ou se pedia reforma de vez, desligando-se definitivamente do Exército. Indeciso, pedia a Solon sua opinião, e talvez seu apoio, para sair do Exército. Indagava também sobre a possibilidade de o sogro lhe conseguir emprego como engenheiro civil na Bahia, o que lhe permitiria pedir a reforma sem medo de não ter como sustentar a família. Achava reduzidas suas possibilidades de obter emprego em São Paulo ou no Rio devido à antipatia que os jacobinos tinham por ele: "Aqui, compreendo (e mesmo nada tentei ainda) que pouco ou nada conseguirei de uma política enredadíssima e listrada pelas raias rubras de jacobinismo que me vê com maus olhos".[87]

Solon respondeu, em 20 de março, à consulta de Euclides, para lhe dizer com a mais rude franqueza o que pensava a respeito:

> Dois de meus irmãos, muitos primos e outros parentes que abandonaram a carreira militar, uns para utilizarem heranças que receberam, outros para ocuparem lugares na carreira civil, ficaram paupérrimos e alguns até na miséria, ao passo que os poucos que com perseverança continuaram e fizeram profissão de carreira militar estão independentes e têm servido de proteção e amparo aos outros.

Segundo Solon, muitos dos que abandonaram a carreira das armas "estão hoje mendigando com humilhação por pequenos empregos e pesando aos que, com perseverança, não abandonaram o Exército". Sua conclusão era desanimadora sobre as perspectivas profissionais que se abririam para Euclides: "À vista pois do que venho de expor aliado à opinião de alguns amigos que consultei penso que será um desastre abandonar a melhor profissão que existe no país, e que com tanto lustre soube iniciá-la e nela se tem mantido".[88]

Em fevereiro de 1896, quando se aproximava o fim da licença do Exército, Euclides precisava resolver entre voltar à carreira militar e tentar a vida civil. De São Paulo, escrevia a João Luís Alves, contando que estava para terminar sua licença do Exército, o que tornava necessário dar uma solução definitiva à sua situação profissional: "Com certeza opinarei pela vida civil". Não pretendia seguir como empregado público, pensando em sair da Superintendência de Obras Públicas, onde trabalhava como engenheiro.

Mantinha ainda a esperança de poder realizar breve o que julgava ser a sua maior aspiração: "Creio mesmo que muito breve realizarei o meu grande sonho, a única aspiração constante que de há muito tenho: tirar, por concurso, uma cadeira na Escola de Engenharia daqui". Pretendia avisar a João Luís logo que se abrissem as inscrições, pois contava com a sua presença no dia em que fosse defender a tese que teria de apresentar.[89] Euclides estudava, nessa época, mineralogia e geologia, aguardando que fosse aberto concurso para essa cadeira na Politécnica.

A Politécnica foi autorizada, em fevereiro de 1896, a abrir concurso para professores substitutos. Euclides estudava mineralogia e geologia para prestar concurso para a cadeira, vivendo, como escreveu a João Luís Alves, numa áspera sociedade de pedras. É avisado, porém, de que haveria obstáculos ao seu nome na Politécnica devido às suas inclinações positivistas e sobretudo por causa de seus artigos de 1892 no *Estado,* contra o projeto de Paula Souza. O concurso esperado acabou não se realizando e a cadeira de mineralogia e geologia foi preenchida sem concurso, com a nomeação de Antônio de Barros Barreto, engenheiro reformado da carreira militar, como Euclides.[90]

Com o término de sua licença do Exército, recebeu, em abril, ordem para se apresentar ao Comando do Distrito para novo exame de saúde. Foi novamente julgado incapaz para o serviço do Exército. Ana se encontrava doente e Euclides chegou a pensar em se mudar de São Paulo antes da chegada do inverno. Os médicos que a examinaram consideraram que seu estado de saúde era incompatível com o clima da capital paulistana. Ana ressentia-se da distância dos pais, que se encontravam na Bahia desde fins de 1895, e chegou a pensar em viajar com Euclides para visitá-los.[91]

Euclides esteve novamente doente em junho, tendo vertigem ao tentar ler depois do jantar. Ficou proibido, por ordem médica, de fumar, beber vinho e tomar café. Estava ainda impedido de ler mais do que duas horas por dia.[92]

Apesar das recomendações do sogro, obteve reforma, em 13 de julho de 1896, no posto de tenente do corpo de Estado-Maior, passando a receber a terça parte do soldo. Contava então com nove anos, quatro meses e oito dias de serviço. Contou anos mais tarde, em 1907, a Gastão da Cunha que, caso pedisse demissão, perderia não só o direito à pensão como teria de repor ao Estado cerca de cinco contos referentes às despesas com a sua formação militar.[93]

Foi nomeado engenheiro-ajudante de primeira classe da Superintendência de Obras Públicas de São Paulo em setembro de 1896. Não conseguiu realizar seu intento de deixar de ser funcionário público para trabalhar como engenheiro na construção de uma estrada de ferro no interior de São Paulo, ou mesmo de se tornar professor da Escola Politécnica.

[...]*

---

* Os cinco parágrafos seguintes parecem corresponder a trechos ainda não plenamente desenvolvidos.

Sua saída do Exército, em 1896, fez parte de seu crescente distanciamento perante a corporação e a República, que os cadetes da Escola Militar e os jovens oficiais tinham ajudado a fundar. Resultou também de sua inaptidão para a carreira militar, que exigia o respeito, ainda que cego, às hierarquias corporativas, mesmo nos casos em que a autoridade se impunha pela força e pelo arbítrio. Esse distanciamento se revelou em *Os sertões*, em que denunciou as tropas republicanas pelo massacre dos habitantes de Canudos, seguidores do beato Antônio Conselheiro.

[...]

Euclides retornou, em novembro de 1896, de longa e penosa viagem de exploração do rio Grande, no extremo norte de São Paulo, perto de Goiás. Preparou, para a superintendência, os relatórios da viagem e as plantas do rio.

[...]

Prudente de Morais se afastara, no dia 10 de novembro, por motivos de saúde, da Presidência, que passou a ser exercida por seu vice, Manuel Vitorino. Euclides acreditava que Vitorino fosse capaz de trazer nova energia a uma vida política tão desorientada, trazendo-lhe novas esperanças em melhores dias para a República.[94]

[...]

Artur,* que residia com Ana e Euclides, abandonou a casa, por não receber salário pelos serviços que dizia prestar à família. O

---

* Não existem maiores informações sobre quem foi Artur. A leitura da carta de Euclides da Cunha para Júlio Bueno Brandão, utilizada por Roberto, conforme nota 95, permite apenas interpretar que Artur residia e trabalhava na casa de Euclides.

pai de Euclides passou por São Paulo, a caminho de Ribeirão Preto, para onde ia a negócios.[95]

[...]

Euclides trabalhou como engenheiro estadual em São Paulo até 1903, e como chefe da expedição ao Purus e cartógrafo do Itamaraty de 1904 a 1909. Enfrentou inúmeras dificuldades, trazidas pelas sucessivas viagens e pelos limitados vencimentos que mal cobriam o orçamento doméstico. Só encontrou colocação profissional estável, com residência fixa, ao ingressar no Colégio Pedro II, então Ginásio Nacional, como professor de lógica em julho de 1909, menos de um mês antes da morte.

[...]

A controvérsia sobre a conspiração de 10 de abril de 1892 marcou a biografia do general Solon Ribeiro. A história da tentativa de golpe retornou aos jornais, em abril de 1901, com uma série de reportagens em *O Dia*, do Rio de Janeiro, que apresentava indícios de seu envolvimento. Dois meses antes, em fevereiro, o mesmo jornal tinha dado início à publicação das atas das reuniões secretas dos membros do Governo Provisório, que mostravam as controvérsias entre os ministros do marechal Deodoro sobre os decretos bancários de Rui Barbosa e do barão de Lucena.*

---

* Este parágrafo é mais compatível com o conteúdo do subcapítulo "Velho de vinte anos" e parece corresponder a um "trecho abandonado" durante a redação.

5.

O arraial maldito

De um lado o Atlântico e do outro lado as serras
Longas, indefinidas, perlongando-o;
E aquém das serras nos planaltos largos,
Um mundo ainda ignoto!
Bahia, 1897

Temo não ir a tempo de assistir
à queda do arraial maldito.
Bahia, 20 de agosto de 1897

Euclides retornou de uma de suas inúmeras viagens, como engenheiro, do interior de São Paulo, mais animado do que habitualmente. "Era outro", contou o engenheiro Teodoro Sampaio, "e tinha como que um vago pressentimento de que o seu destino ia mudar. Aquela pasmaceira de tantos anos ia ter o seu fim. Foi quando se ateou a Guerra de Canudos..."[1]

O governador Luís Viana enviou, em 6 de novembro, a primeira expedição contra Canudos, composta de três oficiais, 113 soldados do 9º batalhão de infantaria de Salvador, um médico e dois guias. Comandada pelo tenente Manuel da Silva Pires Ferreira, a força policial foi atacada quinze dias depois, no dia 21, na cidade de Uauá, em que pernoitara a caminho do arraial.

O general Solon foi exonerado, em 14 de dezembro, do comando do 3º distrito militar na Bahia devido aos conflitos com o governador Luís Viana a respeito da organização da segunda expedição contra Canudos. Solon foi nomeado para inspecionar o arsenal de guerra do Pará e se mudou com Túlia para Belém, onde foi comandante do 1º distrito militar até sua morte, em 1900.

Enquanto se faziam os preparativos para a segunda expedição, a Academia Brasileira de Letras era criada no Rio de Janeiro, às três horas da tarde de 15 de dezembro de 1896, em reunião na redação da *Revista Brasileira*, na travessa do Ouvidor. Machado de Assis foi aclamado presidente da Academia, o que foi confirmado em eleição feita em 4 de janeiro de 1897. Ficou na presidência até sua morte, em 1908, quando Euclides, acadêmico desde 1903, ocupou o cargo em caráter provisório.

A sessão inaugural da Academia foi realizada em 20 de julho de 1897, numa sala do Pedagogium, na rua do Passeio, com a presença de dezesseis acadêmicos. A Academia Brasileira de Letras era criada para reunir escritores interessados em questões de literatura e arte, desvinculadas das questões partidárias que haviam dividido os artistas e intelectuais desde a queda da Monarquia. Em seu breve discurso de abertura, o presidente Machado de Assis falou dessa missão conciliatória da nova instituição, que deveria ficar acima das modas literárias e das paixões políticas:

> O vosso desejo é conservar, no meio da federação política, a unidade literária. Tal obra exige, não só a compreensão política, mas ainda e principalmente a vossa constância. A Academia Francesa, pela qual se modelou, sobrevive aos aconteci-

mentos de toda casta, às escolas literárias e às transformações civis. A vossa há de querer ter as mesmas feições de estabilidade e progresso.[2]

A seguir, o primeiro secretário, o advogado Rodrigo Octávio, amigo de Euclides, leu a memória histórica das sessões preparatórias e o secretário-geral, Joaquim Nabuco, pronunciou o discurso de inauguração.

A derrota da terceira expedição contra Canudos, comandada pelo coronel Moreira César, morto em combate no dia 3 de março, provocou tumultos no Rio e em São Paulo. Jornais monárquicos foram destruídos, como a *Gazeta da Tarde*, *Liberdade* e *Apóstolo*, no Rio, e *O Comércio de São Paulo*, dirigido por Afonso Arinos na capital paulista.

O jornalista Gentil de Castro foi assassinado em uma estação de trem no Rio, quando tentava embarcar para fugir para Petrópolis. Os tumultos, chamados de jornadas jacobinas, pela atuação de republicanos radicais, dentre eles cadetes da Escola Militar, obrigaram Prudente de Morais, licenciado por motivo de doença desde novembro, a reassumir, de forma inesperada, a Presidência da República em 4 de março. Voltava ao cargo para conter a crise política aberta pela Guerra de Canudos, que opunha republicanos a monarquistas, militaristas a civilistas.

O engenheiro e geógrafo baiano Teodoro Sampaio, colega de Euclides na Secretaria de Agricultura, Comércio e Obras Públicas, anotava em seu diário com data de 3 de março de 1897:

> Neste dia, segundo notícias recebidas seis dias depois, se travou em Canudos nos sertões da Bahia o combate entre as forças legais ao mando do Coronel Moreira César e as forças dos fanáticos de Antônio Maciel, por alcunha, o Conselheiro. As forças legais perderam o seu chefe, perderam o chefe que lhe sucedeu, o Coronel Tamarindo, e muitos oficiais. O desas-

tre foi completo porque até a artilharia se perdeu totalmente. Grande e lamentável catástrofe para a nação.[3]

Euclides foi, logo após o desastre, à casa de Teodoro Sampaio, que percorrera o interior da Bahia em 1879 e 1880 na expedição organizada pelo engenheiro norte-americano Milnor Roberts de exploração do rio São Francisco. Conversaram sobre a derrota do coronel Moreira César e Teodoro mostrou ao colega o mapa geográfico da Bahia que preparava desde 1885.

Teodoro recebeu, no dia seguinte, uma carta de Euclides, que lhe pedia permissão para copiar na superintendência o trecho do mapa referente a Canudos. Teodoro permitiu a cópia, com a condição de não ser amplamente divulgada, pois isso poderia prejudicar o contrato que tinha com um comerciante da Bahia, que pretendia imprimir o mapa na Alemanha.

Euclides publicou, em 14 de março, o artigo "A nossa Vendeia", em que comentava a derrota da expedição Moreira César e fazia previsões sobre a inevitável vitória do governo e da República sobre os seguidores do Conselheiro. O artigo continha um amplo estudo geográfico e climático do sertão baiano e do vale do Vaza-Barris, que Euclides jamais visitara, além da análise dos aspectos étnicos e culturais do homem sertanejo. Euclides se baseou, em grande parte, nos dados geográficos que lhe foram fornecidos por Teodoro, com seu mapa da Bahia e com o estudo geológico que publicara, em 1884, na *Revista de Engenharia*. Em *Os sertões*, Euclides fez menção ao colega de secretaria como um dos autores do mapa geológico incluído no livro. Teodoro ajudou Euclides em sua redação, orientando-o e tirando suas dúvidas em questões de geografia e geologia.[4]

O artigo de Euclides foi decisivo para que Júlio Mesquita o convidasse a cobrir a guerra como repórter do *Estado de S. Paulo*. Campos Salles teve conhecimento do mapa preparado por Teodoro Sampaio, que foi chamado na sexta-feira, dia 19 de março, à presença do governador. Campos Salles lhe pediu informações sobre o sertão de Canudos, cuja geografia o governo e o Exército em grande parte desconheciam. Campos Salles enviou ao Ministério da Guerra uma cópia do mapa de Teodoro, que foi utilizado na organização das operações Militares da quarta e última expedição contra Canudos.[5]

O desastre da expedição Moreira César reacendeu em Euclides a chama das esperanças revolucionárias. O conflito surgia, aos seus olhos, como uma oportunidade de regenerar a República, que perdera o rumo ao longo dos governos dos marechais Deodoro e Floriano e do paulista Prudente de Morais. Sentia nostalgia dos tempos heroicos de militância pela República: "Tenho saudades", escrevia ao dr. Brandão, em novembro de 1895, "daquela minoria altiva anterior ao 15 de novembro... há tanto republicano hoje...". Ironizando o fantasma da restauração monárquica, perguntava ao amigo de Campanha:

> O que diz acerca dessa aura de esperança que agita as cabeças brancas dos velhos fiéis, caducos cavalheiros andantes da Restauração?
> A História tem também seus absurdos; talvez tenhamos que lhe fornecer mais um.

Mas achava que a tão temida volta aos tempos da Monarquia, caso ocorresse, teria ao menos a vantagem de purificar a política: "Para mim Restauração teria o valor de fazer ressurgir a legião sagrada mais enérgica e mais orientada, capaz de vencer com mais dignidade e com mais brilho".[6]

A Guerra de Canudos preenchia o vazio político e existencial em que Euclides se encontrava desde o fim da luta heroica pela República. Morava em São Paulo desde que se afastara do Exército em 1895, sustentando a família com o salário mensal de 720 mil-réis, que recebia como engenheiro da Superintendência de Obras Públicas. Sentia-se sobrecarregado e entediado com os afazeres e obrigações da Secretaria de Agricultura, Comércio e Obras Públicas, da qual era funcionário, enquanto sonhava com uma carreira política ou com um duvidoso ingresso na Escola Politécnica. Sua vida intelectual foi revigorada pelo convite que recebeu de Júlio Mesquita para cobrir a guerra e escrever um livro sobre o assunto.

A cobertura da guerra, de agosto a outubro de 1897, como correspondente de *O Estado de S. Paulo*, iria lançá-lo porém em um vazio maior, na vertigem provocada pela destruição do sonho republicano. Euclides tratou a guerra, nos primeiros artigos e reportagens, como um recuo no tempo, em que os combatentes refluíam à barbárie dos homens das cavernas. Acompanhou, junto com outros oficiais, o avanço dos combates do alto do morro da Favela ou da sede da comissão de engenharia e do quartel-general. Viu abrir-se, sob seus pés, o abismo que tragava as vidas dos soldados e conselheiristas, atirando no vácuo sua fé no progresso e na República. Cercado por montanhas em toda a volta, Canudos era o centro de um monstruoso anfiteatro, aonde não chegariam o juízo dos historiadores nem os valores da civilização.

"Em roda uma elipse majestosa de montanhas...", escreveu em *Os sertões*. E acrescentou: "Canudos tinha muito apropriadamente, em roda, uma cercadura de montanhas. Era um parêntese; era um hiato; era um vácuo. Não existia. Transposto aquele cordão de serras, ninguém mais pecava".[7] O vácuo era um convite ao massacre impiedoso dos inimigos e prisioneiros, executado por criminosos e assassinos, que se disfarçavam sob o manto protetor dos cargos políticos e eclesiásticos ou das fardas militares.

Canudos preencheu ainda o vazio político do primeiro governo civil da República, ao dar rumo à Presidência de Prudente de Morais, que corria o risco de ser deposto por seu vice-presidente, Manuel Vitorino. Os jornais se referiam ao presidente, em tom de galhofa, como "prudente demais", por sua inabilidade em lidar com os opositores políticos, representados pelos jacobinos e militaristas, e pela incapacidade em pôr fim à rebelião de Canudos. Os adversários de Prudente sonhavam com a volta do patriotismo militarista dos tempos do marechal Floriano, morto em 1895. Os seguidores do Conselheiro, inimigo da República, aguardavam o retorno do rei português d. Sebastião, desaparecido em uma batalha na África em 1578.*

Prudente passou a combater em duas frentes a partir de março de 1897, quando reassumiu a Presidência. Com o apoio do ministro da Guerra, marechal Carlos Bittencourt, organizou a quarta expedição, entregue ao comando do general Artur Oscar. Lutou ainda contra a oposição dos jacobinos e militaristas, que eram apoiados por alguns membros do Congresso e pelos cadetes e oficiais da Escola Militar, que se rebelou, por diversas vezes, em seu governo.

A nossa Vendeia

Euclides retomou, com a Guerra de Canudos, sua colaboração com *O Estado de S. Paulo*, que interrompera, em 1892, depois dos artigos sobre a Escola Politécnica, em que atacava o projeto de seu futuro diretor, Paula Souza, e de uma série de comentários políticos favoráveis ao governo do marechal Floriano.

Voltou às páginas do *Estado* com o artigo, "Distribuição dos vegetais no Estado de São Paulo", de 4 de março de 1897, em que discutia questões sobre a vegetação paulista a partir do boletim da Comissão Geográfica e Geológica de São Paulo, dirigida por seu amigo, o geólogo Orville Derby, e da qual fazia parte o botânico Alberto Lofgren.[8]

---

* As imputações de sebastianismo, feitas aos seguidores do Conselheiro, serão trabalhadas mais adiante.

Escreveu, de março a julho de 1897, antes de ser enviado à Bahia, seis artigos para o jornal, além de dois ensaios sobre Canudos, com o título de "A nossa Vendeia", de março e julho. Publicou, como correspondente de guerra, de agosto a outubro, 32 artigos, além de 54 telegramas, com breves notícias sobre os combates. Enviou ainda da Bahia três telegramas sobre a campanha a Campos Salles, governador de São Paulo, reproduzidos pelo *Estado*. Foram ao todo 34 artigos e 57 telegramas sobre Canudos escritos para o *Estado*.[9]

Seu primeiro artigo sobre Canudos saiu em 14 de março, com o sugestivo título de "A nossa Vendeia". Comparava o conflito à rebelião camponesa, monarquista e católica da região da Vendeia, ocorrida, de 1793 a 1795, como reação à derrubada do Antigo Regime na França. Assim como a Revolução Francesa havia sido ameaçada pelos camponeses da Vendeia, a recém-proclamada República brasileira estaria em perigo pela atuação dos seguidores de Antônio Conselheiro.

A comparação garantia, pela crença na repetição da história, a certeza da vitória sobre os rebeldes do Conselheiro: "Este paralelo será, porém, levado às últimas consequências. A República sairá triunfante desta última prova".[10] Cinco anos depois, em *Os sertões*, Euclides criticou tal confronto entre Canudos e a Vendeia, ao descartar a ideia de uma conspiração monárquica e mostrar que a rebelião era muito mais mística e religiosa do que propriamente política.

A identificação com o mito revolucionário francês integrava um fenômeno político e religioso, como Canudos, a um horizonte prévio de expectativas, o que permitia classificar o movimento como restaurador e monarquista, assegurando, pela crença na repetição da história, uma resolução pró-republicana do conflito.

Escrito em São Paulo, antes de ser enviado ao local do conflito como correspondente, o artigo surpreendeu pela riqueza de detalhes geográficos, climáticos, botânicos e geológicos sobre o interior da Bahia e a região de Canudos. Euclides descrevia o meio físico como o maior aliado dos conselheiristas, na tentativa de explicar o inexplicável: a derrota da expedição Moreira César. Via a natureza do sertão como o maior obstáculo ao avanço das tropas da República. Citava inúmeros naturalistas e cientistas, como Martius, Saint-Hilaire, Humboldt, Caminhoá e Livingstone.

Euclides se candidatava, junto a Júlio Mesquita, para fazer a cobertura da guerra, mostrando tanto sua qualificação científica quanto seu passado insuspeito de militante republicano, que encerrava o artigo como patriota exaltado: "A República sairá triunfante desta última prova".[11]

Poderia não só cobrir a guerra para o jornal como escrever um livro sobre a guerra, abordada sob um ponto de vista histórico e científico. Tinha à sua disposição a vasta soma de conhecimentos de geologia que vinha acumulando havia alguns anos, com o objetivo de prestar concurso para a Politécnica. Conseguiria, além disso, deixar por alguns meses a aborrecida, ainda que agitada, vida de engenheiro estadual, às voltas com empreiteiros e operários, projetos e orçamentos de obras, relatórios financeiros e de execução, viagens de inspeção e fiscalização.

Escreveu a João Luís Alves, seu amigo de Campanha, agora prefeito da cidade, no mesmo dia em que saía no *Estado* seu artigo sobre a "nossa Vendeia". Mostrava sua profunda decepção com a derrota do Exército em Canudos:

> Creio que como eu estás ainda sob a pressão do deplorável revés de Canudos onde a nossa República tão heroica e tão forte curvou a cerviz ante uma horda desordenada de fanáticos maltrapilhos...
>
> Que imensa, que dolorosa, que profunda e que esmagadora vergonha, meu caro João Luís!

Mas a Guerra de Canudos e os novos desafios impostos pelo desastre da expedição Moreira César surgiam, aos olhos de Euclides, como a chance de regenerar a própria República, dando-lhe novo impulso e direção. Era o estopim que permitiria, talvez, reacender a chama revolucionária:

> Felizmente a geração heroica de 15 de novembro está ainda robusta e, ao que parece, pouco disposta a deixar que extingam a sua mais bela criação.
> Procurando ser otimista (difícil cousa nestes tempos maus!) vejo nesta situação dolorosa um meio eficaz para ser provada a fé republicana. Não achas que ela resistirá brilhantemente — emergindo amanhã, rediviva dentre um espantoso acervo de perigos? Eu creio sinceramente que sim.[12]

Retornou ao assunto da guerra em outra carta, de 1º de abril, a João Luís:

> O que me impressiona não são as *derrotas* — são as derrotas sem combate — em que o chão fica vazio de mortos e o exército se transforma num bando de fugidos!
> Nunca supus que fôssemos passíveis de desastres desta ordem! Nunca!
> Será possível que a nossa República tenha quadros de tal ordem, que lembram os últimos dias do Baixo Império?

Reafirmava, porém, sua fé na República, princípio imortal, que deveria ser defendido contra todas as ameaças brandidas pelos conselheiristas e monarquistas:

> Descrente destas coisas, descrente desta terra — onde lamento ter nascido — eu creio entretanto na vitalidade de um princípio. A República é imortal, e já que temos a felicidade

de possuí-la, eu acredito que ela afinal galvanizará este povo agonizante e deprimido.[13]

A Escola Militar da Praia Vermelha, berço do movimento revolucionário que derrubara o trono, se revoltou em 26 de maio.

Campos Salles, indicado candidato à Presidência da República em junho de 1897, autorizou a viagem de Euclides à Bahia, aprovando a concessão de licença do serviço público. Júlio Mesquita solicitou a Prudente de Morais, em telegrama enviado de São Paulo em 29 de julho, a nomeação de Euclides, seu companheiro de redação no *Estado*, como adido ao Estado-Maior do ministro da Guerra, marechal Carlos Machado Bittencourt:

> Quero dever-lhe o favor de conseguir que Carlos Machado nomeie para seu Estado-Maior o Tenente Euclides Cunha. Este é meu companheiro de redação do *Estado*. Tem talento de escritor quanto dedicação de soldado republicano. Quer prestar serviços à República e preparar elementos para um trabalho histórico. O sr. compreende quanto, como redator do *Estado*, me interesso por esta nomeação. Peço resposta hoje. Júlio Mesquita.[14]

Prudente recebeu, no mesmo dia, o telegrama de Mesquita, que foi prontamente atendido e respondido. Euclides foi nomeado adido no dia 31, o que foi divulgado na ordem do dia nº 863, de 5 de agosto:

> Nomeações
> Do tenente reformado do exército Euclides Rodrigues da Cunha para servir junto ao estado-maior do Sr. marechal ministro da Guerra, durante o tempo em que o mesmo senhor se achar na expedição ao interior da Bahia, conforme pediu.[15]

Mesquita esperava, com essa nomeação, que Euclides pudesse acompanhar de perto o planejamento das operações militares, tendo acesso a informações vedadas a outros correspondentes. O *Estado* teria assim um diferencial em relação aos demais jornais, que também cobriam o conflito. Como adido, Euclides teria ainda direito a um ordenança, para lhe servir durante a viagem. João Pais o acompanhou, de agosto a outubro, e ajudou-o quando adoeceu, nos últimos dias da guerra.

O conflito trouxe, para os jornais, um extraordinário aumento das tiragens. Exemplares eram disputados no Rio, em São Paulo e em Salvador por leitores ávidos por notícias do front. O *Estado* de 8 de março, que relatava a morte do coronel Moreira César, atingiu a tiragem recorde de 18422 exemplares. Quase todos os dias, o jornal publicava editoriais, com o título de "Pela República", para reafirmar o caráter monárquico da rebelião e o perigo que corriam as instituições republicanas.

Bizâncio nos trópicos

A bordo do *Espírito Santo*, 3 de agosto de 1897, cinco horas e vinte minutos da tarde. Euclides está no convés do navio de partida do Rio de Janeiro. Segue para a Bahia, como correspondente de *O Estado de S. Paulo* e como adido ao Estado-Maior do marechal Bittencourt. Dois amigos, Bueno de Andrada e Teixeira de Sousa, foram ao cais, para se despedirem. Viaja na mesma embarcação Alfredo Silva, correspondente de *A Notícia*, do Rio de Janeiro.

Cerca de duzentos soldados e oficiais estão no navio a caminho de Canudos. Alguns acompanhados pela família, como o tenente-coronel Francisco Araújo, com a esposa, três filhos e um criado. Há também civis a bordo, sozinhos ou com os familiares. Uma senhora, d. Leonilda Monteiro, com seus cinco filhos. D. Isabel com dois filhos. Outra com a mãe e um filho. Não seguem, por sorte, para o local do embate entre a República e seus inimigos.

No convés do vapor, Euclides começou a escrever a lápis na pequena caderneta de couro marrom, com folhas brancas quadriculadas, que levou consigo para a viagem. Fez na caderneta os rascunhos dos artigos enviados para o jornal, além de tomar notas para o livro que pretendia escrever sobre a guerra, com o título de *A nossa Vendeia*. Fez ainda diversos desenhos das vistas e paisagens de Canudos, do alto do morro da Favela, com a cidade no fundo do vale às margens do rio Vaza-Barris e a cadeia de montanhas a perder de vista no horizonte.

Um soldado atirou-se ao mar, na saída do Rio, depois que o navio passou em frente à fortaleza de Villegaignon. Debatia-se nas águas, marcadas pela espuma deixada pelo navio. Foi salvo por um escaler do pequeno vapor *Itaí* que entrava no porto. Estava embriagado. Com isso, a viagem se atrasou um pouco.[16]

Chegaram a Vitória (ES) às 19h50 do dia 4, mas só foi permitida a entrada no porto às seis e meia da manhã seguinte. O representante da guarnição, alferes Carlos Adalberto César Burlamáqui, veio a bordo cumprimentar o ministro e seus acompanhantes, que não desceram do navio.[17]

Euclides passou muito mal durante toda a viagem e ficou trancado na cabine até a chegada à Bahia. Foram quatro longos dias e noites de verdadeira tortura. Seu ordenança, João Pais, trazia-lhe as refeições, que mal conseguia comer. Devia lhe causar má impressão com o forte enjoo e os vômitos ocasionais, como se desconfiasse que o jornalista não teria forças para acompanhar a marcha do Exército caatinga adentro.

Voltou a subir ao convés do navio somente na manhã de 7 de agosto, quando o vapor entrou na baía de Todos-os-Santos. Deslumbrado com a entrada arrebatadora da baía, retomou as anotações, interrompidas desde a saída do Rio de Janeiro:

Escrevo rapidamente, mui rapidamente mesmo, acotovelado de quando em vez, por passageiros que passam, num coro de interjeições festivas, e nas quais meia dúzia de línguas se fundem no mesmo entusiasmo. É a admiração perene e ruidosa pela nossa natureza extraordinária e belíssima.

E realmente o quadro é surpreendedor. Acostumado ao aspecto imponente do litoral do sul em que as serras altíssimas e denteadas de gneiss recortam vivamente o espaço investindo soberanas as alturas, é singular que encontre aqui o observador a mesma majestade e a mesma beleza, sob aspectos mais brandos, as serras arredondando-se em linhas que recordam as voltas suavíssimas das volutas e afogando-se no espaço sem transições bruscas entre o verde glauco das matas e o azul puríssimo dos céus.

Contempla a ilha de Itaparica, coberta de densa vegetação, que se estende à sua esquerda, envolta na onda fulgurante da manhã: "O mar tranquilo como um lago envolve-a de extremo a extremo num longo sendal de espumas cuja brancura rivaliza com a das pequenas casas de pescadores levantadas à margem".

Vê, do outro lado, a cidade da Bahia, hoje Salvador:

À direita, em frente, a cidade, derramando-se, compacta, sobre vasta colina, cujos pendores abruptos reveste, cobrindo a estreita cinta do litoral e desdobrando-se imensa da ponta da Gamboa a Itapagipe no fundo da enseada.

Tem aspecto mais grandioso que o Rio de Janeiro.[18]

Com suas construções imponentes e inúmeras igrejas, cujos vidros refletem o sol nascente, a cidade da Bahia dá a Euclides uma impressão de opulência. Lembra-lhe a Bizâncio da Antiguidade, às margens do Bósforo, que se tornou a capital do

Império Romano do Oriente (330-1453), tomando o nome de Constantinopla, atual Istambul:

> Vendo-a, deste ponto, com as suas casas ousadamente aprumadas, arrimando-se na montanha em certos pontos, vingando-a noutros e erguendo-se a extraordinária altura, com as suas numerosas igrejas de torres esguias e altas ou amplos e pesados zimbórios, que recordam basílicas de Bizâncio — vendo-a deste ponto, sob a irradiação claríssima do nascente que sobre ela se reflete dispersando-se em cintilações ofuscantes, tem-se a mais perfeita ilusão de vasta e opulentíssima cidade.

Euclides olha ao redor da baía e vê o passado na paisagem sob seus olhos. O forte do Mar, outrora fortaleza, hoje monumento, o faz recordar-se da presença holandesa no Brasil:

> O *Espírito Santo* cinde vagarosamente as ondas e novos quadros aparecem. O forte do Mar — velha testemunha histórica de extraordinários feitos — surge à direita, bruscamente, das águas, imponente ainda mas inofensivo, desartilhado quase, mal recordando a quadra gloriosa em que rugiam nas suas canhoeiras, na repulsa do holandês, as longas colubrinas de bronze.[19]

Os soldados se acumulam na proa, saudando a terra. A seu lado, pesado e monstruoso, ergue-se o morteiro Canet:

> Embora sem pólvora apropriada e levando apenas sessenta e nove projéteis (granadas de duplo efeito e shrapnels) o efeito dos seus tiros deve ser eficacíssimo, desde que consideremos que ele pode lançar em alcance máximo trinta e dois quilos de ferro a seis quilômetros de distância. Acho, porém, dificílimo o seu transporte pelos sertões. São duas toneladas

de aço que só poderão atingir o morro da Favela através de esforços extraordinários.[20]

A manhã esplêndida, em que o vapor chega à Bahia, contrasta com o motivo da viagem, destinada a trazer soldados e oficiais para a guerra. Vê, a oeste, nuvens sinistras que correspondem à situação social tempestuosa em que se encontrava o país:

> Além, para as bandas do poente, em contraste com o dia que nos rodeia fulgurante, alevantam-se por acaso agora cúmulos pesados traduzindo fisicamente uma situação social tempestuosa. Surgem, alevantam-se justamente neste momento do lado dos sertões, pesados, lúgubres — ameaçadores.
>
> Este fato ocasional mas expressivo, atrai a atenção de todos. E observando como toda a gente as grandes nuvens silenciosas que se desenrolam longínquas os que se destinam àquelas paragens perigosas sentem com maior vigor o peso da saudade e com maior vigor a imposição serena do dever.
>
> Nem uma fronte se perturba.

Mas o aspecto ameaçador do firmamento não abala sua certeza da vitória da República, "grande ideal" que impele os combatentes à "linha reta nobilitadora do dever": "como um antídoto infalível alevanta-se iluminado ao norte o nosso grande ideal — a República — profundamente consolador e forte, amparando vigorosamente os que cedem às mágoas, impelindo-os à linha reta nobilitadora do dever. [...] Em breve pisaremos o solo aonde a República vai dar com segurança o último embate aos que a perturbam".[21]

Euclides encerrou as notas escritas a bordo do *Espírito Santo*, depois transcritas com pequenas modificações no *Estado de S. Paulo*, com a previsão retumbante da vitória das forças do governo, amparadas pela crença no caráter eterno da República:

> Que a nossa Vendeia se envolva num largo manto tenebroso de nuvens, avultando além em contraste com os deslumbramentos do grande dia tropical que nos alenta como a sombra de uma emboscada; rompê-la-emos em breve com as fulgurações da metralha e o cintilar vivíssimo de espadas.
> E domá-la-emos — A República é imortal...[22]

Os rabiscos, anotações, desenhos e croquis da caderneta mostram um Euclides múltiplo. Minucioso como repórter do *Estado de S. Paulo*, com a missão de cobrir a Guerra de Canudos, anotando o que via, ouvia e lia. Exato enquanto engenheiro da Superintendência de Obras Públicas de São Paulo. Meticuloso como tenente reformado, cuja disciplina interior se chocara, por diversas vezes, com a hierarquia disciplinada do Exército. Estilista na preocupação com a escrita literária.

De Salvador foi preparada a viagem para os sertões baianos, onde se travava a sangrenta luta contra os inimigos da República. Pretendia colher informações em Salvador sobre essa longa e misteriosa guerra em terras tão longínquas quanto desconhecidas. Via uma feição sinistra e misteriosa em tais combates, em que as forças do Exército eram batidas por jagunços com armas e equipamentos rudimentares, mas com enorme disposição para o combate. Sabem, por certo, tirar vantagem do conhecimento milenar de um terreno estranho em que os soldados pisavam pela primeira vez.

[...]

Ainda no dia 7 de agosto, às 12 horas e trinta minutos da tarde, Euclides enviou, de Salvador, telegrama à redação de *O Estado de S. Paulo*:

> Chegamos bem. Fomos recebidos pelo governador e pelo funcionalismo civil e militar.

> Observo que nesta cidade há muito menos curiosidade sobre os negócios de Canudos do que aí e no Rio de Janeiro.
>
> O 1º batalhão da polícia de S. Paulo desembarcou hoje.
>
> A correção e o garbo da força paulista despertaram entusiasmo geral.
>
> Visitei no quartel de Palma o coronel Carlos Telles, que foi ferido na clavícula direita, sem gravidade.
>
> Visitei também o bravo militar Savaget que me afirmou não existirem em Canudos mais de duzentos homens nos redutos conselheiristas.
>
> O general Savaget disse-me que a vitória é próxima e segura.[23]

Artigo no *Diário da Bahia*, de 8 de agosto de 1897, refere-se a Euclides que estaria indo para o sertão com o objetivo de estudar as condições geológicas de Canudos e de escrever um livro sobre a guerra.

Da casa do tio José, em Salvador, escreveu, em 12 de agosto, ao general Solon, em Belém, transferido da Bahia após o conflito com o governador Luís Viana. Euclides relatava ao sogro sua missão na Bahia, destacando a importância da guerra para os destinos da República e a oportunidade que teria de defender a atuação militar de Solon perante a posteridade:

> A minha missão é esta: fui convidado em S. Paulo para estudar a região de Canudos e traçar os pontos principais da Campanha. Aceitei-a e vim. Além do assunto ser interessante, além de estar em jogo a felicidade da República, considerei que tínheis um nobre papel em tudo isto e almejo defini-lo bem perante o futuro. Consegui-lo-ei? Anima-me a intenção de ser o mais justo possível; porei de lado todas as feições para seguir retilineamente.[24]

Euclides trazia consigo uma apresentação de Campos Salles ao governador Luís Viana, de modo a afastar "injustas prevenções" por seu parentesco com o general Solon. Isso iria também facilitar suas visitas diárias ao Palácio do Governo, onde se encontrava hospedado o marechal Bittencourt.

Em carta a Porchat, de 20 de agosto, observou que estava havia quinze dias em Salvador, com grande contrariedade: "Infelizmente o ministro não permitiu que eu o precedesse e fosse esperá-lo em Canudos; de sorte que temo não ir a tempo de assistir à queda do arraial maldito". Toma horror à vida na cidade, que considera insípida e lúgubre. Sua única distração era assistir à chegada dos feridos e à partida das tropas, que relata nos artigos para o jornal: "Uma coisa pavorosamente monótona".

Seu estado de saúde não é dos melhores. Teve, na véspera, uma grande constipação, seguida de hemoptise, com as golfadas de sangue vindas do pulmão. Mas seguia firme no propósito de chegar a Canudos: "Nada disto, porém, me desanima; irei até aonde me levar o último resto de energia e só voltarei quando a marcha para a frente for um suicídio".[25]

[...]

Partiu de Salvador em 30 de agosto e chegou a Monte Santo* em 7 de setembro, onde ficou até o dia 13, quando obteve finalmente autorização do ministro para ir ao que chamou em carta a Porchat de "arraial maldito", de modo a acompanhar de perto os estertores da guerra.

Chegaram às nove horas da manhã, de 6 de setembro, à base de operações em Monte Santo, depois de duas horas de marcha. Foram recebidos no caminho pelo major Martiniano, coman-

---

* Localidade situada no nordeste da Bahia, 120 quilômetros ao sul de Canudos. Foi importante base de operações militares durante a Guerra de Canudos.

dante da praça, capitão Castro Silva, coronel Campelo e grande número de oficiais.[26]

No mesmo dia, Euclides escrevia na reportagem enviada ao jornal:

> Ereta num ligeiro socalco, ao pé da majestosa montanha, a povoação, poucos metros a cavaleiro sobre os tabuleiros extensos que se estendem ao norte, está numa situação admirável. Não conheço nenhuma de aspecto mais pitoresco que o deste arraial humilde perdido nos seios dos sertões. O viajante exausto, esmagado pelo cansaço e pelas saudades, sente um desafogo imenso ao avistá-lo, depois de galgar a última ondulação do solo, com as suas casas brancas e pequenas, caindo por um plano de inclinação insensível até a planície vastíssima.

Ao fundo da povoação, ergue-se a grande montanha, rasgada por um caminho de pedra, que leva ao alto da serra, com 24 pequenas capelas brancas, que, escreveu Euclides, se destacam "nitidamente num fundo pardo e requeimado de terreno áspero e estéril".

Quando chegaram a Monte Santo, formavam na praça 1900 homens sob o comando do coronel César Sampaio. À frente dos batalhões do Pará, encontrava-se o coronel Sotero de Meneses, que Euclides julgava prudente, ativo e enérgico, capaz de tomar todas as medidas necessárias. Encontrou, à frente do batalhão do Amazonas, um companheiro dos tempos de Escola Militar, Candido Mariano Rondon.

Num único movimento, as 1900 baionetas desceram rápidas, "num cintilar vivíssimo", dos ombros dos soldados, aprumando-se na continência aos generais. Criaram uma "ondulação luminosa imensa", que trouxe entusiasmo ruidoso entre as tropas.[27]

Atravessaram, a galope, pela frente das tropas e pararam diante do único sobrado, à esquerda da praça, enobrecido pelo título pomposo de quartel-general.

Euclides reencontrou antigos companheiros, de havia muito ausentes e todos muito diferentes de quando os vira pela última vez. Foi abraçado por Domingos Leite, colega dos tempos da escola, divertido e alegre, um elegante frequentador da rua do Ouvidor, que quase não reconheceu: "Vi um homem estranho, de barba inculta e crescida, rosto pálido e tostado, voz áspera, vestindo bombachas enormes, coberto de largo chapéu desabado".[28]

Domingos Leite veio para a Bahia com a expedição Moreira César, para servir na comissão de engenharia militar, abrindo estradas, instalando linhas telegráficas e dirigindo comboios por caminhos difíceis. A guerra produzia tamanhas transformações que outro engenheiro militar, Gustavo Guabiru, foi encontrado pela força policial da Bahia em tal estado que foi preso como jagunço. Observou Euclides: "Rapazes elegantes transformam-se rapidamente em atletas desengonçados e rígidos... Quase que se vai tornando indispensável a criação de um verbo para caracterizar o fenômeno. O verbo 'ajagunçar-se', por exemplo".[29]

As informações de Canudos que obteve em Monte Santo eram desanimadoras. Enquanto o Exército ocupava grande parte das casas e bombardeava todos os dias os canudenses, estes se revezavam da linha de fogo para o campo, onde cultivam mandiocas, feijão e milho: "Fazem roças", escreveu na reportagem de 6 de setembro, "que devem ser colhidas no ano vindouro!".[30]

Os oficiais que estiveram em Canudos acreditavam que seriam precisos, no mínimo, 25 mil soldados para fazer um cerco regular contra a vila, porque os jagunços tinham um número incalculável de estradas para acesso ao povoado. Pelos relatos que ouviu em Monte Santo, Euclides achava que o combate só se encerraria com um assalto impetuoso, rápido e bem sustentado, que seria fatalmente mortífero dada a localização de Canudos no fundo do vale, cercado por ondulações ligeiras e numerosas.

Juntavam-se ainda as dificuldades de transporte de munições e víveres até Canudos, além da sede devoradora que torturava os soldados. Os pequenos pântanos que ainda existiam nas estradas estavam quase totalmente secos, tendo todo tipo de contaminação. Em um pântano, perto de Juetê, foi encontrado, estendido na borda, com a boca mergulhada na água esverdeada, o cadáver de um varioloso que até ali se arrastara, levado pela sede ardente da febre, e morrera. Outros poços ocultavam, no fundo, cadáveres de homens e cavalos, em lenta decomposição.[31]

No dia 7, depois de uma alvorada triste, vibravam nos ares as notas metálicas de seis bandas marciais e a manhã rompeu com raios de sol, expandindo-se num céu sem nuvens. Olhando em torno, Euclides forma impressões que se reúnem em um jogo de contrastes. Situada em um dos lugares mais belos do país, Monte Santo lhe parece simplesmente repugnante. Com uma vasta praça central, que ilude à primeira vista, as vielas estreitas e tortuosas que nelas afluem não são ruas, nem mesmo becos, mas como que imensos encanamentos de esgoto, sem abóbadas.

Parecia quase impossível a Euclides que pudesse haver vida em tal meio — acha estreito, exíguo, miserável — em que se comprimiam agora 2 mil soldados, excluído o pessoal de outras repartições, e uma multidão de mulheres magras e feias na maioria: "fúrias que encalçam o exército". Toda essa multidão começava a se agitar, cedo pela manhã, fervilhando na única praça, largamente batida pelo sol. Passam oficiais de todas as patentes, guias de carros de bois, mulheres maltrapilhas, comerciantes, soldados a pé e a cavalo, feridos e convalescentes: "Cruzam-se em todos os sentidos, atumultuadamente, num baralhamento desordenado e incômodo de feira concorrida e mal policiada": "E isto todos os dias, no mesmo lugar, às mesmas horas — e são os mesmos indivíduos, vestidos do mesmo modo, estacionando nos mesmos pontos...".

Apenas um dia após a chegada à vila de Monte Santo, a ausência de notícias de Canudos, junto com a ansiedade para partir para o local dos combates, fazia Euclides sucumbir à monotonia: "Tem-se a sensação esmagadora de uma imobilidade do tempo. [...] Parece que é o mesmo dia que se desdobra sobre nós — indefinido e sem horas — interrompido apenas pelas noites ardentes e tristes". A sensação de imobilidade lhe dá a estranha impressão de um *spleen* mais cruel do que o que vem dos nevoeiros de Londres:

> E quando o sol dardeja alto, ardentíssimo num céu vazio, tem-se a impressão estranha de um *spleen* mais cruel do que o que se deriva dos nevoeiros de Londres; *spleen* tropical feito da exaustão completa do organismo e do tédio ocasionado por uma vida sem variantes.[32]

Reencontrou, em Monte Santo, Alfredo Silva, correspondente de *A Notícia*, que viajara no mesmo navio para Salvador, cujo aspecto assombrou Euclides: "Está num descambar irresistível para o tipo geral predominante — barba crescida, chapelão de palha, paletó de brim de cor inclassificável, bombachas monstruosas".

O espanto foi mútuo. Alfredo Silva se surpreendeu com os trajes elegantes do "distinto correspondente" do *Estado de S. Paulo*, que o acompanhou em passeio, dois dias depois, até a igreja de Santa Cruz, no alto da serra: "Dos nossos vestuários incontestavelmente destacava-se o do distinto colega que, chegado ainda anteontem, se apresentou de vistosas botas de verniz, calça branca de fina seda e chapéu de fina palha. Bons tempos o esperam neste canto da Bahia, em que um banho constitui o x do mais complicado dos problemas".[33]

Para chegar à igreja, no alto da serra, é preciso subir a pedregosa e íngreme ladeira, no fundo da cidade, passando pelas 24 capelas brancas, que contêm quadros representando os sofrimentos de Jesus. Foram acompanhados pelo major Lauriano Trinas, capitão Eduardo Rangel, Aníbal de Oliveira e cabo Batista.

Durante a subida, Euclides tirou, com uma máquina portátil, fotografias de alguns pontos de Monte Santo, enorme pedreira que supunha ser de granito e que verificou ser de quartzito puro.*

Escreveu Alfredo Silva, em *A Notícia*:

> A falta de água é absoluta e no alto do monte o caminho é coberto de belíssima areia, proveniente da desagregação da rocha. A igreja de Santa Cruz acha-se bastante danificada encontrando-se em uma mistura extraordinária castiçais, velas, papéis, mãos e cabeças de cera e de madeira etc. etc. promessas pagas pelos sertanejos, que em dificuldade, por mais insignificante que seja, apelam para a milagrosa cruz.

11 de setembro foi um dia de festa. Reuniram-se alguns oficiais e os jornalistas de *A Notícia* e de *O Estado de S. Paulo* em Salgado,** na casa do velho Francisco Martins de Andrade, que havia auxiliado a comissão encarregada de instalar o telégrafo.

Foi servido um belo almoço, com um excelente leitão, um magnífico cuscuz e alguns ovos estrelados. Estiveram presentes, além de Euclides, Alfredo Silva, de *A Notícia*, Domingos Leite, o chefe de polícia Armando Calasans, o cadete Augusto Medeiros, o capitão Rafael Machado e Hugo Merkel.

Ao final do almoço, foram feitos brindes com aguardente, sendo o primeiro a Alfredo Silva, levantado por Domingos Leite, o segundo ao hóspede, lembrado por Euclides, e os dois últimos, feitos por Alfredo Silva, a Domingos Leite e a Euclides.

Levaram quatro horas para fazer o caminho de volta, de légua e meia, de Salgado a Monte Santo, "verdadeira viagem de instrução", conforme escreveu Silva em *A Notícia*, pois Euclides parava

---

* As fotografias tiradas por Euclides da Cunha na região de Canudos nunca foram encontradas.
** Fazenda situada nas proximidades de Monte Santo, ao sul.

para examinar a flora e a fauna e não podia resistir a grandes explicações científicas, cada vez que encontrava uma pedra, uma flor, um fruto ou um pássaro. Observou Silva sobre a preocupação científica de Euclides na observação da natureza: "E o caso é que devo ao distintíssimo engenheiro o meu cabedal de geologia".[34]

O pregador contra a República

Antônio Conselheiro, o futuro líder de Canudos, pregava por volta de 1870 pelo interior do Nordeste e organizava mutirões para a construção de igrejas e cemitérios. Foi proibido de pregar pela Igreja católica em 1882. Seus conflitos com a ordem estabelecida se agravaram com a proclamação da República. Conselheiro se opunha à República, que via como a personificação do Anticristo, e criticava o casamento civil e o registro de mortes e nascimentos, introduzidos pela Constituição de 1891. Acreditava no retorno da Monarquia, forma política tida como eterna.

Após liderar rebelião contra cobrança de impostos, fixou-se, em 1893, com seus seguidores em Canudos, às margens do rio Vaza-Barris, no nordeste da Bahia. Criou Belo Monte, ou Canudos, como refúgio sagrado contra as secas da região e as leis seculares da República. O atraso na entrega de madeira, comprada em Juazeiro para construção da igreja de Canudos, gerou um conflito armado, que se estendeu por quase um ano, de novembro de 1896 até outubro de 1897, até o completo extermínio da comunidade. Quatro expedições militares foram enviadas contra a vila.

O país assistiu atônito ao fracasso sucessivo de três expedições militares, enviadas contra Canudos, de novembro de 1896 a março de 1897. Mais de doze jornais enviaram repórteres na primeira cobertura ao vivo de uma guerra no Brasil, tornada possível com a instalação de linhas telegráficas. A campanha foi fotografada por Flávio de Barros e pelo espanhol Juan Gutierrez, morto em ação.

Foi uma guerra moderna, longa e sangrenta, que se estendeu por quase um ano, até outubro de 1897. A quarta expedição foi organizada a partir de março de 1897 com 8 mil homens e moderno equipamento. O Exército empregou contra Canudos, de 1896 a 1897, equipamento bélico atualizado: carabinas Mannlicher, metralhadoras Nordenfelt, canhões Krupp e bombas de dinamite. Foi uma guerra de extermínio, que o escritor-engenheiro denunciou em *Os sertões*, de 1902, cinco anos após o massacre da vila.

[...]

Euclides registrou, nos artigos para *O Estado de S. Paulo*, as características geológicas das áreas entre Salvador e Queimadas, sobretudo até Alagoinhas. Suas descrições das características geológicas entre a estação de Calçada, em Salvador, e Alagoinhas complementavam as observações divulgadas por Teodoro Sampaio em artigo na *Revista de Engenharia*, que cobriam a região de Alagoinhas e Juazeiro, cortada pela estrada de ferro. Suas anotações na caderneta de campo estão repletas de comentários geológicos. Minuciosos croquis, na caderneta de campo, ilustram as suas observações sobre o relevo e esboçam o roteiro de um estudo a ser realizado que resultaria em *Os sertões*.[35]*

[...]

Em 1897, duas expedições sucessivas contra Canudos já haviam fracassado. A questão ganhara repercussão nacional. Militaristas e florianistas, que haviam perdido o controle do sistema político

---

* Este parágrafo está deslocado, pareceria mais bem situado quando da descrição da partida de Euclides de Salvador para Monte Santo, em 30 de agosto de 1897, mas também pode ser um "trecho abandonado".

em 1894, pressionavam o governo civil de Prudente de Morais (1894-8). A terceira expedição contra Canudos foi organizada em 1897 com 1300 soldados, e entregue ao comando do coronel Moreira César, herói da repressão à revolta federalista e herdeiro, após a morte de Floriano Peixoto, da mística jacobina.

A notícia de nova derrota das tropas republicanas, sob cujo impacto Euclides redigiu a série de artigos sobre "a nossa Vendeia", repercutiu de modo violento nas capitais, provocando as "jornadas jacobinas" no Rio de Janeiro e em São Paulo, em que foram destruídos jornais monárquicos. O confronto entre os conselheiristas e as tropas governamentais trouxe à tona o conflito interno ao conceito de República e acirrou a disputa entre liberais e jacobinos. Canudos foi o ponto central de definição da forma republicana no Brasil, pela conversão da campanha militar em cruzada revolucionária. A República, manchada pelas revoltas federalista e da Armada, mais uma vez vertia sangue em nome de sua consolidação política.

Nas trincheiras

Euclides seguiu para a frente de batalha como correspondente de *O Estado de S. Paulo* e escreveu uma série de reportagens, ponto de partida do livro. Participou, de agosto a outubro de 1897, da quarta e última expedição. Tomou contato com uma cidade semidestruída pelas privações da guerra e pelos constantes bombardeios. As privações da guerra se tornaram agudas para os moradores de Canudos com o cerco das forças republicanas, a partir de setembro, que interrompeu o fornecimento de água e comida.

Euclides marchava a cavalo para Canudos, enquanto observava a paisagem, tomando notas para os telegramas e artigos que enviava para Júlio Mesquita de *O Estado de S. Paulo*. Às vezes ficava absorto em seus pensamentos, fitando ao longe a paisagem monótona e repetitiva. Longas planícies se estendiam à sua vista, pontuadas por serras inatingíveis. Tinha uma sensação estranha ao seguir junto às tropas, como correspondente de um jornal, nomeado adido ao ministro da Guerra, como se fizesse de novo parte da corporação que abandonara dois anos antes.

Viajar era escrever incessantemente. Cuidava dos artigos para *O Estado de S. Paulo*, das cartas inevitáveis para os familiares, parentes e amigos. Escrevia alguns rascunhos ou esboços. Anotava expressões populares ou lampejos poéticos, como os versos e quadras encontrados em papéis escritos à mão.

Manteve nos sertões baianos o mesmo interesse pela paisagem e geologia dos tempos de Campanha. Encontrou-se em Monte Santo com Alfredo Silva, correspondente do jornal *A Notícia*, do Rio de Janeiro, que se espantou com a elegância de Euclides, vestido com camisa de seda branca. Euclides discutia questões geológicas, que eram, desde o plano inicial de escrever um livro sobre a guerra de Canudos, assunto central.

Euclides chegou a Canudos em 16 de setembro, como relatou no artigo para *O Estado de S. Paulo*.[36]

Quando lá chegou, choque, horror, cidade sitiada, fome, ruínas. Outra visão do pesadelo, para quem já era perseguido pelo fantasma da mulher de branco nas noites insones ou nos delírios noturnos, e tinha visto o Rio de Janeiro, Niterói e a baía de Guanabara tomados por uma guerra muito mais ruidosa do que sangrenta, com os bombardeios constantes e diários nos meses entre 1893 e 1894, que durou a Revolta da Armada.

Euclides teve, sem dúvida, uma visão negativa de Canudos, que tomou como "urbs monstruosa", comunidade primitiva e até promíscua. Tal viés se deveu, em parte, ao contato com uma cidade semidestruída pelos bombardeios e pelas privações da guerra. Foi tributário ainda de sua formação científica, que combinava evolucionismo e positivismo, e dos preconceitos raciais próprios à sua época, que traziam a crença na inferioridade dos grupos não brancos.

Euclides atribuiu, de forma errônea, a Antônio Conselheiro a autoria de profecias apocalípticas, encontradas em manuscritos, que anunciavam o fim do mundo e o retorno de d. Sebastião para combater as tropas republicanas. Os sermões escritos pelo líder de Canudos, a que Euclides não teve acesso enquanto escrevia *Os sertões*, revelam um líder religioso, adepto de um catolicismo tradicional, centrado na ideia de penitência, sem sugestão de espera milenarista ou de suposta personificação do Messias.

Euclides passeou, dentro da cidade, em 29 de setembro, como revelou no penúltimo artigo escrito para o jornal: "Passeio perigosamente atraente, com os jagunços a dois passos apenas, nas casas contíguas". Anotou, no mesmo dia, na caderneta de bolso que trazia consigo: "Não posso definir a comoção ao entrar no arraial".[37]

Emocionou-se com a entrada na parte de Canudos já tomada pelas tropas, seis dias antes do fim da guerra, culminância de uma longa espera, que se arrastava desde São Paulo, quando recolhera informações do engenheiro Teodoro Sampaio sobre a região do rio Vaza-Barris, para escrever os artigos sobre a "nossa Vendeia". Já em Salvador, enquanto aguardava ansioso a partida para Canudos, escrevia ao amigo Porchat que tinha o receio de que a guerra pudesse terminar antes que chegasse "a tempo de assistir à queda do arraial maldito".[38]

Chegou a tempo de assistir aos momentos finais da luta. Ao entrar em Canudos, decepcionou-se com o aspecto daquela povoação que considerou "estranha", cujas ruas eram substituídas por um "dédalo desesperador de becos estreitíssimos". As casas se acumulavam "em absoluta desordem", como se tudo aquilo tivesse sido construído "febrilmente — numa noite — por uma multidão de loucos!". Assustou-se ainda com o interior dos casebres: escuros, sem ar, com pouca mobília.[39]

Euclides da Cunha presenciou pouco menos de três semanas de luta, ao todo dezoito dias, de 16 de setembro até 3 de outubro. Reconstituiu, em *Os sertões*, a biografia de Antônio Conselheiro, a formação de Canudos e a história da guerra, que durou quase um ano, com base em diversas fontes, como relatórios do governo e da Igreja, artigos de jornais, obras históricas, depoimentos de prisioneiros, soldados e oficiais, diários dos participantes das expedições, poemas populares e profecias religiosas.

Retirou-se doente de Canudos na manhã de 3 de outubro, dois dias antes do fim da guerra, por causa de acessos de febre, provocados pelas condições da guerra, com pilhas de mortos e feridos, falta de comida e noites de sono interrompidas por tiroteios. Não assistiu ao massacre de prisioneiros, à queda final de Canudos, à exumação do cadáver do Conselheiro, à descoberta de seus manuscritos e ao incêndio da cidade com tochas de querosene, ocorridos nos últimos dias. Tais cenas, ausentes de suas reportagens, foram relatadas com poucos detalhes no livro de 1902.[40]

O silêncio de Euclides sobre as atrocidades da guerra foi acompanhado por quase toda a imprensa. Os materiais enviados pelo telégrafo eram submetidos à censura militar, mas os artigos remetidos pelo correio, por sua maior extensão, não estavam sujeitos a controle. Mas outros jornalistas, como Favila Nunes, da *Gazeta de Notícias*, do Rio, e Lelis Piedade, do *Jornal de Notícias*, da Bahia, chegaram a mencionar atos de violência das tropas, como a degola dos prisioneiros. Manuel Benício, do *Jornal do Comércio*, do Rio, foi expulso de Canudos por suas críticas aos erros militares do general Artur Oscar, comandante da 4ª expedição.

A crueldade da campanha só foi exposta, porém, de forma veemente, pelo monarquista Afonso Arinos, que denunciou, no *Comércio de São Paulo*, a degola dos prisioneiros e o incêndio do arraial com pessoas dentro e divulgou o relatório do Comitê Patriótico da Bahia, que apontava os abusos cometidos contra mulheres e crianças.[41]

Euclides poderia ter escrito artigo em São Paulo, criticando a violência do massacre dos prisioneiros divulgada pela imprensa. É pouco provável que tenha tentado escrever ou publicar tal artigo. Em parte pela doença, que o fez se recolher à fazenda do pai em Descalvado.

O conflito, que se estendeu por quase um ano, terminou com a perda de 5 mil soldados e o massacre de uma cidade, cuja população foi estimada entre 10 mil e 25 mil habitantes. Prisioneiros foram degolados e seus cadáveres empilhados e queimados. Mulheres e crianças foram estupradas e traficadas. Algumas das prisioneiras, que aparecem cadavéricas e esqueléticas em uma foto tirada por Flávio de Barros no fim da guerra, foram levadas pelos soldados para o Rio de Janeiro, onde foram morar no morro da Saúde. Surgiu daí a palavra favela, como referência à planta da caatinga e à encosta em que as forças do Exército se haviam instalado para bombardear Canudos.

Cinco anos mais tarde, Euclides denunciou, em *Os sertões*, a campanha militar como crime e fez a confissão de culpa da omissão de suas reportagens, ao mencionar fatos sobre os quais antes silenciara: a degola dos prisioneiros e o comércio de mulheres e crianças. Criticou a hipótese de uma conspiração política, apoiada por grupos monárquicos e por países estrangeiros, que havia justificado o massacre.

Talvez Euclides se sentisse tolhido para atacar o Exército nas reportagens. Era, desde 1895, tenente reformado e fora nomeado adido ao Estado-Maior do ministro da Guerra, marechal Bittencourt, de agosto a outubro de 1897, com direito a ordenança, para a cobertura da guerra. Acompanhou os combates próximo aos oficiais, com os quais conviveu em Salvador, Monte Santo e Canudos, onde dividiu a barraca com o capitão Abílio de Noronha, secretário do general Artur Oscar, comandante da 4ª expedição.

A doença, junto com a proximidade dos comandantes da guerra e a saída da frente de batalha em 3 de outubro, pode tê-lo impedido de testemunhar a matança dos prisioneiros. Daí o crescente silêncio das reportagens que escreveu de Canudos, interrompidas, de forma súbita, com artigo de 1º de outubro. O artigo só saiu no *Estado* no dia 25, cerca de três semanas após o término da guerra, e quatro dias após o seu retorno a São Paulo. Escreveu sobre as manhãs admiráveis, com os raios de sol que iluminavam o círculo de montanhas. Mais tarde, no livro de 1902, chamaria a cadeia de serras de "monstruoso anfiteatro" do maior drama da história brasileira.

Enviou ainda telegrama de Monte Santo, com data de 7 de outubro, que relatava os combates do dia 1º. Suas meticulosas anotações de temperatura e umidade, feitas na caderneta de bolso com base nas medições de Siqueira de Menezes, também se interromperam nesta data. Saía ainda, em 26 de outubro, no *Estado*, seu último artigo sobre a guerra, escrito já em São Paulo, para saudar a chegada do batalhão paulista, recebido no mesmo dia por grande multidão, com bandas de música e presença do governador e outras autoridades na estação, seguido de desfile festivo pelas ruas da cidade. Nenhuma palavra, nas reportagens de Euclides, sobre as atrocidades da guerra.

Solicitou, por telegrama de 9 de outubro, sua exoneração do posto de adido ao Estado-Maior do ministro da Guerra, que lhe foi concedida seis dias depois, em 15 de outubro: "É exonerado de adido ao Estado-Maior do Sr. marechal ministro da Guerra, o tenente reformado Euclides Cunha — Telegrama do mesmo senhor de 9 deste mês".[42]

Dia 7 de outubro, quinta-feira, feriado em comemoração pela vitória das forças legais em Canudos. Dia 26 de outubro, terça-feira, feriado devido à recepção festiva feita ao 1º batalhão de polícia de São Paulo, que retornava de Canudos.[43]*

---

* Trecho claramente "telegráfico", correspondendo a anotações para posterior revisão.

* * *

Campos Salles passou o governo, no final de outubro, ao vice-governador Peixoto Gomide, para se candidatar à Presidência da República. O Partido Republicano ofereceu a Campos Salles banquete, no dia 31, com a presença de políticos do Rio, no Teatro São José. Campos Salles leu discurso com a plataforma política de sua candidatura.

Teodoro anotava, em seu diário, na sexta-feira, 5 de novembro:

> Agora, pelas 3 ½ horas da tarde, recebeu o dr. Peixoto Gomide, vice-presidente em exercício, um telegrama do Rio noticiando-lhe o assassinato do ministro da Guerra, marechal Carlos Machado de Bittencourt, por um soldado do 10º batalhão de infantaria de nome Marcelino Bispo de Melo. Deu-se o bárbaro e covarde atentado ao desembarcar no Arsenal de Guerra o dr. Prudente de Morais, acompanhado daquele ministro e outras pessoas gradas, de volta da recepção do general Barbosa e de dois batalhões que regressavam de Canudos. É enorme a emoção que tão bárbaro crime produziu.[44]

No sábado, dia 6, Teodoro fez novos registros sobre o atentado que chocara o país:

> O atentado era calculado e premeditado contra o dr. Prudente de Morais. O soldado assassino apontou a arma, uma garrucha de dois canos, contra o Prudente, o ministro da Guerra investe contra o soldado e toma-o pelo pescoço. Com os braços livres o assassino pode então sacar de uma faca de ponta e com ela vibrar vários golpes no ministro que com ele lutou até cair, expirando momentos depois. O coronel Mendes de Morais foi também ferido e mais um ajudante de ordem. O dr. Prudente

de Morais saiu ileso. O assassino é moço e robusto, natural de Alagoas. Parece que o crime é de ordem política e que o soldado é um simples instrumento. Há indícios veementes contra a oposição; mas, ao que consta, ainda não há provas nem se colheram informações que precisem o fato.[45]

Teodoro registrava, no domingo, dia 9, os desdobramentos da crise entre governo e oposição criada pelo atentado a Prudente de Morais:

> Os jornais dão notícia do enterramento do marechal Bittencourt, ministro da Guerra, cujos funerais foram feitos às expensas do Estado. Calcula-se em cerca de 30000 pessoas as que compareceram ao ato. O dr. Prudente de Morais foi enormemente vitoriado pelo povo.
>
> Era o marechal Carlos Machado de Bittencourt natural de S. Catarina, e de 55 anos de idade; militar correto, alheio à política, disciplinado, modesto. Dos sertões baianos para onde havia pouco seguira para organizar a mobilização e abastecimento das forças em operações contra Canudos, voltara coberto de glórias, e sempre modesto, não tomando aos outros o quinhão das que lhes cabiam, voltou a seu posto sem ruído, sem festas. Era um bom. O dr. Prudente de Morais perde nele um dos mais dedicados amigos. O ministro morreu salvando a vida do presidente de Estado. Morreu pobre, deixando na orfandade onze filhos. A imprensa abriu subscrição pública para oferecer à viúva do marechal uma casa para sua residência.[46]

Junto com o *Jornal do Comércio* e *Debate*, no Rio, o jornal de Júlio Mesquita abriu subscrição em favor da família do marechal. Iniciada em 8 de novembro, com a doação de um conto de réis do próprio jornal, do governador e vice-governador de São Paulo, Campos Salles e Peixoto Gomide, com um conto de réis cada, além de personalidades e funcionários públicos destacados, como Caio Prado, Luiz Piza, Alfredo Pujol, Candido Rodrigues e Domingos Jaguaribe. Euclides contribuiu, no dia 15, com 200 mil-réis, quantia significativa equivalente a cerca de um quarto de seu salário na superintendência. A subscrição do *Estado* se encerrou, em 5 de dezembro, e atingiu a soma total de trinta e quatro contos e novecentos e cinco mil-réis. Esse valor foi entregue ao *Jornal do Comércio*, para a compra de moradia para a família do marechal.[47]

O atentado provocou manifestações populares contra os jornais jacobinos e republicanos, suspeitos de ligação com o atentado. Jornais, como *República*, *Jacobino* e *O País*, no Rio, sofriam o mesmo tipo de ataque que a imprensa monárquica recebera por parte dos jacobinos em março passado, quando se espalhara a notícia da derrota da 3ª expedição. Teodoro Sampaio comentou tais manifestações em seu diário:

> O povo nas ruas agita-se querendo violentar a imprensa oposicionista. No Rio foram empastelados os jornais *República* e *Jacobino*. *O País* tem sido guardado por força de polícia. O sr. Quintino tem comparecido no Senado, onde o senador Severino Vieira (da Bahia) apresentou uma moção de pesar acentuando que o *crime* era *político*. O sr. Ramiro Barcelos combateu a moção por causa dessa frase: *crime político*. O senador Rui Barbosa sustentou a moção, e classificou o crime como tal. A oposição então retirou-se do recinto para não votar essa moção. Apresentou outra protestando seus sentimentos de pesar, mas combatendo os termos em que foi feita a do sr. Severino. O senador Bocayuva não se retirou da seção. Em S. Paulo tem havido manifestação de desagrado contra o jornal *Nação*, órgão oposicionista. A polícia, porém, tem evitado assalto a esse jornal. O que é bastante correto e louvável.

> No Rio, o Clube Militar tem celebrado sessões secretas. Consta que aí ficou decidido não haver comemoração no dia 9 de novembro, data em que o exército ou os oficiais conspiradores deram plenos poderes a Benjamin Constant para preparar o golpe de 15 de novembro de 1889.
> Diante de tão grandes perturbações como é incerto o futuro dessa pátria!...[48]

Em 1897, após o término da guerra, o pai de Júlio Mesquita, Francisco Ferreira de Mesquita, se tornou coproprietário do jornal, ao se associar a José Filinto da Silva. Junto com o governador Campos Salles, o jornal apoiou Prudente de Morais na crise política criada pela Guerra de Canudos e pela atuação oposicionista do deputado Francisco Glicério, aliado dos florianistas.[49]

Teodoro comentava, no início de 1898, as investigações sobre o atentado, que apontavam a responsabilidade do vice-presidente, Manuel Vitorino, e do chefe do Partido Republicano Federal, Francisco Glicério:

> Os jornais de ontem publicaram o relatório sobre o atentado de 5 de novembro, onde são considerados responsáveis: o vice-presidente da República, dr. Manuel Vitorino Pereira, o general Francisco Glicério, chefe do Partido Republicano Federal, e outros vultos políticos, militares e simples cidadãos. Diocleciano Mártir e Marcelino Bispo fazem depoimentos comprometedores.[50]

[...]*

---

* A partir daqui, e até o final do subcapítulo, o texto parece constituído de uma série de anotações para posterior reelaboração, inclusive com repetições do trecho sobre a "política dos governadores".

Teodoro foi escolhido em 12 de maio para atuar como perito da parte do governo na questão da ponte do rio Pardo, que ruíra com uma enchente.

Viu, em Canudos, a ruína dos ideais republicanos, que defendera na juventude como cadete da Escola Militar e articulista de *A Província de São Paulo*. Os destinos desta República, pela qual lutara, foram decididos em Canudos. A guerra contra os seguidores de Antônio Conselheiro serviu de pretexto à repressão aos grupos monárquicos, que sonhavam com a restauração do trono, e aos setores jacobinos, que conspiravam contra o governo. O massacre contribuiu para a implantação, a partir de 1898, da política dos governadores que definiu as bases políticas da Primeira República, vigentes até 1930, ao garantir a alternância no poder das lideranças civis de São Paulo e Minas Gerais.

Pode-se questionar o caráter messiânico do movimento, já que não se tem informações precisas sobre o grau de adesão de seus habitantes às crenças sebastianistas. Já se falara antes, durante a Revolta da Armada, em sebastianismo para caracterizar como monarquistas os republicanos dissidentes. Os militares e jornalistas da época recorreram ao fanatismo religioso para explicar a resistência dos conselheiristas e a derrota de três expedições militares. Mas a hipótese de circulação de ideias milenaristas permite dar conta de aspectos do conflito, como a intensa migração para Canudos em pleno acirramento da guerra e a luta heroica e quase suicida dos conselheiristas contra o Exército.

A atração exercida pelo Conselheiro não era predominantemente messiânica, já que a comunidade oferecia melhores condições de vida do que outras regiões do sertão nordestino. O fim do mundo era um elemento do discurso religioso, presente nas profecias apocalípticas recolhidas por Euclides, mas não o principal fator na organização da vila, que manteve ligações com a economia regional.

Pressões da Igreja sobre o governo também foram decisivas para o agravamento dos conflitos. Com a política centralizadora da Santa Sé a partir de 1860, no pontificado de Pio IX (1846- -78), o clero brasileiro passou por um processo de romanização, em que os padres foram submetidos à autoridade dos bispos e das arquidioceses. A hierarquia eclesiástica passou a combater a ação dos beatos e peregrinos, pregadores leigos muito comuns no Nordeste.[51]

A destruição de Canudos se deveu menos ao antirrepublicanismo do Conselheiro do que a fatores políticos, como os conflitos entre facções partidárias na Bahia, a atuação da Igreja contra o catolicismo pouco ortodoxo dos beatos e as pressões dos proprietários de terras contra Canudos, cuja expansão trazia escassez de mão de obra e rompia o equilíbrio político da região.

Outros conflitos políticos em nível nacional transformaram a vila em alvo de grupos e facções, como os embates entre civilistas e militaristas, ligados à sucessão do presidente Prudente de Morais, que era antagonizado por seu vice, Manuel Vitorino, responsável pela organização da expedição comandada por Moreira César. A Guerra de Canudos serviu de pretexto à repressão aos grupos monarquistas e aos setores jacobinos, tendo contribuído para a implantação da política dos governadores, criada por Campos Salles e dominante até 1930, em que as lideranças civis de Minas Gerais e de São Paulo passaram a se alternar no poder.

6.

Os sertões revisitados

Euclides retornou de Canudos com *Os sertões* na cabeça. Morou, em São José do Rio Pardo, no interior de São Paulo, por cerca de três anos, de 1898 a 1901, para reconstruir a ponte metálica sobre o rio, que caíra com uma enchente. Escreveu grande parte do livro durante o dia em uma pequena barraca de folhas de zinco, à sombra de uma paineira, à beira do rio, de onde fiscalizava as obras, e à noite em sua casa na rua Marechal Floriano.

Chegou a São Paulo em 21 de outubro de 1897 e foi, no dia 30, para a fazenda do pai, para se recuperar. Começou a escrever *Os sertões*, com base nas notas e artigos escritos durante a cobertura da guerra. Estava doente, com restos da maldita febre contraída em Canudos, conforme escreveu a Porchat.[1]

[...]

Em 5 de novembro de 1897, o marechal Bittencourt morreu no Rio, vítima de atentado contra Prudente de Morais. No dia seguinte, foram atacados jornais jacobinos no Rio. Em 3 de dezembro, eram inauguradas a ponte metálica sobre o rio e a iluminação elétrica em São José do Rio Pardo.

[...]

Obteve, em dezembro, licença de dois meses para tratar da saúde, ainda abalada pela cobertura da Guerra de Canudos.[2]

Euclides esteve em São Paulo, em 18 de dezembro, após ter lido na fazenda do pai notícia no *Correio Paulistano* sobre a ida de João Luís Alves, seu amigo de Campanha, à capital. Mas não conseguiu encontrá-lo, retornando à fazenda no dia seguinte.[3]

Em 23 de dezembro, escrevia a Domingos Jaguaribe no Rio. Encontrava-se sob cuidados médicos do dr. Azevedo, que lhe havia imposto a abolição do estudo. Sentia-se desanimado e sem disposição para o trabalho. Tentava ler, sem sucesso, Juvenal Galeno, e olhava para as páginas em branco do livro sobre a guerra: "Ando verdadeiramente acabrunhado e sem disposição para o trabalho — e olho para as páginas em branco do livro que pretendo escrever e parece-me às vezes que não realizarei o intento".[4]

Publicou, em 19 de janeiro de 1898, no *Estado de S. Paulo*, trecho do livro que escrevia sobre a Guerra de Canudos. Ainda estava na fazenda do pai quando chega a notícia do desmoronamento da ponte metálica em São José do Rio Pardo, que ruíra devido à enchente. Euclides, que fiscalizara as obras de construção da ponte, vai a São Paulo, onde se encontra com Inácio Wallace da Gama Cochrane e com o engenheiro Carlos Wolkermann.

Em 28 de janeiro, encontra-se em São José do Rio Pardo, supervisionando o trabalho de quinze operários, que iniciam a desmontagem da ponte.

Depois do regresso de Canudos, leu, no Instituto Histórico e Geográfico de São Paulo, em 5 de fevereiro de 1898, um trabalho intitulado "Climatologia dos sertões da Bahia", parte do livro que estava escrevendo sobre a Guerra de Canudos. Estavam presentes, no auditório, cientistas como Teodoro Sampaio, Alberto Lofgren e Orville Derby, fundadores do Instituto, que indicaram

Euclides da Cunha aos dez anos de idade.

À esquerda, os pais de Euclides: Manuel Pimenta da Cunha e Eudóxia Alves Moreira. À direita, a única irmã de Euclides, Adélia da Cunha Vieira. Abaixo, a fazenda Saudade, em Cantagalo (RJ), onde nasceu o escritor a 20 de janeiro de 1866.

— Ondas.

primeiras poesias —
de
Euclydes Cunha.

— Rio de Janeiro —
— 1883 —

14 annos de idade

Obra fundamental para explicar a serenidade que ha nestas paginas

1906 — Euclydes

À esquerda, o caderno *Ondas*, com os primeiros poemas de Euclides. Acima, seu artigo de estreia em *O Democrata*, em 1884. À direita, o escritor aos 20 anos de idade.

À esquerda: Euclides (assinalado) em forma na Escola Militar da Praia Vermelha, Rio de Janeiro; embaixo, a fachada da escola. À direita, o general Frederico Solon Sampaio Ribeiro, sogro do escritor. Ele foi o oficial designado para entregar a d. Pedro II o decreto de banimento da família imperial. Abaixo, Ana Ribeiro, a Saninha, mulher de Euclides, e, à sua direita, o escritor aos 25 anos de idade.

À esquerda: em cima, diploma de Euclides de bacharel em Matemática e Ciências Físicas e Naturais (1892); embaixo, em Campanha (MG), o escritor é o primeiro à direita, sentado de pernas cruzadas e chapéu na mão. Nesta página, no alto, estação ferroviária em Calçada, Salvador, de onde partiu Euclides, e também as tropas militares, para Canudos; acima, casa típica do povoado liderado por Antônio Conselheiro, construída de pau a pique.

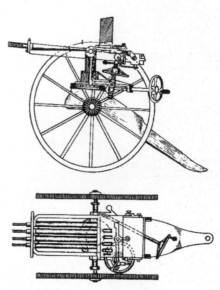

No alto, à esquerda, o engenheiro
Teodoro Sampaio, amigo
e colaborador de Euclides durante
a elaboração de *Os sertões*; acima,
metralhadora Nordenfelt, usada
na Guerra de Canudos; à esquerda,
Júlio Mesquita, de *O Estado de S. Paulo*.
Na página seguinte, em cima,
caderno de Antônio Conselheiro
com apontamentos da Divina Lei
de Nosso Senhor Jesus Cristo;
embaixo, anotações sobre geografia e
sobre hábitos e costumes dos sertanejos
feitas por Euclides em uma caderneta.

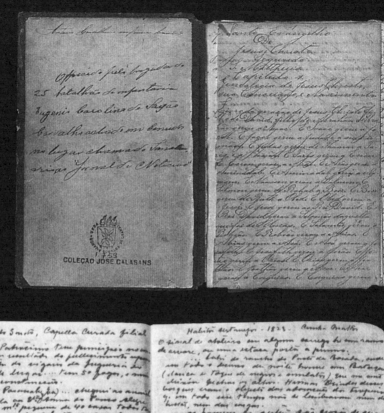

À esquerda, em cima,
12º Batalhão de Infantaria
durante o funeral de soldados;
embaixo, quatrocentos jagunços
prisioneiros em foto tirada
no dia 2 de outubro de 1897;
Euclides deixou Canudos no
dia seguinte. Ao lado, Brigada
Policial do Amazonas,
comandada por Cândido
Mariano Rondon, ex-colega de
Euclides na Escola Militar.
Abaixo, missa em Cansanção
(BA): Euclides está assinalado,
ao lado do cruzeiro.

Acima, o presidente Prudente José de Morais; ao lado, Artur Oscar, comandante da 4ª expedição; abaixo, o corpo do Conselheiro, que morreu a 22 de setembro de 1897 e foi exumado em 6 de outubro do mesmo ano. Na página ao lado, as ruínas da Igreja Velha de Santo Antônio.

Em 1898, Euclides transferiu-se com a família para São José do Rio Pardo a fim de acompanhar de perto as obras de reconstrução da ponte sobre o rio Pardo. Acima, o barracão de obras, feito de tábuas e folhas de zinco, que ficava ao lado da ponte; nele, Euclides redigiu boa parte de *Os sertões*. À esquerda, Francisco de Escobar, em foto de 1909, ano de sua eleição para prefeito de Poços de Caldas. Escobar foi intendente de São José, amigo e colaborador de Euclides. Abaixo, Canudos vista de uma encosta do morro da Favela, em desenho do escritor.

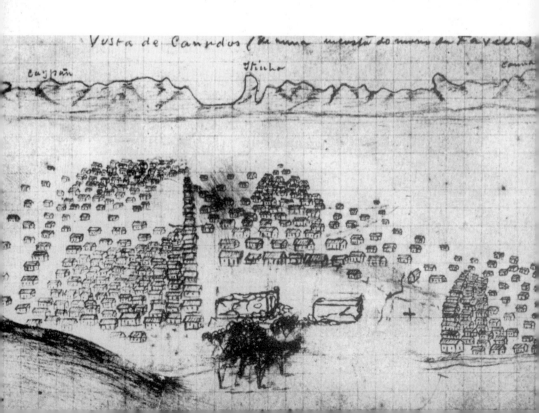

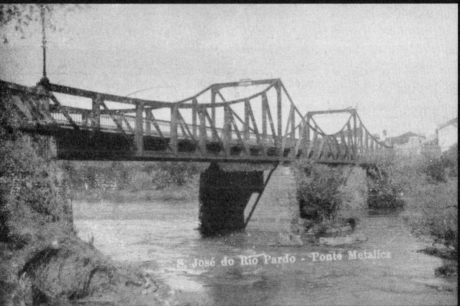

No alto, a ponte sobre o rio Pardo, que desabou em 23 de janeiro de 1898.
Acima, a ponte já reconstruída.

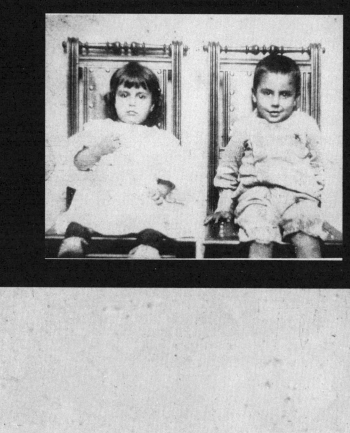

À esquerda: em cima, Quidinho (esq.) e Solon, filhos de Euclides; embaixo, Ana e os filhos no quintal de casa, em São José do Rio Pardo, em foto tirada pelo escritor. Abaixo, caderneta usada por Euclides de 1902 a 1909, com versos de Byron e Leopardi (a imagem continua na p. seguinte).

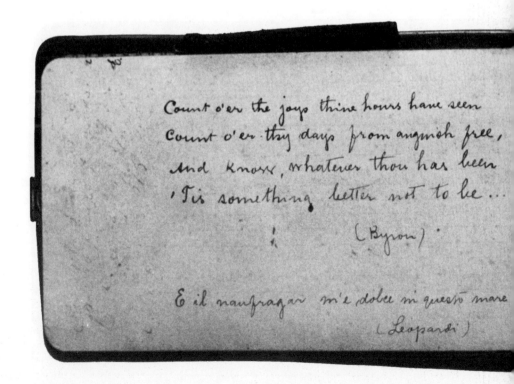

Os Sertões

(Campanha de Canudos)

por

Euclydes da Cunha

LAEMMERT & C. - EDITORES
66, Rua do Ouvidor, 66 - Rio de Janeiro
CASA FILIAL EM S. PAULO
1902

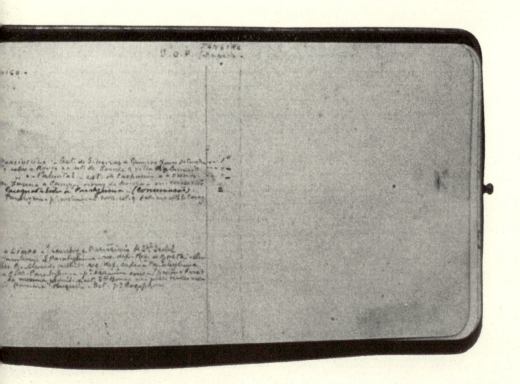

Na página ao lado, em cima, o crítico José Veríssimo, que fez alguns reparos ao estilo euclidiano; a seu lado, *Os sertões*, com uma dedicatória "aos companheiros d'*O Estado de S. Paulo*". Acima, contrato assinado por Euclides com a editora Laemmert para a primeira edição de *Os sertões*, em 17 de dezembro de 1901.

Acima, páginas com correções feitas pelo escritor nos exemplares de uma edição de *Os sertões*. Abaixo, o poema no verso da foto enviada a Lúcio Mendonça diz: "Misto de celta, de tapuia e grego". À direita, em cima, o barão do Rio Branco recebe, com funcionários do Itamaraty, uma comissão de estudantes paulistas: estão sentados, a partir da esquerda, Afonso Arinos, barão Homem de Melo, Rio Branco e Gastão da Cunha; de pé, Euclides da Cunha, Araújo Jorge, Graça Aranha, Pecegueiro do Amaral e estudantes de São Paulo. Embaixo, paisagem da região do Alto Purus, em foto tirada por Egas Chaves Florence, fotógrafo da comissão brasileira, chefiada por Euclides da Cunha, encarregada da demarcação da fronteira do Brasil com o Peru, em 1905.

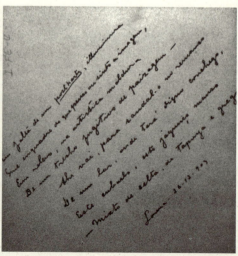

No alto, membros da Comissão Mista Brasileiro-Peruana de Reconhecimento do Alto Purus; acima, poema escrito por Euclides no cartão-postal de Manaus, em 22 de fevereiro de 1905: "Estas lagôas, de esplendôres/ Tão vivas à luz dos luares,/ Emolduradas pelas flôres/ Dos lyrios e dos nenuphares —// Recordam-me (vêde a afoiteza/ Da minha phantasia ao vel-las!) / Grandes espelhos de Veneza/ Para a *toilette* das estrellas".

À direita, Euclides entre os primos Arnaldo (esq.), que o acompanhou ao Purus, e Nestor. Abaixo, Vila Glicínia, chalé de Alberto Rangel, em Manaus, onde o escritor se hospedou em 1905; no pé da página, o autor, de cabeça tapada, assina o termo da expedição ao Alto Purus no mesmo ano.

Euclides da Cunha flagrado no Rio pela revista *Fon-fon*, em 1908.

À direita, ata da sessão de 3 de outubro de 1908 da Academia Brasileira de Letras, presidida por Euclides da Cunha por um breve período após a morte de Machado de Assis. Abaixo, Sílvio Romero, que fez o discurso de recepção ao escritor na ABL em 1906. No pé da página, em foto de 1 de outubro de 1908, Euclides (assinalado) carrega, à saída da ABL, o caixão de Machado de Assis rumo ao cemitério São João Batista.

Acima, a casa nº 23H da rua Nossa Senhora de Copacabana, onde Euclides passou a residir em 1909; ao lado, Dilermando de Assis, amante de Ana, em 1907; abaixo, o escritor em sua casa em Copacabana.

À direita, tiroteio entre Euclides e os irmãos Dilermando e Dinorá, segundo a revista *O Malho*. Abaixo, fotos da polícia do Rio de Janeiro mostram a casa na estrada Real de Santa Cruz, hoje avenida Suburbana, onde Euclides morreu em 15 de agosto de 1909; a foto da direita traz uma planta da casa assinalada com o local exato do tiroteio, à saída do quarto de Dilermando, e também com uma cruz indicando onde o escritor finalmente caiu, no jardim frontal. A legenda especifica os pontos de partida e de chegada das balas.

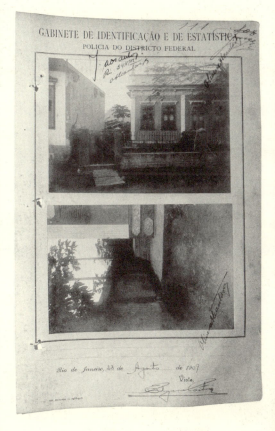

Acima, os filhos de Euclides, Solon (à frente, sem chapéu) e Quidinho (ao fundo), conversam com o jornalista Leal de Souza, então repórter de *A Careta*, no dia seguinte ao assassinato do escritor; à esquerda, a última carta de Euclides, de 12 de agosto de 1909, destinada ao cunhado Otaviano Vieira.

À esquerda, o atestado de óbito de Euclides, e, abaixo, o velório do escritor, na Academia Brasileira de Letras. O cortejo seguiu, depois, para o cemitério São João Batista.

A última foto de Euclides da Cunha, realizada por Guimarães.

o nome de Euclides. Foi eleito, nessa ocasião, para integrar a Comissão de História e Estatística de São Paulo do Instituto.

Mas já frequentava as reuniões do Instituto desde 1897, antes de viajar para a Bahia, tendo comparecido às sessões de 5 de maio e de 5 de junho. Foi admitido no Instituto em abril de 1897, mas só tomou posse em fevereiro de 1898, quando leu o trabalho sobre a climatologia dos sertões da Bahia. Esteve ainda, depois da guerra, na reunião de 25 de janeiro de 1898. Foi eleito sócio correspondente do Instituto em 5 de abril (?) de 1897 e aceito, como sócio efetivo, em 25 de janeiro de 1901.[5]

Sua indicação para o Instituto foi assinada por três membros fundadores, o geólogo Orville Derby, o botânico Alberto Lofgren e o engenheiro Teodoro Sampaio. Ao tomar posse no Instituto de São Paulo, leu o trabalho "Climatologia dos sertões da Bahia", que depois faria parte de *Os sertões*.

Campos Salles foi eleito presidente da República em 1º de março.*

Às margens do rio Pardo

Euclides mudou-se para São José do Rio Pardo em março de 1898, residindo na cidade pouco mais de três anos, até maio de 1901, quando foi inaugurada a ponte que reconstruiu. Morou inicialmente em um sobrado na rua 13 de maio e depois na casa de dois andares na esquina das ruas 13 de maio e Marechal Floriano, a poucos metros da praça principal da cidade.**

Em março de 1898, escrevia a Reinaldo Porchat sobre o trabalho de reconstrução da ponte:

---

* Esta primeira parte do capítulo, predominantemente constituída de trechos cronológicos pouco desenvolvidos e a repetição da informação sobre a filiação de Euclides da Cunha ao IHGSP parecem indicar a sua provisoriedade.
** Nessa última casa funciona hoje a Casa de Cultura Euclides da Cunha.

> Tenho a existência aspérrima de um condenado a trabalhos forçados, à margem de um rio odiento, diante do espantalho de uma ponte desmantelada, ouvindo a orquestra selvagem e arrepiadora das marretas e dos malhos — testemunha contrafeita de um duelo formidando entre o ferro e o aço![6]

Das páginas escritas em um pequeno barracão, no canteiro de obras, às margens do rio, surgia uma nação em ruínas que devorava os seus próprios filhos.

Os operários escavavam o leito do rio, em busca da rocha granítica, sobre a qual seriam fincados os pilares da estrutura metálica espalhada na várzea do rio como um gigantesco quebra-cabeça que ia remontando peça por peça. Revivia, ao mesmo tempo, a monstruosa carnificina da qual participara, como espectador involuntário, à medida que relatava a Guerra de Canudos, no longínquo sertão baiano, nos idos de 1897.

Aos poucos surgiam, à beira do rio Pardo, as páginas do livro por vir. Relembrava o combate de 1º de outubro, poucos dias antes da destruição de Canudos. Os soldados lançavam bombas de dinamite sobre os últimos casebres, cujos ocupantes ainda resistiam ao tiroteio e ao bombardeio. Escrevia, traçando a analogia entre o homem brasileiro, formado pela mistura de três raças, e a rocha granítica, também um composto de três minerais, quartzo, feldspato e mica: "Atacava-se a fundo a rocha viva da nossa raça. Vinha de molde a dinamite... Era uma consagração".[7]

Essa analogia entre o homem brasileiro e a rocha granítica foi objeto de críticas após a publicação do livro. Euclides iria responder às críticas à valorização do sertanejo, destruído pelas lutas fratricidas que minaram a República, nas notas que acrescentou à segunda edição de 1903:

> Quer isto dizer que neste composto indefinível — o brasileiro — encontrei alguma cousa que é estável, um ponto de resis-

tência recordando a molécula integrante das cristalizações iniciadas. E era natural que [...] eu visse naqueles rijos caboclos o núcleo de força da nossa constituição futura, a rocha viva da nossa raça.[8]

Os sertões, sobretudo a primeira parte, dedicada à terra, mostra a preocupação de Euclides com a geologia, disciplina que estudara na Escola Militar, e que voltou a estudar a partir de 1894, tanto devido a suas atividades como engenheiro como por seu projeto de se tornar professor de mineralogia e geologia da Escola Politécnica. A geologia está presente não apenas na primeira parte do livro como também nas inúmeras metáforas tiradas da geologia que empregou para caracterizar o sertanejo, "rocha viva" da nacionalidade, ou o líder de Canudos, Antônio Conselheiro, como "anticlinal extraordinária".

Euclides manteve, ao longo da vida, relações com a comunidade de geólogos e cientistas. Seguiu concepções do geólogo canadense Charles Frederick Hartt (1840-78), fundador da Comissão Geológica do Império e autor da *Geologia e geografia física do Brasil* (1870), sobre a gênese do continente americano. Adotou ainda as teorias do geólogo Orville Adalbert Derby (1851-1915), diretor da Comissão Geográfica e Geológica de São Paulo, de quem era amigo, e de Gorceix, fundador da Escola de Minas de Ouro Preto, sobre a gênese comum das áreas de diamante de Minas Gerais e da Bahia. *Os sertões* foi incluído na *Bibliografia mineral e geológica do Brasil*, publicada em 1906 e 1907 por Arrojado Lisboa.

O engenheiro Teodoro Sampaio, que ajudou a organizar a Escola Politécnica de São Paulo, forneceu a Euclides trabalhos e mapa sobre a região do Vaza-Barris, então desconhecida. É mencionado em *Os sertões* como autor da carta geológica da Bahia, reproduzida no livro. Teodoro tinha viajado pela Bahia em 1878 como membro da Comissão Milners Roberts, junto com Orville

Derby, tendo publicado o diário desta viagem em *O rio São Francisco e a Chapada Diamantina*. Foi um dos interlocutores de Euclides durante a escrita de *Os sertões*, que o visitava aos domingos, quando ainda residia em São Paulo, para ler os capítulos sobre geologia e topografia, com referências aos trabalhos de Hartt e Derby.

Euclides tomou de Hartt a concepção sobre a gênese do continente americano, formado a partir do vale do Amazonas, que existiria, antes das cordilheiras dos Andes, como largo canal entre duas ilhas ou grupos de ilhas.

Manteve relações de amizade com Orville Derby, que lhe forneceu auxílio técnico para a redação de *Os sertões*. Derby partilhava com o francês Gorceix, que criou e dirigiu a Escola de Minas de Ouro Preto até 1891, a convicção de que as áreas de diamante de Minas Gerais e Bahia possuíam uma origem comum, o que foi seguido por Euclides.[9]*

[...]

Morte de Solon em Belém na noite de 10 de janeiro de 1900. Euclides vê o fantasma do sogro em São José do Rio Pardo.**

[...]

A partir de 1898, quando residiu em São José do Rio Pardo, São Carlos do Pinhal e depois em Lorena, a escrita do livro e a sua

---

* A relação de Euclides com geólogos e a utilização de conceitos da geologia para a construção metafórica em *Os sertões* serão retomados adiante, inclusive com algumas reafirmações do que já aparece neste subcapítulo.

** Este parágrafo, aparentemente isolado, serve como introdução para uma comparação entre a situação do sogro de Euclides e o caso Dreyfus, que aparecerá em seguida. A informação sobre a morte de Solon será repetida mais adiante com algumas informações adicionais, o que evidencia que o trecho seria submetido a posterior desenvolvimento.

revisão tornaram esparsos os artigos para *O Estado de S. Paulo*, que se reduziram a quatro em 1898, três em 1900, dois em 1901 e quatro em 1902. Em 1903, mesmo após a publicação de *Os sertões*, escreveu apenas três artigos para o jornal. Só retomou colaboração mais regular no *Estado* entre maio e agosto de 1904, no período em que se encontrava sem trabalho, após a demissão da Comissão de Saneamento de Santos, publicando oito ensaios, depois recolhidos no volume *Contrastes e confrontos*.*

[...]

O escritor Émile Zola, um dos preferidos de Euclides, divulgou, em janeiro de 1898, no jornal *L'Aurore*, de Paris, uma carta aberta ao presidente da França, "J'accuse" ["Eu acuso"]. Zola denunciava a conspiração militar que transformara o capitão Alfred Dreyfus em bode expiatório de um caso de espionagem que envolvia a venda de segredos militares franceses aos alemães. Revelava ainda as intrigas armadas contra um oficial do Exército, que fora injustamente condenado, em 1894, à prisão perpétua por traição à pátria e recolhido à temida prisão francesa da Ilha do Diabo. Por conta da denúncia, Zola acabou condenado ao pagamento de multa e à prisão por um ano, tendo fugido para a Inglaterra, onde se manteve exilado.

A crise política e os protestos provocados pela nova sentença levaram à eleição de um governo liberal em 1899, com a participação dos republicanos progressistas, que concedeu anistia a Dreyfus, tornando possível o retorno de Zola à França. Mas o capitão só foi plenamente reabilitado e reintegrado ao Exército sete anos depois, em 1906.

O caso Dreyfus teve grande repercussão no Brasil. Vários jornais, dentre eles o *Estado*, publicaram os artigos de Zola, que

---

* Parágrafo igualmente isolado, sugere anotação para posterior desenvolvimento.

transformou a imprensa em tribuna de acusação ao Exército e à Terceira República franceses. O tom inflamado de Zola teve ecos em Euclides, que morava, nesta época, em São José do Rio Pardo, onde escreveu grande parte de *Os sertões*.

O caso lembrava a Euclides as injustas perseguições que seu sogro, o general Solon, sofrera como deputado federal preso durante a Revolta da Armada e, depois, na Guerra de Canudos, quando foi afastado do comando do 3º distrito militar na Bahia, por causa dos atritos e divergências com o governador Luís Viana. Recordava-se ainda das dificuldades que ele próprio enfrentara no Exército, na época da Revolta da Armada, quando se tornou suspeito, aos olhos do Exército e do governo, por sua ligação com o sogro e devido às cartas que enviou à *Gazeta de Notícias*, criticando a proposta de execução sumária dos prisioneiros políticos.

Mais tarde, por ocasião do caso Zeballos, chegou a se comparar em carta com o capitão Dreyfus.

[...]

Euclides ficou muito doente no início de 1899, tendo chegado a correr risco de morte, e foi se recuperar na fazenda do pai. Escrevia a Francisco Escobar em fevereiro: "Estou quase bom; mas ainda sob a impressão de um grande susto; não se resvala impunemente pelo túmulo! Estou quase como quem se abeirou da *selva oscura* de Dante — aterrado, e ao mesmo tempo delirando quase pela ânsia de viver".[10]

Esteve em São José do Rio Pardo, no início de 1899, seu amigo Derby. O médico João Pondé, que achara os manuscritos do Conselheiro em Canudos, também visitou Euclides na cidade.

[...]

A primeira versão de *Os sertões* ficou pronta em setembro de 1899, quase dois anos após o término da guerra, conforme carta que enviou a Porchat no dia 9: "O meu decantado livro, feito em quartos de hora, através das perturbações de outros trabalhos, está, afinal, pronto. Preciso, porém revê-lo — principalmente para lhe dar alguma continuidade".[11]

Euclides se inquietava pelo longo tempo que tinha precisado para escrever um livro capaz de fazer justiça às vítimas do massacre e de mostrar aos leitores das capitais a existência de um outro Brasil. Dois anos já se faziam passados. Mas, agora que havia terminado a primeira versão do livro, era preciso encontrar editor para a obra, cujo assunto já se encontrava tão morto quanto os sertanejos, vítimas dos soldados da República.

Comunicava ainda, em maio de 1900, a Pethion de Villar, que se oferecera, em Salvador, a traduzir o livro para o francês, para dizer que a obra estava pronta, já podendo lhe enviar um trecho. Achava, porém, que apresentava defeitos sérios, sobretudo a falta de unidade resultante das condições em que foi escrito, com a redação interrompida pelos trabalhos de reconstrução da ponte e pelos afazeres como engenheiro da superintendência.[12]

Recebia de Porchat, em outubro de 1899, o livro de Renan, *Histoire des Origines du christianisme,* do qual tomaria, sobretudo do volume *Marc-Aurèle* (1882), a noção de milenarismo, ligada aos montanistas dos primeiros tempos do cristianismo, que praticavam penitências severas à espera do fim do mundo.[13]

Solon foi promovido a general de divisão em setembro de 1899 e entregava o comando do 1º distrito militar, por motivo de doença. Morreu na noite de 10 de janeiro de 1900 um dos oficiais que atuaram no golpe da proclamação.

* * *

Em janeiro de 1900 estavam concluídos os trabalhos de alvenaria da ponte e foi dado início, no mês seguinte, ao conserto da estrutura metálica, que só foi terminado em 17 de julho. Comentava, em carta a Porchat, de junho de 1900, que não fazia outra coisa senão se enterrar em cálculos enfadonhos e maçantes, "totalmente entregue à missão de transmudar uma ferragem velha e torcida em ponte resistente e elegante".[14]

Euclides aceitou convite de Júlio Mesquita para concorrer, em 1900, a uma vaga de deputado no Congresso Constituinte de São Paulo, mas a candidatura não vinga. Observou, em carta a Porchat, de 2 de dezembro de 1900, que seu nome não se encontrava na chapa da comissão central, ao contrário do de Porchat, incluído na relação dos candidatos.[15]

Seu filho Manuel Afonso nasceu em 31 de janeiro de 1901, às duas horas da manhã, em sua casa na rua Marechal Floriano. Seu registro de nascimento foi feito no dia 13 de fevereiro. Morreu, com 32 anos, em 29 de junho de 1932, em Cordeiro, no município de Cantagalo, onde trabalhava como guarda-livros, mesma profissão do avô paterno, vitimado por síncope cardíaca e hemoptise, que também afligiu seu pai, Euclides, ao longo da vida.[16]

Fez, em 14 de maio, experiência de carga na ponte, que não caiu apesar das quatro carroças carregadas que passaram sobre ela. A experiência foi assistida pelo intendente, seu amigo Francisco Escobar, e pelos vereadores.[17]

Enviou, no dia 17, convite ao presidente e demais membros da Câmara Municipal de São José do Rio Pardo para a inauguração da ponte, marcada para o dia seguinte, 18 de maio, à uma hora da tarde:

Sr. Presidente e demais membros da Câmara Municipal de São José do Rio Pardo.

Tenho a honra de convidar-vos para a inauguração da ponte metálica, amanhã, 18, à uma da tarde.

Saúde e fraternidade.

Euclides da Cunha, engenheiro.[18]

Ganhou, como presente dos moradores da cidade, um taqueômetro e recebeu, à noite, pessoas em sua casa. No mesmo dia da inauguração da ponte, foi batizado seu terceiro filho, Manuel Afonso. Foram padrinhos Álvaro Ribeiro e Julieta de Souza.

Foi contratado, como guarda da ponte, o italiano calabrês Mateus Volota, que tinha trabalhado em sua reconstrução. Mais tarde, em novembro de 1901, quando já residia em São Carlos do Pinhal, Euclides pediu, por carta, a Francisco de Escobar que o velho Mateus não fosse despedido depois da eleição municipal, solicitando que falasse, em seu nome, com os coronéis e pessoas influentes da região.[19]

Euclides foi promovido, em maio de 1901, para o posto de chefe do 5º distrito de obras públicas, com sede em São Carlos do Pinhal, onde residiu até dezembro do mesmo ano. Mudou-se, em 2 de dezembro de 1901, para Lorena, para trabalhar como chefe do 2º distrito de obras públicas, com sede na cidade vizinha de Guaratinguetá. Consultado pelo secretário, dr. Cândido Rodrigues, concordou com a transferência por achar que ficaria menos isolado em Guaratinguetá e Lorena, cidades no Vale do Paraíba, a meio caminho entre São Paulo e o Rio de Janeiro, do que em São Carlos do Pinhal.[20] Morou dois anos em Lorena até janeiro de 1904, quando foi para Guarujá, no litoral de São Paulo, como chefe de seção na Comissão de Saneamento de Santos.

Viajou ao Rio, em dezembro de 1901, para entregar os originais de *Os sertões* a Gustavo Massow da Laemmert e assinar contrato com a editora. Entregava o livro para composição mais de dois anos após o término da primeira versão, em setembro de 1899, quando ainda morava em São José do Rio Pardo. Mais de quatro anos tinham se passado desde o fim da Guerra de Canudos, em outubro de 1897.

Assinado no Rio em 17 de dezembro de 1901, o contrato com os editores Laemmert & Cia. previa o lançamento de *Os sertões* em pouco mais de quatro meses, até 30 de abril de 1902. Continha as seguintes cláusulas:

> Os abaixo assinados contrataram a impressão do livro *Os Sertões* (Canudos) sob as seguintes condições:
>
> 1ª O autor Dr. Euclides da Cunha entrega aos editores Laemmert e Cia. o manuscrito do seu livro *Os Sertões* para ser por eles editado.
>
> 2ª Os editores Laemmert e Cia. obrigam-se a fazer uma edição nítida em papel igual ao livro 'Sonhos' e em número de mil e duzentos (1200) exemplares.
>
> 3ª O autor contribui com a quantia de um conto e quinhentos mil-réis (R$ 1:500$000) para as despesas da impressão sendo a metade no ato da assinatura deste contrato e o resto até 30 de abril de 1902 prazo em que deverá ficar pronta a obra.
>
> 4ª A venda e propaganda do livro ficam exclusivamente a cargo dos editores que fixarão o preço de venda de acordo com o autor.
>
> 5ª Os editores ficam autorizados a fazer os descontos usados em livraria para facilitar a revenda em todos os Estados.
>
> 6ª Do produto líquido da venda se pagará em primeiro lugar as despesas de impressão e brochura e o lucro líquido que resultar será dividido em partes iguais entre o autor e os editores.
>
> 7ª No caso de proceder-se a uma segunda edição, regula-

rão as mesmas condições do presente contrato, exceto a contribuição pecuniária do autor.

E por assim estarem de inteiro acordo lavrou-se o presente contrato em duplicata e por ambas as partes assinado.

Rio de Janeiro, 17 de dezembro de 1901
Euclides da Cunha
Laemmert C.[21]

O contrato com Laemmert estipulava que Euclides arcava com parte das despesas de impressão, sendo o lucro dividido entre autor e editor, depois que este tivesse recuperado todos os gastos com a edição. Euclides comentou o acerto como desvantajoso em carta a Escobar, escrita pouco depois da assinatura do contrato:

> O contrato que fiz, não precisava dizer, foi desvantajoso — embora levasse à presença daqueles honrados saxônios um fiador de alto coturno, José Veríssimo — de quem sou hoje devedor, pela extraordinária gentileza com que me tratou. Subordinei-me a todas as cláusulas leoninas que me impuseram, e entre elas a de dividir com eles — irmamente pela metade, os lucros da publicação — e isto ainda depois que a venda os indenizasse do custo da impressão. Aceitei. No entanto me garantiram no Rio que ainda fiz bom negócio — porque hoje só há um animal [a] quem o livreiro teme, o escritor![22]

[...]

Recebia de Escobar no mês seguinte, em janeiro de 1902, livros de Camilo Castello Branco e Hippolyte Taine, cujo ensaio sobre Tito Lívio acabou citado na nota introdutória de *Os sertões*. Pretendia ir a São Paulo entre os dias 5 e 8 de cada mês, sugerindo que o amigo tentasse marcar suas viagens por volta destas datas, de modo a poderem se encontrar na capital.

[...]

Recebia da Laemmert, em fins de janeiro, as primeiras provas de *Os sertões*. Em abril, já se encontrava composta toda a primeira parte do livro, tendo sido começada a segunda.[23] Mas, em vez dos quatro meses previstos no contrato, a editora precisou de quase um ano para compor todo o livro com as inúmeras correções e modificações feitas por Euclides. *Os sertões* só chegou às livrarias em 2 de dezembro de 1902, mais de cinco anos após a destruição de Canudos.

Na ilha dos Búzios

Euclides viajou, em 1902, à ilha dos Búzios e à ilha da Vitória, depois da Ilhabela, no litoral de São Sebastião, para fazer estudo sobre a viabilidade de construção de presídio. Seu amigo, o poeta Vicente de Carvalho, o acompanhou na excursão marítima. Seguiram para a ilha dos Búzios em um pequeno barco rebocador, o *Alamiro*. Já na ilha, foram surpreendidos por um forte temporal no início da noite. O mestre do vapor manteve a fornalha acesa por toda a noite, pronto para fugir do abrigo estreito, onde a fúria do mar ameaçava esmagar o barco contra a costa.

Antes do clarear do dia, repetiam-se os apitos do rebocador que chamavam Euclides e seus acompanhantes. Estavam no alto de um morro, muito acima do nível do mar, e não podiam descer, no escuro, a ladeira íngreme, batida pelo temporal, que os separava do mar. Desceram aos primeiros clarões do dia e conseguiram chegar encharcados ao *Alamiro*. Saindo da perigosa enseada, o vapor lançou a proa no mar largo e no forte temporal.

Euclides tinha a missão oficial de visitar ainda a ilha da Vitória, mais longe, que aparecia, no horizonte, através da chuva que caía, como uma mancha cinzenta. Mandou a tripulação seguir para a Vitória.

O pequeno vapor seguia cavalgando as ondas. Para não serem atirados ao mar, tinham de se segurar aos cabos de ferro do convés, varrido pelas ondas, que entravam pela proa e saíam, com espuma e estrondo, pela popa.

Conta Vicente de Carvalho, que acompanhou Euclides na aventura:

> A cada passo, o rebocador subia, vagarosamente, — como por uma montanha acima — por uma onda enorme que lhe viera ao encontro; e chegado ao cume, na rapidez da própria marcha e do movimento da vaga em contrário, precipitava-se, como uma flecha, com a proa quase em rumo vertical ao fundo do mar...
>
> Euclides, pouco afeito ao oceano, pelo qual sente verdadeiro pavor, conservava-se pálido, com os olhos fixos na mancha longínqua e meio apagada que designava no horizonte e na solidão do mar a ilha da Vitória.[24]

O mestre do barco veio, a custo, agarrando-se por onde podia, dizer a Euclides que a ida à Vitória era um perigo, contra as águas e contra o vento, com aquele mar e com aquele tempo:

"Ninguém sabe", dizia ele, "o que vem atrás do temporal... O que já está aqui é grande; mas não se sabe se lá fora nos pegará mais bravo ainda...".

"A ordem é ir à Vitória, é preciso que vamos!", respondeu Euclides com firmeza, os lábios franzidos e os dentes cerrados.

Prossegue Vicente em seu relato:

> O temporal continuava; e tocado dele, o mar, cada vez mais colérico, cada vez se encapelava mais, sacudindo e rolando o

Alamiro como a uma casca de noz, entrando e saindo por ele ferozmente, levantando-o sobre as montanhas e precipitando-o ao fundo de verdadeiros vales formados entre duas ondas...

E o *Alamiro*, obedecendo às ordens inflexíveis de Euclides, avançava para o largo mar, penetrava cada vez mais no temporal e no perigo...

Afinal, a situação se tornou grave. O mestre procurou Euclides, para dizer que havia grande risco em continuar naquela rota inflexível. Tornava-se urgente voltar a São Sebastião, dando costas ao mar e ao vento, em busca da segurança de um porto abrigado.

Euclides cedeu diante dessa declaração categórica. Ainda assim, disse a Vicente de Carvalho com ironia:

"Se eu morresse, tinha uma bela morte, a morte no cumprimento do dever. A sua é que seria estúpida; morrer num passeio..."

Os sertões

Euclides assumiu o mesmo tom de acusação que o escritor francês Émile Zola empregara para pregar a inocência do capitão Dreyfus. Responsabilizou, em *Os sertões*, a Igreja, os governos federal e o estadual baiano e sobretudo o Exército pelo massacre dos habitantes de Canudos. Seu objetivo era, conforme escreveu na apresentação do livro, denunciar a guerra como fratricídio, matança entre irmãos, filhos do mesmo solo:

Aquela campanha lembra um refluxo para o passado. E foi, na significação integral da palavra, um crime. Denunciemo-lo.[25]

Ao denunciar a campanha como "crime", Euclides se distanciou da metáfora da Vendeia e da ideologia liberal-republicana. Entre os artigos de 1897 e o livro de 1902, interpõem-se sua cobertura ao vivo dos momentos finais da guerra e o contato não mediatizado pela propaganda republicana com a realidade de Canudos, o que produziu sua reviravolta de opinião.[26]

Retomou a história da campanha militar com um enfoque mais amplo do que nos artigos de jornal. Adotou uma perspectiva ensaística e historiográfica que buscava enfocar os fatores e leis gerais, transformando o tema no que chamou de variante de assunto geral: "Os traços atuais mais expressivos das sub-raças sertanejas do Brasil". Manteve seu relato sob tensão constante: pelo assunto trágico da guerra, pelo tom épico da narrativa, pelo conflito entre a realidade observada e os modelos evolucionistas e naturalistas que adotava.

Traçou, em *Os sertões*, paralelos entre os dois lados do conflito, mergulhados no mesmo fanatismo e misticismo: entre o soldado e o jagunço, entre o litoral e o sertão, entre a República e Canudos. Para ele, o coronel Moreira César, comandante da 3ª expedição, líder epiléptico dos jacobinos, é tão "desequilibrado" quanto Conselheiro, o messias delirante: ambos refletiriam a "instabilidade" dos primórdios da República. Mostrou como os soldados traziam, no peito, o retrato do marechal Floriano Peixoto, cuja memória saudavam com o mesmo entusiasmo doentio com que os jagunços bradavam pelo Bom Jesus. Criticou as jornadas jacobinas no Rio de Janeiro, em março de 1897, após a derrota da expedição Moreira César, quando uma multidão de "trogloditas" destruiu os jornais monarquistas aos gritos de "viva a República". Observa Euclides: "O mal era maior. Não se confinara num recanto da Bahia. Alastrara-se. Rompia nas capitais do litoral".

Euclides não opôs, assim, o litoral ao sertão. Viu um como reflexo do outro: a barbárie está por toda parte. Tal nota pessimista encontra expressão nas inúmeras imagens antitéticas que utilizou em *Os sertões*. Canudos é a "Troia de taipa dos jagunços", aliteração que traz o registro épico à narrativa da guerra. O sertanejo é um herói monstruoso, "Hércules-Quasímodo". Conselheiro, um "pequeno grande homem", que entrou para a história, como poderia ter ido para o hospício.

Atacou a racionalidade urbana e suas pretensões civilizatórias, ainda que tenha encarado Canudos de forma negativa. Chamou a vila de "*urbs* monstruosa, de barro" e de "*civitas* sinistra do erro", tida como dominada pela desordem e pelo crime. Canudos era, para ele, um "ajuntamento caótico e repugnante de casas", onde haveria o "amor livre" e o coletivismo de bens.[27]

Tal viés se deveu, em parte, ao contato com uma cidade semidestruída pelos bombardeios e pelas privações da guerra. Foi tributário ainda de sua formação científica, que combinava evolucionismo e positivismo, e dos preconceitos raciais próprios à sua época, que traziam a crença na inferioridade dos grupos não brancos. Muitos desses preconceitos de Euclides foram repetidos em obras literárias e históricas, como no romance de Mario Vargas Llosa, *La guerra del fin del mundo* (1981), em que Canudos aparece como comunidade desorganizada, marcada pelo fanatismo religioso.

Euclides revelava, logo na abertura do livro, seu propósito de se identificar aos sertanejos, vítimas da guerra. Citou a esse respeito o historiador francês Hippolyte Taine, para quem o "narrador sincero" deveria ser capaz de se sentir como um bárbaro entre os bárbaros, e antigo entre os antigos. Taine formulou, na *Histoire de la Littérature anglaise* (1863), a concepção naturalista da história, determinada a partir de três fatores: o meio, com o ambiente físico e geográfico; a raça, responsável pelas disposições inatas e hereditárias; e o momento, resultante das duas primeiras causas.[28]

Seguiu, em *Os sertões*, tal concepção naturalista, ao dividir o livro em três partes, correspondentes aos fatores de Taine: "A terra", "O homem" e "A luta". Tratou, em "A terra", da geologia brasileira e do meio físico do sertão baiano, com o clima do semiárido e a vegetação da caatinga. Em "O homem", discutiu as origens do homem americano, a formação racial do sertanejo e os males da mestiçagem. Finalmente, em "A luta", narrou a Guerra de Canudos como confluência dos fatores naturais, étnicos e históricos.

Mas superou tal determinismo geográfico, ao transformar a natureza em personagem dramático, que projeta imagens e sombras sobre a narrativa. A vegetação, com galhos retorcidos, cria formas que lembram coroas de espinhos e cabeças degoladas e permitem antever o martírio dos sertanejos. Descreveu a caatinga com um ritmo binário, que alterna partes rápidas e lentas, para recriar as oscilações do clima, entre a seca e a chuva, e do homem do sertão, cujos surtos de apatia são seguidos de irrupções de energia. Projetou sobre as plantas da caatinga a tragédia de Canudos, inscrita na própria natureza, tendo visões do desfecho da guerra, com a decapitação dos prisioneiros e o calvário dos resistentes, dizimados por fome, sede, doenças e pelas balas e projéteis do Exército.*

Criou, em *Os sertões*, uma tensão constante entre a perspectiva naturalista, que concebe a história a partir do determinismo do meio e da raça, e a construção literária, marcada pelo tom antiépico e pelo fatalismo trágico. Tomou a natureza dos sertões como cenário trágico, cuja vegetação, com galhos secos e contorcidos, permitia antever as cabeças degoladas dos sertanejos. Recriou, pelo ritmo binário e pela sintaxe labiríntica, as oscilações climáticas da caatinga e as formas conturbadas das suas plantas e habitantes.

É uma obra híbrida, que transita entre a narrativa e o ensaio, entre a literatura e a história. Obra que oscila entre o

---

* Observa-se, entre este e o próximo parágrafo, a existência de um conteúdo comum, marcando, talvez, a busca da melhor forma narrativa.

tratamento científico e o enfoque literário, com excesso de termos técnicos e profusão de imagens. Daí resulta um estilo barroquizante e exuberante, repleto de dissonâncias e antíteses, cuja singularidade advém da aliança incomum entre narrativa, história e ciência.

Foi além da narração da guerra, ao construir uma teoria do Brasil, cuja história seria movida pelo choque entre etnias e culturas. Recorreu à teoria do sociólogo austríaco Ludwig Gumplowicz (1838-1909), que considerava a história guiada pela luta entre raças, com o esmagamento inevitável dos grupos fracos pelos fortes. Alarmado com o avanço da cultura estrangeira, lançou seu brado de alerta em *Os sertões*: "Estamos condenados à civilização. Ou progredimos, ou desaparecemos".[29]

O conflito entre Canudos e a República resultou, para Euclides, do choque entre dois processos de mestiçagem: a litorânea e a sertaneja. O mestiço do sertão apresentaria vantagem sobre o mulato do litoral, devido ao isolamento histórico e à ausência de componentes africanos, que tornariam mais estável sua evolução racial e cultural. "O sertanejo é, antes de tudo, um forte. Não tem o raquitismo exaustivo dos mestiços neurastênicos do litoral."[30]

Euclides recorreu a imagens tiradas da geologia para caracterizar o sertanejo, base do homem brasileiro do futuro, que os soldados destruíam com bombas de dinamite: "Atacava-se a fundo a rocha viva da nossa raça. Vinha de molde a dinamite...".[31] Comparou o sertanejo à rocha viva ou ao granito, composto de três minerais: o quartzo, o feldspato e a mica. A formação do granito por três elementos encontra, para ele, correspondência nas raças que deram origem à população do país: o branco, o negro e o indígena.

Esta e outras imagens, frequentes no livro, se ligam ao estudo da geologia, que acompanhou grande parte de sua formação e atuação profissional. Por duas vezes, em 1896 e depois entre 1901 e 1904, tentou, sem sucesso, ingressar na Escola Politécnica de São Paulo como professor de mineralogia e geologia. Como engenheiro estadual em São Paulo, de 1895 a 1903, realizava levantamentos geológicos para a construção de prédios e pontes. Em São José do Rio Pardo, onde escreveu grande parte do livro, escavou o leito do rio, para fixar sobre rocha granítica as novas colunas de sustentação da ponte metálica, que ruíra com uma enchente.

Comparava, mentalmente, a ponte que reconstruía à própria República que precisava ser refundada em bases mais sólidas. Sua proposta de refundação da República repousava na crítica à República militarista dos jacobinos, mas também à República dos bacharéis, consolidada com a política dos governadores de Campos Salles, que transformara o processo eleitoral numa simples confirmação de escolhas de governantes realizadas a portas fechadas.

Mas, apesar da intenção de narrar a história com sinceridade, construiu uma visão negativa de Canudos que chamou de "*urbs* monstruosa" e "*civitas* sinistra do erro", dominada pela desordem e pelo crime.[32] Descreveu a vila como grupo homogêneo, formado por mestiços de branco e índio, sem perceber que se tratava de uma sociedade diferenciada em termos sociais, com a presença de comerciantes, e do ponto de vista étnico, com parte da população mulata e forte presença indígena. Tal visão etnocêntrica e pouco diferenciada de Canudos como comunidade primitiva foi criticada por sociólogos e historiadores contemporâneos, como José Calasans, Maria Isaura Pereira de Queiroz, Duglas Teixeira Monteiro, Robert Levine e Marco Villa, que procuraram despir a interpretação histórica dos preconceitos presentes na visão de Euclides e de seus contemporâneos.

Maldição antiga

Mais importante do que apontar estes e outros erros que Euclides pode ter cometido na avaliação da comunidade e na reconstrução da guerra, é perceber como o escritor projetou sobre Antônio Conselheiro e Canudos muitas de suas obsessões, como o temor da sexualidade, da irracionalidade, da loucura, do caos e da anarquia. Viu Conselheiro e Canudos como desvios históricos capazes de ameaçar a linha reta que ele, Euclides, se impusera desde a juventude. Recorria, em suas cartas aos amigos e ao pai, a esta imagem da linha reta para expressar sua fidelidade aos princípios éticos, ancorada na crença no progresso linear e inelutável da humanidade.

Surge, nas páginas de *Os sertões*, um Antônio Conselheiro ameaçador, ermitão sombrio, que escapou do hospício para entrar na história. Enfocou o Conselheiro como personagem trágico, guiado por forças obscuras e ancestrais e por maldições hereditárias, que o levaram à queda na loucura e ao conflito com a República. Canudos surgia como uma povoação estranha, labirinto desesperador de becos estreitíssimos, com casas que se acumulavam em "absoluta desordem", como se tudo aquilo tivesse sido construído febrilmente, numa noite, por uma multidão de loucos.[33]

Euclides reinterpretou a guerra a partir de fontes orais, como os poemas populares e as profecias religiosas, encontrados em papéis e cadernos nas ruínas da comunidade. Baseou-se em profecias apocalípticas, que julgou serem de autoria de Antônio Conselheiro, para criar, em *Os sertões*, o retrato do líder da comunidade. Propôs uma outra visão de Canudos como movimento messiânico e sebastianista, em que haveria a crença no retorno mágico do rei português d. Sebastião, para derrotar as forças da República e restaurar a Monarquia.

Segundo Euclides, o isolamento histórico da sociedade sertaneja permitiu a preservação dos mitos sebastianistas, transmitidos com a colonização portuguesa. O movimento de Canudos teria reatualizado o mito de d. Sebastião, morto na batalha de Alcácer-Quibir em 1578, na tentativa de expandir os domínios portugueses na África. Com a morte de d. Sebastião, o trono português ficou vago e Portugal foi anexado à Castela, só tendo recuperado a autonomia política em 1640.

Surgiu o mito do retorno glorioso do monarca desaparecido, que se manteve em Portugal até o século XIX. Esse mito se manifestou, no Brasil, em movimentos messiânicos ou milenaristas, como na Cidade do Paraíso Terrestre, de 1817 a 1820, e em Pedra Bonita, de 1836 a 1838, ambos em Pernambuco, ou no Contestado, região entre o Paraná e Santa Catarina, de 1912 a 1916. A crença esteve presente na vila de Canudos, de 1893 a 1897.[34]

Euclides construiu, com base nas profecias e nos poemas recolhidos em Canudos, um modelo interpretativo para dar conta das relações e conflitos entre a sua própria cultura, letrada e urbana, e a cultura oral sertaneja, marcada por mitos messiânicos e pela tradição católica. O conflito armado trouxe uma tensão máxima entre a sua cultura e a cultura do oponente.

Tentou dar voz ao outro, objeto de seu discurso e inimigo de suas concepções políticas. Procurou incorporar ao seu discurso textos orais, produzidos segundo uma lógica mítica e religiosa que lhe era estranha. Mas tais fontes orais acabaram por servir de legitimação a uma engenhosa interpretação histórico-cultural, em que opôs tipos humanos, tempos históricos e lugares geográficos: o sertanejo ao mulato, a Monarquia à República, o sertão ao litoral.

Euclides se baseou nos poemas e profecias que recolheu em Canudos e transcreveu em uma caderneta de bolso. Os poemas fazem parte de dois á-bê-cês, narrativas da guerra, estruturadas como sequência de estrofes iniciadas com as letras do alfabeto, que servem como recurso de memorização. Copiou ainda duas profecias apocalípticas, que julgou serem do próprio Conselheiro.

Tais poemas e profecias revelariam, para Euclides, a visão

messiânica comum aos habitantes de Canudos, em que a República aparece como obra do Anticristo e o indício do fim dos tempos, quando d. Sebastião ressurgiria, com seus exércitos, para restabelecer a Monarquia. As referências a d. Sebastião aparecem em uma das profecias e em duas quadras de um dos poemas transcritos na caderneta. Euclides citou parte desses textos em *Os sertões*.

Comentou, de forma negativa, esses manuscritos, que desqualificou como "pobres papéis", com "ortografia bárbara" e "escrita irregular e feia", que mostrariam o "pensamento torturado" dos sertanejos: "Valiam tudo porque nada valiam". Conselheiro pregava com uma "oratória bárbara e arrepiadora", "misto inextricável e confuso de conselhos dogmáticos, preceitos vulgares da moral cristã e de profecias esdrúxulas...".[35]

Citou, em *Os sertões*, sete quadras de um dos á-bê-cês, que colocou em ordem cronológica e histórica, de forma a sintetizar a concepção mítica e religiosa dos seguidores do Conselheiro, que acreditariam no retorno de d. Sebastião. O primeiro á-bê-cê, composto de 28 quadras e um terceto, contém uma narrativa popular dos primeiros anos da República, que introduziu o casamento civil, perseguiu Antônio Conselheiro e trouxe guerras civis e especulação financeira. Duas dessas quadras se referem à vinda de d. Sebastião, para extinguir o casamento civil e punir aqueles que se encontrariam sob a República:

> *Sebastião já chegou*
> *comta muito rijimento*
> *acabando com o Civil*
> *e fazendo os casamento*
>
> *Visita vem fazer*
> *Rei D. Sebastião*
> *Coitadinho d'aquele pobre*
> *que estiver nalei de Cão*

A "lei do Cão", contrária à lei de Deus, é a eleição dos governantes, introduzida pela República, vista pelos sertanejos como "obra do demônio":

> *Muito disgraçados eles*
> *de fazerem alei-ção*
> *abatendo alei de Deus*
> *suspendendo alei do Cão*

A República é tida como o reino do Anticristo, personagem do Apocalipse que chegará antes do fim do mundo, para semear a impiedade e a discórdia até ser vencido pelas forças divinas. Caberia ao Conselheiro a tarefa de derrotar o Anticristo republicano:

> *Nassio o Antecristo*
> *p.ª o mundo governar*
> *ahi estar o concelheiro*
> *p.ª dele nos livrar*[36]

O segundo conjunto de versos é o "ABC das incredulidade", com 26 estrofes, que Euclides copiou na caderneta, mas não chegou a utilizar em *Os sertões*. Esse á-bê-cê foi escrito em comemoração à vitória de Canudos contra a 3ª expedição. Seu comandante, o coronel Moreira César, vindo a Canudos "para dar carne aos urubu", recebe a alcunha de "corta-cabeças" ou "corta-pescoço", por seus atos de violência na repressão à Revolução Federalista, em Santa Catarina.[37] Morto em Canudos, seu corpo foi retalhado e queimado pelos jagunços após ficar exposto por alguns dias.

Euclides mencionou, em *Os sertões*, duas profecias apocalípticas que atribuiu, de forma errônea, a Antônio Conselheiro: a profecia das nações e a profecia de Jerusalém. A profecia das nações se refere ao fim do mundo, em que irá aparecer um anjo, para fazer pregações, fundar cidades e construir igrejas e capelas. É provável que os sertanejos identificassem o Conselheiro a esse anjo. São previstas desgraças, como a construção de estradas de ferro, a grande fome, a prisão de fiéis e guerras civis, que antecederão o surgimento de d. Sebastião e de Jesus, para inaugurar uma nova era:

> Em verdade vos digo, quando as Nações brigarem com as Nações, o Brasil com o Brasil, a Inglaterra com a Inglaterra, a Prúcia com a Prúcia; das ondas do mar dom Sebastião sair com todo seu exército, em guerra, e restituiu em guerra.

A profecia de Jerusalém é datada de 1890, tendo Belo Monte, ou Canudos, como local. Essas referências são problemáticas, pois Conselheiro só se fixou em Canudos em 1893, três anos depois da data atribuída ao texto. Não há referências a d. Sebastião nessa profecia, que contém uma cronologia política, que vai da independência do Brasil até o fim do mundo, anunciado para 1901, passando pela abolição dos escravos e a proclamação da República. São previstos o apagar de todas as luzes, seguido de chuvas de estrelas e queda de meteoros, até que apareça o pastor capaz de guiar o rebanho. Guerras são profetizadas para o ano de 1896, que coincide com o início do conflito de Canudos: "Em 1896 há de haver guerra Nação com a mesma Nação, o sangue há de correr na terra".

Ambas as profecias contêm uma visão escatológica, que anuncia o fim do mundo e a criação do Reino dos Céus na terra, em que serão eliminadas as diferenças sociais — "não se conhecerá rico nem pobre" — e erradicados os conflitos políticos pela unificação dos homens sob a autoridade divina: "um só pastor e um só rebanho". As regiões climáticas também serão invertidas e o sertão se tornará terra de promissão, com fartura de carne e peixe, ao virar "praia", expressão utilizada para designar as zonas úmidas entre o litoral e o semiárido: "Em 1894 há de vir rebanhos de mil correndo do centro da Praia para o certão então o certão virará Praia e a Praia virará certão".[38]

Os poemas populares, junto com as profecias, encenam a história de forma cíclica e redentora, em oposição à representação linear-evolutiva adotada por republicanos. Trata-se do conflito entre periodizações distintas da história. As fontes orais indicam a existência de algum tipo de crença sebastianista em Canudos, ainda que não se possa afirmar, com precisão, sobre o grau de adesão dos habitantes da vila a tais concepções.

Um pouco de poesia e mistério

Euclides reconheceu, nas reportagens escritas para *O Estado de S. Paulo*, que havia subestimado a resistência dos sertanejos e sua capacidade de sustentação da luta. Observou, em artigo de 16 de agosto de 1897, que o combate apresentava uma "feição primitiva, incompreensível, misteriosa". Surpreendia-se que os jagunços, já em número reduzido, aguardassem que o Exército fechasse o cerco da cidade, em vez de fugirem, enquanto ainda lhes restava uma estrada aberta para a salvação.[39]

Euclides procurou esclarecer o mistério, ao defender, em *Os sertões*, a existência de crenças sebastianistas em Canudos, que permitiriam explicar alguns dos aspectos subterrâneos da guerra, como o apelo da mensagem do Conselheiro e a resistência heróica dos combatentes. O catolicismo devocional presente nos sermões do Conselheiro revela, porém, que o sebastianismo pode ter sido menos difundido do que Euclides supôs.

Machado de Assis já havia enfocado tal feição de mistério, ao escrever sobre Canudos na *Gazeta de Notícias*. Em crônica de 22 de julho de 1894, comparava, com bastante humor, os seguidores do

Conselheiro aos piratas das canções românticas de Victor Hugo. Deixava-se encantar pelo toque de poesia e mistério que envolvia o líder religioso, além de criticar a imprecisão das notícias sobre o movimento.[40]

Machado protestou, em 31 de janeiro de 1897, já em plena guerra, contra a perseguição que se fazia ao Conselheiro e à sua gente. Comentava que pouco se sabia sobre sua seita e doutrina, capazes de mobilizar milhares de seguidores: "De Antônio Conselheiro ignoramos se teve alguma entrevista com o anjo Gabriel, se escreveu algum livro, nem sequer se sabe escrever. Não se lhe conhecem discursos". Como as mortes nos combates não afastaram os fiéis de seu líder, perguntava-se: "Que vínculo é esse [...] que prende tão fortemente os fanáticos ao Conselheiro?". Devido à falta de informações sobre o grupo, concluía que só restava a imaginação para descobrir a doutrina da seita e a poesia para floreá-la.[41]

O Conselheiro prega

Euclides não teve acesso, quando escreveu *Os sertões*, aos dois volumes manuscritos que o Conselheiro redigiu do próprio punho, ou ditou a um assistente. Tomou por base profecias populares, como a das nações e a de Jerusalém, que atribuiu ao Conselheiro. Só teve acesso a um dos manuscritos deixados pelo líder de Canudos, quase sete anos após a publicação de *Os sertões*, poucos meses antes de morrer em 1909. É pouco provável que tenha chegado a examinar o manuscrito, por estar envolvido com o concurso para ingresso no Colégio Pedro II como professor de lógica. E se inclinava, dada sua formação positivista, a desqualificar o discurso religioso como primitivo.

Conselheiro redigiu dois livros manuscritos, em meio aos conflitos com a Igreja e o governo, que se encerravam com uma mensagem final de despedida aos fiéis. Deixou uma espécie de testamento religioso, ao perceber o agravamento do confronto com os poderes constituídos. Tais manuscritos mostram um líder religioso muito diferente do fanático místico ou do profeta milenarista retratado em *Os sertões*. Revelam um sertanejo letrado, capaz de exprimir corretamente suas concepções políticas e crenças religiosas, que se vinculavam a um catolicismo tradicional, corrente na Igreja do século XIX. Seu profetismo, com o ideal de martírio e o desejo de salvação, se relaciona ao catolicismo dos pregadores leigos, muito frequentes no Nordeste.

O papel de conselheiro, que se pregou, como epíteto, ao nome de Antônio Vicente Mendes Maciel, era previsto em obra divulgada pelas Igrejas portuguesa e brasileira: *Missão abreviada para despertar os descuidados, converter os pecadores e sustentar o fruto das Missões*, do padre Manuel José Gonçalves Couto. Noventa e dois mil exemplares dessa obra já tinham sido impressos em 1878. Para o padre Couto, toda povoação deveria ter um missionário, de preferência um sacerdote, e "na falta dele qualquer homem ou mulher que saiba ler bem, e duma vida exemplar", para conduzir o povo em orações e lhe dar instruções religiosas.[42] O Conselheiro seguiu as recomendações da *Missão abreviada*, volume que trazia consigo junto com uma Bíblia bilíngue, em latim e português.

Apontamentos dos Preceitos da Divina Lei de Nosso Senhor Jesus Cristo, datado de 1895, é o primeiro manuscrito do Conselheiro. É um livro de orações, inédito até hoje, escrito após o fracasso da missão dos frades italianos, enviados para submeter o líder e seus fiéis à autoridade eclesiástica. Contém partes copiadas e adaptadas da *Missão abreviada* e da Bíblia, tanto do Antigo quanto do Novo Testamento. Apresenta ainda os Dez Mandamentos e os sacramentos e obrigações religiosas.

O segundo manuscrito, que Afrânio Peixoto deu a Euclides, foi concluído em 12 de janeiro de 1897, quando a vila se preparava para o combate à 2ª expedição. Tinha por título *Tempestades que se levantam no Coração de Maria por ocasião do Mistério da Anunciação*, contendo a vida de Jesus Cristo e da Sagrada Família sob a ótica da Virgem Maria, seguido de "Os dez mandamentos da lei de Deus" e de textos extraídos da Bíblia, além de prédicas e discursos. Foi publicado por Ataliba Nogueira, em 1978, como *António Conselheiro e Canudos*. Parte da obra é dedicada ao relato da Paixão, o que permite supor que houve a identificação imaginária entre o sacrifício exemplar de Cristo e o extermínio iminente do grupo.

O manuscrito contém ainda um texto propriamente político, o sermão "Sobre a República", em que Conselheiro atacava a República como "grande mal para o Brasil" e "tirania para os fiéis", regime político contrário à vontade de Deus e condenado a desaparecer. Para Conselheiro, a restauração da Monarquia e o retorno da família real ao Brasil eram fatos inevitáveis, inscritos em uma ordem natural: "Negar estas verdades seria o mesmo que dizer que a aurora não veio descobrir um novo dia".[43]

As crenças sebastianistas, messiânicas e milenaristas, de que os poemas e as profecias transcritos por Euclides são evidência, permitem explicar tanto a luta quase suicida de parte dos conselheiristas como a intensa migração para Canudos em pleno acirramento do conflito. É possível que, nos últimos meses de agonia da comunidade, a visão escatológica tenha se reforçado entre aqueles que defenderam a vila até sua tomada pelo Exército.

Canudos não foi uma comunidade predominantemente milenarista, pois não chegou a apresentar o misticismo ou a crença coletiva na proximidade do fim do mundo, presentes em outros movimentos religiosos, como no Juazeiro e no Contestado. A espera do fim do mundo foi, em Canudos, um elemento do discurso religioso, presente nas profecias apocalípticas que circularam entre seus habitantes, mas não se pode precisar qual o seu grau de adesão a tais concepções.[44]

Ao contrário dos poemas e profecias citados por Euclides, os sermões de Antônio Conselheiro não contêm referências a d. Sebastião, nem revelam expectativas na vinda de um Messias, capaz de trazer a vitória do Bem sobre o Mal, ou esperanças milenaristas na criação do paraíso na Terra. Conselheiro foi mais um líder religioso, que atuou como autoridade religiosa exemplar e organizou a vila segundo laços de solidariedade.

Para onde vai a República?

Mesmo com uma visão negativa de Canudos, Euclides acusou o Exército e os governos estadual e federal pelo massacre, realizado em nome da ordem e do progresso. Fez a autocrítica do patriotismo exaltado de suas próprias reportagens. Em dois artigos, publicados em *O Estado de S. Paulo*, antes de viajar para o local do conflito, chegou a comparar Canudos à Vendeia, sublevação camponesa, monarquista e católica, ocorrida na Revolução Francesa, de 1793 a 1795. A partir da cobertura ao vivo, percebeu a ausência de objetivo político dos seguidores do Conselheiro, cujo monarquismo era, antes de tudo, mítico e religioso. E, ao se deparar com o horror da guerra, ganhou distância crítica perante o ideário republicano.

A revisão da República é central na obra de Euclides da Cunha, revelando uma preocupação que manteve ao longo da vida. Está presente nos artigos que escreveu para jornais de São Paulo e do Rio de Janeiro, de 1888 a 1892, e na maior parte de seus livros. Tratou, em *Os sertões*, do regime republicano, que também analisou em *Contrastes e confrontos* (1907) e em *À margem da história* (1909). Na terceira parte desta obra, ampliou o espectro de sua análise política, ao abordar a história brasileira no período entre duas proclamações: a da independência e a da República.

Passou da militância pela República à descrença com os rumos do novo regime, numa mudança que se deu em pouco mais de dez anos, de 1886 a 1897, entre o início dos estudos militares e a cobertura da Guerra de Canudos. Sua saída do Exército, em 1896, fez parte de seu crescente distanciamento diante da corporação e da República, que os cadetes da Escola Militar e os jovens oficiais tinham ajudado a fundar. Resultou também de sua inaptidão para a carreira militar, que exigia o respeito, ainda que cego, às hierarquias corporativas, mesmo nos casos em que a autoridade se impunha pela força e pelo arbítrio. Esse distanciamento se revelou, em *Os sertões*, em que denunciou as tropas republicanas pelo massacre dos habitantes de Canudos, seguidores do beato Antônio Conselheiro.

Sua crítica aos desvios da política republicana se radicalizou em *Os sertões*, em que acusou os governos federal e estadual e sobretudo o Exército pelo genocídio dos habitantes de Canudos. Discutia a fundação da República por meio de um golpe militar e os problemas que tal origem trouxera ao novo regime. Criticava, de forma aguda, quer o militarismo dos primeiros governos, quer o liberalismo artificial de uma Constituição, que as elites civis violentavam por meio de fraudes e manipulações eleitorais.

Tais posições políticas o aproximavam dos políticos reunidos em torno de Júlio Mesquita e do *Estado de S. Paulo*, em que dera início à sua atividade jornalística. Foi esse jornal que o enviou a Canudos como correspondente de guerra. Foi ainda com o *Estado* que o escritor mais colaborou, com artigos políticos e ensaios históricos ou científicos. Mas, apesar de sua ligação pessoal com Mesquita, a quem considerava como um irmão mais velho, não houve interesse por parte do *Estado* em publicar seu livro sobre a Guerra de Canudos, talvez em função da falta de atualidade do assunto.

Mesquita foi um dos líderes, junto com Alberto Salles, antigo dono da *Província*, da dissidência paulista, que reuniu, de 1901 a 1906, políticos que se opunham às fraudes eleitorais inauguradas com a política dos governadores do presidente Campos Salles (1898-1902). O deputado Júlio Mesquita pregou, por meio de seu jornal, a revisão da Constituição, como forma de corrigir o falseamento do sistema representativo. Atuou ainda na campanha civilista de 1909, que lançou a candidatura de Rui Barbosa, em oposição ao marechal Hermes da Fonseca, vitorioso nas eleições presidenciais de 1910.[45]

Em 18 de julho de 1901, Alberto Salles, irmão do presidente Campos Salles e antigo proprietário de *O Estado de S. Paulo*, deu início à série de artigos "Balanço político (Necessidade de uma reforma constitucional)". Salles criticava a República, que havia muito deixara de ser a dos sonhos dos propagandistas, ao contribuir para a decadência moral do país: "É uma longa decepção, um desengano mortificante às nossas mais ardentes aspirações". Com a República, os governos estaduais passaram a saquear os cofres públicos e o presidencialismo, praticado por Campos Salles, se tornou uma "ditadura política", ao impor à nação dirigentes sem representatividade política: "A política divorciou-se inteiramente da moral".

O deputado Júlio Mesquita se engajou na campanha pela revisão constitucional com os artigos no *Estado*, intitulados "Revisão", publicados a partir de 24 de julho. Mesquita atacava a prepotência dos militares, que trouxe a crise financeira e econômica e a supressão da liberdade de voto nos primeiros anos do novo regime. Tanto Salles quanto Mesquita pregavam a revisão constitucional e criticavam a República presidencialista, mas não se mostravam favoráveis à adoção do parlamentarismo como solução para os males da ditadura presidencialista.

A campanha pela revisão de Alberto Salles e Júlio Mesquita, nas páginas de *O Estado de S. Paulo*, provocou reação por parte dos militares, representados pelo general Artur Oscar, comandante vitorioso da 4ª expedição contra Canudos. Em nome do Exército, Artur Oscar declarou ao jornal *O Dia*, do Rio, ser violentamente contra a revisão da Constituição. A posição do general é rebatida por Mesquita, em artigo de 27 de julho e 12 de agosto, em que criticou Artur Oscar por tentar intimidar os revisionistas: "Ou a revisão se faz ou a República desaparece. Custe o que custar, precisamos sair disto". Mesquita denunciou ainda os riscos de retorno à agitação jacobina e à política militarista, sufocadas por Prudente de Morais.

Discutia-se, no Congresso de São Paulo, a reforma da Constituição estadual, como forma de barrar o plano de Campos Salles de consolidar a política dos governadores em torno da Presidência da República. Mas a cisão do Partido Republicano impede a votação da reforma, pois sem os dissidentes a Constituinte não pode ser formada por falta de número legal.

Os dissidentes realizaram seu primeiro congresso, em 30 de outubro de 1901, presidido por Prudente de Morais, e divulgaram seu manifesto político em 6 de novembro. Júlio Mesquita, deputado estadual, e dissidentes se opuseram a Campos Salles e à política dos governadores iniciada em seu governo. Mesquita defendeu, na Câmara estadual, em 30 de agosto de 1902, a revisão realizada de forma pacífica ou por meios violentos: "A revolução é um direito e um dever dos povos livres oprimidos e, ou a revisão da Constituição se fará por bem, ou se fará à força".

A dissidência paulista recomendou, em 1903, a abstenção nas eleições para deputados e senadores estaduais, denunciando, em manifesto, as violências, as fraudes e a falta de segurança nas votações. O *Estado* se tornou a tribuna dos oposicionistas, que criticavam a política dos governadores, baseada na manipulação das eleições, iniciada por Campos Salles e prosseguida pelo presidente Rodrigues Alves. A dissidência ficou dois anos sem ir às urnas, só voltando a participar do processo eleitoral com a candidatura de Afonso Pena à Presidência, que não teve origem governamental.

O movimento levou à organização da Liga Republicana, em abril de 1906, que unia diversos grupos oposicionistas, com um programa de reconquista das liberdades democráticas, liberdade de voto, autonomia municipal, moralização dos costumes políticos, desenvolvimento da instrução e reforma do Judiciário. Mesquita fazia parte da comissão executiva da liga e o *Estado de S. Paulo* se tornou órgão do grupo. Em junho de 1906, os oposicionistas retornam ao Partido Republicano após negociações conduzidas por Jorge Tibiriçá, desaparecendo a oposição aberta pela dissidência cinco anos antes, em 1901.[46]

[...]

Euclides criticou, em *Os sertões*, a ação do Exército contra os seguidores do Conselheiro. A guerra prolongara, para ele, a desordem criada por Floriano, para combater outra desordem: a Revolta da Armada. Canudos teria sido o resultado da instabilidade dos primeiros anos de uma República, decretada de improviso e introduzida como herança inesperada ou civilização de empréstimo, que copiava os códigos europeus. Em trecho de *Os sertões*, que não foi incluído na versão final do livro, observou que o novo regime fora incapaz de romper com o passado: "A República poderia ser a regeneração. Não o foi. [...] a velha sociedade não teve energia para transformar a revolta feliz numa revolução fecunda".[47]

A crítica à República trazia implícita a revisão de suas próprias posições políticas, marcadas pela adesão a um conjunto de crenças científicas e filosóficas, como o positivismo e o evolucionismo, que se materializaram no movimento republicano. Tal revisão resultou de uma longa e sofrida reelaboração, em que deixava transparecer certa culpa ou remorso pelo silêncio cúmplice a que precisou se submeter.

Tanto em *Os sertões* como nos ensaios "A esfinge" e "O marechal de ferro", em que criticou o autoritarismo político de Floriano, irrompe uma escrita represada e remoída, que só pôde ser traçada sob a luz fria da reflexão, depois de extintos os fatos e muitos de seus personagens. Defrontou-se, no calor da hora, com a impossibilidade de erguer a voz ou de brandir a pena contra os desmandos de um regime político, em que desapareciam os contornos entre heróis e bandidos, entre bárbaros e civilizados.

Ao cobrir a Guerra de Canudos, Euclides silenciou sobre o horror da guerra. Deixou-se cegar pela máquina de propaganda da imprensa e do governo, para a qual contribuiu com artigos exaltados, que se encerravam com os brados patrióticos de "viva a República" ou "a República é imortal".

Após o término do conflito, passou quatro anos preenchendo centenas de folhas de papel com sua letra minúscula, para ordenar o caos e superar o vazio trazidos sob o impacto da região assustadora, de onde retornara doente e deprimido. Seguia revendo, na mente, as imagens comoventes da guerra aterradora, como escreveu, em Salvador, no poema "Página vazia", rabiscado no álbum de uma senhora baiana, Francisca Praguer Froes:

> *Quem volta da região assustadora*
> *De onde eu venho, revendo inda na mente,*
> *Muitas cenas do drama comovente*
> *De guerra despiedada e aterradora,*
>
> *Certo não pode ter uma sonora*
> *Estrofe, ou canto ou ditirambo ardente*
> *Que possa figurar dignamente*
> *Em vosso álbum gentil, minha senhora.*
>
> *E quando, com fidalga gentileza*
> *Cedestes-me esta página, a nobreza*
> *De nossa alma iludiu-vos, não previstes*
>
> *Que quem mais tarde, nesta folha lesse*
> *Perguntaria: "Que autor é esse*
> *De uns versos tão malfeitos e tão tristes?"*.[48]

A violência do conflito ultrapassou todos os limites éticos e morais que o repórter de *O Estado de S. Paulo* podia suportar. Passou fome e enfrentou privações, que faziam vítimas dos dois lados, tanto entre os soldados quanto entre os canudenses. Tamanha violência trouxe a eclosão de sua crítica à República, com a denúncia da Guerra de Canudos, e o projeto, depois interrompido, de escrever um livro sobre a Revolta da Armada.

Escreveu mais tarde em *Os sertões*: "Canudos tinha muito apropriadamente, em roda, uma cercadura de montanhas. Era um parêntese; era um hiato; era um vácuo. Não existia. Transposto aquele cordão de serras, ninguém mais pecava".[49]

Deu início, após a publicação de *Os sertões*, à preparação de livro sobre a Revolta da Armada, que presenciara no Rio de 1893 a 1894. Os ensaios "O marechal de ferro" e "A esfinge", reunidos em *Contrastes e confrontos*, são fragmentos dessa obra, que daria prosseguimento à sua revisão da República.

Euclides abandonou o livro sobre a revolta, quando foi nomeado pelo barão do Rio Branco, em 1904, para chefiar a expedição de reconhecimento do Alto Purus, na fronteira entre o Acre e o Peru. Sua atenção intelectual se voltou então para a Amazônia, assunto de outra obra também inacabada, com o título de *Um paraíso perdido*. Fazia referência ao poema épico de John Milton, *Paradise lost* (1674), sobre a queda de Adão e sua expulsão do paraíso.

7.

O círculo dos sábios

Aí vai, para saudá-lo no remanso
De um lar, onde terá digno conchego,
Este caboclo, este jagunço manso
— Misto de celta, de tapuia e grego!
Lorena, 26 de dezembro de 1903

Os sertões, de Euclides da Cunha, chegou às livrarias nos primeiros dias de dezembro de 1902. O escritor francês Émile Zola, que inspirara Euclides com sua atuação no caso Dreyfus na França, morrera, em Paris, dois meses antes, em 29 de setembro de 1902.

Escrito ao longo de quatro anos, Euclides ainda trabalhou duro antes do lançamento. Passou dias e noites na tipografia, sob os olhares surpresos dos impressores, para corrigir os cerca de oitenta erros que encontrou nos 1200 exemplares. Foram, ao todo, quase 96 mil emendas, feitas com pena e canivete. Pagou do próprio bolso a edição, que saiu pela Laemmert. Isso depois de ter sido recomendado ao editor Massow pelo escritor Lúcio de Mendonça e pelo crítico José Veríssimo.

Temendo as reações e críticas ao seu livro, tomou o trem para Lorena, no interior de São Paulo, onde trabalhava como engenheiro. Chegou à cidade à meia-noite e logo partiu a cavalo, às três horas da manhã. Vagou durante oito dias pelos sertões paulistas, até parar em Taubaté. De lá pegaria o expresso para Lorena. No restaurante da estação, viu um passageiro com *Os sertões* nas mãos. De volta a Lorena, recebeu duas cartas de seu editor, o velho Massow. Leu antes a mais recente, em que este enviava recortes de jornais e falava do fulminante sucesso do livro. Mais da metade da edição, cerca de seiscentos exemplares, a 10 mil-réis cada, tinha sido vendida em oito dias. Na primeira carta, anterior à outra, o editor se dizia arrependido com a publicação. Não tinha conseguido vender nenhum dos exemplares, nem mesmo para os sebos...[1]

Foi o crítico paraense José Veríssimo que publicou o primeiro artigo de peso, em sua coluna na primeira página do *Correio da Manhã*, no Rio de Janeiro. Apesar dos elogios, fazia reparos ao abuso dos termos técnicos, das palavras antigas e inventadas. Considerava também o seu tom muito artificial e rebuscado. De Taubaté, no interior de São Paulo, Euclides respondeu a Veríssimo, em carta de 3 de dezembro. Agradecia a crítica, mas defendia a aliança entre ciência e arte, capaz de criar uma "tecnografia própria": "O escritor do futuro será forçosamente um polígrafo".

O livro surpreendeu tanto pelo cuidado estilístico e literário, com uma escrita altamente expressiva e imagética, quanto pela amplitude dos assuntos tratados. Além de relatar a guerra, o engenheiro-escritor mostrava ambições de historiador e de cientista, abordando o clima e a vegetação do semiárido, a raça, o homem e os costumes do sertão, a formação de Canudos e a biografia do Conselheiro.

O sucesso de vendas do livro o levou a rever, de forma favorável, o contrato que havia assinado com a Laemmert, tido antes como desvantajoso. Em carta ao pai, de 25 de fevereiro de 1903, estimou que receberia entre um e dois contos de réis pela primeira edição, lançada três meses antes:

> Estive no Rio — e modifico um pouco o que disse sobre os editores d'*Os sertões*.
> Pelas contas que vi, as despesas foram, de fato, grandes — de sorte que, dividido o líquido, terei um ou dois contos de réis. É possível que seja mais feliz na 2ª edição. Os homens, apesar do que dizem (e nesta terra são fáceis os juízos temerários) me parecem sérios.

Julgava, porém, que importava mais o prestígio e o reconhecimento que conquistara com o livro do que os possíveis resultados financeiros. Até mesmo os monarquistas, como o visconde de Ouro Preto, elogiavam a importância de *Os sertões*:

> O que sobretudo me satisfaz é o lucro de ordem moral obtido: a opinião nacional inteira que, pelos seus melhores filhos, está inteiramente do meu lado. Cito, por exemplo, a opinião de um homem que é naturalmente o mais antipático a tudo quanto possa haver de republicano no Brasil, o visconde de Ouro Preto. Disse-me ontem o dr. Gusmão, numa roda em que estava o dr. Gomes, que a opinião do grande chefe monarquista é esta: *Os sertões* são o único livro digno de tal nome, que se publicou no Brasil depois de 15 de novembro. Toda a gente pensa assim.

Com o sucesso do livro, pretendia prosseguir na atividade de escritor, no tempo que sobrasse de seus afazeres de engenheiro:

> Assim, de qualquer modo lucrei. Venci por mim só, sem reclames, sem patronos, sem a rua do Ouvidor e sem rodas. E dado esse primeiro movimento, continuarei, se o permitir a engenharia ingrata e trabalhosa.[2]

O saldo da venda de *Os sertões* foi um pouco superior à estimativa de Euclides, que esperava obter algo entre um e dois contos de réis. Acabou recebendo da Laemmert, em 8 de maio de 1903, a quantia de quase dois contos e 200 mil-réis referente à venda dos exemplares da primeira edição, exatos R$ 2:198$750, que utilizou para pagar algumas dívidas.[3]

Gustavo Massow, o editor da Laemmert, ofereceu-lhe, no mês seguinte, a quantia de um conto e 600 mil-réis pelos direitos da segunda edição, independentemente do resultado da venda. Foi ainda acertado que receberia 45 exemplares da obra. Euclides pediu ainda que fossem enviados volumes encadernados a Ramalho Ortigão, da Academia Real de Ciências, em Lisboa, a Candido de Figueiredo, em Lisboa, ao Instituto Geográfico e Histórico da Bahia, à Revista do Grêmio Literário da Bahia, ao general Bartolomeu Mitre, em Buenos Aires, e a Raimundo Teixeira Mendes, do Centro Positivista do Rio de Janeiro. Recebeu o pagamento da segunda edição em 5 de setembro de 1903, com o qual pretendia pagar a entrada de um seguro de vida.[4]

Os sertões: Campanha de Canudos teve três edições em apenas três anos, de 1902 a 1905. Um sucesso para os padrões da época. É até hoje um dos maiores êxitos editoriais do Brasil, com mais de cinquenta edições, incluindo uma edição crítica. Seu autor se tornou membro, em 1903, do Instituto Histórico e Geográfico Brasileiro, a venerável instituição dos tempos do Império. E foi eleito, no mesmo ano, para a Academia Brasileira de Letras.

Foi eleito para a Academia de Letras em 21 de setembro de 1903, aos 37 anos. A eleição foi realizada no escritório do advogado Rodrigo Octávio na rua da Quitanda, nº 47, um dos locais em que os acadêmicos costumavam se reunir antes de a confraria ter sede própria, primeiro, a partir de 1905, no prédio chamado de Silogeu Brasileiro, entre a praia da Lapa e o Passeio Público, e depois, em 1923, no palácio dito Pequeno Trianon, construído para a Exposição do Centenário do Brasil, na av. Presidente Wilson, doado pelo governo francês.

Para a vaga na Academia, Euclides concorreu com Domingos Olímpio, Gurgel do Amaral e Xavier Marques, tendo recebido 24 dos 31 votos. Domingos obteve quatro, Gurgel dois e Xavier apenas um voto. Dentre os 39 acadêmicos, oito não compareceram à sessão, nem mandaram seu voto, dentre eles Rui Barbosa.

Euclides recebeu, na sessão, os votos de Machado de Assis, presidente da Academia, Artur Azevedo, Araripe Júnior, Silva Ramos, Inglês de Sousa, Oliveira Lima, Afonso Arinos, José Veríssimo, João Ribeiro, Luís Murat, Filinto de Almeida, Lúcio de Mendonça, Raimundo Correia, Medeiros e Albuquerque e barão de Loreto. Dentre os ausentes, foi votado por Sílvio Romero, Joaquim Nabuco, barão do Rio Branco, Garcia Redondo, Graça Aranha, Salvador de Mendonça, Coelho Neto, Clóvis Beviláqua e Afonso Celso.

Foi a votação mais expressiva recebida por um acadêmico, desde que havia sido dado início à sucessão de seus quarenta fundadores, com a eleição de João Ribeiro em agosto de 1898. A marca de 24 votos obtida por Euclides só seria superada em maio de 1909, quando seu amigo, o poeta Vicente de Carvalho, foi escolhido com 25 votos para a vaga de Artur Azevedo.[5]

Logo que soube do resultado da eleição, Euclides escreveu de Lorena ao pai para comunicar sua eleição, na véspera, para a Academia de Letras. Desvio de sua atividade como engenheiro, o triunfo literário resultava da linha reta que lhe fora ensinada pelo pai na infância: "Tive eleitores como Rio Branco e Machado de Assis. Mas não tenho vaidades: tudo isto me revela a boa linha reta que o sr. me ensinou desde pequeno".[6] Iria ocupar a cadeira do "grande patrício" do pai, Castro Alves, também baiano. Pretendia citar, em seu discurso de posse, o poema do pai, "À morte de Castro Alves", que foi incluído na segunda edição das *Espumas flutuantes*.

Escreveu também a Machado de Assis, presidente da Academia, para agradecer o resultado obtido. Recebeu, como resposta, carta de Machado de Assis, de 24 de setembro, que lhe manifestava a satisfação causada entre os acadêmicos pela vitória de Euclides:

> Não é mister dizer-lhe o prazer que tivemos na sua eleição para a Academia, e pela alta votação que lhe coube, tão merecida. Os poucos que, por anteriores obrigações, não lhe deram o voto estou que ficaram igualmente satisfeitos. Como membros da Academia, estimarão que esta se fortaleça com escolhas tais.[7]

Só tomou posse na Academia em 18 de dezembro de 1906, depois de retornar da expedição ao Alto Purus, realizada para o Ministério das Relações Exteriores. Sílvio Romero proferiu o discurso de recepção a Euclides da Cunha na Academia Brasileira de Letras, em 18 de dezembro de 1906. Euclides, eleito em 1903, após o sucesso de público e de crítica de *Os sertões*, ocupou a tribuna na cerimônia de posse e fez os elogios de praxe a seu antecessor, Valentim Magalhães, e ao patrono da cadeira, Castro Alves. Incumbido de saudar o novo membro da confraria, Romero se afastou do tom polido e cordial próprio aos discursos acadêmicos e causou agitação na plateia com suas críticas a Castro Alves, a Valentim Magalhães, aos escritores fluminenses, ao governo e até aos anarquistas... Ao seu lado, Medeiros e Albuquerque procurava desviar a atenção do público, fazendo tiras das folhas já lidas do longuíssimo discurso. A partir desse incidente, os discursos de recepção passaram a ser submetidos à leitura prévia do presidente da Academia.[8]

Com sua propensão ao escândalo, Romero criticou o governo na presença do presidente da República, Afonso Pena. Além disso, denunciou a imigração de frades e anarquistas, "obscurantistas refeces" e "desordeiros incuráveis", acolhidos pela nação brasileira para promover tumultos e greves. Como se discutia à época a lei de expulsão dos estrangeiros, o discurso acabou provocando indignação entre os socialistas e anarquistas, que atacaram seu autor como reacionário no periódico *Terra Livre*.[9]

Assim justificou Sílvio Romero a contundência de seu discurso: "A Academia não se me pode afigurar a organização da hipocrisia para que eu haja de impor silêncio a mim mesmo, sacudindo d'alma, lá fora, seletas convicções, como se espanasse o pó dos sapatos no ádito dos templos majestosos e terríveis". Trazendo para dentro da Academia suas "seletas convicções", "afagadas doutrinas" e "memórias queridas", respondeu aos elogios de Euclides a Castro Alves e a Valentim Magalhães com a repetida afirmação da superioridade de Tobias Barreto. Para ele, a poesia de Castro Alves seria valorizada por uma "crítica de arribação", interessada em rebaixar a poesia de Tobias e a Escola do Recife, da qual Valentim teria sido o maior oponente.[10]

Euclides da Cunha foi admitido na república das letras, no círculo exclusivo dos escritores de renome, reunidos em torno da Livraria Garnier, do Instituto Histórico e da Academia de Letras e de alguns jornais de prestígio, como a *Gazeta de Notícias*, o *Jornal do Comércio* e o *Correio da Manhã*, no Rio, e *O Estado de S. Paulo*. Travou relações com os críticos Araripe Júnior e José Veríssimo, com o historiador Oliveira Lima, o diplomata Gastão da Cunha e os escritores Lúcio de Mendonça e Machado de Assis, presidente da Academia, que chegou a votar em Euclides para presidir a instituição.

Preso numa rede de esgotos

Foi a Ubatuba, no litoral de São Paulo, em julho de 1903, para fiscalizar obras de conserto de posto policial, acompanhado por Huascar Pereira.

Demitiu-se da Superintendência de Obras Públicas em 31 de dezembro de 1903, para ingressar, em 15 de janeiro de 1904, na Comissão de Saneamento de Santos. Sua saída da superintendência se deveu à crise financeira do estado de São Paulo, que levou o governador Bernardino de Campos a determinar o corte em cerca de 30% dos vencimentos dos funcionários. Como chefe de distrito, Euclides teria seu salário reduzido de 900 mil para 600 mil-réis. Esta redução não afetava porém comissões como a de Santos, onde subiu de posto, passando a receber um conto e 250 mil-réis como chefe de seção, mais do que o dobro do que teria ficado ganhando na superintendência.[11]

[...]

Pede em 1904 a Francisco de Escobar que lhe compre em São Paulo, a qualquer preço, *Ferro e fogo*, de Sienckiewicz, em inglês.[12]

[...]

Demitiu-se da Comissão de Saneamento de Santos em 24 de abril, após pouco mais de três meses de trabalho, depois de conflito com o gerente da City of Santos Improvements, Hugh Steuhouse, e com o diretor da Secretaria de Agricultura, Comércio e Obras Públicas, Eugenio Lefreve. O conflito se deveu às complicações trazidas pela cobrança das contas atrasadas de água de uma casa de banhos em Santos, que Euclides supervisionava como fiscal do governo junto à companhia.

Euclides autorizara a City of Santos a cortar o fornecimento de água na casa de banhos e de venda de bebidas finas de José Caballero, no nº 7 da rua Quinze de Novembro, que fora herdada por Francisco Bento de Carvalho. Seu proprietário não pagava as contas de água cobradas pela City por ter pendência judicial com a companhia devido à reivindicação da posse da fonte no rio dos Pilões em Santos, que fora desapropriada em favor da companhia.

Após a interrupção do fornecimento, Francisco Bento depositou em juízo a quantia referente às contas devidas. Considerando válida esta forma de pagamento, já que a City poderia receber sob fiança a quantia depositada, Euclides intimou a companhia a religar a água, mas esta se recusou sob a alegação de que o pagamento deveria lhe ser feito diretamente.

Eugenio Lefreve, diretor-geral da Secretaria de Agricultura, Comércio e Obras Públicas, à qual a Comissão de Saneamento era subordinada, considerou, em despacho de 14 de abril, que a ação de Euclides trazia o reconhecimento de que a posse do manancial de água pela City era litigiosa e censurou o seu procedimento. Euclides pediu demissão no dia seguinte, deixando o serviço público de São Paulo, em que trabalhara por quase nove anos, desde que se licenciara do Exército em 1895.[13]

Vendeu à Laemmert, em 22 de abril, poucos dias após sua saída do serviço público, os direitos de *Os sertões*, incluindo os direitos de tradução, pela quantia de um conto e 800 mil-réis. Recebeu um conto em dinheiro e o restante como um título com vencimento em três meses. Ficou ainda estipulado que receberia cinquenta exemplares de cada uma das edições posteriores da obra. Da transferência da propriedade da obra ficaram excluídos apenas os direitos de tradução para a língua italiana. A cláusula indica que Euclides contava com a publicação de edição italiana, o que só veio a ocorrer cinco décadas depois, em 1953.[14]

Considerava desvantajoso o contrato de venda definitiva dos direitos de *Os sertões*. A quantia era pequena, já que recebera, no anterior, cerca de dois contos e 200 mil-réis pela venda da primeira edição, acrescidos de um conto e 600 mil-réis pelos direitos da segunda edição, num total de três contos e 800 mil-réis. As incertezas sobre a obtenção de novo emprego o levaram a fazer uma venda pouco lucrativa, já que o livro tivera duas edições sucessivas em menos de um ano.

A Laemmert publicou, nesse mesmo ano, *Juízos críticos*, reunião de artigos sobre *Os sertões*, na tentativa de valorizar sua recente aquisição. A terceira edição da obra saiu apenas em 1905, dois anos depois da compra dos direitos pela editora. Foi a última edição lançada enquanto Euclides vivia e também a última publicada pela Laemmert, que vendeu os direitos desta e de outras obras para a Francisco Alves depois do incêndio de suas instalações em 1909.[15] Todas as edições publicadas pela Laemmert, a primeira em 1902, a segunda em 1903 e a terceira em 1905, foram revisadas pelo próprio Euclides, que fez correções e modificações sucessivas no texto.

A Livraria Francisco Alves passou a publicar *Os sertões* após sua morte, lançando a quarta edição em 1911. Como Euclides deixara um exemplar da terceira edição com centenas de correções, estas foram incorporadas à quinta edição de 1914. A Francisco Alves publicou mais 23 edições até 1968, um ano antes de *Os sertões* cair em domínio público. Foram publicadas, até 1995, pelo menos 51 edições em língua portuguesa.[16]

De volta ao jornalismo

Depois de se demitir do serviço público paulista, Euclides voltou a escrever, por quatro meses, para *O Estado de S. Paulo* e passou também a colaborar com *O País*, convidado por João Lage, seu diretor. Publicou, de maio a agosto, um total de treze ensaios, oito no *Estado* e cinco em *O País*, doze dos quais foram recolhidos em seu livro de 1907, *Contrastes e confrontos*. Mas eram atividades provisórias, como escrevia a Coelho Neto em abril, ficando sem trabalho fixo até agosto, quando foi nomeado para a chefia da comissão de reconhecimento do Alto Purus.[17]

No mês seguinte à demissão, em maio de 1904, intervinha com artigos de jornal, no debate sobre as disputas territoriais do Peru com a Bolívia e com o Brasil, que tomava como movimento de expansão para o Atlântico. Tornava pública, de certa forma, sua pretensão em participar de uma das inúmeras viagens de exploração e levantamento cartográfico, do rio Purus, que se anunciava para o ano seguinte. Recorria, com uma série de artigos sobre a Amazônia e as disputas territoriais entre países latino-americanos, três no *Estado* e um em *O País*, à mesma estratégia que lhe trouxera, em 1897, o convite de Júlio Mesquita para cobrir a Guerra de Canudos.[18]

Em "Um velho problema", um dos ensaios desse período, publicado no *Estado* em 1º de maio, Dia do Trabalho, manifestou sua adesão ao socialismo de Karl Marx, com argumentação evolucionista semelhante à que empregara antes em seus artigos de propaganda contra a Monarquia. Acreditava que as "induções inabaláveis" de Marx eram o resultado de uma "análise rigorosa dos materiais objetivos". Julgava agora que a Revolução Francesa tinha traído seus ideais, ao não ter colocado limites à propriedade burguesa e ter sido incapaz de promover uma distribuição mais equitativa da riqueza. Previa assim a futura superação da sociedade burguesa por meio da revolução socialista, cujo triunfo era "inevitável": "Garantem-no as leis positivas da sociedade". A Revolução Francesa tinha oferecido ainda "o espetáculo singular de repudiar, desde os seus primeiros atos, os seus próprios criadores", referindo-se à devoração dos líderes pelo processo político, o que poderia ser aplicado também à República brasileira.[19]

8.

No coração da selva

Euclides confessou, em carta a Luís Cruls, de fevereiro de 1903, seu desejo de viajar à Amazônia: "Alimentava há dias o sonho de um passeio ao Acre. Mas não vejo como realizá-lo". Morava em Lorena e trabalhava na cidade vizinha de Guaratinguetá como chefe do 2º distrito de obras públicas. Ainda que estivesse pedindo a possível ajuda de Luís Cruls, do Observatório Astronômico do Rio, que dirigira a comissão de reconhecimento do Alto Javari, acrescentava de forma contraditória: "Nesta terra, para tudo faz-se mister o pedido e o empenho, duas coisas que me repugnam. Elimino por isso a aspiração — em que talvez pudesse prestar alguns serviços". Desculpava-se por não ter lhe enviado um exemplar de *Os sertões*, mas prometia mandar breve a segunda edição, que estava para sair, sem os inconvenientes dos erros de revisão anteriores.[1]

Foi nomeado, em 6 de agosto de 1904, pelo barão do Rio Branco, chefe da comissão brasileira de reconhecimento do Alto Purus, encarregada de fazer o levantamento cartográfico das cabeceiras do rio, palco desde 1902 de conflitos entre tropas peruanas e seringueiros brasileiros. Viajou, no ano seguinte, de Manaus às nascentes do Purus, desbravando uma nova fronteira, desconhecida da ciência.

O Observatório Astronômico, que Euclides frequentara como instrutor na Escola Militar, forneceu diversos instrumentos à expedição. Seu amigo Luís Cruls, diretor do observatório, se encontrava doente desde 1902 por ter contraído doença na expedição ao Alto Javari, na fronteira com a Bolívia.

Preocupava-se com o caráter maligno da região, infestada de doenças fatais. Escrevia assim, em outubro de 1904, ao seu primo, o engenheiro Arnaldo Pimenta da Cunha, que residia em Salvador e queria fazer parte da expedição:

> Em conversa, ontem, com o dr. Cruls, soube, por exemplo, que da comissão por ele dirigida ninguém absolutamente escapou à malária ou ao beribéri; alguns morreram e outros (entre os quais o próprio dr. Cruls) ainda agora sofrem as consequências da viagem. Ora, isto me aterra — não por mim, já meio cansado desta vida, mas por ti que vais nela estrear, e pelo tio José, e afinal por todos, que nunca me desculparão no caso de um desastre.[2]

Arnaldo obteve, porém, sua nomeação para a expedição, apesar das advertências de Euclides sobre os riscos da viagem.

As preocupações de Euclides não se limitavam porém aos perigos que ameaçavam os membros da expedição ao Purus. Contava com o apoio da sogra, dona Túlia, e dos cunhados, para ajudar Ana e os filhos durante sua ausência. Mas os conflitos de Ana com a mãe e os irmãos lhe causavam grande inquietação. Relatava ao pai, em carta de 10 de outubro de 1904, a desarmonia que reinava entre Saninha e sua família, revelando a angústia que tal situação lhe causava:

> Basta dizer-lhe que as pequenas contrariedades explodiram ontem, na minha ausência — tendo um dos filhos da d. Túlia (casado, e que aqui está com a mulher na mais absoluta

> ociosidade) entendeu dizer a Saninha todos os impropérios que lhe vieram à boca. Ao chegar soube do fato e tive a felicidade de conter-me. Mas não posso continuar aqui. Estou verdadeiramente assombrado diante do quadro desta família. A minha sogra é profundamente infeliz com os filhos. Preciso afastar-me desde já de tudo isto.

Receava que as brigas de Ana com a família se agravassem durante sua viagem. Pedira à irmã Adélia e ao cunhado Otaviano que a acolhessem, junto com os filhos, em sua casa, mas percebeu que estes não queriam assumir o encargo. Pedia assim ao pai que recebesse em sua fazenda, em Descalvado, Ana, que se encontrava abatida e amargurada:

> Peço o seu auxílio. A Saninha está mudada; tem sofrido muito; acaba de passar por amargos desapontamentos; tem pelo sr. verdadeira estima; pode ser quase uma filha e afinal, e à parte defeitos de caráter que já estão diminuídos, é digna da estima pela sua honestidade e pelo coração.[3]

Mas Ana acabou ficando no Rio, morando na casa que Euclides tinha alugado na rua das Laranjeiras, nº 76.

Euclides talvez tivesse outras preocupações em casa, além das brigas de Ana com a mãe e os irmãos. Era tenso o relacionamento do casal e Euclides tinha atitudes ríspidas com a mulher e por vezes com os filhos, pelo menos no período em que moraram em Campanha, no interior de Minas, de 1894 a 1895, quando servia como oficial do Exército e foi afastado do Rio por suas cartas à *Gazeta de Notícias*.

O viajante ilustrado

Euclides da Cunha registrou, em seus escritos, o confronto com duas regiões tidas como inóspitas: o sertão baiano e a selva amazônica. Enviado a Canudos como correspondente de guerra em 1897, revelou suas impressões nas reportagens para *O Estado de S. Paulo* e em *Os sertões* (1902). Como chefe da comissão brasileira de reconhecimento do Alto Purus, viajou, em 1905, de Manaus à nascente do rio, descobrindo uma nova fronteira, não desbravada pela ciência. Tanto o sertão quanto a selva são vistos como "*terra ignota*", paisagem fantástica ou maravilhosa que provoca vertigem no observador, ao oscilar entre a desilusão e o deslumbramento, entre o horror e o êxtase, entre a "visão" do inferno e a do paraíso. São territórios tidos como à margem da história, fora da escrita e da civilização. A primeira parte de *À margem da história*, com grande parte de seus ensaios amazônicos, tem justamente o título de "Terra sem história".

Os ensaios amazônicos são o aspecto menos conhecido da obra de Euclides da Cunha. Encontram-se dispersos em artigos e entrevistas de jornal, em crônicas e prefácios, em sua correspondência particular e oficial, além dos relatórios técnicos da viagem. Relatórios que se completam com o registro visual da expedição: as fotografias de Egas Florence e os mapas feitos como cartógrafo do Itamaraty. Muitos desses ensaios foram reunidos em *Contrastes e confrontos* (1907) e na primeira parte de *À margem da história* (1909). Escreveu ainda o prefácio a *O inferno verde*, de Alberto Rangel, contos amazônicos de seu anfitrião em Manaus e antigo colega da Escola Militar na Praia Vermelha, ambos egressos da farda.

Empregou, em tais ensaios, uma imagem central: o deserto. A floresta tropical e a caatinga do semiárido são vistas como desertos, por seu isolamento geográfico e povoamento rarefeito. São territórios desconhecidos, que os viajantes evitavam e que os cartógrafos excluíam de seus mapas. Paisagens fantásticas que paralisavam o observador tomado por um misto de terror e êxtase. Em carta a Artur Lemos, de 1905, observou sobre a Amazônia: "O forasteiro contempla-a sem a ver através de uma vertigem. É um infinito que deve ser dosado".

A imagem do deserto aproxima a floresta tropical da caatinga do semiárido, os sertões baianos dos amazônicos. O deserto traz, para Euclides, as marcas do isolamento geográfico e da ocupação rarefeita. Terra de ninguém, lugar da inversão de valores, da barbárie, da incultura. Paragem desoladora e sinistra que os viajantes evitavam e que os cartógrafos excluíam de suas cartas. A primeira parte de *À margem da história*, com os ensaios amazônicos, tem justamente o título de "Terra sem história".*

Euclides enfocou, quer em *Os sertões*, quer nos textos sobre a Amazônia, um mesmo personagem, o sertanejo, "expatriado dentro da própria pátria". Reunido em comunidade sob a liderança do Conselheiro, ou em migração para os seringais do Acre, o sertanejo fugia das calamidades da seca. Inimigo da República em Canudos, o sertanejo é visto, na Amazônia, com maior simpatia, enquanto agente de povoamento nos confins da selva.

Como sua geografia, o sertão tem uma etimologia misteriosa. A imagem do deserto está inscrita na própria origem da palavra sertão, que parece ter vindo do português antigo: desertão, deserto imenso. O termo pode ter se originado ainda do latim *sertum*, bosque ou mata. Designa, segundo Morais Silva, o interior ou o coração das terras, região longe da costa e do mar.[4] Sertão é, para Euclides, aquilo que está fora da escrita da história.

Euclides denunciou a existência, na Bahia ou no Acre, daquilo que chamou de "antinomia vergonhosa" em que o civilizado se torna bárbaro. Sua obra é atravessada pelo clamor por justiça social e pelo tom empenhado de engajamento pela transfor-

---

* Este parágrafo repete informações de dois parágrafos anteriores e certamente seria retrabalhado.

mação do país, que dava a seus artigos e livros um tom elevado de pregação, com uma oratória própria aos púlpitos de igrejas e às tribunas parlamentares.

Revelou, em *Os sertões*, o massacre da vila de Canudos pelas tropas da República. Trouxe a público o trabalho semiescravo nos seringais do Purus e do Juruá em artigo na luxuosa revista *Kosmos*. Atacou os seringais como a "mais criminosa organização do trabalho", "paraíso diabólico", "círculo demoníaco", "prisão sem muros", em que o homem, acorrentado a dívidas, trabalha para se escravizar. As estradas que ligam as barracas às árvores lembram, com seu traçado, os "tentáculos de um polvo desmesurado", "imagem monstruosa e expressiva da sociedade torturada".[5]

Como Alexander von Humboldt (1769-1859), que estudou mapas e documentos em Paris, para se preparar para a viagem à América, narrada na *Relation historique* (1814-25), Euclides consulta relatos de viagem, relatórios administrativos e mapas das expedições anteriores. Lê Humboldt, Martius, Spix, Agassiz, Bates, Chandless, Tavares Bastos, Sousa Coutinho e Soares Pinto, antes de mergulhar na escuridão do desconhecido. Estudou sobretudo o relatório da expedição à mesma região, realizada pelo inglês William Chandless em 1861. Como o narrador do romance *Los pasos perdidos* (1953), do cubano Alejo Carpentier, que refaz o percurso de Humboldt pelo rio Orinoco, Euclides navega pelos rios Amazonas e Purus com mapas na mão e relatos na cabeça.

Na viagem para Manaus, Euclides se desapontou ao entrar no rio Amazonas, que não correspondia ao "ideal" concebido a partir das "páginas singularmente líricas" de Humboldt e de outros exploradores. Tal confronto entre natureza e história é mediado pela leitura dos cronistas e viajantes, com suas visões fantásticas e fabulosas, e pelo decifrar dos cartógrafos, cuja geografia se confunde com a mitologia. Observou em *À margem da história*: "Ao defrontarmos o Amazonas real, vemo-lo inferior à imagem subjetiva há longo tempo prefigurada".

Dá-se o conflito entre a imagem pré-dada e a visão da realidade, entre a miragem e a paisagem, entre as expectativas criadas pela leitura dos viajantes e a percepção da realidade. Assim comentou em seu discurso na Academia Brasileira de Letras: "Afinal, o que prefigurara grande era um diminutivo: o diminutivo do mar". Com seus "horizontes vazios e indefinidos", em que as linhas horizontais predominam sobre as verticais, quase inexistentes, o rio lhe provoca uma "monotonia inaturável".[6]

Intoxicado por leituras que apregoavam a impossibilidade de civilização nos trópicos, Euclides se encantou com Belém, cujo esplendor desmentia as profecias negativas dos filósofos europeus. A cidade lhe causou surpresa com seu paisagismo moderno, avenidas largas e arborizadas, edifícios majestosos, praças aprazíveis e gente de hábitos europeus. Passou aí duas horas inolvidáveis, como escreveu ao pai, e visitou o Museu Paraense de História Natural, onde se encontrou com os naturalistas Emílio Goeldi e Jacques Huber.[7]

De volta ao navio, varou a noite com os textos de Huber. Conta Euclides: "Deletreei-me a noite toda: e na antemanhã do outro dia — um daqueles *glorious days* de que nos fala Bates, subi para o convés, de onde, com os olhos ardidos da insônia, vi, pela primeira vez, o Amazonas... Salteou-me, afinal, a comoção que eu não sentira". O rio se converteu em "mundo maravilhoso", que estimulava a imaginação e a expressão artística. "Última página" do Gênese, a Amazônia se oferece ao homem como livro aberto à decifração, cuja escrita ainda não se completou.[8]

Meca dos seringueiros

Euclides passou três meses em Manaus, de janeiro a abril de 1905, às voltas com os preparativos da expedição ao Purus. Cercado de contratempos e obstáculos, irritava-se com a agitação da "Meca tumultuária dos seringueiros", comercial e insuportável, meio caipira, meio europeia. Ficou doente, com febre alta. Sentia-se mal com o calor e a umidade, em um clima que julgava, com ironia, "bom" apenas para as palmeiras. Vê a cidade como um quarto estreito: "Vivo sem luz, meio apagado e num estonteamento". Suas cartas de Manaus estão repletas de tais desabafos. A vastidão da natureza contrasta com o sufoco do espaço urbano.

Passado um mês, reconciliou-se com o clima de Manaus, com suas manhãs primaveris e admiráveis. Mas continuou a enfrentar dificuldades para partir. Há poucos barcos disponíveis. As lanchas da comissão peruana estão no conserto. O Itamaraty demora para enviar as instruções. O atraso será quase fatal para a expedição, que sai com os rios em baixa, trazendo inúmeras dificuldades que acabarão por comprometer a saúde de Euclides. Escreveu a José Veríssimo em março:

> O que sobretudo me impressiona, agora, é o havermos perdido a melhor quadra para a subida. Estamos em plena vazante — e temo que muito antes da foz do Chandless a nossa marcha, por mais aferrada que ela seja, tenha de encalhar na vasa dos baixios. [9]

Mas não se abate. "Certo não se me fraqueará o ânimo: marcharei a pé para o meu objetivo", completava na carta.[10]

Em busca do deserto

A expedição partiu de Manaus para uma viagem de seis meses e meio, de abril a outubro de 1905.

Euclides imagina o que seria ver toda a selva do alto, navegar por cima daquele mar de árvores, como se estivesse em uma lancha aérea.

Os demais membros da comissão, sobretudo os da terra amazônica, riam muito de que alguém pudesse escrever tudo o que acontecia. Riam do fato de ele redigir incessantemente, um torrencial de papel composto dos escritos mais diversos, compostos em letra miúda, com a minúcia e a perícia de um calígrafo.

Cartas, telegramas, memorandos, relatórios, diários de bordo, sobretudo os de natureza oficial. Necessitava cuidar, além disso, de sua correspondência pessoal, o que incluía amigos, parentes, mulher e filhos. Viajar era de certa forma escrever. Mas revivia assim a sua vida passada, anterior ao mergulho nesse rio envolto por uma selva escura e úmida.

Tinham respeito por ele como autor consagrado, membro do Instituto Histórico e da Academia Brasileira. Mas riam no fundo do escritor ou do jornalista, ou melhor dizer uma mescla imperfeita de ambos, talvez nem um nem o outro. Alguns faziam troça de que sua escrita nervosa estivesse sempre correndo atrás do que acontecia dia após dia na expedição.

Saindo na vazante dos rios, tiveram de abandonar as lanchas a vapor e fazer grande parte do percurso a pé, com canoas arrastadas a pulso. O barco com os víveres e mantimentos naufragou. Chegaram famintos e esfarrapados às cabeceiras do Purus, objetivo da expedição. Desvendaram o mistério da sua ligação com os vales do Ucaiale e do Madre de Dios, feita através de varadouros abertos pelo homem. Fizeram o reconhecimento hidrográfico e prepararam o mapa que permitiria ao barão do Rio Branco, ministro das Relações Exteriores, resolver, em 1909, as pendências de fronteira com o Peru.

Por trás do objetivo prático de estabelecer coordenadas geográficas e preparar mapa da região disputada pelo Brasil e Peru, a viagem ao Purus retomava o sentido mítico das inúmeras viagens de exploração de rios: descobrir a sua foz, sua origem, princípio e nascimento. A descoberta da foz, objetivo de expedições como a de Richard Burton no Nilo ou de Walter Raleigh no Orinoco, tem um sentido semelhante ao da descoberta dos princípios do nascimento humano. Euclides buscava as cabeceiras do Purus, mãe do rio, enquanto era perseguido por aparições noturnas da mulher de branco que o chamava para dentro do rio.

Ainda de Manaus, após o retorno da expedição, Euclides escreveu a José Veríssimo, seu colega na Academia Brasileira de Letras. Sentia que as privações e os sofrimentos enfrentados em sua batalha obscura e trágica com o deserto lhe prejudicaram a vida.[11] Voltou ao Rio de Janeiro, no início de 1906, com a saúde debilitada. Contraiu, na selva, malária crônica e incurável, com febres periódicas, que se juntou à tuberculose da infância. Sofria de alucinações, com o espectro de uma mulher de branco que o perseguia nas noites insones.

9.

O inferno urbano

De volta da selva, encontrou a cidade do Rio de Janeiro transfigurada pelas reformas urbanas do prefeito Pereira Passos. O antigo centro tinha sido remodelado com a abertura da avenida Central, atual avenida Rio Branco, inaugurada em 1905. A capital o irritava, com seu cosmopolitismo postiço e a presença ostensiva de bondes e automóveis. Sentia, no Itamaraty, o desconforto de uma posição instável, sem posto definido, sujeito às graças do barão.

O inferno se prolongava em casa, com a mulher grávida* e envolvida com um jovem cadete, Dilermando de Assis, que contava com a amizade dos filhos.**

Negava, em carta ao pai, de fevereiro de 1906, que tivesse alguma desconfiança da fidelidade de Ana: "Eu não caí — graças a Deus — no repugnante ridículo de uns ciúmes de todo em todo injustificáveis; e nem estaria aqui, a escrever-lhe esta se duvidasse um só momento da honestidade da que me completa a vida".[1]

---

* Desta gravidez nasceria Mauro, que foi registrado como filho de Euclides. Sobre este assunto, ver Cronologia.
** Em janeiro de 1906 Solon, Quidinho e Manuel Afonso teriam, respectivamente, 13, 11 e 5 anos.

Seu pai, em visita ao Rio em 1906, notara o ambiente tenso que pairava na casa do filho. Repreendia Euclides por não lhe revelar os recursos de que dispunha, o que o deixaria pouco à vontade para dar conselhos sobre os rumos que pretendia dar à sua vida profissional, depois que terminasse os trabalhos de cartografia para o Itamaraty:

> [...] eu nada posso aconselhar, porque ignoro até hoje quais os recursos de que dispões. Não tens sido franco, nem leal comigo. Temos estado juntos algumas vezes, eu aí estive ultimamente e, até retirei-me bem aborrecido, e até hoje não conheço nada dos teus recursos. Sei, apenas, que tens quantia não pequena em um Banco de Manaus, e, no entretanto, se eu tivesse conhecimento pleno da tua vida — ser-me-ia fácil e até agradável, dar uma direção vantajosa a esses recursos, pois, para isso sobra-me experiência.

A reserva de Euclides quanto à sua situação financeira talvez se devesse ao endividamento da fazenda de café do pai, cujas obrigações com os comissários, que serviam de intermediários entre os agricultores e os bancos, acabariam por ultrapassar o valor de sua propriedade. A fazenda seria liquidada três anos depois, após a morte de Manuel em outubro de 1909.

Manuel censurava ainda Euclides por se manter distante e desconfiado com Ana e os filhos. Seu descontrole emocional o deixara triste e abatido na última visita ao Rio e lhe mostrara que não podia contar com o seu apoio na velhice:

> Nada me disseste, e eu compreendi somente que havia falta de confiança, mas, como esta não se impõe a ninguém, retirei-me daí apressadamente e contrariado, não só por isso, como também por ver a forma estranha com que tratas tua mulher e filhos — sobretudo o Solon, a quem muito estimo. Pensei que o

trato que tens tido com os homens inteligentes desta terra, as viagens que tens feito e sobretudo os meus conselhos tivessem modificado a tua maneira de viver; mas, encontrei os mesmos destemperos, a mesma desordem de outrora. Retirei-me triste e abatido, porque reconheci a perda de um esteio valioso para a minha velhice, caso a sorte, ou a fatalidade, me obrigue a procurar novo rumo, ao meu destino. Resignei-me a não contar contigo num caso de desastre, apesar das tuas promessas ferventes que fizeram nascer-me uma esperança fagueira. Entretanto, peço a Deus que te auxilie sempre e não deixe ofuscar-se nunca a tua boa estrela.[2]

Apesar das privações passadas no Acre e da saúde muito comprometida pela malária, Euclides esperava que se abrisse de novo a trilha do deserto, como escreveu a Oliveira Lima.[3] Pretendia fiscalizar a construção da estrada de ferro Madeira-Mamoré, mas desistiu na esperança de fazer viagem para a demarcação das fronteiras com a Venezuela, que acabou por não se realizar.

[...]*

Mauro morreu às duas horas da manhã de 19 de julho de 1906, com sete dias de vida, vitimado por debilidade congênita segundo o atestado de óbito, em que consta ter sido registrado como filho legítimo de Euclides.[4] Descendentes de Ana e Dilermando afirmam terem ouvido dos pais que Euclides teria impedido Ana de amamentar a criança, filho de Dilermando, gerado quando o escritor se encontrava na Amazônia.[5]

Nasceu, em 16 de novembro de 1907, às cinco horas da tarde, em sua casa na rua do Humaitá, nº 65, Luís. Foi o último filho regis-

---

* Os dois parágrafos seguintes são evidentes anotações para posterior desdobramento.

trado por Euclides em 19 de novembro, com Francisco Bhering e Lauro Almeida Sodré como testemunhas. Luís, que se considerava filho de Ana e Dilermando, abandonou o sobrenome de Euclides e passou a assinar, já adulto, como Luís Ribeiro de Assis.[6]

Um paraíso perdido

Euclides pretendia sintetizar suas impressões da Amazônia em *Um paraíso perdido*. Fazia referência ao poema épico de John Milton, *Paradise lost* (1674), sobre a queda de Adão e sua expulsão do paraíso. Seria, em suas palavras, o seu "segundo livro vingador".[7] Queria integrar, como em *Os sertões*, uma ampla interpretação histórico-cultural ao tom elevado do clamor por justiça social. Sua morte repentina, em 1909, em tiroteio com o amante de sua mulher, Ana, interrompeu a redação do livro.

O fracasso de tal projeto encontra sua imagem na natureza amazônica. Natureza vista por Euclides como inacabada, "tumultuária", em instabilidade permanente dos elementos naturais e humanos. O traçado dos rios faz-se e desfaz-se. Ilhas surgem e desaparecem, margens mudam de lugar. A passagem do homem é igualmente efêmera. São "construtores de ruínas", entregues ao extrativismo econômico e à devastação ambiental. Para Euclides, não há como fixar, em linhas definitivas, uma natureza submetida ao "pincel irrequieto de um sobre-humano artista incontentável...". Como seu intérprete, o rio é barroco na volúpia vertiginosa da recriação incessante: retoca, refaz e recomeça um quadro perpetuamente indefinido. Com suas curvas infindáveis, recorda "o roteiro indeciso de um caminhante perdido, a esmar horizontes".[8]

Toda cartografia e interpretação da Amazônia serão sempre tentativas, ensaios de captação de um objeto em perpétua mutação. O estilo e a cognição giram, em tais textos, como espirais em torno do inapreensível. A vegetação labiríntica e o emaranhado dos rios encontram expressão em uma sintaxe igualmente sinuosa. A opulência da floresta se recria no vocabulário luxurioso. Nessa "guerra" contra o desconhecido, a Amazônia se converte em esfinge, que, uma vez desvendada, traria o fim da história natural. Escreve no prefácio a *O inferno verde*: "Mas então não haverá segredos na própria Natureza. A definição dos últimos aspectos da Amazônia será o fecho de toda a História Natural...".[9]

Tal confronto entre natureza e história é mediado pela leitura dos cronistas e viajantes, com suas visões fantásticas e fabulosas, e pelo decifrar dos cartógrafos, cuja geografia se confunde com a mitologia. São projetadas imagens e pré-noções, fornecidas pela ciência europeia (mas também pelos desbravadores brasileiros), sobre o meio amazônico e a floresta tropical. Como tais imagens e pré-noções não se ajustam à realidade observada, o escritor as irá retificando, até reencontrar o seu ponto de partida: o livro como metáfora ou símbolo da própria natureza, imagem frequente na literatura ocidental, presente na filosofia medieval, nos iluministas franceses — como Diderot, Voltaire e Rousseau — e nos pré-românticos ingleses e românticos alemães.[10]

A natureza amazônica se torna, para Euclides, um livro aberto, cuja escrita ainda não se completou. Os sertões, quer nordestinos, quer amazônicos, são desérticos, espaços vazios, fora da escrita e da civilização. Ao decifrar a caatinga e a floresta e resgatar o sertanejo do esquecimento, o narrador-viajante os insere na história. No relato de viagem ou no ensaio histórico, na notação literária e científica, a natureza se reconverte em livro, imagem inscrita no seu cerne ou essência.

Nos ensaios de Euclides sobre a Amazônia e no relato da Guerra de Canudos, predomina o ponto de vista impessoal do viajante em movimento, que dá expressão artística ou científica às suas impressões. Euclides não aparece, em *Os sertões*, como narrador, com exceção da "Nota preliminar" e de alguns poucos trechos em que registrou suas observações pessoais. Nos textos amazônicos, prevalece tal impessoalidade. O narrador corporifica a cultura escrita e dialoga com a tradição dos relatos de viagem, com suas descrições botânicas e observações climáticas. Este narrador se defrontou com a oralidade, em Canudos, por meio das versões manuscritas dos sermões e prédicas do Conselheiro e das quadras de poesia popular, que lhe permitiram apreender a dimensão mítico-simbólica, messiânica e sebastianista, do fato político.

As visões do deserto fornecem pistas a serem trilhadas pelo narrador-viajante, batedor do processo histórico e civilizatório. Excluído da escrita da história, o espaço do sertão tornou possível o cárcere dos seringueiros, o massacre dos conselheiristas e a destruição das matas e florestas, devoradas pela fúria das queimadas indígenas, pela exploração predatória dos plantadores e pelas caldeiras dos barcos e locomotivas a vapor. Observa sobre a carnificina de Canudos: "Ademais, não havia temer-se o juízo tremendo do futuro. A História não iria até ali".[11] Fora do tempo e do espaço, não havia como recear o juízo dos narradores futuros. Daí o recuo na história, a irrupção da barbárie, a certeza da impunidade.

Surge, em Euclides da Cunha, um discurso ecológico que poderia ser visto hoje como politicamente correto pela defesa das minorias étnicas e do meio ambiente. Mas esse discurso se afasta de uma suposta "correção" política, ao veicular a marcha inexorável do progresso e da civilização, ao pregar a absorção do indígena e do sertanejo pelas raças e culturas tidas como superiores, ao defender a integração dos vazios e desertos à escrita e à história, cujos limites e fronteiras estão em contínua expansão. Povoar, colonizar e escriturar são os instrumentos para tal transplante da civilização para os "territórios bárbaros". A originalidade e a excentricidade de tal discurso residem muito mais na escrita exuberante, fortemente imagética e figurativa, do que no tom missionário da denúncia social.

10.

Na caverna de Platão

Estudo dia e noite. Já não sou um homem:
sou uma preocupação. Há dias sonhei que
era uma ideia, real, positiva, uma Ideia
das de Platão a vagar na terra.
Rio de Janeiro, 6 de fevereiro de 1909

Euclides participou não só de instituições literárias, como a Academia Brasileira de Letras, como de instituições científicas — o Instituto Histórico e Geográfico de São Paulo, o Centro de Ciências, Letras e Artes de Campinas e o Instituto Histórico e Geográfico Brasileiro — e de associações profissionais, como o Clube de Engenharia.

Foi membro do Centro de Ciências, Letras e Artes de Campinas, fundado em 31 de dezembro de 1901. O centro, que tinha como objetivo promover o estudo e o desenvolvimento de todos os ramos das ciências, letras e artes, especialmente das ciências naturais, tinha como fundadores dois amigos de Euclides, residentes em Campinas: César Bierrenbach e o escritor Coelho Neto. Outros de seus amigos eram sócios correspondentes, como Orville Derby, o botânico Alberto Lofgren e o engenheiro Teodoro Sampaio.

Euclides foi sócio correspondente do Centro desde a sua fundação em 1901. Com *Os sertões* parcialmente impresso, leu partes da obra em Campinas para uma plateia composta por José de Campos Novaes, Cesar Bierrenbach e Coelho Neto, intelectuais fundadores do Centro.[1]

Em um dos números da revista do Centro, saiu, em dezembro de 1903, o artigo do botânico José de Campos Novaes, "*Os sertões (Campanha de Canudos)* por Euclides da Cunha", que elogiava o livro, mas criticava alguns aspectos geológicos e botânicos. Euclides respondeu a Novaes, e também a um ex-colega da Escola Militar, Moreira Guimarães, nas notas à segunda edição de *Os sertões*. Novaes foi presidente do Centro, que ajudou a fundar, de 1902 a 1904. A crítica de Moreira Guimarães, que apontava contradições no livro, saiu em volume publicado pela Laemmert em 1904, *Juízos críticos*, com artigos de diferentes autores, que destacavam, em sua maioria, o capítulo "A terra", com elogios a seu conteúdo científico.

[...]

Euclides fez inúmeras tentativas de ingressar no ensino, não apenas na Escola Politécnica de São Paulo. Chegou a pensar em trabalhar em ginásio na cidade de Campanha e em escola em Campinas, mas logo descartou ambas as ideias.

No período em que escreveu *Os sertões*, de 1897 a 1902, tratou novamente do assunto da Politécnica em cartas a Alberto Sarmento, de 22 de fevereiro de 1901, e a Francisco de Escobar, de 14 de maio de 1902, no período em que residia em São José do Rio Pardo e em Lorena. Contava que alguns amigos da Politécnica haviam manifestado o desejo de que entrasse para ela.[2]

Contava com o apoio de Manuel Garcia Redondo, professor da Politécnica e ligado ao grupo do *Estado*, que o apresentou à Livraria Laemmert, para a publicação de *Os sertões*. Garcia Redondo escrevia a Euclides, em 26 de agosto de 1903, que pretendia adiar para o próximo ano a indicação de seu nome.

Após sua saída da Comissão de Saneamento de Santos, em abril de 1904, foram feitas negociações para tornar viável o seu ingresso na Politécnica. Euclides tinha o apoio, não só de Garcia Redondo, mas de Henrique Coelho, funcionário da Secretaria do Interior e seu ex-companheiro de colégio. Amparavam ainda sua candidatura Cardoso de Almeida, secretário da Justiça, e Ramos de Azevedo, vice-diretor da escola, que precisava ser submetida ao seu diretor, Antônio Francisco de Paula Souza, desafeto de Euclides.

Em julho de 1904, Euclides via dificuldades para o seu ingresso na Politécnica e atribuiu os problemas de sua candidatura a Garcia Redondo, que chamou de "o escangalhador" em carta, do dia 23, ao jornalista Plínio Barreto, de *O Estado de S. Paulo*. Rompeu assim relações com Garcia Redondo, que o havia apresentado à Livraria Laemmert, que publicara *Os sertões*.[3]

Mas a ruptura com Garcia Redondo não o impede de manter a esperança em obter a vaga na Politécnica, mesmo com a nomeação para a comissão de reconhecimento do Alto Purus já assegurada. Escrevia ao pai, em 8 de agosto, para reafirmar a sua intenção de conseguir do governo de São Paulo, onde contava com as melhores simpatias, o posto na Politécnica, cargo definitivo que poderia exercer ao voltar de uma comissão que seria naturalmente provisória.[4]

Empenhado em conseguir a nomeação do amigo e vendo se aproximar a data da reunião da congregação que trataria do assunto, Henrique Coelho lhe escreveu em 13 de agosto: "No dia 15 deve se resolver o negócio da Politécnica, será bom que você me mande um telegrama amanhã, de modo que amanhã mesmo eu o transmita ao Ramos, declarando-me que não desiste da candidatura ao lugar de lente".[5]

A congregação da Politécnica se reuniu em 16 e 27 de agosto para tratar das vagas de professores substitutos, ficando decidido que seriam preenchidas a partir da votação dos nomes indicados pela própria congregação.

Em 9 de setembro, data em que se realizou a reunião para indicação dos candidatos, Euclides já sabia do insucesso de sua candidatura, conforme escreveu a Henrique Coelho: "O fato é que foi — graças aos mais justos motivos — removida para o futuro, um futuro indeterminado, a realização do velho ideal./ E só por esta circunstância já não creio nela. Mudam vertiginosamente os tempos e os homens...". Falava ainda das palavras animadoras e cativantes que ouvira de Ramos de Azevedo.[6]

Ramos de Azevedo, vice-diretor da Politécnica, esteve presente nas reuniões da congregação, em setembro, que indicou os candidatos a professor. Na primeira reunião, no dia 9, Euclides recebeu apenas uma indicação, dentre as vinte cédulas, para cada uma das quatro seções onde existiam vagas. Na segunda reunião, para debate dos nomes indicados, seguido de novas votações, a candidatura de Euclides da Cunha não foi defendida por nenhum dos presentes e recebeu apenas um voto, dentre dezenove votantes, para duas das quatro seções com vagas abertas.

Euclides concorria agora à vaga na Politécnica não como jovem engenheiro, como em 1892 e 1893, mas como famoso escritor, a quem *Os sertões* abrira as portas da Academia Brasileira de Letras e do Instituto Histórico e Geográfico Brasileiro e até mesmo garantira a chefia de comissão no Itamaraty. Partilhava ainda da amizade de professores da Politécnica e de membros do governo paulista, de que fora engenheiro por quase dez anos.

O fracasso de seu ingresso, em todas as ocasiões, se deveu à oposição de Paula Souza, diretor da escola desde a sua fundação em 1893 até o ano de 1917, quando faleceu. Quando atacou o projeto de criação da Politécnica, em artigos de jornal de 1892, declarando-se vencedor de uma polêmica que não houve, mal podia imaginar que estava iniciando uma disputa que se estenderia até o ano de 1904.

Sua candidatura à Politécnica foi vetada em três ocasiões. Ocorreu em 1893, quando Reinaldo Porchat comentou a "censurável preterição" de seu nome para o primeiro quadro de professores da Politécnica, nomeados pelo governo do estado de São Paulo. Foi novamente barrado entre 1895 e 1896, quando havia a perspectiva de um concurso para a cadeira de mineralogia e geologia na Politécnica, que acabou sendo preenchida sem concurso. Fracassou novamente, em 1904, quando seu nome foi submetido por Garcia Redondo e por Ramos de Azevedo à consideração de Paula Souza, às vésperas da reunião da congregação.

[...]

Autor consagrado, seguiu sendo um eterno insatisfeito com as condições de exercício de suas atividades profissionais. Revoltou-se contra a carreira militar, como cadete ou oficial do Exército de 1886 a 1895, e sentiu-se pouco à vontade como engenheiro em São Paulo até 1904. O mesmo desconforto o perseguiu na chefia da expedição ao Purus em 1905, ou como adido ao Ministério das Relações Exteriores até 1909.

Ressentia-se com toda e qualquer ocupação que lhe roubasse o tempo que gostaria de dedicar à leitura e à escrita. Arrastou consigo a incômoda contradição entre a face pública de escritor e a busca inglória de emprego mais propício à atividade literária. Conviveu com tal dilema até poucas semanas antes de sua morte, quando conseguiu ingressar no Colégio Pedro II, como professor de lógica após tumultuado concurso.

Em carta para o diplomata e historiador Oliveira Lima, comentou as dificuldades do concurso que prestou em 1909.

Observava, com amarga ironia, que estava em uma situação maravilhosa: "A ver navios! Nem outra coisa faço nesta adorável República, loureira de espírito curto que me deixa sistematicamente de lado".[7] Residia agora em casa na rua N. Srª de Copacabana, cujos fundos davam para a praia, e ficava a ver navios, enquanto se preparava para o concurso... Referia-se às inúmeras tentativas, todas frustradas, de obter posição profissional mais compatível com suas inclinações artísticas e científicas.

Tentara, sem sucesso, entrar para a Escola Politécnica de São Paulo como professor, mesmo contando com o apoio de Júlio Mesquita e da turma do *Estado*. Pensou em ingressar na política, como candidato a deputado por São Paulo ou Minas Gerais, com a ajuda de Mesquita ou do amigo Francisco de Escobar. Ao receber convite de Mesquita, para se candidatar em 1900 à vaga de deputado no Congresso Constituinte de São Paulo, observou que sua timidez o havia feito permanecer em uma vida modesta de engenheiro: "Apesar de uma mocidade revolucionária, sou um tímido. [...] E está nisto explicada a anomalia de ter permanecido engenheiro obscuro até hoje, num regime cuja propaganda me levou até à revolta e ao sacrifício franco, como sabe".[8]

Trabalhou no Itamaraty de 1904 a 1909, como chefe de expedição e depois como cartógrafo, mas já perdera o sonho de entrar para a carreira diplomática, e até a esperança de obter cargo estável, já que o barão do Rio Branco, ministro das Relações Exteriores, não chegou a apoiar nenhuma dessas pretensões.

Esteve próximo aos círculos de poder, no centro de instituições culturais, como a Academia Brasileira de Letras, o Instituto Histórico e Geográfico, e jornais, como *O Estado de S. Paulo* e *Jornal do Comércio*. Atuou na periferia de grupos políticos, como os republicanos paulistas dissidentes, liderados por Júlio Mesquita e Alberto Salles, ou os diplomatas reunidos em torno do barão do Rio Branco no Itamaraty, ou ainda os políticos do Rio e de Minas Gerais que apoiavam Afonso Pena e a candidatura de João

Pinheiro à Presidência. Mas reteve sempre a sensação de sentir-se marginal ou alheio às camadas dominantes, em parte por dissensões políticas, em parte por sua situação financeira remediada e profissional instável.

Mas não ficou, no fim da vida, totalmente desassistido por esta República que ajudara a fundar. Conseguiu ser nomeado para o Colégio Pedro II,* apesar de classificado em segundo lugar, graças ao seu renome de escritor, membro da Academia de Letras e do Instituto Histórico e Geográfico. Contou ainda com a influência do barão do Rio Branco e sobretudo do escritor Coelho Neto, que interferiu a seu favor junto ao presidente da República, Nilo Peçanha, o qual preteriu o filósofo Farias Brito, que obtivera a primeira colocação.[9]

A cadeira de lógica era ensinada no externato do Ginásio Nacional por Vicente de Souza, amigo de Euclides, que morreu em setembro de 1908. Abriu-se a disputa por sua vaga, para a qual Euclides se inscreveu. Fez a prova escrita do concurso, em 17 de maio de 1909, junto com mais quinze concorrentes, no salão de honra do externato. Foi sorteado o ponto de número três: "A verdade e o erro".

Em 25 de maio, a quarta turma, composta por Vidal de Almeida, Graciano das Neves e Euclides, dissertou sobre a "A ideia do ser", na prova oral. Leu a prova escrita no dia 29 de maio e prestou a prova de arguição. Fato pouco comum, as provas orais de Euclides foram taquigrafadas e os trabalhos escritos dos candidatos foram publicados no *Jornal do Comércio*.

O concurso foi julgado em 7 de junho. Euclides ficou em segundo lugar e o filósofo Farias Brito em primeiro lugar. Com a morte do presidente da República, Afonso Pena, coube ao seu

---

* O Colégio Pedro II foi criado ainda no Império e era uma das instituições prediletas do imperador. Com a República passou a Ginásio Nacional, como será nomeado adiante, e retomou posteriormente a denominação Colégio Pedro II.

substituto, Nilo Peçanha, escolher o professor de lógica, tendo sido Farias Brito preterido em favor de Euclides.*

Euclides deu sua primeira aula no externato do Ginásio Nacional na quarta-feira, 21 de julho de 1909, na sala do 5º ano, gabinete de física e química. Era uma sala ampla e escura, forrada de azulejos até meia altura da parede, com algumas janelas que davam para a rua da Prainha e seis portas que abriam para um dos pátios internos do colégio. Havia vários armários grandes, com aparelhos de física e substâncias químicas, o retrato do dr. Nerval de Gouvêa e o pequeno retrato de várias turmas desse professor. No centro da sala, havia um estrado e uma cadeira de braços, em frente a uma das bancadas de experiências do laboratório, forrada na parte superior de ladrilho branco.

Escragnolle Dória, professor do Ginásio Nacional, que estava dando as aulas da cadeira, apresentou Euclides aos alunos do 6º ano. Dória, seu antigo colega no Colégio Aquino e na Escola Militar, onde presenciara seu protesto solitário contra o ministro da Guerra, relembrou os tempos de mocidade.

"Como vai ser bom, entre moços, vivermos juntos o passado", disse Euclides, agradecendo.

Convidou Dória a assistir à sua aula inaugural na quarta-feira, 21 de julho de 1909. Falou, em sua primeira aula, de forma pausada e com voz baixa, como professor novo ainda hesitante na presença dos alunos.

Tinha de dar três aulas por semana no ginásio, às segundas, quartas e sextas-feiras, das onze horas ao meio-dia. Deu um total de dez aulas, de 21 de julho a 13 de agosto, sexta-feira, que foi a última.[10]

---

* O Ginásio Nacional era a principal instituição de ensino secundário da época e era da competência do presidente da República a nomeação dos professores, a partir da lista de aprovados, independentemente da ordem de classificação.

11.

Cabeças cortadas

*Quem definirá um dia essa Maldade obscura
e inconsciente das coisas que inspirou aos gregos
a concepção indecisa da Fatalidade?*
Rio de Janeiro, 10 de fevereiro de 1909

Euclides foi à casa do crítico Araripe Júnior na manhã de 7 de agosto de 1909. Entrou muito aflito, por causa de um convite que, por distração, deixara de mandar a um parente do amigo. Com os olhos agudos e acesos, mostrava a habitual impaciência nos gestos e palavras. Não queria se sentar, desconfiado de que sua presença pudesse ser incômoda ou fora de hora. Araripe, para detê-lo, precisou, mais de uma vez, obrigá-lo a se sentar.

Encontrava-se bastante doente devido à malária contraída na Amazônia e ao agravamento da tuberculose, que carregava desde a infância. Seu amigo, o engenheiro Luís Cruls, que chefiara em 1901 a expedição ao Alto Javari, na fronteira com a Bolívia, morrera havia cerca de um ano em Paris.

Conversaram sobre seus trabalhos geográficos e a edição de *À margem da história*, que reunia ensaios históricos e seus textos sobre a Amazônia, que estava para sair pela Livraria Chardron, editora portuguesa da cidade do Porto. Euclides gracejou, difundiu-se em paradoxos e, sob o pretexto de trabalho, fez diversas saídas falsas, mas recuava porque tinha sempre mais uma resposta a dar, a troco de objeção. Falou sobre o concurso de lógica, que se encerrara havia poucas semanas, e como pretendia ensinar a disciplina, introduzindo novas noções filosóficas e científicas, que afastariam a velha metafísica. Quando saiu da casa de Araripe, este o viu pela última vez. Foi o último encontro entre ambos, que só reveria, poucos dias depois, no necrotério, com os olhos apagados, completamente extintos, nas crateras das pálpebras arroxeadas.[1]

Tragédia familiar

Doze anos após o massacre de Canudos, e três depois de retornar da Amazônia, Euclides da Cunha teve um fim trágico. Sua trajetória sentimental apresenta, por ironia, paralelos com as peripécias de Antônio Conselheiro, o personagem que tentou esboçar nas páginas de *Os sertões*. Ambos tiveram o destino marcado pelo adultério das esposas, pela *vendetta* entre suas respectivas famílias e as de seus inimigos e pelas posições que tomaram perante a República, um se opondo e o outro apoiando e depois criticando o novo regime.

Antônio Vicente Mendes Maciel, o Conselheiro, iniciou sua peregrinação mística pelo sertão após ter sido abandonado pela mulher, que fugira com um policial. Ao levantar os antecedentes do Conselheiro, Euclides comentou a luta entre a família dos Maciel e a dos Araújo como combate que criou uma "predisposição fisiológica", tornando hereditários os rancores e as vinganças. Rastreou, neste conflito entre os dois clãs, a Nêmesis, deusa da vingança e da justiça entre os gregos, que se abateria poucos anos depois sobre sua própria vida e família. Ao se opor à República, Conselheiro acabou entrando em conflito com as forças legais, o que levou à sua fixação em Canudos em 1893 e ao combate com as tropas governamentais.

Euclides adotou, em *Os sertões*, motivado por razões literárias, uma concepção trágica e fatalista da história, que encarou como o resultado de fatores naturais, estudados pela ciência, e de forças obscuras e ancestrais, assunto da poesia e do mito. Construiu Antônio Conselheiro como personagem trágico, guiado por maldições hereditárias e crenças messiânicas, que o levaram à loucura, ao conflito com a República e à queda na desgraça.[2]

Euclides tinha predileção por modelos gregos e franceses que aplicava à sua obra e vida. Em carta ao poeta Vicente de Carvalho, de fevereiro de 1909, referia-se à fatalidade como "Maldade obscura e inconsciente das coisas", que inspirou a concepção trágica dos gregos. Dizia ser ele próprio um "misto de celta, de tapuia e grego", para falar do encontro entre sua educação brasileira e a cultura greco-francesa, que o levara à retórica clássica e à ciência naturalista.

Ana

Como o Conselheiro, o destino de Euclides também foi marcado pela República. Conheceu Ana, sua futura mulher, no dia seguinte à proclamação, em reunião à noite, na casa do pai desta, o major Solon Ribeiro, um dos líderes do golpe que derrubou a Monarquia. Nessa mesma noite, teria escrito, segundo alguns de seus biógrafos, um bilhete a Ana, em que se declarava com as seguintes palavras: "Entrei aqui com a imagem da República e parto com a sua imagem".[3]

Euclides morreu, aos 43 anos de idade, em 15 de agosto de 1909, por volta das dez e meia de uma manhã chuvosa de domingo, em tiroteio com os cadetes Dinorá e Dilermando Candido de Assis, amante de sua mulher. "Vim para matar ou morrer." Com essas palavras, e um revólver na mão, Euclides entrou na casa dos irmãos na Estrada Real de Santa Cruz, atual avenida Suburbana, no bairro da Piedade, no Rio de Janeiro, conforme estes declararam no inquérito.

Havia saído pela manhã de sua casa em Copacabana e se dirigiu ao subúrbio. Tomou o trem na estação final da Central do Brasil. A locomotiva se arrastava pelos subúrbios na manhã chuvosa e cinzenta e parava de estação em estação. São Cristóvão, Riachuelo, Sampaio, Quintino, Cascadura, Rio das Pedras. Saltou em Piedade, estação movimentada, com nome sugestivo.

Viu as sapatarias próximas à estação, a Bota de Segurança e a Sapataria do Lobo. Mais adiante, A Glória das Damas, onde se encontram as flores, as penas e as sedas, para enfeitar a vida. Depois, lá estava A Violeta, casa fúnebre, onde se vão buscar as flores e as coroas para adornar a morte.

Pegou a rua da Piedade, em descida, que se dirigia à estrada de Santa Cruz, sem calçamento, cheia de buracos. Caminhou até a estrada de Santa Cruz, que cortava grande parte do subúrbio, e após dez minutos de caminhada chegou à casa alugada pelos irmãos Dinorá e Dilermando.

Era uma casa de um só pavimento, modesta, com duas janelas de veneziana, um portão baixo na entrada e um pequeno jardim na frente, em que se destacava um mamoeiro em meio à vegetação rasteira. A casa encostava à direita no muro da residência vizinha. À esquerda tinha um muro feito com folhas de zinco. Dois pequenos degraus de pedra davam entrada para a casa. Dois números se liam em placa azul na fachada: 214, o antigo, e 2552, o moderno. No alto se destacava o ano 1895, de sua construção. Nos fundos da casa, se avistam fundos de casas de outras ruas, cobertos de mato.[4]

Euclides morreu atingido por quatro balas no tiroteio que se seguiu. Uma das balas atingiu o seu ombro direito e se alojou na sétima vértebra dorsal, penetrando na fossa subclavicular direita, próxima à espinha. Outra atingiu o pulso direito, saindo pela mão. Outra penetrou pelo braço esquerdo, saindo pelo outro lado. Outra o acertou nas costas, do lado direito. Sua morte se deveu, segundo a autópsia de Afrânio Peixoto, à hemorragia do pulmão direito devido a ferimento por arma de fogo.[5]

Dilermando levou quatro tiros disparados por Euclides. Um abaixo da garganta, outro acima do estômago do lado direito. Outro acima da virilha direita e outro que se alojou na omoplata, do lado direito das costas. Seu irmão Dinorá foi atingido na altura do ombro e a bala se alojou próxima à espinha. Dinorá ficou mais tarde paralítico e acabou por se matar.[6]*

[...]

O trágico romance entre Ana e Dilermando tivera início em 1905, na Pensão Monat, no Rio de Janeiro, quando Euclides se encontrava na Amazônia, na missão de levantamento cartográfico das cabeceiras do rio Purus. Ao retornar ao Rio em 1906, após mais de um ano de ausência, encontrou Ana grávida de três meses do menino Mauro, que morreu com sete dias de vida, por causa de debilidade congênita segundo o atestado de óbito.[7]

[...]

Afrânio Peixoto, médico-legista, retirou para exame o cérebro de Euclides, conservado em formol no Museu Nacional até 1983,

---

* Este trecho provavelmente seria retrabalhado, conforme se pode verificar ao compará-lo com o seu correspondente na cronologia que integra este livro, na qual foi relativizada a "paralisia", adotando as "dificuldades de locomoção", uma vez que notícia publicada em jornal de Porto Alegre dava conta de que Dinorá, ao cometer o suicídio, andava com a ajuda de um bastão.

quando foi enterrado em Cantagalo, sua cidade natal, no Rio de Janeiro. O crânio do Conselheiro fora tirado do cadáver, após a destruição de Canudos, e enviado a Nina Rodrigues, da Faculdade de Medicina da Bahia, em Salvador, que o examinou em busca dos traços anatômicos do crime. Rodrigues chegou à conclusão de que o crânio do Conselheiro era normal, sem sinais de degeneração, o que apenas confirmaria o fato de ter havido, em Canudos, um contágio de loucura coletiva.[8]

Nas páginas finais de *Os sertões*, Euclides comentou, com ironia, tal exame craniométrico: "Trouxeram depois para o litoral, onde deliravam multidões em festa, aquele crânio. Que a ciência dissesse a última palavra. Ali estavam, no relevo de circunvoluções expressivas, as linhas essenciais do crime e da loucura...".[9]

[...]

Era já noite quando os coveiros, manejando as enxadas, deixaram em cima de Euclides da Cunha um montão de terra que cobria seu caixão no cemitério São João Batista, em Botafogo, no Rio de Janeiro.[10]

O homicídio de Euclides foi o maior escândalo da vida brasileira do início do século, prolongado com o desenrolar do inquérito e do julgamento, que revelaram detalhes íntimos das relações entre Ana e Dilermando. Dilermando foi absolvido por legítima defesa e se casou com Ana em 12 de maio de 1911. Prosseguiu a carreira no Exército, tendo chegado a general por antiguidade, ainda que se julgasse preterido por conta da morte de Euclides.

Em 1916, sete anos após a tragédia da Piedade, como chamou a imprensa da época, Dilermando matou, com um tiro à queima-roupa, após tiroteio em cartório de órfãos, no Rio, o filho preferido do escritor, Euclides da Cunha Filho, o Quidinho, que tentara vingar o pai. Morreu, com 22 anos, às 14 horas e 20 minutos de 4 de julho de 1916 no Hospital Central da Marinha por ferimento por arma de fogo, conforme consta de seu registro de óbito. Terceiranista da Escola Naval, foi enterrado no cemitério São João Batista.[11]

Outro filho de Euclides, Solon da Cunha, morrera dois meses antes, em 6 de maio de 1916, no Acre, onde trabalhava desde abril como delegado de polícia em Vila Feijó. Solon seguiu, acompanhado de um escrivão, um cabo e dois soldados, para os seringais na região do rio Jurupari, para prender os envolvidos em mortes ocorridas no mês anterior. Solon foi atacado, no seringal Santa Cruz, por dois homens armados de fuzis e foi atingido por um tiro no estômago, tendo conseguido alvejar o seu agressor. Solon foi carregado em uma rede pelos que o acompanhavam, mas morreu depois de três horas a caminho de um barracão, onde haveria medicamentos. Antes de morrer, perguntou se estava com a fala mudada e dizia estar quase cego. Deu em seguida um longo suspiro e exclamou: "Ai, meu pai!".[12]

[...]

Ana e Dilermando se separaram em 1926, ainda que não tenham requerido desquite, mantendo o estado matrimonial. Ana morreu em 12 de maio de 1951, às cinco horas da tarde, no Hospital Central do Exército, no Rio de Janeiro, vítima de câncer no pulmão.[13]

Céu azul

Euclides da Cunha morreu, de acordo com o calendário positivista, a 3 de Gutenberg de 121. Era o dia consagrado à festa da mulher do mês dedicado ao inventor da imprensa. Saía no mesmo dia a entrevista que dera para Viriato Corrêa, da *Ilustração Brasileira*. Em sua casa na rua Nossa Senhora de Copacabana, com janelas abertas para o mar, batidas pelo vento, contou das dificuldades para publicar *Os sertões*, que *O Estado de S. Paulo* e o *Jornal do Comércio* haviam recusado. Falou das infindáveis correções nas sucessivas edições da obra. A entrevista foi dada em um domingo. Viriato e Euclides conversaram, almoçaram e passearam descalços na praia. Era sol e era azul.

PÓS-ESCRITO
No vale da morte

Euclides da Cunha cobriu a Guerra de Canudos, de agosto a outubro de 1897, como correspondente de *O Estado de S. Paulo*, acompanhando a quarta e última expedição, formada por 8 mil soldados. A epopeia gloriosa da República brasileira, pela qual combatera na juventude como cadete da Escola Militar e articulista político da *Província de S. Paulo*, adquiriu caráter de tragédia na violenta intervenção militar que testemunhou no sertão da Bahia. Elaborou o choque resultante dessa experiência em *Os sertões: Campanha de Canudos*, publicado em 1902, cinco anos depois do extermínio da comunidade.

Relatou, em sua última reportagem para o jornal, o sangrento combate de 1º de outubro, que ocorreu dois dias antes de sair de Canudos: "Felizes os que não presenciaram nunca um cenário igual...". As pilhas de cadáveres e o monte de feridos que gemiam amontoados no leito seco do rio lhe lembraram o vale do Inferno, que Dante Alighieri (1265-1321) percorreu n'*A divina comédia*:

> compreendi o gênio sombrio e prodigioso de Dante. Porque há uma coisa que só ele soube definir e que eu vi naquela

sanga estreitíssima, abafada e ardente, mais lúgubre que o mais lúgubre vale do *Inferno*: a blasfêmia orvalhada de lágrimas, rugindo nas bocas simultaneamente com os gemidos da dor e os soluços extremos da morte.[1]

Tal visão infernal deixou profundas impressões no ex-militante republicano, cujas crenças políticas foram abaladas: "sentia um desapontamento doloroso e acreditei haver deixado muitos ideais, perdidos, naquela sanga maldita, compartindo o mesmo destino dos que agonizavam manchados de poeira e sangue...".[2]

A guerra se tornou uma experiência-limite, que colocou Euclides em contato com a morte vã e a crueldade abjeta. A visão do horror, que encarou no vale da morte em Canudos, às margens do rio Vaza-Barris, no nordeste da Bahia, foi também exposta pelo escritor polonês Joseph Conrad, ao retratar a colonização predatória do Congo belga em *Coração das trevas* (1902), pelo italiano Primo Levi em *É isto um homem?* (1947), com o relato do mal inominável do campo de concentração de Auschwitz, ou pelo cineasta Francis Ford Coppola, que tratou da Guerra do Vietnã em *Apocalypse Now* (1979).

O trauma da Guerra de Canudos gerou, para Euclides, a necessidade de reflexão e testemunho, de modo a superar seu remorso e perplexidade com o desfecho brutal da campanha, para o qual contribuiu, ainda que de modo involuntário, com artigos exaltados em *O Estado de S. Paulo*. Fez coro, como quase toda a imprensa, àqueles que viam na rebelião um grave perigo para a ordem republicana e se calou nas reportagens sobre as atrocidades cometidas pelo Exército, cujas tropas degolaram, de forma impiedosa, os prisioneiros que se haviam rendido com garantias de vida.

Euclides passou quatro anos após o término da guerra preenchendo centenas de folhas de papel, para ordenar o caos e superar o vazio trazidos sob o impacto daquela "região assustadora", de onde voltou deprimido e doente. Seguia revendo, na mente, as "Muitas cenas do drama comovente/ De guerra despiedada e aterradora", conforme escreveu, já de volta a Salvador, no poema "Página vazia", com versos, segundo ele, "tão malfeitos e tão tristes".[3]

A "região assustadora", cujo terror a linguagem mal pode exprimir, traz ecos da "selva selvagem", com que Dante se depara na abertura da *Divina comédia*:

> *Ah! Descrever não posso esta espessura,*
> *esta selva selvagem, densa e forte,*
> *que em relembrá-la a mente se tortura!*
> *Ela era amarga, quase como a morte!*[4]

"A meio caminho desta vida", o poeta se perde da "via veraz" e erra por uma floresta escura, até encontrar o vulto de outro poeta, Virgílio, que o guia pelos círculos do Inferno e pelos terraços do Purgatório. Purificado nessa travessia, Dante sobe, acompanhado por sua amada Beatriz, às esferas luminosas do Paraíso.

Do inferno ao paraíso

A imagem do inferno, evocada nas reportagens a partir da referência a Dante, e seu reverso, a busca do paraíso, se fazem presentes em *Os sertões* pela incorporação da visão de mundo dos sertanejos e pela interpretação do discurso religioso e profético atribuído ao Conselheiro. Para Euclides, a "felicidade suprema da volta para os céus" é a preocupação dominante dos habitantes do sertão como forma de escapar às contingências de uma existência miserável.

Tido pelos seguidores do Conselheiro como "paraíso" ou

"terra de promissão", Canudos se converte, no livro, em seu oposto, o inferno. O viajante precisaria atravessar "estradas fascinadoramente traiçoeiras que levam ao Inferno" até chegar ao povoado, "imunda antessala do Paraíso", "pobre peristilo dos céus".[5] O escritor oscila entre imagens antitéticas de paraíso e inferno, de salvação e perdição, de modo a captar o caráter tenso e contraditório da história e da natureza.

"Barbaramente estéreis" e "maravilhosamente exuberantes", os sertões se transfiguram em "mutações fantásticas", ao alternar, segundo um "ritmo maldito", entre a aridez das estepes e desertos e a abundância dos vales férteis: "A natureza compraz-se em um jogo de antíteses". A região oscila em um "permanente conflito" entre dias quentes e noites frias e sobretudo entre períodos infernais de seca e momentos edênicos trazidos pelas chuvas, em que a caatinga até então desértica se transforma em paraíso: "É uma mutação de apoteose".[6]

Euclides capta duas visões fantásticas, sugeridas pela secura extrema do sertão baiano e por sua topografia peculiar: a ilusão de mar e a miragem do céu. Ambas as visões se ligam à espera de salvação anunciada tanto por sinais da natureza quanto pelas profecias apocalípticas, que recolheu em versões manuscritas e considerou, com engano, serem da autoria do Conselheiro. Os sermões reunidos por Antônio Vicente Mendes Maciel em dois volumes manuscritos, a que o escritor não teve acesso quando redigiu seu livro, mostram que o líder religioso seguia um catolicismo tradicional, corrente na Igreja do século XIX, sem traços de fanatismo místico ou de milenarismo profético, ainda que tivesse uma crença inabalável na restauração da Monarquia.[7]

Do alto do morro da Favela, ao sul de Canudos, Euclides observa as longínquas montanhas que lhe parecem suspensas no ar e tem a ilusão de contemplar o mar graças às diferenças de temperatura entre as camadas do solo. Avista, ao norte da serra da Canabrava, um "ondular estonteador", ou um "estranho palpitar das vagas longínquas", que cria "a ilusão maravilhosa de um seio de mar".[8]

Tem, ao cruzar a região, a "impressão persistente de calcar o fundo recém-sublevado de um mar extinto", que teria deixado o solo marcado pela "agitação das ondas e voragens", tumulto na paisagem análogo ao causado na história e na política pela rebelião de Canudos. Adotava ideias controversas do geólogo Emmanuel Liais sobre a existência pré-histórica de mar no sertão da Bahia, o que prenunciaria as profecias imputadas ao Conselheiro de que o sertão iria virar praia, com a esperança de uma inversão climática capaz de trazer a salvação ou abrir as portas do paraíso.

A ilusão de céu, outro efeito visual criado pela geografia do sertão, se converte em anúncio de redenção. Visto de cima, Canudos dava a impressão de um "platô elevadíssimo" ou de uma "planície ondulante e grande", o que faria os "matutos crendeiros" acreditar que "ali era o céu...": "a sua topografia interessante modelava-o ante a imaginação daquelas gentes simples como o primeiro degrau, amplíssimo e alto, para os céus...".[9]

Amparado na ilusão do degrau para os céus, o Conselheiro prometeria o paraíso em suas pregações. Tido como "emissário das alturas" e "delegado dos céus", o profeta anunciaria, como um "bufão arrebatado numa visão do Apocalipse", "o reino de mil anos e suas delícias". Abraçava assim, de acordo com Euclides, crenças milenaristas sobre a chegada de uma nova era de felicidade, que poria fim às desgraças trazidas pelas secas do sertão e pela opressão da República.

O capuchinho italiano frei João Evangelista do Monte Marciano, enviado pela Igreja a Canudos em 1895 com a missão fracassada de dispersar a comunidade, também julgou que seus participantes nutriam esperanças sobre a criação do reino dos céus na terra. Afirmou, em seu relatório citado por Euclides, que os "aliciadores da seita" procuravam persuadir o povo de que a cidade era o portal do paraíso: "Todo aquele que se quiser salvar precisa vir para os Canudos, porque nos outros lugares tudo está contaminado e perdido pela República: ali, porém, nem é preciso trabalhar; é a terra da promissão, onde corre um rio de leite e são de cuscuz de milho os barrancos".[10]

Frei Marciano retoma a representação do paraíso terrestre, anterior à queda de Adão e Eva, tal como descrito no livro do Gênesis. Segundo a Bíblia, Deus plantou um jardim das delícias no Éden, no Oriente, cortado por quatro rios, com toda espécie de árvores e frutos, onde colocou o primeiro homem, a primeira mulher e todos os animais. A partir desse relato bíblico, profetas como Isaías e Daniel previram a chegada do Reino de Deus, império eterno, com paz, direito e justiça, capaz de restaurar o paraíso ao reunir todos os povos e nações sob a autoridade de um único rei. João anuncia, no Apocalipse, a criação da cidade santa ou da nova Jerusalém, tendo ao centro um rio de água da vida e árvores frutificando a cada mês, em que Cristo reinaria por mil anos. Com base nos textos proféticos e apocalípticos e em autores latinos, como Ovídio, Virgílio e Plínio, o Velho, escritores cristãos medievais trataram do paraíso terrestre, tema depois retomado por pensadores e viajantes a partir da Renascença.[11]

Para o historiador Jean Delumeau, o milenarismo enquanto expectativa de mil anos de felicidade terrestre, anunciado pelos profetas bíblicos e por João no Apocalipse, se liga à nostalgia do paraíso perdido, proveniente do Gênesis bíblico, que se procura reencontrar pela criação do reino dos céus na terra: "O milenarismo, espera de um reino deste mundo, reino que seria uma espécie de paraíso terrestre reencontrado, está [...] estreitamente ligado à noção de uma idade de ouro desaparecida".[12] Essas correntes milenaristas atravessaram Portugal do século XV ao XVII e se colocaram no centro dos acontecimentos que iriam instaurar no mundo, descoberto pelas caravelas, um reino universal e messiânico. Tal esperança do paraíso terrestre adquiriu contornos laicos a partir do século XVIII, para dar corpo à ideologia do progresso e às utopias políticas modernas.

Como mostra Sérgio Buarque de Holanda em *Visão do paraíso*, os primeiros viajantes e exploradores europeus da América projetaram a imagem do Éden sobre o novo continente, retomando as descrições do paraíso terrestre dos teólogos da Idade Média, que o concebiam não como um mundo inatingível, perdido no começo dos tempos, mas como uma realidade acessível, ainda que em sítio longínquo. Nessa projeção, o continente americano é visto como região de eterna primavera, com temperatura constante, o que repete as descrições medievais do paraíso. Enquanto no velho mundo a natureza avara, repartida em estações, só recompensava os previdentes, os diligentes e os pacientes, no mundo americano ela se entregaria de imediato ao homem, como dádiva de Deus, sem a dura necessidade de recorrer ao trabalho constante.[13]

Tal "visão do paraíso" se encontra, por exemplo, no relato da primeira viagem de Colombo, na *Historia de las Indias*, de Bartolomé de Las Casas (1474-1566), no *Tratado da terra do Brasil*, de Gândavo, de 1573, na *Crônica da Companhia de Jesus* (1663), de Simão de Vasconcelos. Faz-se presente ainda na *História da América portuguesa* (1730), de Rocha Pita, que Euclides considerava um escritor gongórico ou rebuscado, cujos exageros descritivos se justificariam pelo aspecto majestoso da natureza brasileira.

Sob o signo da ironia

O historiador norte-americano Hayden White observou, em ensaio de 1987, que a diferença entre história e ficção reside mais no conteúdo do que propriamente na forma, enfatizando a proximidade da escrita da história com os modos literários de narrar. A história trata de acontecimentos reais, passíveis de comprovação por meio de documentos ou testemunhos, ao passo que a ficção apresenta fatos imaginários ou inventados. Ambas são, porém, construções verbais, que ordenam e codificam os fatos de acordo com as formas de ficção ou as estruturas de enredo adotadas. Para White, o estilo historiográfico exprime uma "*combinação* particular de modos de elaboração de enredo, argumentação e implicação ideológica", em que a argumentação supõe uma "operação cognitiva", e a construção do enredo, a "percepção estética do passado".[14]

Euclides traçou, em *Os sertões*, um retrato de Antônio Conselheiro como personagem trágico, guiado por forças obscuras e ancestrais e por maldições hereditárias que o teriam levado à insanidade e ao conflito com a ordem. Filho de um comerciante de Quixeramobim, no interior do Ceará, Antônio Vicente Mendes Maciel, o Conselheiro, iniciou sua peregrinação mística na década de 1870, depois de ter sido abandonado pela mulher, que fugira com um policial. Seus familiares participavam, desde a década de 1830, de um sangrento combate contra um clã inimigo. Para Euclides, tal luta entre famílias teria criado uma "predisposição fisiológica" nos seus descendentes, que tornou hereditários os rancores e as vinganças, de modo semelhante aos personagens trágicos dos mitos gregos.

O crítico canadense Northrop Frye enfocou, em *Anatomia da crítica* (1957), o personagem trágico como um líder situado entre o divino e o humano, que se move do heroico ao irônico, por ser muito grande se comparado ao homem comum, mas que se mostra falho frente aos deuses ou ao destino: "O herói trágico situa-se tipicamente no topo da roda da fortuna, a meio caminho entre a sociedade humana, no solo, e algo maior, no céu".[15] Limitado por uma ordem natural ou divina, o protagonista da tragédia é humilhado e acaba por entrar em agonia, muito distante da atitude heroica inicial.

Frye define a atitude irônica a partir do *eíron*, o homem que se censura. A ironia se afasta das formulações diretas ou óbvias em favor dos sentidos velados, mas sugeridos: "O termo ironia, portanto, indica uma técnica, de alguém parecer que é menos do que é, a qual, em literatura, se torna muito comumente uma técnica de dizer o mínimo e de significar o máximo possível". E conclui: "O escritor de ficção irônica, portanto, censura-se".

Ao contrário da tragédia, em que a catástrofe do herói se relaciona de forma plausível com seu caráter e ações, a ironia torna arbitrária a situação trágica, ao mostrar que a vítima é um bode expiatório, escolhido por acaso e que não merece o que lhe acontece: "o princípio fundamental da ironia trágica é que tudo de excepcional que aconteça com o herói devia estar causalmente descombinado com o seu caráter".[16] Tendo origem na comédia e na ficção realista, a ironia se move em direção ao mito, fazendo surgir os contornos obscuros das cerimônias de sacrifício.

Euclides recorreu à ironia para mostrar como a Guerra de Canudos negou ou inverteu o mito glorioso da Revolução Francesa. Conhecera tal mito pelos relatos românticos de Victor Hugo, com o romance *Noventa e três* (1874), sobre a guerra dos camponeses católicos da região da Vendeia, e de Jules Michelet, com a *Histoire de la Révolution Française* [História da Revolução Francesa] (1847-53). Ambos, Hugo e Michelet, transformaram o povo em herói coletivo, procedimento também adotado por Euclides ao enfocar o sertanejo em *Os sertões*.

O escritor fez, em seu livro sobre Canudos, a autocrítica do patriotismo exaltado de suas reportagens e se afastou da comparação entre a história brasileira e a Revolução Francesa empregada nos artigos de março e julho de 1897, com o título de "A nossa Vendeia", redigidos antes de viajar à Bahia. Aproximara, nesses artigos, a guerra no sertão à rebelião em 1793 dos camponeses monarquistas e católicos da região da Vendeia contra a França revolucionária.

Reconheceu, em *Os sertões*, a omissão de sua cobertura jornalística, ao denunciar o massacre dos prisioneiros sobre o qual se calara antes nas reportagens. Descartou ainda a ideia de uma conspiração monárquica, apoiada por países estrangeiros, que havia justificado o massacre. Mostrava agora que a rebelião liderada por Antônio Conselheiro não apresentava o projeto político de derrubar a República. Tratava-se antes, para Euclides, de um movimento místico e religioso, fundado em expectativas milenaristas de criação do paraíso terrestre e em crenças sebastianistas sobre o retorno mágico do rei português d. Sebastião, desaparecido no século XVI, que voltaria para derrotar as tropas do novo regime.

A história como tragédia

Euclides concebeu a história como drama trágico ao escrever sobre os conflitos armados dos primeiros anos da República, como a Revolta da Armada (1893-4) e a Guerra de Canudos (1896-7), dos quais foi testemunha e intérprete. Empregou imagens ligadas às artes plásticas e cênicas para apresentar a história como se fosse uma peça de teatro ou os quadros de uma exposição.

Leu, ao longo da vida, os trágicos gregos — Ésquilo, Sófocles e Eurípides —, além dos dramas de Shakespeare. Redigiu grande parte de *Os sertões* em São José do Rio Pardo, de 1898 a 1901, enquanto dirigia a reconstrução de uma ponte metálica sobre o rio. À frente do barracão de obras, de onde fiscalizava a reconstrução, escreveu a indagação amarga e irônica do Hamlet de Shakespeare, surpreso com a alegria da mãe, a rainha Gertrude, após a misteriosa morte do marido: "*What should a man do but be merry?*" ("Que faria o homem, se não risse?").[17]

Berthold Zilly, tradutor alemão de *Os sertões*, observou que o escritor recria a guerra como tragédia, em que o não herói, o sertanejo, se revela como o único herói numa transfiguração quase milagrosa de apoteose: "A História é apresentada como trágica, repleta de infelicidades, infâmias e catástrofes, um imbricamento de progressos e retrocessos marcados por hecatombes".[18]

A linguagem dramática frequente no livro se articula ao discurso militar, em que são correntes termos como "teatro de operações" e "teatro da luta". As inúmeras expressões ligadas ao teatro — anfiteatro, cenário, palco, tragédia, atores, plateia, espectadores — permitem a Euclides desenvolver uma ideia central em sua escrita: a inversão de papéis. Decorrem de tal inversão, conforme notou Leopoldo Bernucci, as principais figuras de linguagem e de pensamento do livro, como a antítese, o oximoro e a ironia, que mostram a ilusão e o avesso das coisas e estabelecem correspondências momentâneas entre os objetos, que logo se convertem em ilusões ou paradoxos, a exemplo da visão do céu transformada em inferno ou do deserto que cria a miragem do mar.[19]

Inspirada no drama, a inversão de papéis fortalece, com sua poderosa ironia, a conciliação ou a semelhança entre os lados opostos, ao revelar o deslocamento e o intercâmbio de lugares entre a civilização e a barbárie. A matança dos prisioneiros é tomada assim como um "drama sanguinolento da Idade das Cavernas", ou um "recuo prodigioso no tempo", em que os soldados e oficiais, supostos representantes do progresso, agiam de forma primitiva.[20]

Os heróis romanescos irrompem, na narrativa, para dar conta dos momentos em que o conflito adquire "delineamentos épicos" pela troca de papéis entre soldados depreciados e jagunços elevados à condição de heróis. Um grupo de sertanejos ataca, de forma tão brava quanto suicida, o possante canhão Whitworth, apelidado de matadeira, que rugia sobre Canudos como um "animal fantástico". Um prisioneiro se estrangula com uma corda e se converte, enrijecido, em uma "velha estátua de titã, soterrada havia quatro séculos e aflorando, denegrida e mutilada, naquela imensa ruinaria de Canudos": "Era uma inversão de papéis. Uma antinomia vergonhosa...".[21]

A paisagem é vista, em "A terra", primeira parte de *Os sertões*, como cenário trágico, que antecipa de modo simbólico a morte dos prisioneiros. A vegetação da caatinga permite antever a degola dos sertanejos, que se converte em tragédia inscrita na própria natureza. As flores rubras das cabeças-de-frade lembram "cabeças decepadas e sanguinolentas jogadas por ali, a esmo, numa desordem trágica". As palmatórias-do-inferno, "diabolicamente eriçadas de espinhos", evocam a paixão de Cristo e o sacrifício dos conselheiristas.

O espaço geográfico se transforma em "cenário" de um "emocionante drama" histórico. O sertão de Canudos surge como um "monstruoso anfiteatro", cujo isolamento se reforça pelo majestoso círculo de montanhas à sua volta, que evoca os teatros ao ar livre da Antiguidade e traz a certeza da impunidade para a "multidão criminosa e paga para matar", formada por soldados e oficiais.[22]

Euclides apresentou as batalhas a que assistiu como repórter como quadros e cenas vistos de tribunas elevadas ou de camarotes, formados pelos morros ao redor de Canudos, onde se instalaram as tropas com os canhões que bombardeavam a cidade. As metáforas teatrais transformam os combates em espetáculo, em que o narrador retoma o papel do coro da tragédia clássica, comentando os acontecimentos, lamentando as vítimas e acusando os vencedores.

A violenta batalha de 24 de setembro de 1897, que resultou no cerco de Canudos, é narrada de um modo épico, plástico e ilustrativo, com longas descrições de quadros e imagens, e depois como um ato de tragédia, em que as imagens se tornam teatrais e dinâmicas. O discurso teatral aparece com mais frequência nesses últimos capítulos, à medida que a destruição da comunidade ganha um sentido trágico de hecatombe ou de final apocalíptico.

Contado com intensa dramaticidade, o combate é central no desenrolar da guerra, pois permitiu às tropas cercar a cidade e selar a sua derrota, ao privar seus habitantes de água e comida. Observa Euclides: "traçara-se a curva fechada do assédio real, efetivo. A insurreição estava morta". Munido de binóculos, o narrador acompanha o espetáculo do alto do morro, junto com os oficiais, que formavam uma "plateia enorme para a contemplação do drama", entusiasmada com os avanços das tropas: "Aplaudia-se. Pateava-se. Estrugiam bravos. A cena [...] aparecia-lhes aos olhos como se fora uma ficção estupenda, naquele palco revolto, no resplendor sinistro de uma gambiarra de incêndios".

Os incêndios que se espalhavam no casario lembravam os refletores do teatro, e as nuvens de fumaça escondiam, por vezes, o quadro "como o telão descido sobre um ato de tragédia", quando então "em toda a cercadura de camarotes grosseiros do monstruoso anfiteatro explodiam irreprimíveis clamores de contrariedades e desapontamentos de espectadores frenéticos, agitando os binóculos inúteis, procurando adivinhar o enredo inopinadamente encoberto".[23]

Ausente das reportagens, a degola de centenas de prisioneiros ao final da guerra é referida em *Os sertões*, mas de forma velada, ainda que sejam relatados casos isolados de decapitação ou estripamento. Tal elipse narrativa, que torna a matança coletiva apenas subentendida, tem função semelhante à do decoro na tragédia, em que se impedia a visão das cenas violentas, com derramamento de sangue, que eram representadas nos bastidores, em geral dentro do palácio real, enquanto os espectadores ouviam os gritos da vítima.[24]

O narrador evita a representação de fatos cruentos ou patéticos, antes sugeridos do que propriamente relatados, já que não haveria linguagem capaz de exprimir tal horror: "E de que modo comentaríamos, com a só fragilidade da palavra humana, o fato singular de não aparecerem mais, desde a manhã de 3, os prisioneiros válidos colhidos na véspera?".

Adota assim um tom sombrio, capaz de dar expressão à infame inversão de papéis, representada pela chacina dos prisioneiros, que transformou a campanha em matadouro: "que entre os deslumbramentos do futuro caia, implacável e revolta; sem altitude, porque a deprime o assunto; brutalmente violenta, porque é um grito de protesto; sombria, porque reflete uma nódoa — esta página sem brilhos...".[25]

Deixou igualmente de narrar os derradeiros combates em Canudos, "exemplo único em toda a História", por ter resistido até o esgotamento completo com apenas quatro guerreiros, que lutaram até a morte contra 5 mil soldados: "Forremo-nos à tarefa de descrever os seus últimos momentos. Nem poderíamos fazê-lo. Esta página, imaginamo-la sempre profundamente emocionante e trágica; mas cerramo-la vacilante e sem brilhos".[26]

Critica e ironiza, nesta "página sem brilhos", a cintilação ilusória das glórias e insígnias militares, manchadas por atos indignos. Faz ainda a paródia do entusiasmado telegrama que o presidente da República, Prudente de Morais, enviou ao ministro da Guerra, marechal Carlos Machado Bittencourt, e ao general Artur Oscar de Andrade Guimarães, comandante da última expedição, em que transmitia suas "congratulações pela terminação dessa campanha excepcional, de modo tão honroso para a República quanto glorioso para o Exército nacional, que, através de tantos sacrifícios, acaba de escrever mais uma página brilhante para a nossa história".[27]

A destruição de Canudos, com o extermínio de seus moradores e o incêndio de casas e ruas, que desapareceram sob as chamas, atendia às determinações de Prudente de Morais, que ordenara: "Em Canudos não ficará pedra sobre pedra, para que não mais possa se reproduzir aquela cidadela maldita, e esse serviço a nação o deve ao heroico Exército nacional".[28]

Euclides retomou tal visão teatral e irônica da história no breve relato "A esfinge", de *Contrastes e confrontos* (1907), parte do livro que pretendia escrever sobre a Revolta da Armada, na qual atuou entre 1893 e 1894 como tenente a serviço das forças do governo. Contou a visita noturna feita pelo marechal Floriano Peixoto às obras da fortificação que erguia como engenheiro militar no cais do porto do Rio para abrigar o canhão que iria bombardear os navios rebelados. O marechal, que governava o país com mão de ferro, surgia aos seus olhos como a "esfinge" em cuja face enigmática via inscritos os destinos do país.

O sogro de Euclides, o general Solon Ribeiro, um dos líderes da proclamação da República, se encontrava preso sob a acusação de envolvimento com os revoltosos da Marinha. Em meio a tantos conflitos, o engenheiro-escritor lia o romance de cavalaria *Ivanhoé* (1820), do escocês Walter Scott, e a obra histórica do inglês Thomas Carlyle *The French Revolution* [A Revolução Francesa] (1837), em que são criticados os abusos do poder revolucionário. Procurava, nas páginas de Scott ou Carlyle, encontrar consolo para os descaminhos do novo regime, desonrado por guerras civis, como forma de se penitenciar "do uso desta espada inútil, deste heroísmo à força e desta engenharia mal-estreada...".

Contemplando, durante a Revolta da Armada, os navios de guerra imersos à noite na escuridão da baía, Euclides se sentiu como o figurante de um drama trágico:

> Imaginei-me, então, obscuríssimo comparsa numa dessas tragédias da Antiguidade clássica, de um realismo estupendo, com os seus palcos desmedidos, sem telão e sem coberturas, com os seus bastidores de verdadeiras montanhas em que se despenhavam os heróis de Ésquilo, ou o proscênio de um

braço de mar, onde uma plateia de cem mil espectadores pudesse contemplar, singrantes, as frotas dos *Fenícios*.[29]

Com cômica ironia, os papéis desse drama histórico se confundiam e se invertiam "num jogar de antíteses infelizes", em que o governo ou a legalidade, "belo eufemismo destes tempos sem leis", decretava o estado de sítio e esmagava os rebeldes da Marinha pela suspensão das leis. A Constituição era assim estrangulada pelos "abraços demasiado apertados dos que a adoram". A história se encenava como comédia trágica ou era narrada enquanto epopeia sem heróis, em que o estilo elevado era rebaixado pela perspectiva irônica: "Os heróis desmandam-se em bufonerias trágicas. Morrem, alguns, com um cômico terrível nesta epopeia pelo avesso".[30]

A tragédia da piedade

Euclides teve, como o Conselheiro, um fim trágico. Ambos foram construtores itinerantes, um de igrejas e cemitérios, o outro de pontes e estradas. Os dois tiveram o destino marcado pelo adultério das esposas, pela luta sangrenta de suas famílias contra seus inimigos e pelas posições que assumiram frente à República. Ambos tiveram fé, o líder religioso na força redentora da devoção e do ascetismo, o escritor no poder transformador da ciência e da filosofia.

Euclides morreu em 15 de agosto de 1909, no bairro da Piedade, no Rio de Janeiro, ao tentar matar, a tiros, o cadete Dilermando de Assis, amante de sua mulher. Sete anos depois, Dilermando fuzilou Euclides da Cunha Filho, o filho preferido do escritor, que tentara vingar o pai. A imprensa noticiou a morte do autor de *Os sertões* como a "tragédia da Piedade", usando as mesmas imagens teatrais presentes em sua obra. Comparou depois, em 1916, o destino de seu filho ao drama do Hamlet de Shakespeare, obcecado em desforrar o pai assassinado. Ao agir como os heróis antigos ou como os valentões sertanejos, a vida de Euclides se tornou uma ficção trágica.

NOTAS

1. NAS SERRAS FLUMINENSES [pp. 41-56]

1   S. Rabello, *Euclides da Cunha*, p. 9.
2   B. Fausto, *História do Brasil*, pp. 192-5.
3   S. Rabello, *Euclides da Cunha*, pp. 9-10.
4   Livro de casamentos. Santa Rita do Rio Negro (Euclidelândia), 24 out. 1864. Liv. 1, fl. 43, n.º 3:
"Manuel Rodrigues Pimenta da Cunha e Eudóxia Alves Moreira
brcos
    Aos vinte e quatro d'outubro de mil oitocentos sessenta e quatro, depois de feita a admoestação a Mina Conventual, nesta freguesia, onde os contraentes são moradores, e na de Cantagalo, onde a contraente é natural e não resultando impedimento algum, depois de ter a contraente, se mostrado livre e desimpedida no cartório da Vara desta Comarca, e ter sido dispensados pregões de sua naturalidade e poder ser recebido em oratório privado, pelas duas horas da tarde em a casa da Fazenda denominada Vasca, cita nesta freguesia, aí em um oratório preparado para esse fim, depois de confessados, em minha presença e das testemunhas Antonio Teixeira de Carvalho, e José Teixeira de Carvalho, ambos casados, moradores nesta freguesia, e conhecidos, recebi em matrimônio por palavras de presente em face do Altar, e na forma do Sagrado Concílio Tridentino e Constituições do Bispado, a Manuel Rodrigues Pimenta da Cunha, branco, idade vinte e três anos, filho legítimo de Manuel Rodri-

gues Pimenta da Cunha, falecido, e Dona Teresa Maria de Jesus Cunha, natural e batizada na freguesia da Conceição da Praia, na cidade da Bahia e de presente morador nesta, com Dona Eudóxia Alves Moreira, branca, idade vinte e dois anos, filha natural de Joaquim Alves Moreira, e Carolina Florentina Mendes, ambos falecidos, natural e batizada na freguesia de Cantagalo, e de presente moradora nesta. E logo lhes dei as bençãos nupciais, na forma do Ritual Romano; do que para constar fiz este. O Vigário Calado Geminiano da Piedade Miranda. Estavam assinados: Antônio Teixeira de Carvalho e José Teixeira de Carvalho".

5 Entrevista com Edmo Rodrigues Lutterbach. Rio de Janeiro, 6 fev. 1995. O pai de Edmo Rodrigues Lutterbach, Sebastião Henrique Lutterbach, foi proprietário da fazenda Saudade, em que Euclides nasceu. Na área da fazenda, no distrito de Euclidelândia (antiga Santa Rita do Rio Negro), município de Cantagalo, existe hoje a fábrica de Cimento Mauá. Da antiga fazenda, restaram apenas a roda e parte das fundações de pedra do antigo engenho.

6 Livro de batizados. Santa Rita do Rio Negro (Euclidelândia), 24 nov. 1866. Liv. 1, fl. 161, nº 49:
"Euclides Pimenta da Cunha
brco
   Filho legítimo de Manuel Rodrigues Pimenta da Cunha
   Aos vinte e quatro de novembro de mil oitocentos sessenta e seis, batizei e pus os santos óleos, a Euclides, branco, nascido em vinte de janeiro do corrente ano, filho legítimo de Manuel Rodrigues Pimenta da Cunha e Eudóxia Moreira da Cunha: foram padrinhos José Teixeira de Carvalho e Emerenciana da Silva Teixeira; do que para constar fiz este. O Vigário Calado Geminiano da Piedade Miranda".

7 Livro de batizados. Santa Rita do Rio Negro (Euclidelândia), 1º nov. 1868. Liv. 1, fl. 180, nº 66:
"Adélia Pimenta da Cunha
brca
   Filha legítima de Manuel Rodrigues Pimenta da Cunha
   Ao primeiro de novembro de mil oitocentos sessenta e oito, batizei e pus os santos óleos a Adélia, branca, nascida em nove d'agosto de mil oitocentos sessenta e sete, filha legítima de Manuel Rodrigues Pimenta da Cunha, e Eudóxia Moreira da Cunha: foram padrinhos Joaquim Antônio Pereira Barreto e Dona Teresa Maria de Jesus Barreto, por procuração, que apresentaram Antônio Teixeira de Carvalho e Dona Virgínia Durão

Teixeira; do que para constar fiz este. Vigário Calado Geminiano da Piedade Miranda".

8   Certidão de óbito de Eudóxia Moreira da Cunha (Grêmio Euclides da Cunha). Cantagalo, ago. 1869. S. Rabello, *Euclides da Cunha*, pp. 12 e ss. E. Dória, "Euclides da Cunha". *Jornal do Comércio* (Rio de Janeiro), 24 jan. 1915.
9   Carta a L. de Mendonça. Lorena, 22 mar. 1903. In: W. N. Galvão e O. Galotti (Orgs.), *Correspondência de Euclides da Cunha*, p. 158.
10 Carta a M. de Assis. Santos, 15 fev. 1904. In: *Correspondência de Euclides da Cunha*, pp. 196-7.
11 M. R. P. da Cunha, "À morte de Castro Alves, esperançosíssimo poeta brasileiro falecido em julho de 1871, no verdor da idade". In: *Almanaque Luso-Brasileiro* (Lisboa), 1875. Republ. em: C. Alves, *Espumas flutuantes*, pp. 153-4.
12 Carta ao pai (M. R. P. da Cunha). Lorena, 22 set. 1903. In: *Correspondência de Euclides da Cunha*, p. 181.
13 B. Fausto, *História do Brasil*, pp. 213-6.
14 J. Schulz, *A crise financeira da abolição*, pp. 45-6. Ver também J. Caldeira, *Mauá, empresário do Império*.
15 S. Rabello, *Euclides da Cunha*, pp. 9-18. E. Dória, "Euclides da Cunha". *Jornal do Comércio* (Rio de Janeiro), 24 jan. 1915.
16 E. Dória. "Euclides estudante". *Revista da Semana*, 23 ago. 1930.
17 E. Dória, "Euclides da Cunha". *Jornal do Comércio* (Rio de Janeiro), 15 ago. 1913. Idem, "Euclides da Cunha". *Jornal do Comércio* (Rio de Janeiro), 24 jan. 1915.
18 R. S. Sayers, *O negro na literatura brasileira*, pp. 208 e ss. V. Hugo, *Bug-Jargal* (1826). Sobre o negro romântico na literatura francesa, cf. L.-F. Hoffmann, *Le nègre romantique*.
19 "Em viagem". In: *O Democrata* (Rio de Janeiro), 4 abr. 1884. Republ. em *Obra completa*, v. 1, p. 567.
20 E. da Cunha. *Ondas, primeiras poesias de Euclydes Cunha*. Rio de Janeiro, 1883 (Grêmio Euclides da Cunha). Manuscrito.
21 "Amor algébrico". In: *Obra completa*, v. 1, p. 706.
22 E. Dória, "Lembranças de Euclides da Cunha". In: *Euclydes* (Rio de Janeiro), 12: 182-3, t. 2, 15 ago. 1940.
23 "Saint-Just". In: *Obra completa*, v. 2, pp. 701-2. Parte dos poemas de *Ondas* foi publicada em E. da Cunha, *Obra completa*, v. 2.
24 Carta a O. Lima. Rio de Janeiro, 25 maio 1908. In: *Correspondência de Euclides da Cunha*, p. 362. Cf. J. M. de Carvalho, "O último dos românticos".

2. PRAIA VERMELHA [pp. 57-84]

1. A. Rangel, "O corpo de alunos". In: *Águas revessas* (Arquivo Nacional). Original datilografado.
2. J. Motta, *Formação do oficial do Exército*, pp. 194-200.
3. J. Motta, *Formação do oficial do Exército*, pp. 188-9.
4. Escola Militar da Corte. Livro de matrículas — 1874 a 1886 (Arquivo do Exército). Liv. 1, fl. 259v.
5. Escola Militar Federal. Registro-geral das praças, 2ª Companhia (Arquivo do Exército).
6. U. Peregrino, "Euclides da Cunha e a Escola Militar da Praia Vermelha", citado por O. de S. Andrade, *História e interpretação de "Os sertões"*, p. 30.
7. Baseei-me no relato de Alberto Rangel de seu ingresso na Escola Militar. Cf. A. Rangel, *Águas revessas* (Arquivo Nacional).
8. Cit. por J. Motta, *Formação do oficial do Exército*, p. 189.
9. Fé de ofício de Euclides Rodrigues da Cunha. Rio de Janeiro, 14 ago. 1896 (Arquivo do Exército). Para o currículo da Escola Militar, cf. J. Motta, *Formação do oficial do Exército*, pp. 195-6.
10. "Sessão Imperial". *Gazeta de Notícias* (Rio de Janeiro), 4 maio 1888.
11. J. M. M. de Assis, "Bons dias!". *Gazeta de Notícias* (Rio de Janeiro), 11 maio 1888. Republ. em J. Gledson (Org.), *Bons dias!*, pp. 56-9.
12. "Senado". *Gazeta de Notícias* (Rio de Janeiro), 14 maio 1888.
13. *Gazeta de Notícias* (Rio de Janeiro), 14 maio 1888.
14. Princesa Isabel. Cartas a d. Pedro II e à mãe. Petrópolis, 13 maio 1888. Rio de Janeiro, 16 maio 1888. Cit. por J. Caldeira (Org.), *Viagem pela história do Brasil*.
15. "Abolição". *Gazeta de Notícias* (Rio de Janeiro), 17 maio 1888.
16. "Abolição". *Gazeta de Notícias* (Rio de Janeiro), 17 maio 1888.
17. "Abolição — As festas de anteontem". *Gazeta de Notícias* (Rio de Janeiro), 22 maio 1888.
18. R. T. Mendes, *Benjamin Constant*, pp. 331-2. C. Castro, *Os militares e a República*, p. 136.
19. A. Rangel, "A guinada à República". In: *Águas revessas* (Arquivo Nacional).
20. Cit. por E. Dória, "Euclides da Cunha". *Jornal do Comércio* (Rio de Janeiro), 24 jan. 1915.
21. C. Castro, *Os militares e a República*, pp. 42 e ss.
22. "Alferes-alunos". *Gazeta de Notícias* (Rio de Janeiro), 14 jul. 1888.
23. "Indisciplina". *Gazeta de Notícias* (Rio de Janeiro), 5 nov. 1888.

24 "O caso da Escola Militar". *Gazeta de Notícias* (Rio de Janeiro), 6 nov. 1888.
25 A. Rangel, "O gesto do Euclides". In: *Águas revessas* (Arquivo Nacional).
26 "O caso da Escola Militar". *Gazeta de Notícias* (Rio de Janeiro), 6 nov. 1888.
27 Escola Militar da Corte. *Registro das Ordens do Dia*, 1888-1890, fl. 11 (Arquivo do Exército). Rio de Janeiro, 5 nov. 1888.
28 Escola Militar da Corte. *Registro das Ordens do Dia*, 1888-1890, fl. 12v. e 14v. Rio de Janeiro, 27 nov. 1888, 15 dez. 1888.
29 "O caso da Escola Militar". *Gazeta de Notícias* (Rio de Janeiro), 6 nov. 1888.
30 A. Rangel, "O gesto do Euclides". In: *Águas revessas* (Arquivo Nacional).
31 Cit. por A. Rangel, "O gesto do Euclides". In: *Águas revessas* (Arquivo Nacional).
32 "Trovoada... militar". *A Província de São Paulo* (São Paulo), 6-7 nov. 1888. "Aproxima-se a República". *A Província de São Paulo* (São Paulo), 28 dez. 1888.
33 Cit. por E. Pontes, *A vida dramática de Euclides da Cunha*, p. 79.
34 Escola Militar da Corte. *Registro das Ordens do Dia*, 1888-1890, fl. 14 (Arquivo do Exército). Rio de Janeiro, 6 dez. 1888.
35 Repartição de ajudante-general, *Ordens do dia*. Rio de Janeiro, 26 dez. 1888, 31 dez. 1888.
36 G. da Cunha, *Diário*. Rio de Janeiro, 15 maio 1907 (Col. M. G. da Cunha). Os registros militares de Euclides só fazem menção ao seu recolhimento no hospital militar, sem qualquer referência à detenção na fortaleza de Santa Cruz.

3. PROPAGANDISTA POLÍTICO [pp. 85-93]

1 Carta a C. Neto. Lorena, 3 dez. 1902. In: *Correspondência de Euclides da Cunha*, p. 143.
2 P. Duarte, *Júlio Mesquita*.
3 "A pátria e a dinastia". *A Província de São Paulo*. São Paulo, 22 dez. 1888. Republ. em *Obra completa*, v. 1, p. 597.
4 "Da corte". *A Província de São Paulo*. São Paulo, 17 maio 1889. Republ. em *Obra completa*, v. 1, pp. 617-8.
5 "Atos e palavras". *A Província de São Paulo*. São Paulo, 11 jan. 1889. Republ. em *Obra completa*, v. 1, p. 605.
6 "Atos e palavras". *A Província de São Paulo*. São Paulo, 15 jan. 1889. Republ. em *Obra completa*, v. 1, p. 609.

7   "89". *A Província de São Paulo*. São Paulo, 1º jan. 1889. Republ. em *Obra completa*, v. 1, pp. 599 e ss.
8   Sigo a análise de Celso Castro, em *Os militares e a República*.
9   C. Castro, *Os militares e a República*, pp. 29-30. R. T. Mendes, *Benjamin Constant*.
10 "O marechal de ferro". *O Estado de S. Paulo*. São Paulo, 29 jun. 1904. Republ. em *Contrastes e confrontos* (1907), *Obra completa*, v. 1, p. 130.

4. RUÍNA DOS IDEAIS [pp. 95-151]

1   O. de S. Andrade, *História e interpretação de "Os sertões"*, pp. 49-50. F. Pacheco, "Dois egressos da farda: o sr. Euclides da Cunha e o sr. Alberto Rangel".
2   Q. Bocaiuva, "Como se fez a República". A. Fialho, *História da fundação da República no Brasil*. T. Monteiro, *Pesquisas e depoimentos para a história*.
3   J. Motta, *Formação do oficial do Exército*, pp. 205-6.
4   Fé de ofício de Euclides Rodrigues da Cunha. Rio de Janeiro, 14 ago. 1896 (Arquivo do Exército).
5   E. Pontes, *A vida dramática de Euclydes da Cunha*.
6   Carta ao pai (M. R. P. da Cunha). Rio de Janeiro, 14 jun. 1890. In: *Correspondência de Euclides da Cunha*, p. 30.
7   "O Ex-Imperador". *O Estado de S. Paulo*. São Paulo, 3 mar. 1890. Republ. em *Obra completa*, v. 1, pp. 625-6.
8   "Sejamos francos". *O Estado de S. Paulo*. São Paulo, 18 mar. 1890. Republ. em *Obra completa*, v. 1, pp. 626-7.
9   Ana Emília Solon Ribeiro nasceu em 18 de junho de 1872 na cidade de Jaguarão, no Rio Grande do Sul, e foi batizada em 21 de maio de 1873 de acordo com a certidão de nascimento reproduzida por Joel Bicalho Tostes. Cf. J. B. Tostes, *Águas de amargura*, p. 131. Para o registro de nascimento de Ana, cf. Livro 6 de Assentamentos de Batismo da Paróquia de Divino Espírito Santo, fl. 142. Jaguarão, 21 maio 1873.
    Esta mesma data de nascimento, 18 de junho de 1872, foi declarada por Ana, ao requerer, com Euclides, em 29 de julho de 1890, comprovação de idade para fins de casamento. Cf. Habilitação de casamento do Segundo-Tenente Euclides Rodrigues da Cunha e de Ana Emília Solon Ribeiro. Rio de Janeiro, 31 ago. 1890 (Rio de Janeiro, Arquivo Nacional).
    Na habilitação de casamento de Ana e Dilermando de Assis, de 12 de maio de 1911, consta que ela teria 36 anos e Dilermando, 23 anos, sem a indicação das respectivas datas de nascimento. Caso tivesse nascido em

18 de junho de 1872, Ana teria à época 38 anos. Cf. Habilitação de casamento de Dilermando Candido de Assis e Ana Emília Ribeiro da Cunha. Rio de Janeiro, 12 maio 1911 (Rio de Janeiro, Arquivo Nacional).

Na certidão de óbito de Ana de Assis, falecida em 12 de maio de 1951, consta a idade de 76 anos, quando deveria ter 78 anos à época de seu falecimento.

Judith Ribeiro de Assis, filha de Ana e Dilermando de Assis, afirma, em *Anna de Assis*, que sua mãe nasceu em 18 de junho de 1875, sem apresentar documentos comprobatórios. Esta data é, porém, contraditória com a idade que consta de sua habilitação de casamento com Dilermando e de seu registro de óbito. Cf. J. R. de Assis, *Anna de Assis*, p. 16.

10 Assentos de casamentos civis, livro 4, fls. 136 e 136v., no 217 (Tribunal de Justiça do Estado do Rio de Janeiro, Registro civil das pessoas naturais, 6ª Circunscrição). Rio de Janeiro, 10 set. 1890. No registro civil do casamento, a idade de Euclides foi registrada errada, como se tivesse 23 anos, em vez dos 24 anos que tinha quando se casou com Ana:

"Aos dez dias do mês de setembro de mil oitocentos e noventa, nesta Capital Federal e na casa de residência do coronel Frederico Solon Sampaio Ribeiro à rua de São Luiz Gonzaga número sessenta e um, às três e meia horas da tarde, presente o juiz comigo oficial efetivo e as testemunhas comendador José Alves Ferreira Chaves e doutor Diogo Rodrigues Vasconcelos, receberam-se em matrimônio o Segundo-Tenente Euclides Rodrigues da Cunha, filho legítimo de Manuel Rodrigues Pimenta da Cunha e Eudóxia Moreira da Cunha, de vinte e três [*sic*] anos de idade, natural do Estado do Rio de Janeiro, residente à rua de São Cristóvão, número cento e trinta e dois — e Ana Emília Solon Ribeiro, filha do já, digo, filha legítima do já referido Coronel Frederico Solon de Sampaio Ribeiro e Túlia Teixeira Ribeiro, de dezoito anos de idade, natural do Estado do Rio Grande do Sul, residente à mencionada rua de S. Luiz Gonzaga. Em firmeza do que, eu, Joaquim Pereira de Macedo Couto, lavrei este ato, que vai por todos assinado.

Mal Ventura de Bas Leite Sampaio
2º Tte Euclides Rodrigues da Cunha
Ana Emília Ribeiro da Cunha
Maria Rosa de Vasconcelos
Diogo Roiz de Vasconcelos — 49 anos, engenheiro, rua de S. Pedro nº 106
José Alves Ferreira Chaves 51 anos, negociante Rua Sta Alexdia 67
Jm Pera Mdo Couto".

11 Livro de casamentos, Igreja Matriz de São Cristóvão, nº 473, fl. 51v. (Cúria Metropolitana, Arquidiocese do Rio de Janeiro). Rio de Janeiro, 10 set. 1890:
"Aos dez dias do mês de setembro de mil oitocentos e noventa nesta Matriz de São Cristóvão pelas cinco horas da tarde, observadas as disposições do Tridentino e leis canônicas em minha presença e das testemunhas abaixo assinadas se receberão [sic] em matrimônio por palavras de presente o Segundo-Tenente Euclides Rodrigues da Cunha e D. Ana Emília Solon Ribeiro, filhos legítimos, ele de Manuel Rodrigues Pimenta da Cunha e D. Eudóxia Moreira da Cunha, e ela do Coronel Frederico Solon de Sampaio Ribeiro, nascido [sic] e batizados ele na freguesia de Santa Rita do Rio Grande digo do Rio Negro em Cantagalo e ela na do Espírito Santo no Rio Grande do Sul e moradores nesta de São Cristóvão, os quais apresentarão [sic] Provisão da Câmara Eclesiástica. E para constar fiz este assento.
O Vigário Luiz Antonio Escobar Araújo".
12 Escola Superior de Guerra. Livro de matrículas dos alunos. Liv. 3 (Arquivo do Exército). Para o currículo da Escola Superior de Guerra, cf. J. Motta, *Formação do oficial do Exército*, pp. 205-6.
13 V. de Taunay, *O encilhamento*, p. 3.
14 R. de Magalhães Jr., *Rui, o homem e o mito*. E. Carone, *A República Velha: instituições e classes sociais*. J. Schulz, *A crise financeira da abolição: 1875-1901*.
15 J. Schulz, *A crise financeira da abolição*, p. 13.
16 V. de Taunay, *O encilhamento*, p. 6.
17 A. P. Leitão. In: *O Tempo*. Rio de Janeiro, 1891. Cit. por V. Carvalho, "Prólogo". In: V. de Taunay, *O encilhamento*, pp. x-xi.
18 *Gazeta de Notícias*. Rio de Janeiro, 5 fev. 1891. Cit. por J. Schulz, *A crise financeira da abolição*, p. 92.
19 J. Schulz, *A crise financeira da abolição*, p. 19.
20 "Dia a dia". *O Estado de S. Paulo*. São Paulo, 17 abr. 1892. Republ. em *Obra completa*, v. 1, pp. 662-4.
21 Sigo o relato de Euclides em "O marechal de ferro". *O Estado de S. Paulo*. São Paulo, 29 jun. 1904. Republ. em *Contrastes e confrontos* (1907), *Obra completa*, v. 1, pp. 128-32.
22 E. Carone, *A República Velha*, v. 2, p. 68.
23 "O marechal de ferro" (1904). In: *Obra completa*, v. 1, p. 132.
24 J. Schulz, *A crise financeira da abolição*, p. 12.
25 Citado por E. Carone, *A República Velha*, v. 2, p. 73.

26 T. T. Ribeiro. Carta a F. S. S. Ribeiro. [Rio de Janeiro], 13 dez. 1891 (Instituto Histórico e Geográfico Brasileiro).
27 F. S. S. Ribeiro. Telegrama a E. da Cunha. São Paulo, 17 dez. 1891 (Instituto Histórico e Geográfico Brasileiro).
28 Repartição de ajudante-general, *Coleção das ordens do dia*. Rio de Janeiro, 10 jan. 1892, 15 jan. 1892. Escola Superior de Guerra. Registro geral dos alunos. Liv. 9, fl. 27v. (Arquivo do Exército).
29 Diploma de bacharel em matemática, ciências físicas e naturais pela Escola Superior de Guerra. Rio de Janeiro, 16 jan. 1892 (Col. O. Galotti).
30 Sigo o relato de Euclides em carta a L. de Mendonça. S.l., s.d. [1904]. In: *Correspondência de Euclides da Cunha*, pp. 193-4. De acordo com a carta, a entrevista com Floriano teria ocorrido em 29 de janeiro de 1893. Mas os fatos mencionados permitem supor que o encontro tenha se dado um ano antes, em janeiro de 1892, quando Euclides, recém-formado, ocupava o posto de segundo-tenente e o marechal Floriano depunha os governadores estaduais que haviam apoiado o golpe de Deodoro.
31 "Da penumbra". *O Estado de S. Paulo*. São Paulo, 15 mar. 1892, 17 mar. 1892, 19 mar. 1892. Republ. em *Obra completa*, v. 1, pp. 639-43.
32 "Dia a dia". *O Estado de S. Paulo*. São Paulo, 29 mar. a 13 abr. 1892. Republ. em *Obra completa*, v. 1, pp. 645-62.
33 "Dia a dia". *O Estado de S. Paulo*. São Paulo, 13 abr., 17 abr. 1892. Republ. em *Obra completa*, v. 1, pp. 661-4.
34 T. T. Ribeiro, "Boato". S.l., s.d. (Instituto Histórico e Geográfico Brasileiro). O *Fígaro* publicou outra charada em 26 de abril de 1892 que fazia referência à condessa de Leopoldina e a Solon: "Ministro da Guerra *manqué*... 340:000$... Denúncia fidalga... feminina... General grego...".
35 Sigo o relato de Túlia Teixeira Ribeiro no manuscrito "Boato".
36 Carta a R. Porchat. Rio de Janeiro, 25 out. 1892. In: *Correspondência de Euclides da Cunha*, p. 43.
37 Repartição de ajudante-general, *Coleção das ordens do dia*. Rio de Janeiro, 12 set. 1892, 4 fev. 1893.
38 Carta a P. de Alcântara. São Paulo, 20 jun. 1892. In: *Correspondência de Euclides da Cunha*, pp. 32-3.
39 "Instituto Politécnico". *O Estado de S. Paulo*. São Paulo, 24 maio 1892, 1º jun. 1892. Republ. em *Obra completa*, v. 1, pp. 429-35.
40 H. Morize, *Observatório Astronômico*.
41 Carta a R. Porchat. Rio de Janeiro, 7 jun. 1892. In: *Correspondência de Euclides da Cunha*, p. 31.

42 Carta a R. Porchat. Rio de Janeiro, 26 ago. 1892. In: *Correspondência de Euclides da Cunha*, p. 38.
43 Carta a R. Porchat. Rio de Janeiro, 3 set. 1892. In: *Correspondência de Euclides da Cunha*, p. 40.
44 Cartas a R. Porchat. Rio de Janeiro, 13 ago. 1892, 20 ago. 1892. In: *Correspondência de Euclides da Cunha*, pp. 34-7.
45 T. Sampaio. Carta a E. da Cunha. São Paulo, 19 ago. 1893 (Biblioteca Nacional). Carta a R. Porchat. Rio de Janeiro, 23 maio 1893. In: *Correspondência de Euclides da Cunha*, p. 49.
46 R. Porchat. Carta a E. da Cunha. São Paulo, 26 nov. 1893 (Biblioteca Nacional).
47 M. Vargas, "A história da Poli, ou a ideia frustrada do ensino prático".
48 Carta a A. Sarmento. São José do Rio Pardo, 22 fev. 1901. In: *Correspondência de Euclides da Cunha*, p. 122.
49 J. C. B. de Santana, "Euclides da Cunha e a Escola Politécnica de São Paulo: a história de um desencontro ou um desencontro que não entrou na história".
50 Carta a R. Porchat. Rio de Janeiro, 26 ago. 1892. In: *Correspondência de Euclides da Cunha*, p. 37.
51 Carta a R. Porchat. Rio de Janeiro, 14 nov. 1892. In: *Correspondência de Euclides da Cunha*, pp. 43-4.
52 Carta a R. Porchat. Rio de Janeiro, 21 abr. 1893. In: *Correspondência de Euclides da Cunha*, pp. 46-7.
53 "O marechal de ferro". *O Estado de S. Paulo*. São Paulo, 29 jun. 1904. Republ. em *Contrastes e confrontos* (1907), *Obra completa*, v. 1, p. 132.
54 Carta a R. Porchat. Rio de Janeiro, 22 nov. 1893. In: *Correspondência de Euclides da Cunha*, p. 50.
55 "A esfinge". In: *Contrastes e confrontos* (*1907*), *Obra completa*, v. 1, p. 201.
56 "A esfinge", p. 203.
57 "A esfinge", p. 204.
58 "A esfinge", p. 200.
59 Carta a T. A. Araripe Jr. Lorena, 12 mar. 1903. In: *Correspondência de Euclides da Cunha*, p. 155: "Foi 'herói' — escreveu sobre Gregório de Matos — na alta significação dada à palavra pelo dramático Carlyle: prefigurou, fundindo-se na sua individualidade isolada, muitos aspectos de um povo". Para a concepção de herói do historiador inglês, cf. T. Carlyle, "Heroes and hero-worship".
60 "O marechal de ferro". *O Estado de S. Paulo*. São Paulo, 29 jun. 1904. Republ. em *Contrastes e confrontos* (*1907*), *Obra completa*, v. 1, pp. 128-9.

61 T. A. Araripe Jr., "Dois vulcões extintos", pp. 296-8.
62 Carta ao pai (M. R. P. da Cunha). Rio de Janeiro, 11 dez. 1893. In: *Correspondência de Euclides da Cunha*, p. 55.
63 Carta a T. T. Ribeiro. Rio de Janeiro, 7 jan. 1894. In: *Correspondência de Euclides da Cunha*, p. 61.
64 Cartas à *Gazeta de Notícias*. Rio de Janeiro, 18 fev. 1894, 20 fev. 1894. Republ. em *Correspondência de Euclides da Cunha*, pp. 62-4.
65 Instituto Histórico e Geográfico Brasileiro, *Arquivos presidenciais: Prudente de Morais*, p. 30.
66 Carta a B. Brandão. São Paulo, 28 abr. 1896. In: *Correspondência de Euclides da Cunha*, p. 95.
67 J. Bueno. "Euclides da Cunha". In: *O Muzambinho* (Muzambinho), 22 ago. 1909.
68 Carta a F. S. S. Ribeiro. Campanha, 6 jan. 1895. In: *Correspondência de Euclides da Cunha*, pp. 64-5. A carta de Euclides ao sogro foi publicada por Francisco Venâncio Filho, em *Euclides da Cunha a seus amigos*, com data de 6 de janeiro de 1894 e, na *Obra completa* e na *Correspondência de Euclides da Cunha*, como sendo de 6 de junho de 1894. Mas a carta só pode ter sido escrita em janeiro de 1895, quando Solon foi transferido para o comando em Mato Grosso e repreendido pelos artigos publicados no *Jornal do Comércio*, em 26 e 27 de dezembro de 1894.
69 Repartição de ajudante-general, *Coleção das ordens do dia*. Rio de Janeiro, 25 dez. 1894, 20 jan. 1895, 30 jun. 1895, 10 ago. 1895, 22 nov. 1895, 28 dez. 1895. E. da Cunha. Carta a F. S. S. Ribeiro. São Paulo, 10 mar. 1896. In: *Correspondência de Euclides da Cunha*, pp. 67-8. A carta foi publicada como sendo de 1895, mas os fatos referidos ocorreram em 1896 e a carta de resposta de Solon é de março de 1896. F. S. S. Ribeiro. Carta a E. da Cunha. Bahia, 20 mar. 1896 (Grêmio Euclides da Cunha).
70 Carta a B. Brandão. São Paulo, 28 abr. 1896. In: *Correspondência de Euclides da Cunha*, p. 96.
71 Carta a R. Porchat. Campanha, 27 mar. 1895. In: *Correspondência de Euclides da Cunha*, p. 71.
72 Carta a B. Brandão. São Paulo, 28 abr. 1895. In: *Correspondência de Euclides da Cunha*, p. 96.
73 Carta a J. L. Alves. Belém do Descalvado, 3 maio 1895. In: *Correspondência de Euclides da Cunha*, p. 73.
74 Carta a J. L. Alves. Belém do Descalvado, 18 jun. 1895. Cartão a R. Porchat. Belém do Descalvado, 28 jun. 1895. Carta a J. L. Alves. Belém do

Descalvado, 8 jul. 1895. Carta a R. Porchat. Belém do Descalvado, 6 ago. 1895. In: *Correspondência de Euclides da Cunha*, pp. 77-80.

75 Carta a J. L. Alves. Belém do Descalvado, 8 jul. 1895. In: *Correspondência de Euclides da Cunha*, p. 79.

76 "O marechal de ferro". *O Estado de S. Paulo*. São Paulo, 29 jun. 1904. Republ. em *Contrastes e confrontos (1907), Obra completa*, v. 1, pp. 128-9.

77 Cartas a J. L. Alves. São Paulo, 5 set. 1895, 8 dez. 1895. In: *Correspondência de Euclides da Cunha*, pp. 83-4, 90-1.

78 Carta a B. Brandão. São Paulo, 5 set. 1895. In: *Correspondência de Euclides da Cunha*, p. 83.

79 O. de Souza Andrade, *História e interpretação de "Os sertões"*, p. 83.

80 Carta a J. L. Alves. São Paulo, 19 nov. 1895. In: *Correspondência de Euclides da Cunha*, p. 89.

81 A. G. Rodrigues, *Euclides da Cunha, engenheiro de obras públicas no Estado de São Paulo*.

82 Carta a J. L. Alves. São Paulo, 26 set. 1895. In: *Correspondência de Euclides da Cunha*, p. 84.

83 Cartas a J. L. Alves. São Paulo, 9 out. 1895, 8 dez. 1895. In: *Correspondência de Euclides da Cunha*, pp. 86, 91.

84 Carta a B. Brandão. São Paulo, 28 abr. 1896. Carta a J. L. Alves. São Paulo, 7 jan. 1897. In: *Correspondência de Euclides da Cunha*, pp. 95, 102.

85 Carta a E. M. B. de Aragão (P. de Villar). São José do Rio Pardo, 15 maio 1900. Carta a J. P. da Cunha. São Paulo, 26 maio 1901. In: *Correspondência de Euclides da Cunha*, pp. 118, 125.

86 Carta a J. L. Alves. São Paulo, 9 out. 1895. In: *Correspondência de Euclides da Cunha*, p. 87. *Os sertões* (1902), p. 374.

87 Carta a F. S. S. Ribeiro. São Paulo, 10 jan. 1895. In: *Correspondência de Euclides da Cunha*, p. 68.

88 F. S. S. Ribeiro. Carta a E. da Cunha. Bahia, 20 mar. 1896 (Grêmio Euclides da Cunha).

89 Carta a J. L. Alves. São Paulo, 22 fev. 1895. In: *Correspondência de Euclides da Cunha*, p. 70.

90 Carta a J. L. Alves. São Paulo, 23 abr. 1896. In: *Correspondência de Euclides da Cunha*, p. 93. J. C. B. de Santana. "Euclides da Cunha e a Escola Politécnica de São Paulo".

91 Carta a B. Brandão. São Paulo, 28 abr. 1896. In: *Correspondência de Euclides da Cunha*, pp. 95-7.

92 Carta a J. L. Alves. São Paulo, 25 jun. 1896. In: *Correspondência de Euclides da Cunha*, p. 98.

93 Repartição de ajudante-general, *Coleção das ordens do dia*. Rio de Janeiro, 16 jul. 1896, 10 abr. 1897. G. da Cunha, *Diário*. Rio de Janeiro, 15 de maio de 1907 (Col. M. G. da Cunha).
94 Carta a J. L. Alves. São Paulo, 20 nov. 1896. In: *Correspondência de Euclides da Cunha*, p. 99.
95 Carta a B. Brandão. São Paulo, 6 dez. 1896. In: *Correspondência de Euclides da Cunha*, pp. 101-2.

5. O ARRAIAL MALDITO [pp. 153-90]

1 T. Sampaio, "À memória de Euclides da Cunha no décimo aniversário de sua morte (Discurso)".
2 F. Neves, *A Academia Brasileira de Letras*, p. 23.
3 T. Sampaio, *Diário*. São Paulo, 3 mar. 1897 (Instituto Geográfico e Histórico da Bahia).
4 T. Sampaio, "A respeito dos caracteres geológicos do território compreendido entre a cidade de Alagoinhas e a do Juazeiro pelo trajeto da linha férrea em construção". Cf. J. C. B. Santana, "*Os Sertões*: Literature Connected to Geology in the end of 19th Century in Brazil".
5 T. Sampaio, *Diário*. São Paulo, 19 mar. 1897 (Instituto Geográfico e Histórico da Bahia).
6 Carta a B. Brandão. São Paulo, 6 nov. 1895. In: *Correspondência de Euclides da Cunha*, p. 88.
7 *Os sertões* (1902), pp. 537-8.
8 "Distribuição dos vegetais no estado de São Paulo". *O Estado de S. Paulo*. São Paulo, 4 mar. 1897. Republ. em *Obra completa*, v. 1, pp. 527-30.
9 O artigo escrito por Euclides em Monte Santo, em 6 de setembro, que o *Estado* publicou em 22 de setembro, não foi incluído no volume *Canudos* e na *Obra completa*. Esse artigo se encontra no volume *Canudos e inéditos*, organizado por Olímpio de Souza Andrade, que não contém porém os telegramas enviados por Euclides ao jornal e ao governador de São Paulo, Campos Salles. Dos telegramas publicados pelo *Estado*, falta, em *Canudos* e na *Obra completa*, o terceiro telegrama a Campos Salles, de 12 de outubro. Falta ainda, na *Obra completa*, o telegrama de 14 de outubro, com o plano de assalto a Canudos.
10 "A nossa Vendeia". *O Estado de S. Paulo*. São Paulo, 14 mar. 1897. Republ. em *Canudos*, p. 167.

11 "A nossa Vendeia". *O Estado de S. Paulo*. São Paulo, 14 mar. 1897. Republ. em *Obra completa*, v. 2, p. 608.
12 Carta a J. L. Alves. São Paulo, 14 mar. 1897. In: *Correspondência de Euclides da Cunha*, p. 104.
13 Carta a J. L. Alves. São Paulo, 1º abr. 1897. In: *Correspondência de Euclides da Cunha*, p. 105.
14 Instituto Histórico e Geográfico Brasileiro, *Arquivos presidenciais: Prudente de Morais*, p. 71.
15 Repartição de ajudante-general, *Coleção das ordens do dia*. Rio de Janeiro, 5 ago. 1897.
16 *Caderneta de campo*, p. 1.
17 A. Silva. Bahia, 4 ago. 1897. *A Notícia*. Rio de Janeiro, 10-11 ago. 1897. Republ. em W. N. Galvão (Org.), *No calor da hora*, pp. 412-3.
18 *Caderneta de campo*, p. 2.
19 "Canudos". A bordo do *Espírito Santo*, 7 ago. 1897. *O Estado de S. Paulo*. São Paulo, 23 ago. 1897. Republ. em *Canudos*, p. 4.
20 *Caderneta de campo*, p. 6.
21 *Caderneta de campo*, pp. 2-4.
22 *Caderneta de campo*, pp. 4-5.
23 "Canudos". Bahia, 7 ago. 1897. *O Estado de S. Paulo*. São Paulo, 8 ago. 1897. Republ. em *Canudos*, pp. 127-8.
24 Carta a F. S. S. Ribeiro. Bahia, 12 ago. 1897. In: *Correspondência de Euclides da Cunha*, p. 107.
25 Carta a R. Porchat. Bahia, 20 ago. 1897. In: *Correspondência de Euclides da Cunha*, p. 108.
26 A. Silva. Monte Santo, 6 set. 1897. *A Notícia*. Rio de Janeiro, 7-8 set. 1897. Republ. em W. N. Galvão (Org.), *No calor da hora*, p. 418.
27 "Canudos". Monte Santo, 6 set. 1897. *O Estado de S. Paulo*. São Paulo, 22 set. 1897. Republ. em *Canudos e inéditos*, pp. 101-2. Esse artigo não consta de *Canudos* e da *Obra completa*.
28 "Canudos". Monte Santo, 6 set. 1897. *O Estado de S. Paulo*. São Paulo, 22 set. 1897. Republ. em *Canudos e inéditos*, p. 102.
29 "Canudos". Monte Santo, 6 set. 1897. *O Estado de S. Paulo*. São Paulo, 22 set. 1897. Republ. em *Canudos e inéditos*, p. 103.
30 "Canudos". Monte Santo, 6 set. 1897. *O Estado de S. Paulo*. São Paulo, 22 set. 1897. Republ. em *Canudos e inéditos*, p. 104.
31 "Canudos". Monte Santo, 6 set. 1897. *O Estado de S. Paulo*. São Paulo, 22 set. 1897. Republ. em *Canudos e inéditos*, p. 105.

32 "Canudos". Monte Santo, 7 set. 1897. *O Estado de S. Paulo*. São Paulo, 26 set. 1897. Republ. em *Canudos*, pp. 76-8.

33 A. Silva. Monte Santo, 8 set. 1897. *A Notícia*. Rio de Janeiro, 18-19 set. 1897. Republ. em W. N. Galvão (Org.), *No calor da hora*, p. 424.

34 A. Silva. Monte Santo, 12 set. 1897. *A Notícia*. Rio de Janeiro, 21-22 set. 1897. Republ. em W. N. Galvão (Org.), *No calor da hora*, p. 427.

35 J. C. B. de Santana, "*Os Sertões*: Literature Connected to Geology in the end of 19th Century in Brazil".

36 *O Estado de S. Paulo* errou ao publicar, em 11 de outubro, com data de 10 de setembro, o artigo em que Euclides descreve a sua chegada a Canudos. O artigo foi escrito em 16 de setembro, quando chegou ao arraial, e não no dia 10, como saiu no jornal. As edições dos artigos em *Canudos* e *Canudos e inéditos* mantiveram a data errada, ainda que Olímpio de Souza Andrade, editor desta última coletânea, tenha percebido a existência de algum equívoco. As anotações de Euclides na caderneta de campo mostram que partiu de Monte Santo em 13 de setembro, junto com a segunda brigada da divisão auxiliar, comandada pelo coronel Sotero de Meneses, tendo chegado a Canudos às duas horas da tarde de 16 de setembro.

37 "Canudos". Canudos, 29 set. 1897. *O Estado de S. Paulo*. São Paulo, 21 out. 1897. Republ. em *Canudos*, pp. 107-9. *Caderneta de campo*, p. 69.

38 Carta a R. Porchat. Bahia, 20 ago. 1897. In: *Correspondência de Euclides da Cunha*, p. 108.

39 "Canudos". Canudos, 29 set. 1897. *O Estado de S. Paulo*. São Paulo, 21 out. 1897. In: *Canudos*, p. 107.

40 J. Calasans, "Euclides da Cunha nos jornais da Bahia".

41 W. N. Galvão (Org.), *No calor da hora*.

42 Repartição de ajudante-general, *Coleção das ordens do dia*. Rio de Janeiro, 15 out. 1897.

43 T. Sampaio, *Diário*. São Paulo, 3 out. 1897, 26 out. 1897 (Instituto Geográfico e Histórico da Bahia).

44 T. Sampaio, *Diário*. São Paulo, 5 nov. 1897 (Instituto Geográfico e Histórico da Bahia).

45 T. Sampaio, *Diário*. São Paulo, 6 nov. 1897 (Instituto Geográfico e Histórico da Bahia).

46 T. Sampaio, *Diário*. São Paulo, 7 nov. 1897 (Instituto Geográfico e Histórico da Bahia).

47 *O Estado de S. Paulo*, "O atentado". São Paulo, 16 nov. 1897, 6 dez. 1897.

48   T. Sampaio, *Diário*. São Paulo, 7 nov. 1897 (Instituto Geográfico e Histórico da Bahia).
49   P. Duarte, *Júlio Mesquita*, p. 25.
50   T. Sampaio, *Diário*. São Paulo, 13 jan. 1898 (Instituto Geográfico e Histórico da Bahia).
51   R. Levine, *Vale of Tears*. Trad. br.: *O sertão prometido*. M. Villa, *Canudos: o povo da terra*.

6. OS SERTÕES REVISITADOS [pp. 191-227]

1   Carta a R. Porchat. Belém do Descalvado, 27 out. 1897. In: *Correspondência de Euclides da Cunha*, p. 110.
2   *O Estado de S. Paulo*. São Paulo, 12 dez. 1897.
3   Carta a J. L. Alves. São Paulo, 18 dez. 1897. In: *Correspondência de Euclides da Cunha*, p. 110.
4   Carta a D. Jaguaribe. Belém do Descalvado, 23 dez. 1897. In: *Correspondência de Euclides da Cunha*, p. 113.
5   J. C. B. de Santana. "A geologia em *Os sertões* de Euclides da Cunha: uma abordagem histórica".
6   Carta a R. Porchat. São José do Rio Pardo, 24 mar. 1898. In: *Correspondência de Euclides da Cunha*, pp. 113-4.
7   *Os sertões* (1902), p. 398.
8   *Os sertões* (1903), p. 414.
9   J. C. B. de Santana, "*Os Sertões*: Literature Connected to Geology in the end of 19th Century in Brazil". Idem, "A geologia em *Os sertões* de Euclides da Cunha: uma abordagem histórica".
10   Carta a F. de Escobar. Belém do Descalvado, 17 fev. 1899. In: *Correspondência de Euclides da Cunha*, p. 115.
11   Carta a R. Porchat. São José do Rio Pardo, 9 set. 1899. In: *Correspondência de Euclides da Cunha*, p. 117.
12   Carta a E. M. B. de Aragão (P. de Villar). São José do Rio Pardo, 15 maio 1900. In: *Correspondência de Euclides da Cunha*, p. 118.
13   E. Renan, *Histoire des Origines du christianisme*. Cf. M. Carelli, "Euclides da Cunha, um positivista face ao milenarismo".
14   Carta a R. Porchat. São José do Rio Pardo, 2 jun. 1900. In: *Correspondência de Euclides da Cunha*, p. 119.
15   Carta a J. Mesquita. S.l., s.d. (1900). Carta a R. Porchat. São José do Rio Pardo, 2 dez. 1900. In: *Correspondência de Euclides da Cunha*, pp. 120-2.

16 Livro nº 14 de Assentos de Nascimentos, fls. 120, nº 337. São José do Rio Pardo, 13 fev. 1901. Livro nº 25 de Registro de Óbitos do 1º Distrito de Nova Friburgo, fls. 58v. e 59, nº 1314. Nova Friburgo, 29 jun. 1932.
17 R. J. del Guerra, "Euclides da Cunha em São José do Rio Pardo".
18 Ofício ao presidente e membros da Câmara Municipal. São José do Rio Pardo, 17 maio 1901. In: *Correspondência de Euclides da Cunha*, p. 124.
19 Carta a F. de Escobar. São Carlos do Pinhal, 30 nov. 1901. In: *Correspondência de Euclides da Cunha*, pp. 126-7.
20 Carta a F. de Escobar. São Carlos do Pinhal, 30 nov. 1901. In: *Correspondência de Euclides da Cunha*, p. 126.
21 Contrato entre Euclides da Cunha e Laemmert & Cia. Rio de Janeiro, 17 dez. 1901 (Academia Brasileira de Letras).
22 Carta a F. de Escobar. Lorena, 25 dez. 1901. In: *Correspondência de Euclides da Cunha*, p. 129.
23 Cartas a F. de Escobar. Lorena, 19 jan. 1902, 10 abr. 1902, 21 abr. 1902. In: *Correspondência de Euclides da Cunha*, pp. 130-3.
24 Sigo o depoimento de V. de Carvalho em "Euclides da Cunha".
25 *Os sertões* (1902), p. 86.
26 W. N. Galvão, *Saco de gatos*.
27 *Os sertões* (1902), pp. 232-9.
28 *Os sertões* (1902), p. 86. H. Taine, *Histoire de la Littérature anglaise*, v. 1, p. XXXIX.
29 *Os sertões* (1902), p. 145.
30 *Os sertões* (1902), p. 179.
31 *Os sertões* (1902), p. 559.
32 *Os sertões* (1902), pp. 232-9.
33 "Canudos". Canudos, 29 set. 1897. *O Estado de S. Paulo*. São Paulo, 21 out. 1897. Republ. em *Canudos*, p. 107.
34 D. T. Monteiro, "Um confronto entre Juazeiro, Canudos e Contestado". M. I. P. de Queiroz, *O messianismo no Brasil e no mundo*.
35 *Os sertões* (1902), pp. 221, 249.
36 *Os sertões* (1902), p. 250. *Caderneta de campo*, pp. 58-61.
37 *Caderneta de campo*, pp. 59-61.
38 *Caderneta de campo*, pp. 73-5.
39 "Canudos". Bahia, 16 ago. 1897. *O Estado de S. Paulo*. São Paulo, 26 ago. 1897. Republ. em *Canudos*, p. 29.
40 J. M. M. de Assis, "Canção de piratas". *Gazeta de Notícias*. Rio de Janeiro, 22 jul. 1894. Republ. em *A semana*, pp. 155-9.
41 J. M. M. de Assis, crônica na *Gazeta de Notícias*. Rio de Janeiro, 31 jan. 1897. Republ. em *A semana*, pp. 412-6.

42 Pe. M. J. G. Couto, *Missão abreviada para despertar os descuidados, converter os pecadores e sustentar o fruto das Missões*, p. 7.
43 A. V. M. Maciel (A. Conselheiro), "Sobre a República", pp. 175-7.
44 R. Levine, *O sertão prometido*. D. T. Monteiro, "Um confronto entre Juazeiro, Canudos e Contestado". M. Villa, *O povo da terra*.
45 P. Duarte, *Júlio Mesquita*.
46 P. Duarte, *Júlio Mesquita*, pp. 28 e ss.
47 Manuscrito de *Os sertões* (Biblioteca Nacional). In: L. Bernucci, *A imitação dos sentidos*, p. 128.
48 "Página vazia" (out. 1897). In: *Obra completa*, v. 1, p. 726. F. Venancio Filho, *A glória de Euclides da Cunha*, p. 129.
49 *Os sertões* (1902), pp. 537-8.

7. O CÍRCULO DOS SÁBIOS [pp. 229-39]

1 Entrevista dada a Viriato Corrêa, publicada no dia de sua morte em *A Ilustração Brasileira*, 6: 99-100, 15 ago. 1909.
2 Carta ao pai (M. R. P. da Cunha). Lorena, 25 fev. 1903. In: *Correspondência de Euclides da Cunha*, p. 150.
3 Recibo. São Paulo, 8 maio 1903 (Academia Brasileira de Letras). Carta ao pai (M. R. P. da Cunha). Lorena, 12 jun. 1903. In: *Correspondência de Euclides da Cunha*, p. 165.
4 Carta a G. Massow. São Paulo, 6 jun. 1903 (Academia Brasileira de Letras). Recibo. São Paulo, 5 set. 1903 (Academia Brasileira de Letras). Carta ao pai (M. R. P. da Cunha). Lorena, 12 jun. 1903. In: *Correspondência de Euclides da Cunha*, p. 165.
5 F. Neves, *A Academia Brasileira de Letras*, pp. 211 e ss. E. Lutterbach, *A eternidade de Euclides da Cunha*, p. 44. Edmo Lutterbach menciona apenas 22 dos 24 votos recebidos por Euclides na eleição para a Academia Brasileira de Letras, tendo deixado de registrar os votos de Araripe Júnior e Filinto de Almeida.
6 Carta ao pai (M. R. P. da Cunha). Lorena, 22 set. 1903. In: *Correspondência de Euclides da Cunha*, p. 181.
7 J. M. M. de Assis. Carta a E. da Cunha. Rio de Janeiro, 24 set. 1903 (Biblioteca Nacional).
8 F. Neves, *A Academia Brasileira de Letras*, pp. XIV-V.
9 S. Alacid, "Os disparates de um sábio". *Terra Livre* (São Paulo), 25, 22 jan. 1902, pp. 1-2.

10 S. Romero, "Academia Brasileira de Letras" (1906). In: *Provocações e debates*, pp. 335-6.
11 A. G. Rodrigues, *Euclides da Cunha, engenheiro de obras públicas no Estado de São Paulo*.
12 Carta a F. de Escobar. Guarujá, 1904. In: *Correspondência de Euclides da Cunha*, p. 221.
13 Secretaria de Agricultura, Comércio e Obras Públicas. Documentos manuscritos. São Paulo, 1904 (Arquivo do Estado de São Paulo).
14 Documento de cessão dos direitos de *Os sertões* a Laemmert & Cia. Rio de Janeiro, 22 abr. 1904 (Academia Brasileira de Letras). Edição italiana: *Brasile ignoto: l'assedio di Canudos*. Tradução de Cornelio Bisello. Milano, Sperling & Kupfer, 1953.
15 L. Hallewell, *O livro no Brasil*, p. 175.
16 Para o quadro cronológico das edições, cf. W. N. Galvão, "Histórico das edições". In: *Os sertões*. Não foi possível localizar o exemplar da 3ª edição de *Os sertões*, com as últimas modificações feitas por Euclides, que pertenceu a Belisário Fernandes da Silva Távora, advogado no Rio de Janeiro, que foi contratado por Ana para atuar no inventário do escritor. A Academia Brasileira de Letras possui exemplar de *Os sertões*, com a cópia manuscrita, feita por Fernando Nery, das correções deixadas por Euclides. A biblioteca de Euclides foi cedida por Ana no inventário em favor do menor Euclides da Cunha Filho.
17 Carta a C. Neto. Rio de Janeiro, 22 abr. 1904. In: *Correspondência de Euclides da Cunha*, p. 203.
18 "Conflito inevitável". *O Estado de S. Paulo*. São Paulo, 14 maio 1904. "Contra os caucheiros". *O Estado de S. Paulo*. São Paulo, 22 maio 1904. "Entre o Madeira e o Javari". *O Estado de S. Paulo*. São Paulo, 29 maio 1904. "Um contraste". *O País*. Rio de Janeiro, 17 jul. 1904. Republ. em *Contrastes e confrontos* (1907), *Obra completa*, v. 1, pp. 175-89.
19 "Um velho problema". *O Estado de S. Paulo*. São Paulo, 1º maio 1904. Republ. em *Contrastes e confrontos* (1907), *Obra completa*, v. 1, pp. 215 e ss.

8. NO CORAÇÃO DA SELVA [pp. 241-50]

1 Carta a L. Cruls. Lorena, 20 fev. 1903. In: *Correspondência de Euclides da Cunha*, p. 149.
2 Carta a A. Pimenta da Cunha. (Rio de Janeiro), 4 out. 1904. In: *Correspondência de Euclides da Cunha*, p. 238.

3   Carta ao pai (M. R. Pimenta da Cunha). Rio de Janeiro, 10 out. 1904. In: *Correspondência de Euclides da Cunha*, p. 239.
4   A. Nascentes, *Dicionário etimológico da língua portuguesa*. A. de Morais Silva, *Dicionário da língua portuguesa recopilado*. F. da S. Bueno, *Grande dicionário etimológico-prosódico da língua portuguesa*.
5   "Entre os seringais". *Kosmos*. Rio de Janeiro, nº 3, jan. 1906. Republ. em *Obra completa*, v. 1, pp. 558 e ss.
6   "Academia Brasileira de Letras (Discurso de recepção)". Rio de Janeiro, 18 dez. 1906. In: *Contrastes e confrontos* (1907), *Obra completa*, v. 1, p. 229. "Impressões gerais". In: *À margem da história* (1909), *Obra completa*, v. 1, p. 249.
7   Carta ao pai (M. R. P. da Cunha). Manaus, 30 dez. 1904. In: *Correspondência de Euclides da Cunha*, p. 249.
8   "Academia Brasileira de Letras (Discurso de recepção)". Rio de Janeiro, 18 dez. 1906. In: *Contrastes e confrontos* (1907), *Obra completa*, v. 1, p. 230.
9   Cartas de Manaus, de 30 dez. 1904 a 10 dez. 1905. In: *Correspondência de Euclides da Cunha*, pp. 249-94.
10 Carta a J. Veríssimo. Manaus, 10 mar. 1905. In: *Correspondência de Euclides da Cunha*, p. 267.
11 Carta a J. Veríssimo. Manaus, 8 nov. 1905. In: *Correspondência de Euclides da Cunha*, p. 290.

9. O INFERNO URBANO [pp. 251-6]

1   Carta ao pai (M. R. Pimenta da Cunha). Rio de Janeiro, 14 fev. 1906. In: *Correspondência de Euclides da Cunha*, p. 297.
2   M. R. Pimenta da Cunha. Carta a E. da Cunha. Trindade, 13 dez. 1906 (Arquivo da Justiça).
3   Carta a O. Lima. Rio de Janeiro, 25 maio 1908. In: *Correspondência de Euclides da Cunha*, p. 363.
4   Livro 36 de Registro de Óbitos da 7ª Pretoria, fl. 76v., nº 731. Rio de Janeiro, 19 jul. 1906. Cf. J. B. Tostes, *Águas de amargura*, p. 115.
5   Entrevista com Judith Ribeiro de Assis e com Dirce de Assis Cavalcanti, filhas de Dilermando de Assis.
    Judith Ribeiro de Assis afirmou, erroneamente, em seu livro de memórias, que Mauro foi enterrado por Euclides no quintal da casa. Cf. J. R. de Assis, *Anna de Assis*, pp. 53-4.
    Joel Bicalho Tostes publicou certidão que prova que a criança foi enterra-

da no cemitério São João Batista, no Rio de Janeiro. Cf. J. B. Tostes, *Águas de amargura*, p. 116.

6   Livro 47 de Registro de Nascimento, fls. 83v., nº 1326, 5ª Circunscrição do Registro Civil das Pessoas Naturais. Rio de Janeiro, 19 nov. 1907.

7   Carta a F. de Escobar. Rio de Janeiro, 13 jun. 1906. In: *Obra completa*, v. 2, pp. 708-9.

8   "Preâmbulo". In: A. Rangel, *Inferno verde* (1908). Republ. em "O inferno verde", *Obra completa*, v. 1, p. 495. "Impressões gerais". In: *À margem da história* (1909), *Obra completa*, v. 1, pp. 255-6.

9   "Preâmbulo". In: A. Rangel, *Inferno verde*. Republ. em "O inferno verde", *Obra completa*, v. 1, p. 493.

10   Cf. E. R. Curtius, "O livro como símbolo".

11   *Os sertões* (1902), pp. 537-8.

10. NA CAVERNA DE PLATÃO [pp. 257-64]

1   Cf. J. de C. Novaes, "*Os sertões* (*Campanha de Canudos*) por Euclides da Cunha".

2   Carta a A. Sarmento. São José do Rio Pardo, 22 fev. 1901. Carta a F. de Escobar. Lorena, 14 maio 1902. In: *Obra completa*, v. 2, pp. 644, 648-9. Cf. J. C. B. de Santana, "Euclides da Cunha e a Escola Politécnica de São Paulo".

3   Carta a P. Barreto. Guarujá, 23 ago. 1904. In: P. Barreto, *Páginas avulsas*, p. 128. Carta a Coelho Neto. Guarujá, 7 ago. 1904. In: *Obra completa*, v. 2, pp. 682-3.

4   Carta ao pai (M. R. P. da Cunha). Guarujá, 8 ago. 1904. In: *Correspondência de Euclides da Cunha*, p. 219.

5   H. Coelho. Carta a E. da Cunha. 13 ago. 1904 (Biblioteca Nacional).

6   Carta a H. Coelho. Guarujá, 9 set. 1904. In: *Correspondência de Euclides da Cunha*, p. 231.

7   Carta a O. Lima. Rio de Janeiro, 18 jun. 1909. In: *Correspondência de Euclides da Cunha*, p. 409.

8   Carta a J. Mesquita. S.l., s.d. (1900). In: *Correspondência de Euclides da Cunha*, p. 120.

9   Carta a G. da Cunha. Rio de Janeiro, 8 ago. 1909. In: *Correspondência de Euclides da Cunha*, p. 421. H. M. Coelho Neto, Carta a N. Peçanha, 3 jul. 1909 (Museu Histórico Nacional). In: J. Montello, "Uma correspondência literária".

10 E. Dória, "Euclides da Cunha". *Jornal do Comércio* (Rio de Janeiro), 15 ago. 1913. Idem, "Euclides da Cunha". *Jornal do Comércio* (Rio de Janeiro), 24 jan. 1915.

11. CABEÇAS CORTADAS [pp. 265-72]

1 T. A. Araripe Jr., "Dois vulcões extintos", p. 299.
2 R. A. Goto, "A letra e a morte".
3 S. Rabello, *Euclides da Cunha*, pp. 45-6.
4 E. Dória, "Euclides da Cunha". *Jornal do Comércio* (Rio de Janeiro), 24 jan. 1915.
5 Serviço Médico-Legal do Distrito Federal. "Esquema das lesões existentes na face anterior do corpo de dr. Euclides da Cunha", "Esquema das lesões existentes na face posterior do corpo de dr. Euclides da Cunha". In: Processo-crime contra Dilermando de Assis. Rio de Janeiro, 1909 (Rio de Janeiro, Arquivo da Justiça). Livro de registro de Óbitos da 4ª Pretoria, fl. 8ª Rio de Janeiro, 15 ago. 1909.
6 Serviço Médico-Legal do Distrito Federal. "Esquema das lesões existentes na face anterior do tronco de Dilermando Candido de Assis", "Esquema das lesões existentes no dorso de Dilermando Candido de Assis", "Esquema das lesões existentes no dorso de Dinorah Candido de Assis". In: Processo-crime contra Dilermando de Assis. Rio de Janeiro, 1909 (Rio de Janeiro, Arquivo da Justiça).
7 Cf. Livro 36 de Registro de Óbitos da 7ª Pretoria, fls. 76v., nº 731. Rio de Janeiro, 19 jul. 1906.
8 N. Rodrigues, "A loucura das multidões", pp. 125 e ss.
9 *Os sertões* (1902), p. 572.
10 E. Dória. "Euclides da Cunha". *Jornal do Comércio* (Rio de Janeiro), 15 ago. 1913.
11 Livro nº 48 do Registro de Óbitos da 2ª Pretoria Cívil da Freguesia de Santa Rita e Ilha do Governador, fl. 49, nº 173. Rio de Janeiro, 4 jul. 1916.
12 "Como se deu o lamentável acontecimento". *Jornal Oficial* (Tarauacá), 21 maio 1916, nº 6.
13 Livro nº 235 do Registro de Óbitos da 9ª Circunscrição de São Cristóvão, fl. 207, nº 45 115. Rio de Janeiro, 12 maio 1951.

PÓS-ESCRITO: NO VALE DA MORTE [pp. 273-91]

1 Euclides da Cunha, "Canudos, 1º de outubro" (25 out. 1897). In: _____. *Diário de uma expedição*. Org. de Walnice Nogueira Galvão. São Paulo: Companhia das Letras, 2000, pp. 216-7.
2 Ibid., p. 218.
3 Id., "Página vazia" (Salvador, out. 1897). In: _____. *Obra completa*. Rio de Janeiro: Nova Aguilar, 1995, p. 726, v. 1.
4 Dante Alighieri, *A divina comédia* (1307-21). Belo Horizonte: Itatiaia; São Paulo: Edusp, 1976, p. 85.
5 Euclides da Cunha, *Os sertões: Campanha de Canudos*. Ed. de Walnice Nogueira Galvão. São Paulo: Ática, 1998, p. 169.
6 Ibid., pp. 51, 65.
7 Antônio Conselheiro, "Sobre a República" (1897). In: Ataliba Nogueira. *Antônio Conselheiro e Canudos: revisão histórica* (1974). São Paulo: Nacional, 1978; Roberto Ventura, "Canudos como cidade iletrada". In: Benjamin Abdala Junior; Isabel M. M. Alexandre (Orgs.). *Canudos: Palavra de Deus, sonho da terra*. São Paulo: Senac; Boitempo, 1997.
8 Cunha, *Os sertões*, op. cit., p. 39.
9 Ibid., p. 34, 158.
10 Frei João Evangelista do Monte Marciano, *Relatório* (1895). Salvador: Centro de Estudos Baianos, 1987, p. 5.
11 "Gênesis", "Isaías", "Daniel", "Apocalipse". *A Bíblia de Jerusalém*. São Paulo: Paulus, 1995; Marilena Chaui, *Brasil: Mito fundador e sociedade autoritária*. São Paulo: Fundação Perseu Abramo, 2000, p. 61.
12 Jean Delumeau, *Mille ans de bonheur: Une histoire du paradis*. Paris: Fayard, 1995. [Ed. bras.: *Mil anos de felicidade: Uma história do paraíso*. Trad. de Paulo Neves. São Paulo: Companhia das Letras, 1997, p. 17.]
13 Sérgio Buarque de Holanda, *Visão do paraíso: Os motivos edênicos no descobrimento e colonização do Brasil* (1959). São Paulo: Nacional, 1977.
14 Hayden White, "The Question of Narrative in Contemporary Historical theory". In: _____. *The Content of the Form: Narrative Discourse and Historical Representation*. Baltimore; Londres: The Johns Hopkins University Press, 1987; Id., *Metahistory: The Historical Imagination in Nineteenth-century Europe* (1973). Baltimore; Londres: The Johns Hopkins University Press, 1985, pp. 27-8. [Ed. bras.: *Meta-história: A imaginação histórica do século XIX*. Trad. de José Laurênio de Melo. São Paulo: Edusp, 1992, pp. 41-3.]
15 Northrop Frye, *Anatomy of Criticism: Four Essays* (1957). Princeton: Prince-

ton University Press, 1973. p. 207. [Ed. bras.: *Anatomia da crítica: Quatro ensaios*. Trad. de Marcus de Martini. São Paulo: Cultrix, [s.d.], p. 204.]

16 Frye, op. cit., pp. 40-1.
17 Olímpio de Sousa Andrade, *História e interpretação de* Os sertões. São Paulo: Edart, 1966, p. 200; William Shakespeare, *The Tragicall Historie of Hamlet, Prince of Denmarke* (1603). Londres: Longman, 1970, p. 113. [Ed. bras.: *Hamlet*. Trad. de Millôr Fernandes. Porto Alegre: L&PM, 1999, p. 71.]
18 Berthold Zilly, "Um depoimento brasileiro para a história universal: Traduzibilidade e atualidade de Euclides da Cunha". *Humboldt*, Bonn, v. 38, n. 72, pp. 8-12, 1996, p. 12; Id., "A guerra como painel e espetáculo: A história encenada em *Os sertões*". *História, Ciências, Saúde: Manguinhos*, Rio de Janeiro, v. 1, n. 1, pp. 13-37, 1997.
19 Leopoldo Bernucci, "Prefácio". In: Euclides da Cunha. *Os sertões: Campanha de Canudos*. Ed. de L. Bernucci. São Paulo: Ateliê, 2001.
20 Cunha, *Os sertões*, op. cit., p. 464.
21 Ibid., pp. 402, 462.
22 Ibid., pp. 34, 50, 210, 451, 464.
23 Ibid., pp. 451-2.
24 Cf. Oliver Taplin, *Greek Tragedy in Action*. Londres: Methuen, 1978, pp. 32 e ss.
25 Cunha, *Os sertões*, op. cit., p. 464.
26 Ibid., p. 497.
27 Aristides A. Milton, *A campanha de Canudos*. Rio de Janeiro: Imprensa Nacional, 1902, pp. 132-3.
28 Cf. Marco Villa, *Canudos: O povo da terra*. São Paulo: Ática, 1995, p. 221.
29 Euclides da Cunha, "A esfinge" (1894). In: _____. *Contrastes e confrontos* (*1907*), *Obra completa*, pp. 200, 203, v. 1.
30 Ibid., p. 203.

CRONOLOGIA

1866   Nasce, em 20 de janeiro, na fazenda Saudade, em Cantagalo, região serrana no Vale do Paraíba do Sul, na província do Rio de Janeiro, Euclides Rodrigues Pimenta da Cunha, primogênito de Manuel Rodrigues Pimenta da Cunha e de Eudóxia Alves Moreira. Seus avós paternos são o português Manuel Rodrigues Pimenta da Cunha e a brasileira Teresa Maria de Jesus Viana; os maternos são Joaquim Alves Moreira e Carolina Florentina Mendes.

1868   No dia 9 de agosto, nasce sua irmã, Adélia Pimenta da Cunha.

1869   Sua mãe, Eudóxia, morre de tuberculose em 1º de agosto. Euclides e Adélia passam a viver com os tios maternos Rosinda e Urbano Gouveia em Teresópolis (RJ).

1871   Morre sua tia Rosinda. Passa a morar, junto com a irmã, Adélia, na fazenda São Joaquim, dos tios maternos Laura e Cândido José de Magalhães Garcez, em São Fidélis (RJ).

1874   Após completar oito anos de idade, inicia os estudos no Instituto Colegial Fidelense, em São Fidélis.

1876   Antônio Vicente Mendes Maciel, o Conselheiro, com 46 anos de idade, é preso na Bahia e enviado a Fortaleza e a Quixeramobim, sua cidade

317

natal, no Ceará, sob a acusação infundada de ter matado a mãe e a esposa. Ao ser solto, promete construir 25 igrejas e retorna à Bahia.

1877   Euclides passa breve período na casa da avó paterna na cidade de Salvador da Baía de Todos-os-Santos (atual Salvador) e frequenta o Colégio Bahia, sob a direção de Carneiro Ribeiro e Cônego Lobo.

1879   Muda-se para a casa do tio paterno, Antônio Pimenta da Cunha, no largo da Carioca, no Rio de Janeiro, e estuda nos colégios Anglo-Americano, Vitório da Costa e Menezes Vieira.

1883   Frequenta o Colégio Aquino, na rua da Ajuda, perto do Passeio Público, no centro do Rio, onde tem aulas com Benjamin Constant, professor de matemática, de quem voltará a ser aluno na Escola Militar. Escreve seus primeiros poemas em um caderno, ao qual dá o título de *Ondas*.

1884   Publica, em 4 de abril, em *O Democrata*, jornal dos alunos do Colégio Aquino, seu primeiro artigo, revelando a percepção dramática da natureza, que se fará presente em toda a sua obra.

1885   Faz, em março, exames para ingresso no curso de engenharia da Escola Politécnica, do Rio, o qual frequenta por apenas um ano.

1886   Matricula-se, em 26 de fevereiro, no curso de Estado-Maior e engenharia militar da Escola Militar — na Praia Vermelha, no bairro da Urca, Rio —, que paga soldo e fornece alojamento e comida. Incluído no estado efetivo da 2ª Companhia com o número 308, tem como colegas Alberto Rangel, Lauro Müller, Cândido Rondon e Tasso Fragoso.

Entre os dias 3 e 6 de novembro, fica recolhido na enfermaria da Escola Militar, com colite.

1887   Por três vezes, entre maio e setembro, passa pela enfermaria da escola. De volta à enfermaria em 31 de dezembro, recebe licença de dois meses para tratar da saúde e visita a irmã, Adélia, e a tia Laura na fazenda São Joaquim, em São Fidélis. Publica, a partir de 1º de novembro, artigos e poemas na *Revista da Família Acadêmica*, editada pelos alunos da Escola Militar.

1888 Sai de forma, em 4 de novembro, durante a revista das tropas pelo ministro da Guerra, Tomás Coelho. O general José Clarindo de Queiroz, comandante da escola, tinha marcado inspeção para impedir os cadetes de tomar parte de comício no desembarque do republicano Lopes Trovão, vindo da Europa. O cadete 188 atira ao chão o sabre-baioneta, depois de tentar sem sucesso parti-lo sobre a perna, e interpela o ministro sobre a carreira no Exército, pois não eram feitas desde 1885 promoções para o posto de alferes-aluno. Seu protesto faz parte de um plano de rebelião acertado com os colegas para depor d. Pedro II e proclamar a República. Recolhido à enfermaria da escola, é transferido para o hospital militar no morro do Castelo e fica depois detido na fortaleza de Santa Cruz. Sua matrícula na Escola Militar é trancada em 13 de dezembro, sendo desligado do Exército no dia seguinte sob o pretexto de incapacidade física.

Convidado por Júlio Mesquita para escrever em *A Província de São Paulo*, hoje *O Estado de S. Paulo*, jornal engajado na campanha republicana, viaja à capital paulista em 20 de dezembro.

1889 Regressa ao Rio em 28 de janeiro e faz, em maio, provas na Escola Politécnica, onde prossegue os estudos de engenharia.

Só sabe da proclamação da República na manhã do dia seguinte, em 16 de novembro, ao ler os jornais e conversar com um colega da Politécnica, Edgar Sampaio. O colega lhe conta os detalhes do movimento militar que derrubara a Monarquia e o convida para reunião à noite na casa do tio, o major Frederico Solon Sampaio Ribeiro, ocasião em que Euclides conhece Ana Emília, a Saninha, sua futura mulher.

Retorna ao Exército com o apoio do major Solon, seu futuro sogro, e dos colegas da Escola Militar, que pedem sua reintegração a Benjamin Constant, agora ministro da Guerra.

1890 Matricula-se, em 8 de janeiro, na Escola Superior de Guerra e conclui o curso de artilharia em 11 de março. Tira, no dia 15, uma licença de quinze dias e viaja a São Paulo. É promovido a segundo-tenente em 14 de abril, beneficiado pela política favorável aos cadetes e oficiais próximos ao marechal Deodoro da Fonseca, primeiro presidente do país.

Decepcionado com o novo regime, ataca, no jornal *Democracia*, do Rio, entre 3 de março e 2 de junho, alguns atos do governo, como a indenização oferecida a d. Pedro II, que o ex-imperador altivamente recusou.

Casa-se, em 10 de setembro, com Ana Emília Ribeiro, que na ocasião tinha dezoito anos.

1891   Tira, em 29 de janeiro, um mês de licença para tratamento de saúde e viaja com Ana para a fazenda Trindade, de propriedade de seu pai, Manuel, e localizada em Nossa Senhora do Belém do Descalvado (atual Descalvado), no interior de São Paulo. Sua filha Eudóxia, cujo nome homenageava sua mãe, morre com poucas semanas de vida.

Euclides comparece a reuniões na casa do vice-presidente, o marechal Floriano Peixoto, de preparação do contragolpe da Marinha, que derruba Deodoro no dia 23 e conduz seu vice à Presidência.

1892   Conclui, em 8 de janeiro, o curso de Estado-Maior e engenharia militar da Escola Superior de Guerra e é promovido, no dia seguinte, a tenente, seu último posto na carreira. Recebe, no dia 16, o diploma de bacharel em matemática e ciências físicas e naturais, que traz medalha com dedicatória à memória de sua mãe e da filha, ao pai e a Saninha. É nomeado, em 4 de julho, auxiliar de ensino teórico na Escola Militar do Rio.

Nasce, em 11 de novembro, seu filho Solon Ribeiro da Cunha, cujo nome homenageia o sogro.

1893   Antônio Conselheiro inaugura, em 18 de agosto, a igreja de Santo Antônio, depois conhecida como igreja velha, no povoado de Canudos, às margens do rio Vaza-Barris, no nordeste da Bahia. Fixa-se com seus seguidores no lugarejo, que passa a chamar de Belo Monte, após entrar em choque com força policial em Masseté, enviada ao seu encalço por causa de sua participação em protestos contra a cobrança de impostos nas cidades baianas de Bom Conselho, Itapicuru, Soure, Amparo e Bom Jesus.

Euclides da Cunha é designado em 22 de dezembro para servir na Diretoria de Obras Militares, constrói trincheiras no litoral, ao mesmo tempo que padece de forte tosse, agravada pela tuberculose, mas não pode solicitar licença médica devido aos combates durante a Revolta da Armada.

1894   Protesta, em 18 e 20 fevereiro, em cartas à *Gazeta de Notícias*, do Rio, contra a execução sumária dos prisioneiros políticos, pedida pelo senador florianista João Cordeiro, do Ceará. Como punição, é transferido em 28 de março para a cidade serrana de Campanha, no sul de Minas Gerais, com a missão de adaptar um prédio da Santa Casa de Misericórdia para servir de quartel ao regimento de cavalaria. Nasce, em 18 de julho, seu filho Euclides Ribeiro da Cunha Filho, o Quidinho.

1895   Obtém, em 28 de junho, licença do Exército, por ser considerado incapaz para o serviço militar devido à tuberculose. Trabalha, a partir de agosto, como engenheiro-ajudante na Superintendência de Obras Públicas em São Paulo, posição que obtém graças a Júlio Mesquita.

1896   Euclides obtém, em 13 de julho, reforma no posto de tenente e trabalha como engenheiro na Superintendência de Obras Públicas do Estado de São Paulo. Reside em São Carlos do Pinhal-SP como chefe do 5º Distrito de Obras Públicas. Visita São José do Rio Pardo, no interior de São Paulo, onde fiscaliza as obras da ponte metálica sobre o rio.

O tenente Manuel da Silva Pires Ferreira comanda a 1ª expedição contra a comunidade, mas a tropa é atacada em Uauá em 21 de novembro, sendo obrigada a retroceder a Juazeiro.

O major Febrônio de Brito comanda a 2ª expedição contra os conselheiristas. A tropa parte de Salvador em 25 de novembro e inicia a retirada de Canudos em 20 de janeiro, após dois dias de combates.

1897   Publica, em 14 de março e 17 de julho, "A nossa Vendeia", dois artigos em *O Estado de S. Paulo* sobre a surpreendente derrota da 3ª expedição contra Canudos, cujo comandante, o coronel Antônio Moreira César, morreu na madrugada de 4 de março, poucas horas após o primeiro ataque à cidade.

No final de julho, recebe convite de Júlio Mesquita para cobrir a 4ª expedição contra Canudos como repórter de *O Estado de S. Paulo*. O presidente Prudente de Morais o nomeia, em 31 de julho, adido do Estado-Maior do ministro da Guerra, marechal Carlos Machado de Bittencourt.

Euclides toma, em 1º de agosto, o trem de São Paulo para o Rio e embarca, no dia 3, no vapor *Espírito Santo* com destino a Salvador, aonde chega no dia 7. Deixa, em 30 de agosto, a capital baiana, e segue para Monte Santo. Parte, em 13 de setembro, de Monte Santo e alcança Canudos às duas horas da tarde do dia 16.

Antônio Conselheiro morre de disenteria em 22 de setembro, após ter sido ferido na perna no dia 6 por estilhaço de bala ou granada.

Euclides assiste, em 1º de outubro, ao violento assalto de 6 mil soldados contra Canudos, cuja ferocidade o deixa em estado de choque. Após dezoito dias na frente de batalha, retira-se doente de Canudos, com acessos de febre, na manhã de 3 de outubro, dois dias antes da queda do povoado.

Retorna a Salvador em 13 de outubro e escreve, no dia seguinte, no álbum da médica Francisca Praguer Fróes, o poema "Página vazia", em que afirma seguir revendo na mente as "Muitas cenas do drama comovente/ De guerra despiedada e aterradora". Parte da Bahia em 16 de outubro, desembarca no Rio quatro dias depois e chega, no dia 21, de trem a São Paulo. Tira quatro meses de licença para tratar da saúde e viaja para a fazenda do pai, em Descalvado, onde começa a escrever *Os sertões*.

1898   Reassume, em 5 de janeiro, seu cargo na Superintendência de Obras Públicas e publica, em *O Estado*, no dia 19, o "Excerto de um livro inédito", trecho de *Os sertões*.

Desaba no dia 23, à uma hora da madrugada, a ponte em São José do Rio Pardo. Mora em São José do Rio Pardo por três anos, de março de 1898 a maio de 1901, para reconstruir a ponte metálica.

1900   Morre, em 10 de janeiro, em Belém, o general Solon Ribeiro, comandante do 1º distrito militar. Finaliza, em maio, a primeira versão de *Os sertões*.

1901   Publica, em 31 de janeiro, em *O Estado de S. Paulo*, o estudo histórico e político, "O Brasil no século XIX", inspirado em *Um estadista do Império* (1897-8), do monarquista Joaquim Nabuco. Nasce, no mesmo dia, seu terceiro filho, Manuel Afonso Ribeiro da Cunha.

A ponte sobre o rio Pardo é reinaugurada em 18 de maio. É nomeado chefe do 5º distrito de obras públicas, com sede em São Carlos do Pinhal, onde conclui *Os sertões*. É transferido, em novembro, para o 2º distrito de obras, com sede em Guaratinguetá. Muda-se, em 2 de dezembro, para Lorena, no Vale do Paraíba do Sul.

Assina, em 17 de dezembro, contrato com a editora Laemmert, do Rio, para a publicação de 1200 exemplares de *Os sertões*.

1902 Recebe, em 27 de janeiro, as primeiras provas de *Os sertões*, que revisa em Lorena.

Os sertões (Campanha de Canudos) chega às livrarias em 2 de dezembro. Sai, em 3 de dezembro, no *Correio da Manhã*, do Rio, artigo de José Veríssimo, que elogia *Os sertões*. A 1ª edição de *Os sertões* se esgota em pouco mais de dois meses.

1903 Coelho Neto enaltece *Os sertões*, em 1º e 2 de janeiro, em *O Estado de S. Paulo*, como uma das mais empolgantes obras da literatura brasileira.

José de Campos Novais critica, na *Revista do Centro de Ciências, Letras e Artes* de Campinas, em 31 de janeiro, aspectos de geologia e botânica levantados em *Os sertões*, além do uso de palavras inventadas ou afrancesadas. O capitão Moreira Guimarães, ex-colega de Euclides na Escola Militar, defende o Exército no *Correio da Manhã*, do Rio, e também aponta contradições na obra recém-lançada, sobretudo entre a imagem do sertanejo como "rocha viva" e a afirmativa da ausência de unidade do povo brasileiro.

Araripe Júnior, no *Jornal do Comércio*, do Rio, de 6 e 18 de março, classifica como original a forma artística de *Os sertões*, em que se misturam a elevação histórico-filosófica, o talento épico-dramático e o gênio trágico.

É eleito, em 24 de abril, sócio correspondente do Instituto Histórico e Geográfico Brasileiro e toma posse em 20 de novembro. A 2ª edição de *Os sertões* sai corrigida no dia 9 de julho.

Elege-se em 21 de setembro para a cadeira nº 7 da Academia Brasileira de Letras, cujo patrono é Castro Alves. Demite-se, em 31 de dezembro, da Superintendência de Obras Públicas.

1904   Trabalha, a partir de 15 de janeiro, como engenheiro fiscal na Comissão de Saneamento de Santos. Demite-se da Comissão em 24 de abril, após se desentender com o gerente da City of Santos Improvements e com o diretor da Secretaria de Agricultura, Comércio e Obras Públicas.

Sem trabalho fixo, retoma a colaboração com *O Estado de S. Paulo* e passa a escrever para *O País*, do Rio. Com dificuldades financeiras, transfere em abril, para a editora Laemmert, os direitos de *Os sertões*. Motivada pelo sucesso de vendas, a Laemmert reúne, em *Juízos críticos*, quinze artigos sobre o livro, publicados em jornais do Rio e São Paulo.

É nomeado pelo barão do Rio Branco, em 9 de agosto, chefe da Comissão Brasileira de Reconhecimento do Alto Purus, na fronteira entre o Brasil e o Peru, com a missão de fazer o levantamento cartográfico do rio.

Parte, em 13 de dezembro, no vapor *Alagoas*, do Rio rumo a Manaus, aonde chega no dia 30 com o coronel Belarmino de Mendonça, chefe da Comissão de Reconhecimento do Alto Juruá. Faz, a caminho de Manaus, escalas em Vitória, Salvador, Recife, São Luís do Maranhão e Belém.

1905   Passa três meses em Manaus, de janeiro a abril, às voltas com os preparativos da expedição ao Purus. Hospeda-se na aprazível Vila Glicínia, perto do reservatório do Mocó, residência do engenheiro Alberto Rangel, seu ex-colega da Escola Militar. É acometido de febre e se exaspera com o calor úmido da cidade, mas logo se reconcilia com a natureza amazônica e suas "manhãs primaveris e admiráveis".

Composta de nove membros e vinte soldados, a comissão brasileira parte em 5 de abril do igarapé São Raimundo, em Manaus. Segue acompanhada pelos membros da comissão peruana, chefiada pelo capitão de corveta Pedro Alejandro Buenaño, com o qual Euclides terá inúmeros atritos.

Chega à foz do Purus em 9 de abril, às sete horas da manhã, e atinge a foz do Chandless em 30 de maio.

Retorna a Manaus em 23 de outubro, depois de fazer, em seis meses e meio, o reconhecimento de 3259 quilômetros do rio Purus. Repleta de dificuldades, a viagem foi danosa para a saúde de Euclides, que passou fome e contraiu malária na selva. Redige, em Manaus, com o comissário peruano, o relatório da expedição — que conclui em 16 de dezembro — e embarca para o Rio no dia 18.

A Editora Laemmert publica a 3ª edição de *Os sertões*, a última que Euclides lançou em vida.

1906 Regressa ao Rio em 5 de janeiro. Encontra Ana grávida devido às relações extraconjugais com o cadete Dilermando de Assis.

Publica, em janeiro, na luxuosa revista *Kosmos*, "Entre os seringais", em que denuncia o trabalho semiescravo nos seringais do Acre. Trabalha como adido do barão do Rio Branco, ministro das Relações Exteriores, com a missão de preparar mapas sobre questões de fronteira e redigir instruções técnicas para a construção da estrada de ferro Madeira-Mamoré. Conclui, em 10 de março, as "Notas complementares do comissário brasileiro" sobre a história e a geografia do Purus, que inclui no *Relatório da Comissão Mista Brasileiro-Peruana de Reconhecimento do Alto Purus*, publicado em junho pela Imprensa Nacional.

Nasce, em 11 de julho, Mauro, que morre de debilidade congênita com sete dias de vida.

Publica, em setembro, pela Livraria Francisco Alves, *Peru* versus *Bolívia*, reunião de oito artigos divulgados no *Jornal do Comércio*, do Rio, de 9 de julho a 13 de agosto. Começa a escrever, em setembro, *Um paraíso perdido*, obra sobre a Amazônia, cujo título evoca o poema épico do inglês John Milton, *Paradise lost* (1674). Sua morte repentina, três anos depois, irá interromper a redação do livro, cujos originais se perderam.

Toma posse na Academia Brasileira de Letras, em 18 de dezembro. É saudado por Sílvio Romero com discurso inflamado de ataque ao governo. Em discurso mais contido do que o de Romero, Euclides aborda a obra poética do patrono da cadeira, Castro Alves, e de seu predecessor, Valentim Magalhães.

1907 Sai, em janeiro, *Contrastes e confrontos*, pela Livraria Chardron, do Porto (Portugal). O livro contém 28 artigos de *O Estado de S. Paulo*, *O País* e *O Comércio de São Paulo*, em que trata da Amazônia e de questões históricas, como a proclamação da República, a deposição do marechal Deodoro da Fonseca e a Revolta da Armada, além de assuntos de política internacional, como a expansão do imperialismo. A 2ª edição será lançada em novembro, com o acréscimo de seu "Discurso de recepção" na Academia.

Escreve, em agosto, o prefácio de *Inferno verde*, livro de relatos amazônicos de Alberto Rangel, publicado no ano seguinte.

Nasce, em 16 de novembro, Luís Ribeiro da Cunha, registrado como seu filho, mas que irá adotar, já adulto, o sobrenome Assis, de seu pai biológico Dilermando. Euclides diz a Coelho Neto, em tom de pilhéria, que o menino parecia uma "espiga de milho num cafezal", pois destoava, com seus cabelos louros, de seus outros três filhos, mais morenos.

Convidado pelo Centro Acadêmico Onze de Agosto, da Faculdade de Direito de São Paulo, profere, em 2 de dezembro, a conferência "Castro Alves e seu tempo". Publicada pelo *Estado de S. Paulo* e pelo *Jornal do Comércio*, do Rio, a palestra sai também como opúsculo pela Imprensa Nacional, com o resultado da venda destinado à construção do busto do poeta em São Paulo.

1908 Recebe do médico e escritor Afrânio Peixoto caderno manuscrito com os sermões de Antônio Conselheiro, que incluem pregações sobre os Dez Mandamentos, o discurso contra a República e o relato da Paixão de Cristo. No fim da Guerra de Canudos, o médico baiano João Pondé descobriu esse e mais outro caderno enterrados junto ao cadáver do Conselheiro, no santuário próximo à igreja velha.

Escreve, em 30 de setembro, o prefácio de *Poemas e canções*, de Vicente de Carvalho, genro de Júlio Mesquita, que ingressará, no ano seguinte, na Academia Brasileira de Letras com o apoio de Euclides. Expõe, em "Antes dos versos", sua concepção da poesia moderna, à qual caberia idealizar a natureza, de modo a permitir ao homem escapar ao "rigorismo" prático e racional da vida civilizada.

É envolvido, em novembro, no "Caso do telegrama nº 9", incidente diplomático provocado pelo ministro das Relações Exteriores da Argentina, Estanislau Zeballos, que acusa o barão do Rio Branco de enviar telegrama cifrado às legações brasileiras com instruções para campanha difamatória contra seu país. Zeballos faz também alusão às cartas trocadas com Euclides, que desafia o ministro argentino a divulgar sua correspondência, ao mesmo tempo que torna pública a recebida do "grande cachorrão", que acaba afastado de seu posto.

Publica, em 30 de setembro, no *Jornal do Comércio*, do Rio, a crônica "A última visita", sobre a inesperada homenagem de um anônimo estudante a Machado de Assis em seu leito de morte, na casa da rua Cosme Velho. A crítica Lúcia Miguel Pereira revelará, em *Machado de Assis* (1936), que o desconhecido visitante era Astrojildo Pereira, que tinha à época dezessete anos de idade, futuro fundador e primeiro secretário-geral do Partido Comunista Brasileiro, autor de estudos sobre o romancista de *Dom Casmurro*.

Com a morte de Machado, Euclides ocupa por breve período a presidência da Academia Brasileira, até passar o cargo para Rui Barbosa. Inscreve-se, em 19 de dezembro, no concurso para a cadeira de lógica no Ginásio Nacional, antigo Colégio Pedro II, no Rio, como 13º candidato, o que considera mau augúrio.

1909 Refere-se, em carta a Vicente de Carvalho, datada de 10 de fevereiro, à fatalidade como a "Maldade obscura e inconsciente das coisas", que inspirou a concepção trágica dos gregos. Faz, em 17 de maio, com outros quinze concorrentes, a prova escrita sobre "Verdade e erro" no concurso para o Ginásio Nacional. Assiste, no Cinema Ouvidor, na tarde do mesmo dia, com Coelho Neto, a filme americano sobre vaqueiro que mata a esposa adúltera, e exclama exaltado ao final da projeção: "Essa é a verdadeira justiça. Para a adúltera não basta a pedra israelita, o que vale é a bala".

Discorre, no dia 25, sobre a "Ideia do ser", questão que julga pertencer à metafísica e que nada teria a ver, segundo ele, com o programa de lógica naquilo que chamou de "o mais ilógico dos concursos".

A comissão julgadora anuncia, em 7 de junho, o resultado do concurso: o filósofo cearense Farias Brito, autor de *Finalidade do mundo* (1895-1905), é classificado em 1º lugar, e Euclides fica em 2º lugar, apesar de seu renome como escritor.

Muda-se, em junho, da rua Humaitá para casa na rua Nossa Senhora de Copacabana, cujos fundos davam para a praia. Comenta, em carta para Oliveira Lima, as dificuldades do concurso de que participa e observa, com ironia, que se encontrava em uma situação maravilhosa, "a ver navios" nesta adorável República, que o deixa sempre de lado... Acaba porém nomeado, em 15 de julho, professor de lógica no Ginásio Nacional graças à interferência junto ao presidente da República, Nilo Peçanha, do barão do Rio Branco e do escritor e deputado Coelho Neto. Recebe, em 21 de julho, a cadeira de lógica de Escragnolle Dória, seu antigo colega no Colégio Aquino. Passa a ensinar das onze da manhã ao meio-dia, às segundas, quartas e sextas-feiras, e dá sua décima e última aula na sexta-feira 13 de agosto.

Devolve, em 25 de julho, aos editores Lello & Irmão, as provas de *À margem da história*, reunião de estudos históricos e de ensaios sobre a Amazônia, que sairá em setembro, mês seguinte à sua morte. Concede, em um domingo de sol, em sua casa em Copacabana, entrevista a Viriato Corrêa, da *Ilustração Brasileira*, na qual fala das dificuldades para publicar *Os sertões* e das infindáveis correções em suas sucessivas edições.

Vai, em 10 de agosto, com seu filho Quidinho, à elegante redação do *Jornal do Comércio*, na avenida Central, e recebe de Félix Pacheco o *Atlas do Brasil*, do barão Homem de Melo e de Francisco Homem de Melo, que deverá resenhar. Volta ao *Jornal*, três dias depois, para avisar que não conseguiu terminar o artigo, que deixará inacabado na palavra truncada "descri".

Morre, em 15 de agosto, em um domingo chuvoso, no bairro da Piedade, no Rio, depois de trocar tiros com o aspirante Dinorá e seu irmão, o cadete Dilermando de Assis. É atingido por três disparos no tiroteio dentro da casa dos Assis, localizada na Estrada Real de Santa Cruz, atual avenida Suburbana. Cai no pequeno jardim à frente da residência, fulminado por um tiro no peito disparado por Dilermando, quando já se retirava ferido. Levado para a cama de seu rival, lá expira depois de murmurar as palavras: "Perdão, intrigas, calúnias". Dilermando é ferido por quatro projéteis. Seu irmão Dinorá recebe um tiro na altura do ombro, próximo à coluna, e passa a ter dificuldades de locomoção, cometendo o suicídio em 1921.

Velado na Academia Brasileira de Letras, o escritor é enterrado no dia seguinte, às 17 horas, na sepultura nº 3026 do cemitério São João Batista, no Rio. Na Câmara dos Deputados, Coelho Neto compara sua morte à tragédia *Oréstia* (458 a.C.), do poeta grego Ésquilo, em que Agamenon, rei de Argos, é assassinado por sua esposa Clitemnestra e pelo amante desta, Egisto, quando voltava triunfante da Guerra de Troia.

BIBLIOGRAFIA

1. Fontes manuscritas

A. TEXTOS DE EUCLIDES DA CUNHA

"A ideia do ser". Fragmento de rascunho da prova oral para concurso de Lógica para o Ginásio Nacional (Colégio Pedro II). Biblioteca Nacional.
"As catas". Campanha, 1895. Com dedicatória de 1903 a Coelho Neto. Rio de Janeiro, Biblioteca Nacional.
Caderneta de campo. Canudos, 1897. Rio de Janeiro, Instituto Histórico e Geográfico Brasileiro.
Caderneta de notas sobre o Alto Purus. Rio de Janeiro, Biblioteca Nacional.
Caderno com fragmento da obra Peru versus Bolívia *e o preâmbulo a Alberto Rangel*, Inferno verde. Rio de Janeiro, Biblioteca Nacional.
Caderno de exercícios de cálculo infinitesimal e várias notas, com rascunho do poema "Cristo". Rio de Janeiro, Col. Olyntho San Martin, Biblioteca Nacional.
Correspondência de Euclides da Cunha. Rio de Janeiro, Academia Brasileira de Letras.
Correspondência de Euclides da Cunha. São José do Rio Pardo, Casa de Cultura Euclides da Cunha.
Correspondência de Euclides da Cunha. São José do Rio Pardo, Grêmio Euclides da Cunha.
Correspondência de Euclides da Cunha. São Paulo, Coleção Rosaura Escobar.
Correspondência de Euclides da Cunha. Rio de Janeiro, Coleção Miguel Gastão da Cunha.

Correspondência de Euclides da Cunha. São Paulo, Coleção Eunice Porchat.
Correspondência de Euclides da Cunha. Rio de Janeiro, Fundação Casa de Rui Barbosa.
Correspondência de Euclides da Cunha. Rio de Janeiro, Instituto Histórico e Geográfico Brasileiro.
Correspondência oficial quando engenheiro ajudante da Direção de Obras do Estado de São Paulo. São Paulo, 1895-98. Rio de Janeiro, Biblioteca Nacional.
Correspondência particular de Euclides da Cunha. Rio de Janeiro, Arquivo Histórico do Itamaraty.
"Dom Quixote". Rio de Janeiro, Biblioteca Nacional.
Esboço de trecho de Os sertões. Biblioteca Nacional.
Expedição de reconhecimento do Alto Purus — Comissão de limites. Rio de Janeiro, Arquivo do Itamaraty.
Fragmento de caderneta com anotações de engenharia e um pequeno diário sem data. Rio de Janeiro, Biblioteca Nacional.
Fragmento de caderno com anotações de cunho filosófico. Rio de Janeiro, Biblioteca Nacional.
Fragmento de um vocabulário. Rio de Janeiro, Biblioteca Nacional.
Inventário Dr. Euclides da Cunha. Rio de Janeiro, 1909. Rio de Janeiro, Arquivo do Tribunal de Justiça do Estado do Rio de Janeiro.
Manuscrito de Os sertões. Parte não publicada, com dedicatória a Aloísio de Carvalho. Rio de Janeiro, outubro 1908. Biblioteca Nacional.
Notas de um caderno. Com trecho de *Canudos: Diário de uma expedição.* Rio de Janeiro, Biblioteca Nacional.
Notas várias, com trecho de discurso. S.l., s.d. Rio de Janeiro, Biblioteca Nacional.
Ondas. Primeiras poesias de Euclides da Cunha. Rio de Janeiro, 1883. São José do Rio Pardo, Grêmio Euclides da Cunha.
Processo-crime: 1ª Vara Criminal, 1ª Tribunal do Júri. Réu: Dilermando de Assis. Vítima: Dr. Euclides da Cunha. Rio de Janeiro, 1909-11. Rio de Janeiro, Arquivo do Tribunal de Justiça do Estado do Rio de Janeiro.

B. CORRESPONDÊNCIA ATIVA DE EUCLIDES DA CUNHA

Agustin de Vedia. Rio de Janeiro, 13/8/1908. Biblioteca Nacional.
Alberto Rangel (cartão ou telegrama). (Rio de Janeiro, 1908?). Biblioteca Nacional.
Alberto Rangel (cartão ou telegrama). Rio de Janeiro, s.d. Biblioteca Nacional.

Álbum Euclides da Cunha. Correspondência ativa e passiva. Col. Olyntho San Martin. Biblioteca Nacional.

Coelho Neto. S.l., 1909? (25/6/1909?). Biblioteca Nacional.

Correspondência oficial quando engenheiro ajudante da Direção de Obras do Estado de São Paulo. São Paulo, 1895-8. Biblioteca Nacional.

Ernesto Sena (cartão ou telegrama). Lorena, 25/10/1903. Biblioteca Nacional.

Ernesto Sena. Lorena, 1/3/1902?. Biblioteca Nacional.

Ernesto Sena. Lorena, 5/1/1902. Biblioteca Nacional.

Euclides da Cunha Filho (2 cartões-postais). S.l., s.d. Biblioteca Nacional.(?)

Euclides da Cunha Filho (cartão ou telegrama). Rio de Janeiro, s.d. Correio: 29?/8/1908.

Euclides da Cunha Filho (cartão ou telegrama). Rio de Janeiro, s.d. Correio: 23/9/1908.

Euclides da Cunha Filho (cartão ou telegrama). S.l., s.d. Correio: 26/6/1908.

Euclides da Cunha Filho (cartão ou telegrama). S.l., s.d. Correio: 23/8/1908.

Euclides da Cunha Filho (cartão ou telegrama). S.l., s.d. Correio: 23/9/1908.

Euclides da Cunha Filho (cartão-postal). Rio de Janeiro ?/8/1908. Biblioteca Nacional.

Euclides da Cunha Filho. Rio de Janeiro, 12/4/1908. Biblioteca Nacional.

João Ribeiro. Lorena, 16/3/1903. Biblioteca Nacional.

Lúcio de Mendonça. Lorena, 20/6/1903. P. Corrêa do Lago.

Mãe (cartão). Friburgo, 7/5/1907. Biblioteca Nacional.

Manuel Rodrigues Pimenta da Cunha. Rio de Janeiro, 8/8/1909. Biblioteca Nacional.

Octaviano Vieira. Rio de Janeiro, 8/8/1909. Biblioteca Nacional.

Solon da Cunha (cartão-postal). Rio de Janeiro, 23/8/1908.

Solon da Cunha (cartão). S.l., s.d. Biblioteca Nacional.

Solon Rodrigues da Cunha (cartão ou telegrama). (Santos), s.d.

Solon Rodrigues da Cunha. Rio de Janeiro, 19/3/1908. Biblioteca Nacional.

Solon Rodrigues da Cunha. S.l., s.d. Correio: 23/8/1908.

T. A. Araripe Jr. (cartão ou telegrama). Rio de Janeiro, 14/7/1909. Biblioteca Nacional.

C. CORRESPONDÊNCIA PASSIVA DE EUCLIDES DA CUNHA

A. d'E. Taunay (cartão ou telegrama). São Paulo, s.d. Correio: 25/5/1908. Biblioteca Nacional.

A. da Fontoura Xavier. Nova York, 25/8/1903. Biblioteca Nacional.
A. O. Viveiros de Castro. (Rio de Janeiro?), 26/7/1909. Biblioteca Nacional.
A. Pinto da Rocha. Porto Alegre, 1/11/1908. Biblioteca Nacional.
Afonso Arinos. Belo Horizonte, 29/4/1904. Biblioteca Nacional.
Affonso Celso (cartão ou telegrama). Petrópolis, 10/7/1903. Biblioteca Nacional.
Afonso Celso. Petrópolis, 17/12/1903. Biblioteca Nacional.
Afrânio Peixoto. Rio de Janeiro, 3/11/1907. Biblioteca Nacional.
Agustin B. Varona (cartão ou telegrama). Entre Rios, 19/9/1907. Biblioteca Nacional.
Agustin de Vedia. Buenos Aires, 1909. Biblioteca Nacional.
Alberto Rangel (cartão ou telegrama). (Manaus?), 9/6/1907. Biblioteca Nacional.
Alberto Rangel (cartão ou telegrama). Berlim, 24/11/1909. Biblioteca Nacional.
Alberto Rangel (cartão ou telegrama). Christiania, 20/11/1908. Biblioteca Nacional.
Alberto Rangel (cartão ou telegrama). Colônia, 26/11/1908. Biblioteca Nacional.
Alberto Rangel (cartão ou telegrama). Haia, 13/11/1908. Biblioteca Nacional.
Alberto Rangel (cartão ou telegrama). Lisboa, 2/6/1907. Biblioteca Nacional.
Alberto Rangel (cartão ou telegrama). Milão, 16/10/1907. Biblioteca Nacional.
Alberto Rangel (cartão ou telegrama). Mont Saint-Michel, 8/10/1908. Biblioteca Nacional.
Alberto Rangel (cartão ou telegrama). Monte Carlo, 21/11/1907. Biblioteca Nacional.
Alberto Rangel (cartão ou telegrama). Nápoles, 15/4/1908. Biblioteca Nacional.
Alberto Rangel (cartão ou telegrama). Paris, 8/7/1909. Biblioteca Nacional.
Alberto Rangel (cartão ou telegrama). Paris, 8/9/1907. Biblioteca Nacional.
Alberto Rangel (cartão ou telegrama). Paris, 19/12/1907. Biblioteca Nacional.
Alberto Rangel (cartão ou telegrama). Paris, s.d. Correio: 10/7/1909. Biblioteca Nacional.
Alberto Rangel (cartão ou telegrama). Pegli, 1/4/1908. Biblioteca Nacional.
Alberto Rangel (cartão ou telegrama). Pegli, 14/11/1907. Biblioteca Nacional.
Alberto Rangel (cartão ou telegrama). Roma, 14/4/1908. Biblioteca Nacional.
Alberto Rangel (cartão ou telegrama). Saint-Germain-en-Laye, s.d. Correio: 23/9/1908. Biblioteca Nacional.
Alberto Rangel (cartão ou telegrama). Saint-Germain, 4/9/1908. Biblioteca Nacional.
Alberto Rangel (cartão ou telegrama). Saint-Germain-en-Laye. s.d. Correio: 16/?/1908. Biblioteca Nacional.
Alberto Rangel (cartão ou telegrama). Sully-sur-Loire, 30/8/1909. Biblioteca Nacional.

Alberto Rangel (cartão ou telegrama). Veneza, 24/4/1908. Biblioteca Nacional.
Alberto Rangel (cartão ou telegrama). Ventimiglia, 1908?. Biblioteca Nacional.
Alfredo Carvalho. Recife, 20/1/1904. Biblioteca Nacional.
Alfredo Carvalho. Recife, 26/4/1906. Biblioteca Nacional.
Alfredo de Carvalho (cartão ou telegrama). Recife, 20/12/1907. Biblioteca Nacional.
Alfredo Pujol (cartão ou telegrama). (São Paulo), 22/3/1908. Biblioteca Nacional.
Alfredo Pujol (cartão ou telegrama). (São Paulo?), s.d. Biblioteca Nacional.
Alfredo Pujol (cartão ou telegrama). São Paulo, s.d. Correio: 19/4/1906. Biblioteca Nacional.
Alfredo Pujol. São Paulo, 2/2/1908. Biblioteca Nacional.
Alfredo Pujol. São Paulo, 4/2/190?. Biblioteca Nacional.
Alfredo Pujol. São Paulo, 7/3/1907. Biblioteca Nacional.
Alfredo Pujol. São Paulo, 9/2/1909. Biblioteca Nacional.
Altino Arantes. Rio de Janeiro, 23/12/1908. Biblioteca Nacional.
Aluísio Azevedo. Salto, 16/12/1903. Biblioteca Nacional.
Angelo Dourado. Rio Grande, 25/10/1903. Biblioteca Nacional.
Arthur Orlando (cartão ou telegrama). S.l., s.d. Biblioteca Nacional.
Assis Brasil. Buenos Aires, 15/11/1906. Biblioteca Nacional.
Augusto de Lima. Belo Horizonte, 10/7/1903. Biblioteca Nacional.
Barão do Rio Branco (telegrama). Rio de Janeiro?. Biblioteca Nacional.
Barão do Rio Branco. Rio de Janeiro, 9/10/1906. Biblioteca Nacional.
Barão do Rio Branco. Rio de Janeiro, 9/11/1906. Biblioteca Nacional.
Bento Bueno. São Paulo, 1/10/1904. Biblioteca Nacional.
Bernardino José de Sousa. (Salvador?), 4/11/1907. Biblioteca Nacional.
Bernardino José de Sousa. (Salvador?), 20/7/1909. Biblioteca Nacional.
Bettencourt Rodrigues. (Rio de Janeiro), 6/9/1909. Biblioteca Nacional.
Bettencourt Rodrigues. São Paulo, 14/10/1908. Biblioteca Nacional.
Bettencourt Rodrigues. São Paulo, 31/10/1908. Biblioteca Nacional.
Brazilio Campos. São Paulo, 19/10/1902. Biblioteca Nacional.
C. Autran. Lorena, 22/9/1904. Biblioteca Nacional.
Campello. Rio de Janeiro, 9/6/1907. Biblioteca Nacional.
Campello. Rio de Janeiro, 27/11/1906. Biblioteca Nacional.
Cândido M. S. Rondon (cartão ou telegrama). Rio de Janeiro, 6/5/1907. Biblioteca Nacional.
Cândido Mariano. Boca do Couthé (Alto Purus), 27/6/1905. Biblioteca Nacional.
Clóvis Bevilaqua (cartão ou telegrama). S.l., s.d. Biblioteca Nacional.

Clóvis Bevilaqua. Rio de Janeiro, 13/11/1906. Biblioteca Nacional.
Coelho Neto. Campinas, 1/12/1902. Biblioteca Nacional.
Coelho Neto. Campinas, 4/7/1903. Biblioteca Nacional.
Coelho Neto. Campinas, 4/12/1902. Biblioteca Nacional.
Coelho Neto. Rio de Janeiro, 26/7/1909. Biblioteca Nacional.
Coelho Neto. São Paulo, 11/8/190?. Biblioteca Nacional.
Coelho Netto (cartão ou telegrama). Rio de Janeiro, 23/4/1907. Biblioteca Nacional.
Dantas Barreto (cartão ou telegrama). Rio de Janeiro, 23/7/1908. Biblioteca Nacional.
Domingos Jaguaribe. São Paulo, s.d. Biblioteca Nacional.
Domingos Olympio. Rio de Janeiro, 5/6/1905. Biblioteca Nacional.
Duarte. São Paulo, 24/9/1904. Biblioteca Nacional.
Egas Muniz Barreto Aragão (cartão ou telegrama). (Salvador?), s.d. Biblioteca Nacional.
Euclides da Cunha Filho (cartão ou telegrama). Friburgo, 10/5/1908. Biblioteca Nacional.
Euclides da Cunha Filho. (Friburgo), s.d. Biblioteca Nacional.
Euclides da Cunha Filho. Carta. S.l., s.d. Biblioteca Nacional.
Euclides da Cunha Filho. Cartão-postal. Friburgo, 10/5/1908. Biblioteca Nacional.
F. A. Georlette. Antuérpia, 10/11/1908. Biblioteca Nacional.
F. Castro. Rio de Janeiro, 3/2/1907. Biblioteca Nacional.
F. Castro. Rio de Janeiro, 5/12/1908. Biblioteca Nacional.
Felix Pacheco. Rio de Janeiro, 19/12/1906. Biblioteca Nacional.
Firmo Dutra (cartão ou telegrama). S.l., 24/6/1906. Biblioteca Nacional.
Firmo Dutra. Manaus, 2/9/1907. Biblioteca Nacional.
Firmo Dutra. Manaus, 8/4/1907. Biblioteca Nacional.
Francisco Bhering. Rio de Janeiro, 3/2/1907. Biblioteca Nacional.
Francisco Bhering (cartão ou telegrama). São Paulo, 22/10/1901. Biblioteca Nacional.
Francisco Bhering (cartão ou telegrama). Paris, s.d. Correio: Rio de Janeiro, 23/6/1908. Biblioteca Nacional.
Francisco Escobar. Rascunho de carta. Jaguary, 3/12/1906. A. e R. Escobar.
Francisco Escobar. Rascunho de carta. Jaguary, 6/11/1906. A. e R. Escobar.
Francisco Escobar. Rascunho de carta. Jaguary, 24/12/1906. A. e R. Escobar.
Francisco Escobar. Três rascunhos de carta. S.l., s.d. A. e R. Escobar.
Francisco Jaguaribe Gomes de Matatos (cartão ou telegrama). (S. Clemente?), s.d. Biblioteca Nacional.

Francisco Mangabeira a Alberto Rangel (cartão ou telegrama). (Salvador?, 1898?). Biblioteca Nacional.
Franco da Rocha. Estação de Juquery, 3/1/1908. Biblioteca Nacional.
Garcia Redondo. Campinas, 26/8/1903. Biblioteca Nacional.
Gastão da Cunha. (Buenos Aires?), 10/4/1909?. Biblioteca Nacional.
Gastão da Cunha. Buenos Aires, 3/12/190?. Biblioteca Nacional.
H. Pereira Pinto (?) (cartão ou telegrama). Rio de Janeiro, 31/7/190?. Biblioteca Nacional.
Henrique Coelho. (São Paulo?), 11/6/1904. Biblioteca Nacional.
Henrique Coelho. (São Paulo?), 13/9/1904. Biblioteca Nacional.
Henrique Coelho. São Paulo, 5/9/1906. Biblioteca Nacional.
Hujel? Cesar Rivel. Caracas, 11/10/1907. Biblioteca Nacional.
Ilysio Carvalho (cartão ou telegrama). S.l., 30/12/1906. Biblioteca Nacional.
J. B. Regueira Costa (cartão ou telegrama). (Recife), 1/1/1908. Biblioteca Nacional.
J. B. Regueira Costa (cartão ou telegrama). (Recife), 23/12/1908. Biblioteca Nacional.
J. B. Regueira Costa (cartão ou telegrama). Recife, s.d. Biblioteca Nacional.
J. B. Regueira Costa (cartão ou telegrama). Recife, s.d. Correio: 11/2/1905. Biblioteca Nacional.
J. C. Branner. S.l., s.d. Biblioteca Nacional.
João B. Regueira Costa. Recife, 11/3/1903. Biblioteca Nacional.
João Luiz Alves. Campanha, 1/7/1896. Biblioteca Nacional.
João Luiz Alves. Campanha, 1/11/1895. Biblioteca Nacional.
João Luiz Alves. Campanha, 20/6/1895. Biblioteca Nacional.
João Ribeiro (cartão ou telegrama). (Rio de Janeiro), 12/9/?. Biblioteca Nacional.
João Ribeiro (cartão ou telegrama). Rio de Janeiro, 3/11/1907. Biblioteca Nacional.
João Ribeiro. Rio de Janeiro, 3/7/1903. Biblioteca Nacional.
Joaquim Maria Machado de Assis. Rio de Janeiro, 24/9/1903. Biblioteca Nacional.
José de Campos. Lorena, s.d. Biblioteca Nacional.
José Francisco da Rocha. Rio de Janeiro, 1/1/1906. Biblioteca Nacional.
José Pimenta da Cunha. Salvador, 15/1/1905. Biblioteca Nacional.
José Rodrigues Pimenta da Cunha. Carta. Bahia, 15/1/1905. Biblioteca Nacional.
José Rodrigues Pimenta da Cunha. Carta. Trindade, 26/6/1905. Biblioteca Nacional.

José Veríssimo. Rio de Janeiro, 3/9/1904. Biblioteca Nacional.
José Veríssimo. Rio de Janeiro, 7/1/1908. Biblioteca Nacional.
José Veríssimo. Rio de Janeiro, 8/9/1904. Biblioteca Nacional.
José Veríssimo. Rio de Janeiro, 17/2/1905. Biblioteca Nacional.
José Veríssimo. Rio de Janeiro, 25/11/1905. Biblioteca Nacional.
Júlio Mesquita. S.l., 19/5/1904. Biblioteca Nacional.
Júlio Mesquita. São Paulo, 29/11/1906. Biblioteca Nacional.
Lúcio de Mendonça. Rio de Janeiro, 19/3/1908. Biblioteca Nacional.
Lúcio de Mendonça. Rio de Janeiro, 19/12/1908. Biblioteca Nacional.
Luís Gomes (cartão ou telegrama). Petrópolis, 19/12/1906. Biblioteca Nacional.
Luís Gomes (cartão ou telegrama). Petrópolis, s.d. Correio: 9/1/1906. Biblioteca Nacional.
Luiz Yabar. Nova Friburgo, 13/9/1908. Biblioteca Nacional.
Luiz Yabar. Nova Friburgo, 30/11/1908. Biblioteca Nacional.
Manuel Rodrigues Pimenta da Cunha. Trindade, 26/6/1905. Biblioteca Nacional.
Marie Robinson. Rio de Janeiro, 22/6/190?. Biblioteca Nacional.
Max Fleuiss. Rio de Janeiro, 28/5/1903. Biblioteca Nacional.
Ministro de Estado das Relações Exteriores (cartão ou telegrama). Rio de Janeiro, 22/10/1907. Biblioteca Nacional.
Monteiro Lobato (cartão ou telegrama). Taubaté, 20/12/1906. Biblioteca Nacional.
Moreira Guimarães. (Rio de Janeiro?), 6/2/1888. Biblioteca Nacional.
Moreira Guimarães. (Rio de Janeiro?), 11/3/1903. Biblioteca Nacional.
O. Martins. Franca, 22/5/1907. Biblioteca Nacional.
Oliveira Lima (cartão ou telegrama). Fuenterrabia, s.d. Correio: 26/9/1906. Biblioteca Nacional.
Oliveira Lima. Bruxelas, 19/6/1909. Biblioteca Nacional.
Oliveira Lima. Bruxelas, 23/6/1908. Biblioteca Nacional.
Oliveira Lima. Contrexeville, 12/7/1909. Biblioteca Nacional.
Oliveira Lima. Karlsbad, 14/9/1906. Biblioteca Nacional.
Oliveira Lima. Pernambuco, 1/2/1905. Biblioteca Nacional.
Oliveira Lima. Pernambuco, 9/1/1905. Biblioteca Nacional.
Oliveira Lima. Pernambuco, 30/1/1905. Biblioteca Nacional.
Oliveira Lima. Rio de Janeiro, 2/9/1904. Biblioteca Nacional.
Oliveira Menezes (cartão ou telegrama). Rio de Janeiro, 5/7/1909. Biblioteca Nacional.
Orville A. Derby. Rio de Janeiro, 1/8/1907. Biblioteca Nacional.

Orville A. Derby. São Paulo, 30/5/1904. Biblioteca Nacional.
Osorio Duque-Estrada. Rio de Janeiro, 18/2/1905. Biblioteca Nacional.
P? Rugertt. São Paulo, 28/9/1904. Biblioteca Nacional.
Padre Luiz Yabar. Cartão. (Friburgo), 18/9/1907. Biblioteca Nacional.
Pedro Alejandro Buenano. Lima, 19/4/1906. Biblioteca Nacional.
Pedro de Albuquerque Lima. Santos, 26/5/1903. Biblioteca Nacional.
Phaelante Camara. Recife, 19/12/1904. Biblioteca Nacional.
Placido de Castro. S.l., s.d. Biblioteca Nacional.
Plínio Barreto. Araras, 12/1906. Biblioteca Nacional.
R. Seidl (cartão ou telegrama). Rio de Janeiro, 15/4/1904. Biblioteca Nacional.
R. Theofilo (cartão ou telegrama). S.l., 190?. Biblioteca Nacional.
Reynaldo Porchat. (São Paulo), 20/1/1909. Biblioteca Nacional.
Reynaldo Porchat. São Paulo, 1/1/1893. Biblioteca Nacional.
Reynaldo Porchat. São Paulo, 8/1/1907. Biblioteca Nacional.
Reynaldo Porchat. São Paulo, 13/10/1904. Biblioteca Nacional.
Reynaldo Porchat. São Paulo, 14/5/1895. Biblioteca Nacional.
Reynaldo Porchat. São Paulo, 16/8/1895. Biblioteca Nacional.
Reynaldo Porchat. São Paulo, 16/12/1902. Biblioteca Nacional.
Reynaldo Porchat. São Paulo, 189?. Biblioteca Nacional.
Reynaldo Porchat. São Paulo, 19/5/1893. Biblioteca Nacional.
Reynaldo Porchat. São Paulo, 26/11/1893. Biblioteca Nacional.
Ricardo Palma (cartão ou telegrama). Lima, 10/10/1907. Biblioteca Nacional.
Rodrigo Octávio (cartão ou telegrama). Paris, 2/9/1909. Biblioteca Nacional.
Rodrigo Octávio. Rio de Janeiro, 1/3/1905. Biblioteca Nacional.
Rodrigo Octávio. Rio de Janeiro, 23/3/1904. Biblioteca Nacional.
Ruy Barbosa (cartão ou telegrama). Rio de Janeiro, 28/1/1908. Biblioteca Nacional.
Silvino Gurgel Amaral. Buenos Aires, 28/9/1903. Biblioteca Nacional.
Sílvio Romero (cartão ou telegrama). (Rio de Janeiro?), 8/11/1906. Biblioteca Nacional.
Sílvio Romero (cartão ou telegrama). (Rio de Janeiro?, 1906?). Biblioteca Nacional.
Sílvio Romero (cartão ou telegrama). Rio de Janeiro, 18?/4/1907. Biblioteca Nacional.
Sílvio Romero. (Rio de Janeiro?), 17/9/1906. Biblioteca Nacional.
Solon da Cunha. Carta. São Paulo, 13/8/1905. Biblioteca Nacional.
Solon Rodrigues da Cunha. São Paulo, 13/9/1905. Biblioteca Nacional.
Souza Bandeira. Rio de Janeiro, 15/2/1905. Biblioteca Nacional.
Souza Bandeira. Rio de Janeiro, 26/9/1905. Biblioteca Nacional.

T. A. Araripe Jr. Rio de Janeiro, 23/3/1903. Biblioteca Nacional.
Th. Catunda. Santos, 9/11/1904. Biblioteca Nacional.
Theodoro Sampaio. São Paulo, 19/8/1893. Biblioteca Nacional.
Theodoro Sampaio. São Paulo, 27/9/1893. Biblioteca Nacional.
Tito Pedro de Escobar. S.l., 28/4/1903. Biblioteca Nacional.
Ubaldino do Amaral. Rio de Janeiro, 2/9/1908. Biblioteca Nacional.
Ubaldino do Amaral. Rio de Janeiro, 26/2/1908. Biblioteca Nacional.
Valdomiro Silveira. Casa Branca, 24/10/1903. Biblioteca Nacional.
Vicente de Carvalho (cartão ou telegrama). Santos, 20/1/1904. Biblioteca Nacional.
Virgilio Varzea. Rio de Janeiro, 27/4/1907. Biblioteca Nacional.

D. CORRESPONDÊNCIA DE TERCEIROS

Aluisio Azevedo a Vicente de Carvalho. Salto, 16/9/1903. Biblioteca Nacional.
Augusto de Lima a Coelho Neto. Belo Horizonte, 10/7/1903. Biblioteca Nacional.
Capistrano de Abreu a João Lúcio de Azevedo. (Rio de Janeiro?), 12/ 1917. Biblioteca Nacional.
Capistrano de Abreu a João Lúcio de Azevedo. Rio de Janeiro, 8/3/1918. Biblioteca Nacional.
Capistrano de Abreu a João Lúcio de Azevedo. Rio de Janeiro, 9/3/1918. Biblioteca Nacional.
Capistrano de Abreu a João Lúcio de Azevedo. Rio de Janeiro, 25-26/6/1918. Biblioteca Nacional.
Ernesto Pujo a Plínio (Barreto?). S.l., 12/3?/1904. Biblioteca Nacional.
Flora de Oliveira Lima a S'Aninha. Araguaia, 17/6/1908. Biblioteca Nacional.
Francisco Escobar a Francisca M. Escobar. (Belo Horizonte), 27/4/1908. A. e R. Escobar.
Francisco Escobar a Francisca M. Escobar. (Rio de Janeiro), 13/5/1908. A. e R. Escobar.
Francisco Escobar a Francisca M. Escobar. Belo Horizonte, 3/5/1908. A. e R. Escobar.
Francisco Escobar a Francisca M. Escobar. Belo Horizonte, 10/5/1908. A. e R. Escobar.
Francisco Escobar a Francisca M. Escobar. Poços de Caldas, 18/8/1908. A. e R. Escobar.

Francisco Escobar a Malfrido (?) Ribeiro. Jaguary, ?/12/1906. A. e R. Escobar
Henrique Coelho. 13/8/1904. Biblioteca Nacional.
José (?) a Henrique (Coelho?). São Paulo, 28/6/1904. Biblioteca Nacional.
Manuel R. Pimenta da Cunha. Trindade, 13/12/1906. Arquivo da Justiça.
Oliveira Lima a Coelho Neto. Bruxelas, 31/9/1909. Biblioteca Nacional.
Pimenta da Cunha a Euclides da Cunha Filho (?). Trindade, 19/10/1907.
T. A. Araripe Jr. a Coelho Neto. (R), 15/7/1909. Biblioteca Nacional.

E. OUTROS TEXTOS MANUSCRITOS

ARAGÃO, Capitão José Geraldes de. Carta a Evaristo Landislau e Silva (Comandante-Geral do Corpo de Polícia). Alagoinhas, 8/11/1886. Núcleo Sertão.
Arquivo da Justiça. *Inventário de Euclides da Cunha*. Rio de Janeiro, 1909-16.
———. *Processo-crime contra Dilermando Candido de Assis*. Rio de Janeiro, 1909-10. Arquivo da Justiça.
BORGES, Aristides. Carta ao Barão de Jeremoabo. Victoria, 2/4/1897. Núcleo Sertão.
BRITO, Antonio Ferreira de. Carta. 20/3/1897. Núcleo Sertão.
CALASANS, José. "O livro de Antônio Conselheiro". Palestra no Instituto Geográfico e Histórico da Bahia. Núcleo Sertão.
CARDOZO, Paulo. Carta ao Barão de Jeremoabo, 24/4/1897. Núcleo Sertão.
Certidão de Óbito de Eudóxia Moreira da Cunha. Cantagalo, 8/1868. (Grêmio Euclides da Cunha.)
Comissão para coleta de fundos para compra de tacômetro para Euclides da Cunha. São José do Rio Pardo, 15/4/1901, 28/4/1901. A. e R. Escobar.
CONSELHEIRO, Antônio. *Apontamentos dos preceitos da divina lei de N. S. Jesus Cristo*. Belo Monte, 24 maio 1895, 250 p. Núcleo Sertão.
Contrato entre Euclides da Cunha e Laemmert & Cia. Rio de Janeiro, Academia Brasileira de Letras, 17/12/1901.
COSTA, Antonio R. da. Carta ao Barão de Jeremoabo. Pombal, 21/3/1897. Núcleo Sertão.
CUNHA, Gastão da. *Diário*. Rio de Janeiro. (Coleção M. G. da Cunha.)
ESCOBAR, Francisco. Anotação. S.l., s.d. A. e R. Escobar.
Escola Militar da Corte. *Livro de matrículas*. Arquivo do Exército. Liv. 1, fl. 259. 1874-1886.
Escola Militar da Corte. *Registro das Ordens do Dia*. Arquivo do Exército. 1888--90.

Escola Militar Federal. *Registro geral das praças.* Arquivo do Exército. 2ª Companhia.

Escola Superior de Guerra. Livro de matrícula de alunos. Arquivo do Exército. Liv. 3.

Fé de Ofício de Euclides da Cunha. Rio de Janeiro, Arquivo do Exército.

FONTES, Paulo M. Cartas ao Barão de Jeremoabo. Tucano?, 11/3/1899. Núcleo Sertão.

GALLO, Antonio de Cerqueira. Carta ao Barão de Jeremoabo, 7/3/1894. Núcleo Sertão.

GARCIA, Marcia Japor de Oliveira; FÜRSTENAU, Vera Maria. *Euclides da Cunha — o homem e a obra. Uma contribuição à bibliografia* (Acervo da Biblioteca Nacional). Rio de Janeiro, s.d.

GOES, Munhoz. 4/2/1897, 7/3/1897. Núcleo Sertão.

GUIMARÃES, Augusto. Carta ao Barão de Jeremoabo, 8/3/1894. Núcleo Sertão.

GUIMARÃES, Domingos Rodrigues (Chefe de Polícia da Bahia). Cartas a João Capistrano Bandeira de Mello (Presidente da Província). Bahia, 5/11/1886, 26/11/1886, 22/10/1887. Núcleo Sertão.

——. Carta ao Capitão José Geraldes de Aragão. Bahia, 25/11/1886. Núcleo Sertão.

INSTITUTO HISTÓRICO E GEOGRÁFICO BRASILEIRO. "Parecer da Comissão Subsidiária de História do Instituto Histórico e Geográfico Brasileiro sobre *Os sertões*". Rio de Janeiro, 19/3/1903. Cópia com assinaturas de Afonso Celso (relator) e Max Fleuiss. Biblioteca Nacional.

LIMA, Roiz (Governador). Carta ao Vice-Presidente da República. Bahia, 31/3/1893, 29/5/1893. Núcleo Sertão.

Livro de Assento de Nascimentos. São José do Rio Pardo, nº 14, fls. 120. 13/11/1901.

Livro de Batizados. Santa Rita do Rio Negro (Euclidilândia), 24/11/1868. Liv. 1, fl. 180, nº 66.

Livro de Casamentos. Santa Rita do Rio Negro (Euclidilândia). Liv. 1, fl. 43, nº 3, 1864.

Livro de Casamentos. Igreja Matriz de São Cristovão, nº 473, fl. 51 v. 1890.

Livro de Registro de Nascimento. Rio de Janeiro, Circunscrição do Registro Civil das Pessoas Naturais, fls. 83 v., nº 1326, 19/11/1907.

Livro de Registro de Óbitos. 1º Distrito de Nova Friburgo. nº 1314, fls. 58 v. e 59, 29/6/1932.

Livro de Registro de Óbitos da 7ª Pretoria. Rio de Janeiro, fls. 76v., nº 731, 19/07/1906.

Livro de Registro de Óbitos da 2ª Pretoria Cívil da Freguesia de Santa Rita e Ilha do Governador. Rio de Janeiro, fls. 49v., nº 173, 4/7/1916.

Livro de Registro de Óbitos da 9ª Circunscrição de São Cristovão. Rio de Janeiro, fls. 207, nº 45.115, 12/5/1951.

MACEDO, Luiz Gonzaga (Delegado da Vila de Itapicuru). Carta a Domingos Rodrigues Guimarães (Chefe da Polícia da Bahia). Itapicuru, 10/11/1886. Núcleo Sertão.

MARCIANO, Frei João Evangelista de Monte. Carta a Cidade do Salvador. Núcleo Sertão.

MARTINS, Cícero Dantas (Barão de Jeremoabo). Carta ao *Jornal de Notícias* (Bahia), 4/3/1897. Núcleo Sertão.

MATTOS, Major R. A. da Cunha. Carta ao Coronel Souza de Menezes, 5/3/1897. Núcleo Sertão.

MEIRELLES, Justino Pinto de (Delegado de Inhambupe). Carta a Domingos Rodrigues Guimarães (Chefe de Polícia da Bahia). Inhambupe, 26/10/1886. Núcleo Sertão.

MELLO, João Capistrano Bandeira de (Presidente da Província). Cartas a Luiz Antonio dos Santos (Arcebispo da Bahia). Salvador, 2/11/1886, 1/12/1886, 15/6/1887. Núcleo Sertão.

MENEZES, M. Carta ao Barão de Jeremoabo. Monte Santo, 9/9/1897. Núcleo Sertão.

"Notas de um dos filhos sobre a morte do pai". S.l., s.d. Biblioteca Nacional.

PEÇANHA, Nilo. "Nomeação de Euclydes da Cunha para o logar de Lente da cadeira de Logica do Externato do Gymnasio Nacional". Rio de Janeiro, 1909. Col. Pedro II.

PEDRA, Alfredo Leão da S. Cartas ao Barão de Jeremoabo. Capital Federal, 15/3/1897, 16/4/1897. Núcleo Sertão.

PEIXOTO, Afrânio. Carta a Eolisto Pondé. Rio de Janeiro, 10/8/1943. Núcleo Sertão.

PESSOA, Coronel. Carta ao Barão de Jeremoabo, 24/4/1897. Núcleo Sertão.

RAMOS, Antonio Joaquim (Delegado de Polícia). Cartão Chefe de Polícia da Província da Bahia. Termo da Purificação dos Campos de Irará, 2/1889. Núcleo Sertão.

RIBEIRO, Coronel Frederico Solon Sampaio. Telegramas para Marechal Floriano Peixoto (Presidente da República), Euclides da Cunha, Júlio Mesquita e Túlia Solon Ribeiro. Instituto Histórico e Geográfico Brasileiro.

RIBEIRO, Túlia T. "Boatos". Instituto Histórico e Geográfico Brasileiro. S.1., s.d.

SANTOS, Luiz Antonio dos (Arcebispo da Bahia). Carta a João Capistrano Bandeira de Mello. Bahia, 11/6/1887. Núcleo Sertão.

SILVA, Evaristo Landislau e (Comandante-Geral do Corpo de Polícia). Carta a João C. Bandeira de Melo. Bahia, 15/11/1886. Núcleo Sertão.
SILVA, Francisco Higino da (Santinho). *Romance da guerra*. Datilografado. Núcleo Sertão.
SOUZA VELHO, Coronel José Américo Camelo de. Cartas ao Barão de Jeremoabo. Mosteiro de S. José, Rosário, 28/2/1894. Núcleo Sertão.
VIANA, Luiz. Carta a Manoel Vitorino. Bahia, 14/12/1896. Núcleo Sertão.

2. Fontes impressas

2.1. Euclides da Cunha

A. TEXTOS DE EUCLIDES DA CUNHA

LIVROS

À margem da história. Porto, Chardron, de Lello & Irmão, 1909. Reed.: São Paulo, Brasília, Cultrix, INL, 1975.
Brasile ignoto: l'assedio di Canudos. Edição italiana de *Os sertões*, tradução de Cornelio Bisello. Milano, Sperling & Kupfer, 1953.
Caderneta de campo. Ed. de Olímpio de Souza Andrade. São Paulo, Brasília, Cultrix, INL, 1975.
Canudos. Diário de uma expedição. Rio de Janeiro, José Olympio, 1939. Introd. de Gilberto Freyre.
Canudos e inéditos. Org. de Olímpio de Souza Andrade. São Paulo, Melhoramentos, 1967.
Canudos e outros temas. Org. de Olímpio de Souza Andrade. Brasília, Senado Federal, 1994.
"Carta de Euclydes da Cunha a Ludgero Prestes (Inédito)". In: *Comemorações euclidianas*. São Paulo, Guanumby, 1947.
"Cartas de Euclides da Cunha a Francisco Escobar". In: *Revista Brasiliense* (São Paulo), 24: 92-3, jul.-ago. 1959.
"Cartas de Euclides da Cunha". In: *Revista da Academia Brasileira de Letras* (Rio de Janeiro), 35 (109): 102-6, jan. 1931.; 35 (110): 187-217, fev. 1931; 35 (111): 331-46, mar. 1931.
"Cartas familiares e outras", "Dia a dia". In: *Revista do Livro* (Rio de Janeiro), 15: 77-107, set. 1959.
Castro Alves e seu tempo. Rio de Janeiro, Imprensa Nacional, 1907.

Contrastes e confrontos. Porto, Empresa Literária e Tipográfica Editora, 1907. Pref. de José Pereira de Sampaio (Bruno). Reed.: Porto, Chardron, 1923. São Paulo, Brasília, Cultrix, INL, 1975.

Correspondência de Euclides da Cunha. Org. de Oswaldo Galotti e Walnice Nogueira Galvão. São Paulo, Edusp, 1997.

Diário de uma expedição. Org. de Walnice Nogueira Galvão. São Paulo, Companhia das Letras, 2000.

Euclides da Cunha. Org. de Walnice Nogueira Galvão. São Paulo, Ática, 1984.

Martin Garcia. Buenos Aires, Cori Hermanos, 1908.

Obra completa. Org. por Afrânio Coutinho. Rio de Janeiro, Aguilar, 1966. 2 v.

Obra completa. Org. por Afrânio Coutinho. 2ª ed. Rio de Janeiro, Nova Aguilar, 1995. 2 v.

Os sertões. Campanha de Canudos. Rio de Janeiro, Laemmert, 1902.

Os sertões. Campanha de Canudos. 2ª ed. corrig. Rio de Janeiro, Laemmert, 1903.

Os sertões. Campanha de Canudos. 3ª ed. corrig. Rio de Janeiro, Laemmert, 1905.

Os sertões. Campanha de Canudos. Ed. crítica por Walnice Nogueira Galvão. São Paulo, Brasiliense, 1985.

Os sertões. Campanha de Canudos. Rio de Janeiro, 37ª ed. Rio de Janeiro, Francisco Alves, 1995.

Os sertões: Campanha de Canudos. Ed. de Walnice Nogueira Galvão. São Paulo, Ática, 1998.

"Parecer acerca dos trabalhos do sr. Fernando A. Georlette (1908)". In: *Revista do Instituto Histórico e Geográfico Brasileiro* (Rio de Janeiro), LXXI: 540, 2ª parte.

Peru versus *Bolívia*. Rio de Janeiro, Tip. do Jornal do Comércio, 1907. Reed.: Rio de Janeiro, José Olympio, 1939.

Relatório da Comissão Mista Brasileiro-Peruana de reconhecimento do Alto Purus. Notas complementares do comissário brasileiro. Rio de Janeiro, Imprensa Nacional, 1906.

Um paraíso perdido. Ensaios, estudos e pronunciamentos sobre a Amazônia. Org. de Leandro Tocantins. Rio de Janeiro, José Olympio, 1994.

Um paraíso perdido. Reunião dos ensaios amazônicos. Org. de Hildon Rocha. Petrópolis, Brasília, Vozes, INL, 1976.

Valor de um symbolo. Bahia, Instituto Geographico e Historico da Bahia, 1915.

ARTIGOS

"A verdade e o erro". In: *Studia*: 180-3.

"Da independência à República (1906)". In: *Revista do Instituto Histórico e Geográfico Brasileiro* (Rio de Janeiro), LXIX: 7, 2ª parte.

"Parecer acerca dos trabalhos do sr. Fernando A. Georlette (1908). In: *Revista do Instituto Histórico e Geográfico Brasileiro* (Rio de Janeiro), LXXI: 540, 2ª parte.

"Rio abandonado (o Purus)". In: *Revista do Instituto Histórico e Geográfico Brasileiro* (Rio de Janeiro), LXVIII: 377, 2ª parte.

DISCURSOS

"Discurso ao ser recebido como sócio correspondente do Instituto (1903)". In: *Revista do Instituto Histórico e Geográfico Brasileiro* (Rio de Janeiro), LXVI: 289, 2ª parte.

CARTAS

"Carta de Euclides da Cunha a Francisco Escobar". In: *Revista Brasiliense* (São Paulo), 24: 92-3, jul.-ago. 1959.

"Carta de Euclydes da Cunha a Ludgero Prestes (Inédito)". In: *Comemorações euclidianas*. São Paulo, Guanumby, 1947.

"Cartas de Euclides da Cunha". In: *Revista da Academia Brasileira de Letras* (Rio de Janeiro), 35 (109): 102-6, jan. 1931.; 35 (110): 187-217, fev. 1931; 35 (111): 331-46, mar. 1931.

"Cartas de Euclides da Cunha a Francisco Escobar". In: *Revista Brasiliense*, 24: 92-3, jul.-ago. 1959.

"Cartas familiares e outras", "Dia a dia". In: *Revista do Livro* (Rio de Janeiro), 15: 77-107, set. 1959.

"Epistolário acadêmico: Cartas de Euclides da Cunha". In: *Revista da Academia Brasileira de Letras* (Rio de Janeiro), 33 (103):346-63, jul. 1930; 33 (104): 468-94, ago. 1930; 34 (105): 119-25, set. 1930; 35 (109): 102-6, jan. 1931; 35 (110): 187-217, fev. 1931; 35 (111): 331-46, mar. 1931

ESCOBAR, Rosaura de. "Três cartas inéditas de Euclides da Cunha". In: *Gazeta do Rio Pardo* (São José do Rio Pardo), ago. 1987.

"Pesquisas e documentos: Euclydes da Cunha e Ruy Barbosa". In: *Revista do Brasil* (Rio de Janeiro), 3 (27): 86-7, set. 1940.

"Seis cartas de Euclides da Cunha". In: *O Estado de S. Paulo* (São Paulo), 462: 5, 22 jan. 1966.

"Três cartas inéditas de Euclides da Cunha". In: *Província de S. Pedro*, 9: 161-3, jun. 1947.

"Uma carta inédita de Euclides da Cunha". In: *Revista do Instituto Geographico e Historico da Bahia* (Bahia), 46: 155-7, 1920.

SKIDMORE, Thomas E.; HOLLOWAY, Thomas H. "New Light on Euclides da Cunha: Letters to Oliveira Lima, 1903-1909". In: *Luso-Brazilien Review*: 1: 30-55, v.8, Madison, summer 1971.

B. TEXTOS SOBRE EUCLIDES DA CUNHA

ABREU, Modesto de. *Estilo e personalidade de Euclides da Cunha*. Rio de Janeiro, Civilização Brasileira, 1963.
ALMEIDA, Renato. *Euclides da Cunha no Itamaraty*. Ministério das Relações Exteriores.
AMORY, Frederic. "Euclydes da Cunha as Poet". In: *Luso-Brazilian Review*. 175-85.
ANDRADE, Olímpio de Souza. *Euclides e o espírito de renovação*. Rio de Janeiro, São José, 1967.
——. "Euclides: visão e técnica". In: *O Estado de S. Paulo* (São Paulo), 462: 3, 22 jan. 1966.
——. *História e interpretação de "Os sertões"*. São Paulo, Edart, 1966.
——. "Linguagem, poesia e imaginação na história sem fronteiras". In: *Revista do Livro* (Rio de Janeiro), 15: 55-75, set. 1959.
ANGELO, Hersílio. "Machado e Euclides". In: *Gazeta do Rio Pardo* (São José do Rio Pardo), ago. 1980
ARARIPE JR., T. A. "Dois vulcões extintos". In: *Obra crítica*. Rio de Janeiro, Casa de Rui Barbosa, 1966. v. 4.
ASSIS, Dilermando de. *A tragédia da Piedade. Mentiras e calúnias da "A vida dramática de Euclides da Cunha"*. Rio de Janeiro, O Cruzeiro, 1952.
——. *Um nome, uma vida, uma obra*. Rio de Janeiro, Neves, 1946.
ASSIS, Judith Ribeiro de. *Anna de Assis. História de um trágico amor*. Rio de Janeiro, Codecri, 1987.
ATHAYDE, Hélio. *Atualidade de Euclides. Vida e obra*. Rio de Janeiro, Presença, 1987.
AZEVEDO, Nelson de. "Euclides da Cunha e a cidade de Bananal". In: *A Gazeta* (São Paulo), 8/9/195?.
AZEVEDO, Sílvia Maria. "*O rei dos jagunços*: uma fonte esquecida de *Os sertões*". In: *Remate de males* (Campinas), 13: 31-40, 1993.
BACON, Henry. *A epopeia brasileira. Uma introdução a "Os sertões"*. Rio de Janeiro, Brasília, Antares, INL, 1983.
BARBOSA, João Alexandre. "A informação recuperada: dois artigos de José Veríssimo sobre Euclides da Cunha". In: *Revista do Instituto de Estudos Brasileiros* (São Paulo), 7: 127-38, 1969.

BARROS, Lourival Holanda. *Canudos — fato e fábula*. Tese de doutorado em letras modernas. São Paulo, Universidade de São Paulo, 1992.
——. "Energia". In: *Remate de males* (Campinas), 13: 67-72, 1993.
——. "Historiografia a tintas nada neutras". In: *Revista USP* (São Paulo), 13: 44-47, mar./abr./maio 1992.
——. "República, precoce desencanto". In: *O Estado de S. Paulo* (São Paulo), 28 nov. 1992.
BELLO, José Maria. "Euclides da Cunha". In: *Inteligência do Brasil*. São Paulo, Nacional, 1935.
BENITEZ, Justo Pastor. "Euclides da Cunha". In: *Revista do Livro* (Rio de Janeiro), 15: 221-3, set. 1959.
BERNUCCI, Leopoldo M. *A imitação dos sentidos. Prógonos, contemporâneos e epígonos de Euclides da Cunha*. São Paulo, Edusp, 1995.
Biblioteca Nacional. *Exposição comemorativa do centenário de nascimento de Euclides da Cunha*. Rio de Janeiro, Biblioteca Nacional, 1966.
BRAGA, Genesino. "O ilustre hóspede da Vila Glicínia". In: *Chão e graça de Manaus*. Manaus, Imprensa Oficial do Estado, 1987.
BRANDÃO, Adelino. *Euclides da Cunha e a questão racial no Brasil. A antropologia de "Os sertões"*. Rio de Janeiro, Presença, 1990.
——. *Euclides e o folclore*. Jundiaí, Linearte, 1985.
——. *Paraíso perdido: Euclides da Cunha, vida e obra*. São Paulo, Ibrasa, 1996.
BRANDÃO, Roberto de O. "O mito épico na ficção brasileira". In: *Revista do Instituto de Estudos Brasileiros* (São Paulo), 34: 139-48, 1992.
——. "Presença da oratória no Brasil do século XIX". In: PERRONE-MOISÉS, Leyla (Org.). *O Ateneu: Retórica e paixão*. São Paulo, Brasiliense, Edusp, 1988.
BRITO, Luís Tenório. "Colaboradores de *Os sertões*. O sargento José Augusto". In: *Revista do Instituto Histórico e Geográfico de São Paulo* (São Paulo), 53: 149-52, 1956.
CABRAL, Paulo. "Um caráter puro o de Euclides!". In: *Vamos Ler* (Rio de Janeiro), 27/11/1941.
CALASANS, José. "Algumas fontes de *Os sertões*". *Revista de Cultura da Bahia* (Salvador), 6: 69-81, jul./dez. 1971.
——. "Euclides da Cunha nos jornais da Bahia". In: *Revista de Cultura da Bahia* (Salvador), 4: 47-50, jul.-dez. 1969.
——. "Euclides da Cunha nos jornais da Bahia". In: *A Tarde* (Salvador), 10/2/1966.
——. *Euclides da Cunha e Siqueira de Menezes. Considerações em torno de uma revelação do embaixador Gilberto Amado*. Aracaju, Movimento Cultural de Sergipe, 1957.

CAMPOS, Augusto de; CAMPOS, Haroldo. *Os sertões dos Campos: Duas vezes Euclides.* Rio de Janeiro, Sette Letras, 1997.
CANDIDO, Antonio. "Euclides da Cunha sociólogo". In: *O Estado de S. Paulo* (São Paulo), 13 dez. 1952.
CARELLI, Mario. "Euclides da Cunha, um positivista face ao milenarismo". In: *Culturas cruzadas. Intercâmbios culturais entre França e Brasil.* Campinas, Papirus, 1994.
CARVALHO, Pinto de. "*Os sertões* e a flora da Bahia". In: *Jornal de Ala* (Bahia), 7: 11-3.
CASTRO, Luiz Paiva de. *O galo é um homem que canta. Mão de luva, Euclides da Cunha e Antonio Conselheiro.* Rio de Janeiro, Salamandra, 1980.
——."Considerações sobre as analogias de Canudos, com as origens de Cantagalo e de Euclides da Cunha". Rio de Janeiro, Sociedade de Estudos Psicanalíticos Latino-americanos, 1979 – Separata.
CASTRO, O. H. Aquino e correia, M. F. "Discursos saudando o novo sócio correspondente, dr. Euclides da Cunha (1903)". In: *Revista do Instituto Histórico e Geográfico Brasileiro* (Rio de Janeiro), LXVI: 289, 292, 2ª parte.
CENTRO CULTURAL FRANCISCO MATARAZZO SOBRINHO. *80 anos. Euclides da Cunha na Amazônia.* São Paulo, 1985.
CENTRO DE ESTUDOS HISTÓRICOS GUSTAVO BARROSO. *Catálogo da Sala Euclides da Cunha.* Lorena, Fac. Salesiana de Filosofia, Ciências e Letras, 1966.
CHIACCHIO, Carlos. "Euclides da Cunha. Aspectos singulares". In: *Jornal de Ala* (Bahia), 5: 1-40, 1940.
——. "O grande mal". In: *Jornal de Ala* (Bahia), 7: 1-2.
CITELLI, Adilson Odair. "Canudos: formas de composição". In: *Revista USP* (São Paulo), 20: 66-73, dez./ jan./ fev. 1993-4.
——. *Roteiro de leitura: Os sertões de Euclides da Cunha.* São Paulo, Ática, 1996.
COELHO NETO, "Euclides da Cunha, feições do homem". In: *Livro de prata.* São Paulo, Liberdade, 1928.
COLI, Jorge. "A palavra pensante". In: *Revista USP* (São Paulo), 20: 60-6, dez./ jan./ fev. 1993-4.
"Comunicação do falecimento do dr. Euclides da Cunha (1909)". In: *Revista do Instituto Histórico e Geográfico Brasileiro* (Rio de Janeiro), LXXII: 354, 2ª parte.
CORRÊA, Viriato. "Entrevista". In: *Revista do Livro* (Rio de Janeiro), 15: 173-5, set. 1959.
——. "Euclides da Cunha". In: *A Ilustração Brasileira,* 6: 99-100, 15. ago. 1909.
——. "*Os sertões*". In: *Ilustração Brasileira,* jan. 1943, pp. 32-3.
CRISTÓVÃO, Fernando. "A transfiguração da realidade sertaneja e a sua passagem a mito". In: *Revista USP* (São Paulo), 20: 42-53, dez./ jan./ fev. 1993-4.

CUNHA FILHO, Euclides da. "A verdade sobre a morte de meu pai". In: *Dom Casmurro* (Rio de Janeiro), 439-40, maio 1946.
CUNHA, Arnaldo Pimenta da. Em torno da vida de Euclides da Cunha". In: *Revista do Instituto Geográphico e Histórico da Bahia* (Bahia), 46: 255-64, 1920.
——. "Euclides e o Amazonas". In: *Jornal de Ala* (Bahia), 7: 3-9, 1940.
——."Euclides da Cunha (Trecho de estudo)". In: *Jornal de Ala* (Bahia), 5: 17-9, 1940.
——. "Exposição do Dr. Pimenta da Cunha". In: *Revista do Instituto Geographico e Historico da Bahia* (Bahia), 45: 255-64, 1919.
CUNHA, Ciro Vieira da. "Através dos sertões". In: *Revista USP* (São Paulo), 20: 74-81, dez./ jan./ fev. 1993-4.
——. *O cadete 308*. Rio de Janeiro, *Jornal do Comércio*, 1º jan. 1956.
DANTAS, Paulo. *Euclides*. Opus 66. São Paulo, Carioca, 1965.
——. "O concurso de lógica". Rio de Janeiro, *Correio da Manhã*, 23 jul. 1944.
——. "Cronologia de Euclides". In: *O Estado de S. Paulo* (São Paulo), 462: 8, 22 jan. 1966.
DAVID, Geo B. *Novas luzes sobre Euclides da Cunha*. Rio de Janeiro, Guarany, 1946.
DEPARTAMENTO ESTADUAL DE IMPRENSA E PROPAGANDA. *Comemorações euclideanas em São José do Rio Pardo*. São Paulo, DEIP, 1943.
Departamento Estadual de Informações. *Comemorações euclidianas em São José do Rio Pardo*. São Paulo, 1946.
Dom Casmurro (Rio de Janeiro), 439-40, maio 1946. (Número especial sobre Euclides da Cunha.)
DÓRIA, Escragnolle. "Euclides da Cunha". In: *Jornal do Comércio* (Rio de Janeiro), 15 ago. 1913.
——. "Euclides da Cunha". In: *Jornal do Comércio* (Rio de Janeiro), 24 jan. 1915. Republ. em: RANGEL, Alberto et al. *Por protesto e adoração. In memoriam de Euclydes da Cunha*. Rio de Janeiro, Grêmio Euclides da Cunha, 1919.
——. "Euclydes estudante". In: *Revista da Semana*, 23 ago. 1930.
——. "Lembranças de Euclydes da Cunha". In: *Euclydes*, 12: 182-3 , t. 2, 15 ago. 1940.
——. "Seara histórica". In: *Revista da Semana*, 2 jun. 1945.
——. "Três cartas de Euclides da Cunha". In: *Revista da Semana*. 31 jan. 1947.
ESTENSSORO, Hugo. "Euclides e Sarmiento". In: *O Estado de S. Paulo* (São Paulo), 462: 4, 22 jan. 1966.
"Euclides da Cunha e Rui Barbosa". In: *Revista do Brasil* (Rio de Janeiro), 3 (27): 86-7, set. 1940.
Euclydes (Rio de Janeiro), 12, t. 2, 15 ago. 1940.

FACIOLI, Valentim A. *Euclides da Cunha: a gênese da forma*. Tese de doutorado em literatura brasileira. São Paulo, Universidade de São Paulo, 1990.

FERREIRA, Tito Lívio. "Através de *Os sertões* e à margem da história". In: *Revista do Instituto Histórico e Geográfico de São Paulo* (São Paulo), v. 53: 125-47, 1956.

FIGUEIREDO, A. C. de Assis (Visconde de Ouro Preto). "Parecer sobre a obra do dr. Euclides da Cunha intitulada *Peru* versus *Bolívia* (1907)". In: *Revista do Instituto Histórico e Geográfico Brasileiro* (Rio de Janeiro), LXX: 782, 2ª parte.

FIGUEIREDO JR., A. C. de Assis (Conde de Afonso Celso). "Discurso propondo o levantamento da sessão em homenagem à memória do dr. Euclides da Cunha (1909)". In: *Revista do Instituto Histórico e Geográfico Brasileiro* (Rio de Janeiro), LXXII; 35, 2ª parte.

——. "Elogio histórico do dr. Euclides da Cunha (1909)". In: *Revista do Instituto Histórico e Geográfico Brasileiro* (Rio de Janeiro), LXXII: 414, 2ª parte.

FLEUISS, Max. "Proposta para que o Instituto incumba o dr. Euclides da Cunha de escrever uma monografia sobre o duque de Caxias (1903)". In: *Revista do Instituto Histórico e Geográfico Brasileiro* (Rio de Janeiro), LXVI: 164, 2ª parte.

——. "Proposta para que seja nomeada uma comissão, a fim de dar parecer sobre a obra do dr. Euclides da Cunha intitulada *Peru* versus *Bolívia* (1907)". In: *Revista do Instituto Histórico e Geográfico Brasileiro* (Rio de Janeiro), LXX: 770, 2ª parte.

FONSECA, Aleilton. "*Os sertões*: as prédicas de Antônio Conselheiro e a poesia de Canudos". In: *O olho da história* (Salvador), v. 2, 3: 125-40, nov. 1996.

FORTES, Herbert Parentes. *Euclides, o estilizador de nossa história*. Rio de Janeiro, GRD, 1958.

FRANÇA, Mário Ferreira. *Euclides da Cunha e a Amazônia*. Manaus, Secretaria de Imprensa e Divulgação do Governo do Estado do Amazonas, 1966.

GALOTTI, Oswaldo. "Bibliografia euclidiana". In: *O Estado de S. Paulo* (São Paulo), 462: 8, 22 jan. 1966.

——. "Euclides da Cunha, conscientizador crítico da realidade brasileira". In: *Gazeta do Rio Pardo* (São José do Rio Pardo), ago. 1987.

——.(Org.). *Correspondência de Euclides da Cunha*. Datilografado.

GALVÃO, Walnice Nogueira. "Canudos, Euclides e nosso primeiro reitor". In: *Revista USP* (São Paulo), 20: 54-9, dez./ jan./ fev. 1993-4.

——. "Ciclo de *Os sertões*". *Gatos de outro saco. Ensaios críticos*. São Paulo, Brasiliense, 1981.

——. "O correspondente de guerra Euclides da Cunha", "De sertões e jagunços", "Um enigma". *Saco de gatos. Ensaios críticos*. São Paulo, Duas Cidades, 1976.

——. In: PIZARRO, Ana (Org.). *América Latina: palavra, literatura e cultura*. São Paulo, Fundação Memorial da América Latina, Campinas, Ed. da Unicamp, 1994.

GALVÃO, Walnice Nogueira. "Euclides, elite modernizadora e enquadramento". In: ——(Org.). *Euclides da Cunha*. São Paulo, Ática, 1984.
——. "Prólogo", "Notas", "Cronologia". In: CUNHA, Euclides da. *Los sertones*. Caracas, Ayacucho, 1987.
——. "*Os sertões*: uma análise literária". In: MENEZES, E. Diatahy B. de; ARRUDA, João. *Canudos: as falas e os olhares*. Fortaleza, EUFC, 1995.
——; GALOTTI, Oswaldo. "Apresentando as cartas de Euclides". In: *Remate de males* (Campinas), 13: 19-24, 1993.
GÁRATE, Miriam. "Civilização e barbárie n'*Os sertões*". In: *Remate de males* (Campinas), 13: 57-66, 1993.
GARCIA, Marcia Japor de Oliveira; FÜRSTERNAU, Vera Maria (Orgs.). *O acervo de Euclydes da Cunha na Biblioteca Nacional*. São Paulo, Rio de Janeiro, Ed. da Unicamp, Fundação Biblioteca Nacional, 1995.
GICOVATE, Moisés. *Euclides da Cunha. Uma vida gloriosa*. São Paulo, Melhoramentos, s.d.
GOTO, Roberto Akira. "A letra e a morte. *Os sertões* e a imaginação de um leitor deste final de século". In: *A letra ou a vida*. Campinas, Ed. da Unicamp, 1992.
GUERRA, Rodolpho José del. "A declaração elucidativa de José Augusto, em 1943". In: *Gazeta do Rio Pardo* (São José do Rio Pardo), 14 ago. 1993.
——. "Divergência entre José Honório e Viriato Corrêa". In: *Gazeta do Rio Pardo* (São José do Rio Pardo), 2 ago. 1989.
——. "Nossa história em revista multimídia!". In: *Gazeta do Rio Pardo* (São José do Rio Pardo), 10 set. 1994, 17 set. 1994, 24 set. 1994, 1º out. 1994. Republ. "Euclides da Cunha em São José do Rio Pardo". In: *Pictura* (São José do Rio Pardo), mar. 1995.
——. "A retratação de José Condólio". In: *Gazeta do Rio Pardo* (São José do Rio Pardo), 1º ago. 1992.
GUERRA, Rodolpho José del; SYLOS, José Honório de. "Manuelzinho das crianças e Euclides". In: *Gazeta do Rio Pardo* (São José do Rio Pardo), 10 ago. 1991.
GUERRA, Walter P. "A doença na vida de Euclides da Cunha". In: *Suplemento cultural. Revista Paulista de Medicina* (São Paulo), jul.-ago. 1982.
HARDMAN, Francisco Foot. "O 1900 de Euclides e Escobar: duas crônicas esquecidas". In: *Remate de males* (Campinas), 13: 7-12, 1993.
——. "Antigos modernistas". In: NOVAES, Adauto (Org.). *Tempo e história*. São Paulo, Companhia das Letras, Secretaria Municipal da Cultura, 1992.
——. "Brutalidade antiga: sobre história e ruína em Euclides". In: *Estudos avançados* (São Paulo), 10 (26): 293-310, jan.-abr. 1996.
——. "Euclides e os sertões amazônicos". In: *Amazonas em tempo* (Manaus), 3 maio 1992.

HARDMAN, Francisco Foot. "Pai, filho: caligrafias do afeto". In: *Revista USP* (São Paulo), 23: 92-101, set./ out./ nov. 94.
HERMANN, Jacqueline. *No reino do desejado: a construção do sebastianismo em Portugal (séculos XVI e XVII)*. São Paulo, Companhia das Letras, 1998.
INSTITUTO HISTÓRICO E GEOGRÁFICO BRASILEIRO. "Actas das sessões de 1903". In: *Revista do Instituto Histórico e Geográfico Brasileiro* (Rio de Janeiro), t. 66, p. 2: 288-93, 1905.
——. "Actas das sessões de 1907". In: *Revista do Instituto Histórico e Geográfico Brasileiro* (Rio de Janeiro), t. , p. : 643-59, 705-17, 723-30, 769-71, 779-83, 786-92, 815-20.
——. "Actas das sessões de 1908". In: *Revista do Instituto Histórico e Geográfico Brasileiro* (Rio de Janeiro), t. 71, p. 2: 528-58, 1908.
——. "Comunicação do falecimento do dr. Euclides da Cunha (1909)". In: *Revista do Instituto Histórico e Geográfico Brasileiro* (Rio de Janeiro), LXXVII: 354, 2ª parte.
——. "Parecer acerca da obra do dr. Euclides da Cunha intitulada *Os sertões* (1903)". In: *Revista do Instituto Histórico e Geográfico Brasileiro* (Rio de Janeiro), LXVI: 131, 2ª parte.
——. "Proposta para que seja admitido como sócio correspondente o dr. Euclides da Cunha (1903)". In: *Revista do Instituto Histórico e Geográfico Brasileiro* (Rio de Janeiro), LXVI: 129, 2ª parte.
JAGLE, Abram. "Euclydes da Cunha e São José do Rio Pardo". In: *Folha da Manhã* (São Paulo), 8 set. 1940.
JOFFILY, Geraldo. *O encontro de Euclides da Cunha com Plácido de Castro*. Brasília, Thesaurus, 1979.
JUIZOS críticos. Os sertões (Campanha de Canudos) *por Euclides da Cunha*. Rio de Janeiro, Laemmert, 1904.
LEITE, Dante Moreira. "A psicologia social de *Os sertões*". In: *O Estado de S. Paulo* (São Paulo), 462: 7, 22 jan. 1966.
LIMA, Luiz Costa. "Nos sertões da oculta *mimesis*". In: *O controle do imaginário: razão e imaginação no Ocidente*. São Paulo, Brasiliense, 1984.
——. *Terra ignota: a construção de* Os sertões. Rio de Janeiro, Civilização Brasileira, 1997.
MARTINS, Wilson. "Triunfo literário". In: *O Estado de S. Paulo* (São Paulo), 462: 3, 22 jan. 1966.
MELLO, Dante de. *A verdade sobre* Os sertões. *Análise reivindicatória da campanha de Canudos*. Rio de Janeiro, Biblioteca do Exército, 1958.
MELO FRANCO, Afonso Arinos de. "Encerramento dos festejos euclydeanos". In: *O Estado de S. Paulo* (São Paulo), 14 ago. 1940.

MELO FRANCO, Afonso Arinos de. *Homens e temas do Brasil*. Rio de Janeiro, Zélio Valverde, 1944.

"Mentiras euclidianas: o notável escritor d'*Os Sertões* não era egresso da farda". In: *Democracia* (Rio de Janeiro), 24 maio 1945.

MORAES, Evaristo. "O caso Euclides da Cunha-Dilermando de Assis". In: *Reminiscências de um rábula criminalista*. Rio de Janeiro, Leite Ribeiro, 1922. Reed.: Rio de Janeiro, Briguiet, 1989.

MOTA, Lourenço Dantas. *Euclides da Cunha*. São Paulo, Três, 1974.

MOURA, Clóvis. *Introdução ao pensamento de Euclides da Cunha*. Rio de Janeiro, Civilização Brasileira, 1964.

NASSER, Davi. "O crime de matar um Deus". In: *O Cruzeiro* (Rio de Janeiro): 4.15-20, 10 nov. 1951.

——. "Euclides matou-se pelas minhas mãos". In: *O Cruzeiro* (Rio de Janeiro): 6, 34-6, 24 nov. 1951.

——. "O peão matou o rei". In: *O Cruzeiro* (Rio de Janeiro): 5.103-4, 17 nov. 1951.

NEPOMUCENO, Luís André. "A força motriz da História". In: *Remate de males* (Campinas), 13: 47-56, 1993.

NOVAES, José de Campos. "*Os sertões (Campanha de Canudos)* por Euclides da Cunha". In: *Revista do Centro de Ciências, Letras e Artes* (Campinas), 2: 45-55, v. 1, 31 jan. 1903.

OCTÁVIO, Laura Oliveira Rodrigo. *Elos de uma corrente*. Rio de Janeiro, Civilização Brasileira, 1994.

OLIVEIRA, Franklin de. *Euclydes: A espada e a letra*. Rio de Janeiro, Paz e Terra, 1983.

——. "O universo verbal de *Os sertões*". In: *O Estado de S. Paulo* (São Paulo), 462: 5, 22 jan. 1966.

OLIVEIRA, Xavier de. "Reminiscências da Guerra de Canudos". In: *Revista do Instituto Geográfico e Histórico da Bahia* (Bahia), 67: 102-7, 1942; 68: 149-81, 1942.

OMEGNA, Nelson. "Euclides da Cunha no setuagésimo aniversário de *Os sertões* (1973)". In: *Revista do Instituto Histórico e Geográfico Brasileiro* (Rio de Janeiro), v. 299: 105.

ORDEM DOS ADVOGADOS DO BRASIL. "A tragédia de Euclides". In: *Tribuna do advogado* (Rio de Janeiro), dez. 1987: 11-5: jan. 1988: 7-11.

——."O caso Euclides". In: *Tribuna do advogado* (Rio de Janeiro), fev. 1988: 5-10; mar. 1988: 8-11.

ORLANDI, J. "O autor d'*Os sertões*". In: *O Estado de S. Paulo* (São Paulo), 20 out. 1937.

PACHECO, Félix. "Dois egressos da farda. O sr. Euclides da Cunha e o sr. Alberto

Rangel". In: *Jornal do Comércio* (Rio de Janeiro), 1909. Republ. in: RANGEL, Alberto et al. *Por protesto e adoração. In memoriam de Euclydes da Cunha*. São José do Rio Pardo, Grêmio Euclides da Cunha, 1919.

PEREGRINO, Umberto. *O desastre amoroso de Euclides da Cunha*. Rio de Janeiro, Casa de Cultura São Saruê, 1987.

———. *Euclides da Cunha e outros estudos*. Rio de Janeiro, Record, 1968.

———. *O exercício singular da comunicação na vida e na obra de Euclides da Cunha*. Rio de Janeiro, Fortaleza, Tempo Brasileiro, Univ. Fed. do Ceará, 1983.

———. *Vocação de Euclides da Cunha*. Rio de Janeiro, MEC, 1954.

PINHEIRO, Célio (Org.). *80 anos de "Os sertões" de Euclides da Cunha*. São Paulo, Arquivo do Estado, 1982.

PINHEIRO, Péricles da Silva. "O repórter do *Estado* em Canudos". In: *O Estado de S. Paulo* (São Paulo), 462: 1, 22 jan. 1966.

PINTO, Rolando Morel. "Rápidos traços de um estilo". In: *O Estado de S. Paulo* (São Paulo), 462: 4, 22 jan. 1966.

PONTES, Eloy. *A vida dramática de Euclides da Cunha*. Rio de Janeiro, José Olympio, 1938.

PRADO, Antonio Arnoni. "Ficção e verdade n'*Os sertões*". In: *Remate de males* (Campinas), 13: 25-30, 1993.

PROENÇA, M. Cavalcanti. "O monstruoso anfiteatro". In: *O Estado de S. Paulo* (São Paulo), 462: 2, 22 jan. 1966.

RABELLO, Sylvio. *Euclides da Cunha*. Rio de Janeiro, Civilização Brasileira, 1966. Reed.: Rio de Janeiro, Brasília, Civilização Brasileira, INL, 1983.

RAFFARD, H. "Relatório (1903)". In: *Revista do Instituto Histórico e Geográfico Brasileiro* (Rio de Janeiro), LXVI: 318, 2ª parte.

RANGEL, Alberto. *Águas revessas*. Arquivo Nacional. Original datilografado.

———. "Euclides da Cunha". In: *Rumos e perspectivas. Discursos e conferências*. São Paulo, Nacional, 1934.

———. *Inferno verde. Cenas e cenários do Amazonas*. Tours, Arrault, 1927.

RANGEL, Alberto et al. *Por protesto e adoração. In memoriam de Euclydes da Cunha*. São José do Rio Pardo, Grêmio Euclydes da Cunha, 1919.

REIS, Irene Monteiro. *Bibliografia de Euclides da Cunha*. Rio de Janeiro, INL, 1971.

RODRIGUES, Antonio da Gama. *Euclides da Cunha. Engenheiro de obras públicas no Estado de São Paulo* (1896-1904). São Paulo, José Ortiz, 1956.

———. "Porque Euclides da Cunha escreveu *Os sertões*?". In: *Revista do Instituto Histórico e Geográfico de São Paulo* (São Paulo), v. 53: 153-64, 1956.

SAMPAIO, Teodoro. "Á memoria de Euclides da Cunha no decimo anniversario de sua morte". In: *Revista do Instituto Geographico e Historico da Bahia* (Bahia), 46: 247-55, 1919.

SANTANA, José Carlos Barreto de. *Ciência e arte*. São Paulo, Feira de Santana, Hucitec, UEFS, 2001.

——. "O cientificismo na literatura brasileira". (Original mimiografado.)

——. "Euclides da Cunha e a Escola Politécnica de São Paulo. In: *Estudos Avançados*. São Paulo, 10 (26): 311-28, jan.-abr. 1996.

——. "Geologia em *Os sertões* de Euclides da Cunha: uma abordagem histórica". In: *O olho da história* (Salvador), v. 2, n. 3: 105-15, nov. 1996.

——. *Os sertões*: Literature Connected to Geology in the end of 19th Century in Brazil". In: FIGUERÔA, Silvia F. de; LOPES, M. Margaret. (Orgs.). *Geological Sciences in Latin America*. Campinas, Unicamp-Instituto de Geociências, 1994.

SCHÜLER, Donaldo. "*Os sertões* — uma visão antitética da realidade". In: CESAR, Guilhermino et al. *Euclides da Cunha*. Porto Alegre, UFRGS, s.d.

SEEL, Antoine; COLI, Jorge. "Quelques sentiers dans les *Sertões*". In: *Remate de males* (Campinas), 13: 13-8, 1993.

SENA, Consuelo Pondé. "Caminhos, vilas e cidades nos sertões de Euclides da Cunha". In: *Revista do Instituto Geográfico e Histórico da Bahia* (Salvador), 85: 3-35, 1972-5.

SEVCENKO, Nicolau. *Literatura como missão. Tensões sociais e criação cultural na Primeira República*. São Paulo, Brasiliense, 1983.

SILOS, Geraldo de Carvalho. "São José do Rio Pardo e *Os Sertões*". In: *Folha da Manhã*, São Paulo, 14 ago. 1940.

SKIDMORE, Thomas E. "Eduardo Prado: a Conservative Nationalist Critic of the Early Brazilian Republic, 1889-1901". In: *Luso-Brazilian Review*. 149-61.

——. *Race and Nationality in Brazilian Thought*. Oxford, Oxford University Press, 1974. Trad.: *Preto no branco. Raça e nacionalidade no pensamento brasileiro*. Rio de Janeiro, Paz e Terra, 1976.

SODRÉ, Nélson Werneck. "Revisão de Euclides da Cunha". In: *Revista do Livro* (Rio de Janeiro), 15: 15-53, set. 1959. Republ. em: CUNHA, Euclides da. *Os sertões: Campanha de Canudos*. Brasília, Ed. da Univ. de Brasília, 1963.

SOUSA, José Galante de. *Algumas fontes para o estudo de Euclides da Cunha*. Rio de Janeiro, INL, 1959.

SYLOS, José Honório de. "Manuelzinho das crianças e Euclides". In: *Gazeta do Rio Pardo* (São José do Rio Pardo), 10 ago. 1991.

——. "Assombrações". In: *Gazeta do Rio Pardo* (São José do Rio Pardo).

——. *Gente & fatos. Relembranças jornalísticas*. São Paulo, Ibrasa, 1988.

TOCANTINS, Leandro. *Euclides da Cunha e o paraíso perdido*. Rio de Janeiro, Record, 1968. Reed.: Rio de Janeiro, Brasília, Civilização Brasileira, INL, 1978.

TOSTES, Joel Bicalho. *Águas de amargura. O drama de Euclides da Cunha e Anna.* Rio de Janeiro, Rio Fundo, 1990.

TRAVASSOS, Renato. *Cartas de Machado de Assis e Euclides da Cunha.* Rio de Janeiro, Waissman Reis, 1931.

VALENTE, Luiz Fernando. "A recepção anglo-americana de *Os sertões*: os primeiros leitores". In: *Remate de males* (Campinas), 13: 73-82, 1993.

VELLOSO, Leão. *Euclides da Cunha na Amazônia. Ensaio.* Rio de Janeiro, São José, 1964.

VENANCIO FILHO, Francisco. *Euclides da Cunha.* Rio de Janeiro, IBGE, 1949.

——. *Euclides da Cunha a seus amigos.* São Paulo, Nacional, 1938.

——. *Euclides da Cunha e a Amazônia.* Rio de Janeiro, Sociedade Brasileira de Geografia, 1949.

——. *A glória de Euclides da Cunha.* São Paulo, Nacional, 1940.

——. *Rio Branco e Euclides da Cunha.* Rio de Janeiro, Ministério das Relações Exteriores, 1946.

VENTURA, Roberto. "Cabeças cortadas em Canudos". In: *Ciência Hoje.* Rio de Janeiro, v. 8 (59): 48-55, nov. 1989.

——. "Canudos como cidade iletrada: Euclides da Cunha na *urbs* monstruosa". In: *Revista Canudos* (Salvador), v. 1, 1: 81-90, jul./dez. 1996. Republ. em: ABDALA JUNIOR, Benjamin; ALEXANDRE, Isabel M. M. (Orgs.). *Canudos: Palavra de Deus, sonho da terra.* São Paulo, Senac, Boitempo, 1997.

——. "Euclides da Cunha". In: *Remate de males* (Campinas), 13: 41-6, 1993.

——. Euclides da Cunha e a República". In: *Estudos Avançados.* São Paulo, 10 (26), 1996.

——. " 'A nossa Vendeia': Canudos, o mito da Revolução Francesa e a constituição de identidade nacional-cultural no Brasil". In: *Revista do Instituto de Estudos Brasileiros* (São Paulo), 31: 129-45, 1990.

——. "O polígrafo que abriu os sertões". In: *Folha de S.Paulo,* São Paulo, 29 nov. 1992.

VIEIRA, José; COELHO NETO. "A repercussão da morte de Euclides da Cunha na Câmara dos Deputados". In: *Revista do Livro* (Rio de Janeiro), 15: 178-81, set. 1959.

ZILLY, Berthold. "Um depoimento brasileiro para a História Universal: traduzibilidade e atualidade de Euclides da Cunha". In: *Humboldt* (Bonn), 72: 8-16, 1996.

——. "Der Sertão als Wiege der Nation? Zwölf Thesen zu Ethnien und Nationbildung in *Os sertões* von Euclides da Cunha". In: BRISEMEISTER, Dietrich; ROUANET, Sergio Paulo (Orgs.). *Brasilien im Umbruch: Akten des Berlilner Brasilien-Kolloquiums vom 20-22. September 1995.* Frankfurt a.M., TFM, 1996.

2.2. Bibliografia geral

A. FONTES PRIMÁRIAS

"A expedição de Canudos". In: *Estado da Bahia*, 5 fev. 1897.
"A historia do Conselheiro". In: *Almanack literario e estatistico do Rio Grande do Sul para 1898*. Rio Grande, Liv. Americana, 1898, pp. 193-4.
"Achado curioso". In: *Diário de Notícias*, 26 out. 1897.
"*Canudos* – Livro precioso". In: *Diário de Notícias*. 28 out.1897.
"Correspondência de José Veríssimo e Machado de Assis". In: *Revista da Academia Brasileira de Letras* (Rio de Janeiro), 33 (103): 346-63, jul. 1930; 33 (104): 468-99, ago. 1930; 34 (105): 119-25, set. 1930.
"Documento memorável". In: *Diário Oficial* (Salvador), 29 dez. 1927, pp. 2-3.
"Noticiário". 4 fev. 1897.
"O dia de Euclydes da Cunha". In: *A plateia*, 15 ? 1930.
"Vilmente insultado". Carta ao jornal *Bahia*, 4 fev. 1897.
"Club Militar". In: *A Bahia*, 5 fev. 1897.

ABREU, Capistrano de. *Correspondência*. RODRIGUES, José Honório (Org.). Rio de Janeiro, INL, 1954-6. 3 v.
AGUIAR, Durval Vieira de. *Descripções praticas da provincia da Bahia*. Bahia, Typ. do Diario da Bahia, 1888.
ALACID, S. "Os disparates de um sábio". In: *Terra livre* (São Paulo), 25: 1-2, 22 jan. 1907.
ALBERTAZZI, Dr. *Depoimento*, 1932.
ALBUM do Amazonas. Manaus, 1901-2.
ALMANACH-BRINDE para 1905 do Palais-Royal. Manaos, Lino Aguiar, 1905.
ALMANACH-BRINDE para o ano de 1906 do Palais-Royal. Manaos, Lino Aguiar, 1906.
ALMANAK do Ministério da Guerra. Rio de Janeiro, Imprensa Nacional, 1892, 1893, 1894, 1895.
ANAIS da Biblioteca Nacional (Rio de Janeiro), 78: 186-9, 241-2, 1958.
ARAS, José. *Sangue de irmãos*. S.l., s.e., s.d.
ARINOS, Afonso. "Campanha de Canudos (O epílogo da guerra)". 9 out. 1897. In: *Obra completa*. Rio de Janeiro, Nova Aguilar, 1988.
——. *Os jagunços*. In: *Obra completa*. Rio de Janeiro, Nova Aguilar, 1988.
——. *Pelo sertão*. Rio de Janeiro, Garnier, s.d.
ASSIS, J. M. Machado de. Crônicas na *Gazeta de Notícias* (Rio de Janeiro), 22 jul. 1894, 6 dez. 1896, 31 jan. 1897. Republ. in: *A Semana*. Rio de Janeiro, Jackson, 1944, v. 2 e 3.

ASSIS, J. M. Machado de. Crônicas na *Gazeta de Notícias* (Rio de Janeiro), 1888--9. Republ. em: GLEDSON, John (Org.). *Bons dias!* São Paulo, Hucitec, Ed. da Unicamp, 1990.
AVÉ-LALLEMANT, Robert. *No rio Amazonas*. Belo Horizonte, São Paulo, Itatiaia, Edusp, 1980.
BARBOSA, Rui. *Emancipação dos escravos. O Projeto Dantas (dos sexagenários) e o parecer que o justifica.* Rio de Janeiro, Fund. Casa de Rui Barbosa, 1988.
——. *A imprensa e o dever da verdade*. São Paulo, Com-Arte, Edusp, 1990.
——. *Obras completas*. Rio de Janeiro, Fund. Casa de Rui Barbosa, 1979-88. v.: *A imprensa*, v. XXVII, 1900, t. IV-VI, v. XXVIII, 1901, t. 3. *Abolicionismo*, v. XII, 1885, t. I. *Discursos parlamentares*, vol. XXIII, 1896, t. v., v. XLII, 1915, t. II. *Reforma do ensino primário e várias instituições complementares da instrução pública*, v. X, t. I-IV.
——. *Oração aos moços*. Rio de Janeiro, Fund. Casa de Rui Barbosa, 1988.
——. *República: teoria e prática*. Petrópolis, Brasília, Vozes, Câmara dos Deputados, 1978.
——. "Terminação da Guerra de Canudos (Discurso não pronunciado)". In: *Discursos parlamentares*.
BARREIRA, Dr. Americo. "Relatório apresentado á Inspectoria Geral de Hygiene do Estado da Bahia". In: *Alagoinhas e seu município*. 30 jan. 1898.
BARRETO, Dantas. *Acidentes da guerra*. Recife, Econômica, 1914.
——. *Última expedição a Canudos*. Porto Alegre, Franco & Irmão, 1898.
BARRETO, Lima. *Triste fim de Policarpo Quaresma*. Rio de Janeiro, Garnier, 1989.
BATES, Henry Walter. *Um naturalista no rio Amazonas*. Belo Horizonte, São Paulo, Itatiaia, Edusp, 1979.
BENÍCIO, Manuel. "Expedição de Canudos". In: *Jornal do Comércio* (Rio de Janeiro), 5 abr. 1897.
——. *O rei dos jagunços. Chronica histórica e de costumes sertanejos sobre os acontecimentos de Canudos.* In: *Jornal do Comércio* (Rio de Janeiro),1899.
BOCAYUVA, Quintino. *Ideias políticas*. In: SILVA, Eduardo (Org.). Brasília, Rio de Janeiro, Senado Federal, Fund. Casa de Rui Barbosa, 1986. 2 v.
BRITO, Farias. "A verdade e o erro". In: *Studia*: 183-6.
BRITO, Major Febrônio de. Carta ao jornal *Bahia*. In: *Minas Geraes* (Ouro Preto), 3 fev. 1897.
BUENO, Júlio. "Euclides da Cunha". In: *O Muzambinho* (Muzambinho), 22 ago. 1909.
CALDAS, Honorato. *A deshonra da Republica*. Rio de Janeiro, Montenegro, 1895.
——. *O marechal de ouro*. Rio de Janeiro, Typ. Popular, 1898.
——. *A explosão da Escola Militar e as tradições d'O Paiz*. Rio de Janeiro, Companhia Lito-tipográfica, 1905.

CALDAS, Honorato. "Sessão em 17 de agosto de 1897". In: *Annaes da Camara*. Salvador, 1897.

CÂMARA DOS DEPUTADOS. "Sessões do ano de 1894". In: *Annaes da Camara*. Salvador, 1894.

CAMPOS SALLES, Manuel Ferraz de. *Da propaganda à presidência*. Brasília, Ed. UnB, 1983.

CARLYLE, Thomas. *The French Revolution: a History*. Oxford, Oxford University Press, 1989.

——. "Heroes and Hero-worship". In: *Selected Writings*. London, Penguin, 1986.

CARVALHO, Vicente de. "Euclides da Cunha". In: *Páginas soltas*. São Paulo, Tip. Brazil de Rothschild, 1911, v. 1. Republ. em: *Revista da Academia Brasileira de Letras* (Rio de Janeiro), 92: 428-30, ago. 1929, v. xxx.

CASTILHOS, Júlio. *Ideias políticas*. In: CARNEIRO, Paulo (Org.). Rio de Janeiro, Brasília, Fund. Casa de Rui Barbosa, Senado Federal, 1981.

CAVALCANTI, Dirce de Assis. *O pai*. Rio de Janeiro, Casa Maria, 1990.

CIDADE do Salvador, 4/2/1897, 6/2/1897.

CONDAMINE, Ch.-M. de la. *Viagem na América meridional descendo o rio das Amazonas*. Rio de Janeiro, Pan-Americana, 1944.

CONSELHEIRO, Antonio. "Prédicas e discursos" (1897). In: NOGUEIRA, Ataliba. *Antonio Conselheiro e Canudos. Revisão histórica*. São Paulo, Nacional, 1978.

CORTEZ, Jerônimo. *O Non Plus Ultra do Lunario e Prognóstico Perpétuo Geral e Particular para todos os reinos e provincias* (1703). Lisboa, Vega, s.d.

COUTO, Padre Manoel José Gonçalves. *Missão abreviada para despertar os descuidados, converter os peccadores e sustentar o fructo das Missões*. Porto, Sebastião José Pereira, 1878.

CUNHA, Arnaldo Pimenta da. "Theodoro intimo". In: *Revista do Instituto Geographico e Historico da Bahia* (Salvador), 68: 101-7, 1942.

CUNHA, Manuel Rodrigues Pimenta da. "À morte de Castro Alves, esperançosíssimo poeta brasileiro falecido em julho de 1871, no verdor da idade". In: *Almanaque Luso-Brasileiro*. Lisboa, 1875. Republ. em: ALVES, Castro. *Espumas flutuantes*. Rio de Janeiro, Serafim José Alves, 1883.

DIÁRIO de Notícias, de 25/11/1896 a 2/12/1898.

DIAS, Simão. *Carta*. In: *A Notícia*, 9 jun. 1897.

DÓRIA, Escragnolle. *Memoria historica. Commemorativa do 1º centenario do Collegio de Pedro Segundo*. Rio de Janeiro, Ministério da Educação, 1937.

ESCOLA MILITAR. *Registro das Ordens do Dia*. Rio de Janeiro, 1888-90. Manuscrito.

ESPÍRITO-SANTO, Pedro B. e O. *Diário da Bahia*, 18/12/1895.

ESTADO DE SÃO PAULO. *Atos do Poder Executivo*. São Paulo, 1896.

Estado de São Paulo, O. "O atentado". São Paulo, 16 nov. e 6 dez. 1897.

ESTADO DO AMAZONAS. *Annaes do Congresso Legislativo do Estado do Amazonas. Anno de 1904.* Manaus, Typ. do Amazonas, 1904.

——. *Mensagem lida perante o Congresso dos Srs. Representantes em sessão extraordinaria de 20 de janeiro de 1904 pelo Exm. Monsenhor Francisco Benedicto da Fonseca Coutinho, Vice-Governador do Estado.* Manaus, Imprensa Oficial, 1904.

——. *Mensagem lida perante o Congresso do Amazonas na abertura da segunda sessão ordinaria da quinta legislatura pelo Governador do Estado Dr. Antonio Constantino Nery.* Manaus, Imprensa Oficial, 1905.

——. *Mensagem lida perante o Congresso do Amazonas na abertura da terceira sessão ordinaria da quinta legislatura pelo Governador do Estado Dr. Antonio Constantino Nery em 10 de julho de 1906.* Manaus, Imprensa Oficial, 1906.

——. *Mensagem lida perante o Congresso dos Representantes por occasião da Abertura da 2ª sessão ordinaria da 5ª Legislatura em 10 de julho de 1905 pelo Exm. Snr. Dr. Governador do Estado Antonio Constantino Nery, acompanhado dos Relatorios dos Chefes de Repartições.* Manaus, Typ. do Amazonas, 1906.

ESTADO-MAIOR DO EXÉRCITO. *Coleção das Ordens do Dia.* Rio de Janeiro, 1898.

——. *Instruções para a Infantaria do Exército Brasileiro.* Rio de Janeiro, Imprensa Nacional, 1897.

FERREIRA, Alexandre Rodrigues Ferreira. *Viagem filosófica ao rio Negro.* Belém, Museu Paraense Emílio Goeldi, s.d.

FIALHO, Anfriso. *História da Fundação da República no Brasil.* Brasília, Ed. UnB, 1983.

FIGUEIREDO, Heitor (Org.). *Annuario de Manaos, 1913-1914.* Lisboa, Typ. A Editora, 1913.

FLORENCE, Hercules. *Viagem fluvial do Tietê ao Amazonas, de 1825 a 1829.* São Paulo, Melhoramentos, s.d.

FOLHA do Norte (Belém). "Canudos", 21 ago. 1897.

FOLHA do Norte (Belém). "O *Times* e a situação no Brasil", 14 ago. 1897.

FREIRE, Felisbelo. *História da Revolta de 6 de setembro de 1893.* Rio de Janeiro, Cunha & Irmãos, 1896. Reed.: Brasília, Ed. UnB, 1982.

G., A. D. *Jornal de Notícias,* 23/12/1896.

GALVÃO, Walnice Nogueira (Org.). *No calor da hora. A guerra de Canudos nos jornais, 4ª expedição.* São Paulo, Ática, 1977.

GAZETA de Notícias. "Sessão Imperial". Rio de Janeiro, 4 maio 1888.

GAZETA de Notícias. "Senado". Rio de Janeiro, 14 maio 1888.

GAZETA de Notícias. "Abolição". Rio de Janeiro, 17 maio 1888.

GAZETA de Notícias. "Abolição — As festas de onteontem". Rio de Janeiro, 22 maio 1888.

GAZETA de Notícias. "Alferes-alunos". Rio de Janeiro, 14 jul. 1888.
GAZETA de Notícias. "Indisciplina". Rio de Janeiro, 5 nov. 1888.
GAZETA de Notícias. "O caso da Escola Militar". Rio de Janeiro, 6 nov. 1888.
GLICÉRIO, Francisco. *Ideias políticas*. In: WITTER, José Sebastião(Org.). Brasília, Rio de Janeiro, Senado Federal, Fund. Casa de Rui Barbosa, 1982. 2 v.
GOES, Coriolano. *O Republicano*, 13/10/1897.
HORCADES, Martins. *Descrição de uma viagem a Canudos*. Bahia, Tourinho, 1899. Reed.: Salvador, EGBA, EDUFBA, 1996.
HUGO, Victor. *Bug-Jargal* (1826). In: ——.*Oeuvres complètes*. Paris, Hetzel, s.d., v. 40.
——. *Quatrevingt-treize* (1874). Paris, Garnier Flammarion, 1965.
INSTITUTO HISTÓRICO E GEOGRÁFICO BRASILEIRO. *Arquivos presidenciais: Prudente de Morais*. Rio de Janeiro, Instituto Histórico e Geográfico Brasileiro, 1990.
JARDIM, Antonio da Silva. *Propaganda republicana (1888-1889)*. Rio de Janeiro, Fund. Casa de Rui Barbosa, 1978.
LEMOS, Senador Antonio José de. *O município de Belém. Relatório apresentado ao Conselho Municipal de Belém, Capital do Estado do Pará*. Belém, Archivo da Intendencia Municipal, 1909.
LIMA, M. Oliveira. *Pan-americanismo. Monroe, Bolivar, Roosevelt*. Brasília, Rio de Janeiro, Senado Federal, Fund. Casa de Rui Barbosa, 1980.
MACEDO, Nertan. *Memorial de Vilanova*. Rio de Janeiro, O Cruzeiro, 1964.
MACIEL, Antônio Vicente Mendes (Antônio Conselheiro). "Prédicas e discursos" (1897). In: NOGUEIRA, Ataliba. *Antônio Conselheiro e Canudos. Revisão histórica*. São Paulo, Nacional, 1978.
MANGABEIRA, Francisco. *Tragedia epica. Guerra de Canudos*. Bahia, Imprensa Moderna de Prudencio de Carvalho, 1900?.
MARCIANO, Frei João Evangelista de Monte. *Relatorio apresentado pelo Revd. Frei João Evangelista de Monte Marciano ao Arcebispado da Bahia sobre Antonio Conselheiro e seu sequito no arraial de Canudos*. Bahia, Typ. do Correio de Notícias, 1895. Reed.: Salvador, Centro de Estudos Baianos, 1987.
——. "Relatório ao Arcebispado da Bahia". In: MENEZES, E. Diatahy B. de; ARRUDA, João. *Canudos: as falas e os olhares*. Fortaleza, EUFC, 1995.
MARTINS, Cícero Dantas (Barão de Jeremoabo). *Jornal de Notícias* (Bahia), mar. 1897.
——. "Canudos na fala de um aristocrata". In: MENEZES, E. Diatahy B. de; ARRUDA, João. *Canudos: as falas e os olhares*. Fortaleza, EUFC, 1995.
MATTOS, Tenente Coronel R. A. da Cunha. "Canudos". In: *Jornal do Comércio* (Rio de Janeiro), 25 nov. 1898.
——. "O combate de Canudos". In: *Almanack literario e estatistico do Rio Grande do Sul para 1898*. 5 mar. 1897. Rio Grande, Liv. Americana, 1898, pp. 163-5.

MILTON, Aristides. *A Campanha de Canudos*. Rio de Janeiro, Imprensa Nacional, 1902.

MONTENEGRO, José Arthur. "Floriano Vieira Peixoto". In: *Almanack literario e estatistico do Rio Grande do Sul para 1898*. Rio Grande, Liv. Americana, 1898, pp. 203-10.

NABUCO, Joaquim. *Obras completas*. São Paulo, Instituto Progresso, 1949.

——. *Cartas a amigos*. São Paulo, IPE, v. 1 e 2, 1949

NERY, Frederico José de Santana. *O país das amazonas*. São Paulo, Belo Horizonte, Edusp, Itatiaia, 1979.

NERY, Major A. Constantino. *A quarta expedição contra Canudos. 1ª fase das operações*. Pará, Typ. de Pinto Barbosa, 1898.

NUNES, J. P. Favilla. *Guerra de Canudos. Narrativa historica*. Fascículo nº 3 v. I. Rio de Janeiro, Typ. Moraes, 1898.

——. "Sobre Canudos". In: *Gazeta de Notícias*, 1º jan. 1898.

OCTÁVIO, Rodrigo. "Euclides da Cunha". In: ——. *Minhas memórias dos outros*. Rio de Janeiro, José Olympio, 1934, v. 3.

OLIVEIRA, Xavier de. "Reminiscencias da Guerra de Canudos".

OSCAR, General Artur. "Canudos". In: *Folha do Norte* (Belém), 21/8/1897.

OTTEN, Alexandre. *"Só Deus é grande". A mensagem religiosa de Antônio Conselheiro*. São Paulo, Loyola, 1990.

OURO PRETO, Visconde de. *Advento da ditadura militar no Brasil*. Paris, F. Pichon, 1891.

OURO PRETO, Visconde de et al. *Década republicana*. Brasília, INL, Ed. UnB, 1986. 2 v.

PAIM, Antonio (Org.). *O apostolado positivista e a República*. Brasília, Ed. UnB, 1981.

PEREIRA, Manuel Vitorino. *Ideias políticas*. In: TAVARES, Luiz Henrique Dias. Brasília, Rio de Janeiro, Senado Federal, Fund. Casa de Rui Barbosa, 1981. 2 v.

PIEDADE, Lelis. (Coord.). *Histórico e relatório do Comitê Patriótico da Bahia*. Salvador, s. ed., 1901.

PRADO, Eduardo. *Fastos da ditadura militar no Brasil*. São Paulo, Salesiana, 1902.

PROVÍNCIA de São Paulo, A. "Trovoada... militar". São Paulo, 6-7 nov. 1888.

PROVÍNCIA de São Paulo, A. "Aproxima-se a República". São Paulo, 28 dez. 1888.

RANGEL, Alberto. *Inferno verde. Scenas e scenarios do Amazonas*. Genova, SAI, 1908.

RENAN, Ernest. *Histoire des origines du christianisme* (1863-82). Paris, Robert Laffont, 1995. 2 v.

REPARTIÇÃO DE AJUDANTE-GENERAL. *Coleção das Ordens do Dia*. Rio de Janeiro, 1887-99.

RIBAS, João Miguel. *Mapa de Manaus. Administração Eduardo Gonçalves Ribeiro*. Manaus, 1895.

RIBEIRO, Frederico Solon Sampaio. "Relatório". In: *Diário Oficial*, 18 fev. 1897.
———. "Sucessos da Bahia". In: *Jornal do Comércio* (Rio de Janeiro), 14 mar. 1897.
RIO, João do. *O momento literário*. Rio de Janeiro, Fund. Biblioteca Nacional, 1994.
RODRIGUES, Nina. "A loucura epidêmica de Canudos". In: *Revista Brasileira* (Rio de Janeiro), 1º nov. 1897. Republ. em: ———. *As coletividades anormais*. Rio de Janeiro, Civilização Brasileira, 1939.
———. "A loucura das multidões". In: *Revista Brasileira* (Rio de Janeiro), 1º nov. 1897. Republ. em: ———. *As coletividades anormais*. Rio de Janeiro, Civilização Brasileira, 1939.
ROMERO, Sílvio. "Academia Brasileira de Letras". In: *Provocações e debates. Contribuições para o estudo do Brasil social*. Porto, Chardron, 1910.
ROQUETTE, Presbítero J.-L. *Novas Horas Marianas, ou Officio Menor da SS. Virgem Maria, Nossa Senhora*. Paris, J.-P. Aillaud, Monlon, 1856.
SALES, Alberto. "Balanço político — necessidade de uma reforma constitucional" (1901). In: PAIM, Antônio (Org.). *Plataforma política do positivismo ilustrado*. Brasília, Câmara dos Deputados, Ed. UnB.
SAMPAIO, Teodoro. *Diário*. Manuscrito. Salvador, Instituto Geográfico e Histórico da Bahia.
———. "A respeito dos caracteres geológicos do território compreendido entre a cidade de Alagoinhas e a do Juazeiro pelo trajeto da linha férrea em construção". In: *Revista de Engenharia*, 1884, pp. 52-4.
SANTOS, Coronel João Brigido dos. "Antônio Conselheiro". In: *A Notícia*, 5 jun. 1897.
———. "A família de Antonio Conselheiro". In: *Almanak do Rio Grande do Sul para 1898*. Rio Grande, Americana, 1898, pp. 113-7.
SARMIENTO, Domingo F. *Conflicto y armonías de las razas en América*. Buenos Aires, La Cultura Argentina, 1915.
———. *Facundo. Civilización y barbarie* (1845). Madrid, Alianza, 1970.
SENNA, Ernesto. *Deodoro: subsídios para a história. Notas de um repórter*. Brasília, Ed. UnB, 1981.
SINZIG, Frei Pedro. "Diário inédito de um frade". In: MENEZES, E. Diatahy B. de; ARRUDA, João. *Canudos: As falas e os olhares*. Fortaleza, EUFC, 1995.
SOARES, Henrique Duque-Estrada de Macedo. *A guerra de Canudos*. Rio de Janeiro, Typ. Altina, 1902.
TAINE, H. *Essai sur Tite Live*. Paris, Hachette, 1874.
———. *Histoire de la Littérature anglaise* (1863). Paris, Hachette, 1905, v. 1, p. XXXIX.
TAUNAY, Visconde de. *O encilhamento*. São Paulo, Melhoramentos, s.d.
VIANA, Francisco Vicente. *Memória sobre o Estado da Bahia*. Bahia, Diário da Bahia, 1893.

VIANA, Luiz. *Mensagem do Dr. Governador da Bahia ao Sr. Presidente da República sobre os antecedentes e occurrencias das expedições contra Antonio Conselheiro e seus sequazes.* Bahia, Typ. do Correio de Notícias, 1897.

VILHENA, Luís dos Santos. *A Bahia no século XVIII.* Salvador, Itapuã, 1969. 3 v.

VILLALBA, Epaminondas. *A Revolta da Armada de 6 de setembro de 1893.* Rio de Janeiro, Laemmert, 1895.

VILLELA JR., Marcos Evangelista da Costa. *Canudos: Memórias de um combatente.* São Paulo, Brasília, Marco Zero, INL, 1988.

WALLACE, Alfred Russel. *Viagens pelos rios Amazonas e Negro.* Belo Horizonte, São Paulo, Itatiaia, Edusp, 1979.

WUVERMANS (pseud.). *Fastos da Republica brazileira. Escriptos a Frederico de S.* Rio de Janeiro, Typ. Comp. Ed. Fluminense, 1891?.

ZAMA, Cesar (Wolsey). *Apontamentos históricos para a biografia do Marechal Floriano Peixoto.* Salvador, Diário da Bahia, 1899.

———. *Libello republicano, acompanhado de commentarios sobre a Campanha de Canudos.* Bahia, Typ. do Diário da Bahia, 1899. Reed.: Salvador, Centro de Estudos Baianos, 1989.

B. FONTES SECUNDÁRIAS

ABDALA JUNIOR, Benjamin; ALEXANDRE, Isabel M. M. (Orgs.). *Canudos: Palavra de Deus, sonho da terra.* São Paulo, Senac, Boitempo, 1997.

ALVES, Lizir Arcanjo. *Humor e sátira na Guerra de Canudos.* Salvador, Secretaria da Cultura e Turismo, EGBA, 1997.

ANDRADE, Mário de. "Moreira César e seu baiano". In: *Danças dramáticas do Brasil.* Belo Horizonte, Brasília, Itatiaia, INL, 1982.

ANDRADE, Olímpio de Sousa. *História e interpretação de* Os sertões. São Paulo: Edart, 1966.

ANDRADE, Rodrigo M. F. de. *Rio Branco e Gastão da Cunha.* Rio de Janeiro, Instituto Rio Branco, 1953.

ALIGHIERI, Dante. *A divina comédia* (1307-21). Belo Horizonte: Itatiaia; São Paulo: Edusp, 1976.

ARARIPE, Tristão de Alencar. *Expedições militares contra Canudos: Seu aspecto marcial.* Rio de Janeiro, Imprensa do Exército, 1960. Reed.: Rio de Janeiro, Biblioteca do Exército, 1985.

ARAÚJO, André Vidal de. *Sociologia de Manaus — Aspectos de sua aculturação.* Manaus, Fundação Cultural do Amazonas, 1974.

ARAÚJO, Vicente de Paula. *A bela época do cinema brasileiro.* São Paulo, Perspectiva, 1976.

ARRUDA, João. *Antônio Conselheiro e a comunidade de Canudos*. Fortaleza, RVC, 1996.

ATAÍDE, Yara Dulce Bandeira de. "Origens do povo do Bom Jesus Conselheiro". In: *Revista USP* (São Paulo), 20: 88-99, dez./ jan./ fev. 1993-4.

AZEVEDO, Aroldo de. *Arnolfo de Azevedo, parlamentar da Primeira República: 1868--1942*. São Paulo, Nacional, 1968.

AZEVEDO, João Lúcio de. *A evolução do sebastianismo*. Lisboa, Clássica, 1947.

BURNS, E. Bradford. *Manaus, 1910: Retrato de uma cidade em expansão*. Manaus, Artnova, 1966.

BARROSO, Gustavo. "Vida e história da palavra sertão". In: *O cruzeiro* (Rio de Janeiro): 53-4., 12 jul. 1952.

———. *Vida e história da palavra sertão*. Salvador, Centro de Estudos Baianos, 1983.

BASTOS, José Augusto Cabral Barreto. *Incompreensível e bárbaro inimigo: A guerra simbólica contra Canudos*. Salvador, EDUFBA, 1995.

BELLO, José Maria. *História da República*. São Paulo, Nacional, 1976.

BENCHIMOL, Jaime Larry. *Pereira Passos: Um Haussmann tropical*. Rio de Janeiro, Secretaria Municipal de Cultura, 1992.

BERBERT, José Augusto. "Antônio Conselheiro foi um plantador de igrejas". In: *A Tarde*, 21 dez. 1980, p. 1.

BERGER, Paulo. *Dicionário histórico das ruas de Botafogo*. Rio de Janeiro, Fund. Casa de Rui Barbosa, 1987.

———. *Dicionário histórico das ruas do Rio de Janeiro*. Rio de Janeiro, Fund. Casa de Rui Barbosa, 1989.

BERNUCCI, Leopoldo. "Prefácio". In: CUNHA, Euclides da. *Os sertões: Campanha de Canudos*. Ed. de L. Bernucci. São Paulo: Ateliê, 2001.

BESOUCHET, Lídia. *Pedro II e o século XIX*. Rio de Janeiro, Nova Fronteira, 1993.

BRANDÃO, Roberto de O. "Os manuais de retórica brasileiros do século XIX". In: PERRONE-MOISÉS, Leyla (Org.). *O Ateneu: Retórica e paixão*. São Paulo, Brasiliense, Edusp, 1988.

BRENNA, Giovanna Rosso del (Org.). *O Rio de Janeiro de Pereira Passos: Uma cidade em questão*. Rio de Janeiro, Index, 1985.

BROCA, Brito. "Um romance de Afonso Arinos sobre Canudos". In: *Revista do Livro* (Rio de Janeiro), 15: 225-9, set. 1959.

BUENO, Francisco da Silveira. *Grande dicionário etimológico-prosódico da língua portuguesa*. São Paulo, Saraiva, 1967.

CALASANS, José. *A Guerra de Canudos*. Salvador, Artes Gráficas, s.d.

———. *O ciclo folclórico do Bom Jesus Conselheiro*. Salvador, Tipografia Beneditina, 1950.

CALASANS, José. "Contribuição ao estudo da campanha de Canudos". *Revista Brasiliense*. São Paulo, n.º 17, 176-90, maio/jun. 1950.
——. "As memórias do Dr. Albertazzi". In: *Jornal da Bahia* (Salvador), 12 mar. 1963.
——. "Os ABC de Canudos". S.l., Comissão Baiana de Folclore, 1969.
——. "Notícias de Antonio Conselheiro". Salvador, Centro de Estudos Baianos, 1969.
——. "Moreira César na poesia popular". In: *Universitas*, 12/13: 39-47, maio--dez. 1972.
——. "*O Diário de Notícias* e a campanha de Canudos". In: *Universitas* (Salvador) 18: 89-96, set.-dez. 1977.
——. "Canudos — Origem e desenvolvimento de um arraial messiânico". In: PAULA, Eurípedes Simões de. *A cidade e a história*. São Paulo, Revista de História, 1974. v. 1. Republ. em: *Revista da Academia de Letras da Bahia* (Salvador), 34: 47-64, jan. 1987.
——. "O matricídio de Antônio Conselheiro". In: *Revista Brasileira de Cultura*. Brasília, n.º 14, 69-81, out./dez. 1972.
——. "Antônio Conselheiro, construtor de igrejas e cemitérios". In: *Revista Brasileira de Cultura*. Brasília, n.º 16, 69-81, abr./jun. 1973.
——. "Moreira César, quem foi que te matou?". In: *Revista do Instituto Histórico e Geográfico Brasileiro* (Brasília): 304-11, jul.-set. 1979.
——. *Subsídios à história das capelas de Monte Santo*. Bahia, s.e., 1983.
——. *Canudos na literatura de cordel*. São Paulo, Ática, 1984.
——. *A Faculdade Livre de Direito da Bahia: Subsídios para sua história*. Salvador, Centro de Estudos Baianos, 1984.
——. *Quase biografias de jagunços. O séquito de Antônio Conselheiro*. Salvador, Centro de Estudos Baianos, 1986.
——. "Antônio Conselheiro e os escravos". In: *A Tarde*, 5 out. 1988.
——. "Aparecimento e prisão de um messias". In: *Revista da Academia de Letras da Bahia* (Salvador), 35: 53-63, 1988.
——. *A Guerra de Canudos na poesia popular*. Salvador, Centro de Estudos Baianos, 1989.
——. "Antônio Vicente no Ceará". In: *Revista da Academia de Letras da Bahia* (Salvador), 37: 25-32, mar. 1991.
——. "Textos". In: *Revista USP* (São Paulo), 20: 6-27, dez./ jan./ fev. 1993-4.
——. *Cartografia de Canudos*. Salvador, Secretaria da Cultura e Turismo, Conselho Estadual de Cultura, EGBA, 1997.
——. "Lulú Parola e os acontecimentos políticos de 1891". Salvador, Centro de Estudos Baianos, 1967.

CALDEIRA, Jorge. *Mauá, empresário do Império.* São Paulo, Companhia das Letras, 1995.
——. (Org.).*Viagem pela História do Brasil.* São Paulo, Companhia das Letras, 1997. CD-ROM.
CALIL, Carlos Augusto (Org.). *Memória paulistana.* São Paulo, Museu da Imagem e do Som, 1975.
CAMÊU, Francolino; PEIXOTO, Artur Vieira. *Floriano Peixoto: Vida e governo.* Brasília, Ed. UnB, 1983.
CAMPOS, Augusto de. "Transertões". In: *Folha de S.Paulo,* 3 nov. 1996, p. 5-4 a 5-6.
CAMPOS, Haroldo de. "Da transgermanização de Euclides: uma abordagem preliminar". In: CAMPOS, Augusto de; CAMPOS, Haroldo de. *Os Sertões dos Campos: Duas vezes Euclides.* Rio de Janeiro, Sette Letras. 1997, pp. 51-68.
CARONE, Edgar. *A República Velha.* São Paulo, Difel, 1972-1983. 2 v.
CARVALHO, José Murilo de. *Os bestializados. O Rio de Janeiro e a República que não foi.* São Paulo, Companhia das Letras, 1987.
——. "As forças armadas na Primeira República: o poder desestabilizador". In: FAUSTO, Boris (Org.). *História geral da civilização brasileira.* São Paulo, Difcl, 1977, t. III, v. 2.
——. *A formação das almas. O imaginário da República no Brasil.* São Paulo, Companhia das Letras, 1990.
——. "O último dos românticos". In: *Jornal de Resenhas/ Folha de S.Paulo.* São Paulo, 11 abr. 1997.
CASALECCHI, José Enio. *O Partido Republicano Paulista. Política e poder: 1889--1926.* São Paulo, Brasiliense, 1987.
CASTRO, Celso. *Os militares e a República. Um estudo sobre cultura e ação política.* Rio de Janeiro, Jorge Zahar, 1995.
CAVA, Ralph della. "Messianismo brasileiro e instituições nacionais: uma reavaliação de Canudos e Juazeiro". In: *Revista de Ciências Sociais,* 1 e 2: 121-39, v. 6, 1975.
CHAUI, Marilena. *Brasil: Mito fundador e sociedade autoritária.* São Paulo: Fundação Perseu Abramo, 2000.
CITELLI, Adilson Odair. *Os caminhos da salvação. Canudos: Ficção e história.* São Paulo, Universidade de São Paulo, Tese de Doutoramento.
COARACY, Vivaldo. *Memórias da cidade do Rio de Janeiro.* São Paulo, Belo Horizonte, Edusp, Itatiaia, 1988.
COELHO, Geraldo M. *História e ideologia: O I.H.G.B. e a República (1889-1891).* Belém, Universidade Federal do Pará, 1981.
CONSELHEIRO, Antônio. "Sobre a República" (1897). In: NOGUEIRA, Ataliba. *Antônio Conselheiro e Canudos: Revisão histórica (1974).* São Paulo: Nacional, 1978.

COSTA, João Cruz. *Contribuição à história das ideias no Brasil*. Rio de Janeiro, José Olympio, 1956.

COSTA, Sérgio Corrêa da. *A diplomacia do marechal. Intervenção estrangeira na Revolta da Armada*. Rio de Janeiro, Brasília, Tempo Brasileiro, Ed. UnB, 1979.

CRULS, Gastão. *Aparência do Rio de Janeiro. Notícia histórica e descritiva da cidade*. Rio de Janeiro, José Olympio, 1949. 2 v.

——. *Hileia Amazônica. Aspectos da flora, fauna, arqueologia e etnografia indígenas*. Rio de Janeiro, Brasília, José Olympio, INL, 1976.

CURTIUS, Ernst Robert. "O livro como símbolo". In: *Literatura europeia e Idade Média Latina (Europäische Literatur und Lateinisches Mittelalter)*. Rio de Janeiro, INL, 1957.

DANTAS JR., J. C. Pinto. *O Barão de Jeremoabo (Dr. Cícero Dantas Martins)*. Bahia, Imprensa Oficial do Estado, 1939.

DELUMEAU, Jean. *Mille ans de bonheur: Une histoire du paradis*. Paris: Fayard, 1995.

DIAS, Edinea Mascarenhas. *Manaus, 1890-1920: a ilusão do fausto*. São Paulo, PUC, 1988. Dissertação de mestrado.

DOBRORUKA, Vicente. *Antônio Conselheiro: o beato endiabrado de Canudos*. Rio de Janeiro, Diadorim, 1997.

DUARTE, Isidro. "Canudos. Uma história encerrada". In: *Jornal do Brasil* (Rio de Janeiro), 26/3/1969.

DUARTE, Paulo. *O Estado de S. Paulo*. São Paulo, 4 jan. 1952?.

——. *Júlio Mesquita*. São Paulo, Hucitec, Secretaria da Cultura, Ciência e Tecnologia, 1977.

ESSUS, Ana Maria Mauad de Souza Andrade. "O olho da história: análise da imagem fotográfica na construção de uma memória sobre o conflito de Canudos". In: *Acervo* (Rio de Janeiro), 1-2: 25-40, v. 6, jan./dez. 1993.

EVANGELISTA, José Geraldo. *História do Colégio São Joaquim: 1890-1940*. São Paulo, Salesiana Dom Bosco, 1991.

FACÓ, Rui. *Cangaceiros e fanáticos. Gênese e lutas*. Rio de Janeiro, Civilização Brasileira, 1963.

FAUSTO, Boris. *História do Brasil*. São Paulo, Edusp, 1996.

FERRAZ, Renato José Marques et al. *Cartilha histórica de Canudos*. Salvador, Canudos, Universidade do Estado da Bahia, Prefeitura Municipal de Canudos, 1991.

——. "O centenário de Belo Monte e algumas reflexões sobre ficção e história". In: *Revista USP* (São Paulo), 20: 82-87, dez./ jan./ fev. 1993-4.

FERREZ, Gilberto. *Bahia: velhas fotografias, 1858-1900*. Rio de Janeiro, Salvador, Kosmos, Banco da Bahia Investimentos, 1988.

FERREZ, Gilberto. *O Rio antigo do fotógrafo Marc Ferrez*. São Paulo, Ex Libris, 1989.

FERREZ, Marc. *O Álbum da Avenida Central. Um documento fotográfico da construção da avenida Rio Branco, Rio de Janeiro, 1903-1906*. São Paulo, Ex Libris, 1982.

FIORIM, José Luís. "O discurso de Antônio Conselheiro". *Religião e Sociedade*. 5, pp. 95-129, 1980.

FRYE, Northrop. *Anatomy of Criticism: Four Essays* (1957). Princeton: Princeton University Press, 1973.

FONTES, Oleone Coelho. *O treme-terra: Moreira César, a República e Canudos*. Petrópolis, Vozes, 1995.

Fundação Casa de Rui Barbosa. *O governo presidencial do Brasil: 1889-1930. Guia administrativo da Primeira República. Poder Executivo*. Brasília, Rio de Janeiro, Senado Federal, Pró-Memória, Fund. Casa de Rui Barbosa, 1985.

———. *Rui Barbosa e a Constituição de 1891*. Rio de Janeiro, Fund. Casa de Rui Barbosa, 1985.

FURET, François; OZOUF, Mona. *Dicionário crítico da Revolução Francesa*. Rio de Janeiro, Nova Fronteira, 1989.

GARCIA, Manoel Funchal. *Do litoral ao sertão. Viagens pelo interior do Brasil, inclusive na região de Canudos*. Rio de Janeiro, Biblioteca do Exército, 1965.

GOMES, Danilo. *Antigos cafés do Rio de Janeiro*. Rio de Janeiro, Kosmos, 1989.

GOVERNO DO ESTADO DO AMAZONAS. *Negritude e modernidade. A trajetória de Eduardo Gonçalves Ribeiro*. Manaus, Governo do Estado do Amazonas, 1990.

GUERRA, Rodolpho José del. "Euclides da Cunha em São José do Rio Pardo". In: *Pictura* (São José do Rio Pardo), mar. 1995.

GUIMARÃES, Marechal Carlos Eugênio de Andrade. *Arthur Oscar: Soldado do Império e da República*. Rio de Janeiro, Biblioteca do Exército, 1965.

HALLEWELL, Laurence. *O livro no Brasil: Sua história*. São Paulo, T. A. Queiroz, Edusp, 1985.

HARDMAN, Francisco Foot. *Trem fantasma. A modernidade na selva*. São Paulo, Companhia das Letras, 1988.

HAYES, Robert A. "The Tragedy of Marshal Deodoro da Fonseca: a Military Class Perspective". In: *Luso-Brazilian Review*: 211-24.

HECHT, Suzanna; COCKBURN, Alexander. *The Fate of the Forest. Developers, Destroyers and Defenders of the Amazon*. New York, Harper Perennial, 1990.

HOFFMANN, Léon-François. *Le Nègre romantique: personnage littéraire et obsession collective*. Paris, Payot, 1973.

HOLANDA, Sérgio Buarque de. *Visão do paraíso: Os motivos edênicos no descobrimento e colonização do Brasil* (1959). São Paulo: Nacional, 1977.

HOORNAERT, Eduardo. *Os anjos de Canudos: Uma revisão histórica*. Petrópolis, Vozes, 1997.

HORCADES, Martins. *Descrição de uma viagem a Canudos*. Bahia, Tourinho, 1899. Reed.: Salvador, EGBA, EDUFBA, 1996.

IZAR, Margarida. "Fim de uma tragédia". In: *O Cruzeiro* (Rio de Janeiro).

KOSSOY, Boris. *São Paulo, 1900*. Rio de Janeiro, São Paulo, Kosmos, Companhia Brasileira de Projetos e Obras, 1988.

LACOMBE, Américo Jacobina. *À sombra de Rui Barbosa*. Rio de Janeiro, Brasília, Nacional, INL, 1978.

LACOMBE, Américo Jacobina et al. *O abolicionista Rui Barbosa*. Rio de Janeiro, Fund. Casa de Rui Barbosa, 1988.

——. *Rui Barbosa e a queima dos arquivos*. Rio de Janeiro, Fund. Casa de Rui Barbosa, 1988.

LAURIA, Márcio José. *Ensaios euclidianos*. Rio de Janeiro, Presença, 1987.

LEVINE, Robert M. " 'Mud-hut Jerusalem': Canudos revisited". In: *Luso-Brazilian Review.* 525-72.

——. *Vale of Tears. Revisiting the Canudos Massacre in Northeastern Brazil, 1893--1897*. Berkeley, Los Angeles, Oxford, Univ. of California Press, 1992. Trad.: *O sertão prometido. O massacre de Canudos*. São Paulo, Edusp, 1995.

LINS, Álvaro. *Rio Branco. Biografia pessoal e história política*. São Paulo, Nacional, 1965.

LINS, Ivan. *História do positivismo no Brasil*. São Paulo, Nacional, 1967.

LLOSA, Mario Vargas. *La guerra del fin del mundo*. Barcelona, Plaza & Janés, 1981. Trad.: *A guerra do fim do mundo*. Rio de Janeiro, Francisco Alves, 1982.

LOBATO FILHO, Gen. *A última noite da Escola Militar da Praia Vermelha. Contribuição para a história*. Rio de Janeiro, Biblioteca do Exército, 1992.

LOUREIRO, Antonio. *O Amazonas na época imperial*. Manaus, T. Loureiro, 1989.

——. *A grande crise (1908-1916)*. Manaus, T. Loureiro, 1985.

——. *Síntese da história do Amazonas*. Manaus, Imprensa Oficial.

LUSTOSA, Isabel. *Histórias de presidentes. A República no Catete*. Petrópolis, Rio de Janeiro, Vozes, Fund. Casa de Rui Barbosa, 1989.

LUTTERBACH, Edmo Rodrigues. *A eternidade de Euclides da Cunha*. Rio de Janeiro, Cátedra, 1983.

MACE, Eduardo; RIBEIRO, Marco Aurélio de Sá (Orgs.). *História do Brasil.* Rio de Janeiro, ATR, 1995. CD-ROM.

MAGALHÃES JR., Raimundo. *Rui, o homem e o mito*. Rio de Janeiro, Civilização Brasileira, 1965.

——. "Os atentados políticos no Brasil e no mundo". In: *Manchete* (Rio de Janeiro), 27 set. 1980, pp. 48-51.

——. *Olavo Bilac e sua época*. Rio de Janeiro, Americana, 1974.

MANGABEIRA, João. *Rui, o estadista da República.* Rio de Janeiro, José Olympio, 1943.
MARCIANO, Frei João Evangelista do Monte. *Relatório (1895).* Salvador: Centro de Estudos Baianos, 1987.
MARGOLIS, Mac. *The Last New World. The Conquest of the Amazon Frontier.* New York, Norton, 1992.
MARIANI, Anna. *Paisagens, impressões. O semiárido brasileiro.* São Paulo, Companhia das Letras, 1992.
MATA, João Nogueira da. *Antiqualhas manauaras.* Manaus, Umberto Calderaro, 1991.
MATTOSO, Kátia M. de Queirós. *Bahia, século XIX. Uma província no Império.* Rio de Janeiro, Nova Fronteira, 1992.
MEIRA, Sílvio. *Clóvis Beviláqua. Sua vida, sua obra.* Fortaleza, Ed. UFC, 1990.
MELLO, Thiago de. *Manaus: Amor e memória.* Rio de Janeiro, Philobiblion, 1984.
MENDES, R. Teixeira. *Benjamin Constant. Esboço de uma apreciação sintética da vida e da obra do fundador da República brasileira.* Rio de Janeiro, Igreja Positivista do Brasil, 1913.
MENEZES, E. Diatahy B. de; ARRUDA, João (Orgs.). *Canudos: As falas e os olhares.* Fortaleza, EUFC, 1995.
MELLO, Frederico Pernambucano de. *Que foi a Guerra total de Canudos.* Recife, Stahli, 1997.
MILTON, Aristides A. *A campanha de Canudos.* Rio de Janeiro: Imprensa Nacional, 1902.
MIRANDA, Bertino. *A cidade de Manaus: Sua história e seus motins políticos — 1700--1852.* Manaus, Umberto Calderaro, 1984.
MONIZ, Edmundo. *A guerra social de Canudos.* Rio de Janeiro, Civilização Brasileira, 1978.
MONTEIRO, Duglas Teixeira. "Um confronto entre Juazeiro, Canudos e Contestado". In: FAUSTO, Boris (ed.). *História geral da civilização brasileira.* São Paulo, Difel, 1977. v. III/2.
——. *Os errantes do novo século. Um estudo sobre o surto milenarista do Contestado.* São Paulo, Duas Cidades, 1974.
MONTEIRO, Mário Ypiranga. *Fundação de Manaus.* Rio de Janeiro, Manaus, Conquista, Academia Amazonense de Letras, 1972.
MONTEIRO, Tobias. *Pesquisas e depoimentos para a história.* Belo Horizonte, São Paulo, Itatiaia, Edusp, 1982.
MONTELLO, Josué. "Uma correspondência literária". In: ——. *Uma palavra depois de outra.* Rio de Janeiro, 1969.
——. *Diário da Manhã.* Rio de Janeiro, Nova Fronteira, 1984.

MONTELLO, Josué. *Diário da noite iluminada: 1977-1985*. Rio de Janeiro, Nova Fronteira, 1994.
——. *Diário da Tarde: 1957-1967*. Rio de Janeiro, Nova Fronteira, 1987.
——. *Diário do entardecer: 1967-1977*. Rio de Janeiro, Nova Fronteira, 1991.
——. *Pequeno anedotário da Academia Brasileira*. São Paulo, Martins, 1961.
——. *O presidente Machado de Assis nos papéis e relíquias da Academia Brasileira*. Rio de Janeiro, José Olympio, 1986.
MORAES, Evaristo. *Da Monarquia para a República (1870-1889)*. Rio de Janeiro, Athena, s.d.
MORAES FILHO, Evaristo de. *O deputado Rui Barbosa*. Rio de Janeiro, Fund. Casa de Rui Barbosa, 1987.
MORAIS SILVA, Antonio de. *Dicionário da língua portuguesa recopilado*. Lisboa, Lacerdina, 1813.
MORIZE, Henrique. *Observatório Astronômico. Um século de história (1827-1927)*. Rio de Janeiro, Museu de Astronomia e Ciências Afins, Salamandra, 1987.
MOTTA, Jehovah. *Formação do oficial do Exército. Currículos e regimes na Academia Militar, 1810-1914*. Rio de Janeiro, Companhia Brasileira de Artes Gráficas, 1976.
MOURÃO, Rogério de Freitas. "Céu de Canudos". In: *Jornal do Brasil* (Rio de Janeiro), 30/4/1981.
NASCENTES, Antenor. *Dicionário etimológico da língua portuguesa*. Rio de Janeiro, Acadêmica, 1955.
NEEDELL, Jeffrey. *A Tropical Belle Époque*. Cambridge, Cambridge University Press, 1987. Trad.: *Belle époque tropical*. São Paulo, Companhia das Letras, 1993.
NEVES, Fernão. *A Academia Brasileira de Letras. Notas e documentos para sua história (1896-1940)*. Rio de Janeiro, Academia Brasileira de Letras, 1940.
NOGUEIRA, Ataliba. *Antônio Conselheiro e Canudos. Revisão histórica*. São Paulo, Nacional, 1978. Reed.: São Paulo, Atlas, 1997.
O OLHO da história: revista de história contemporânea (Salvador), v. 3, 3 nov. 1996.
OTTEN, Alexandre. *"Só Deus é grande": A mensagem religiosa de Antônio Conselheiro*. São Paulo, Loyola, 1990.
PELÁEZ, Carlos Manuel; SUZIGAN, Wilson. *História monetária do Brasil*. Brasília, Ed. UnB, 1981.
PENNA, Lincoln de Abreu. *Uma história da República*. Rio de Janeiro, Nova Fronteira, 1989.
PEREIRA, Antônio Batista. *Rui Barbosa, o organizador da República*. Rio de Janeiro, Fund. Casa de Rui Barbosa, 1989.
PINHO, Wanderley. *Salões e damas do Segundo Reinado*. São Paulo, Martins, 1970.
QUEIROZ, Maria Isaura Pereira de. *O messianismo no Brasil e no mundo*. São Paulo, Alfa-Omega, 1977.

QUEIROZ, Maria Isaura Pereira de. "D. Sebastião no Brasil". In: *Revista USP* (São Paulo), 20: 28-41, dez./ jan./ fev. 1993-4.

QUEIROZ, Maurício Vinhas de. *Messianismo e conflito social. A guerra sertaneja do Contestado: 1912-1916*. São Paulo, Ática, 1977.

QUEIROZ, Suely Robles Reis de. *Os radicais da República. Jacobinismo: Ideologia e ação (1893-1897)*. São Paulo, Brasiliense, 1986.

REALE, Miguel. *Face oculta de Euclides da Cunha*. Rio de Janeiro, Topbooks, 1993.

REIS, Arthur Cézar Ferreira. *História do Amazonas*. Belo Horizonte, Manaus, Itatiaia, Superintendência Cultural do Amazonas, 1989.

REIS FILHO, Nestor Goulart. *Aspectos da história da engenharia civil em São Paulo, 1860-1890*. Rio de Janeiro, São Paulo, Kosmos, Companhia Brasileira de Projetos e Obras, 1989.

RENAN, Ernest. *Histoire des Origines du christianisme* (1863-82). Paris, Robert Laffont, 1995. 2 v.

REVISTA Canudos (Salvador), v. 1, 1, jul./dez/ 1996.

REVISTA Canudos (Salvador), v. 2, 2 out. 1997.

RODRIGUES, José Honório; SEITENFUS, Ricardo A. S. *Uma história diplomática do Brasil: 1531-1945*. Rio de Janeiro, Civilização Brasileira, 1995.

Salvador da Bahia de Todos-os-Santos no século XIX. Pintura documental de Diógenes Rebouças. Notícia e notas de Godofredo Filho. Salvador, Odebrecht, 1985.

SAMPAIO, Consuelo Novais. "Canudos: o jogo das oligarquias". In: *Revista da Academia de Letras da Bahia* (Salvador), 40: 241-57, 1994.

SAMPAIO NETO, José Augusto Vaz de et al. *Canudos. Subsídios para a sua reavaliação histórica*. Rio de Janeiro, Fund. Casa de Rui Barbosa, Monteiro Aranha, 1986.

SANTOS, Mário Augusto da Silva. *O movimento republicano na Bahia*. Salvador, Centro de Estudos Baianos, 1990.

SAYERS, Raymond S. *The Negro in Brazilian Literature*. New York, Columbia University, 1956. Trad.: *O negro na literatura brasileira*. Rio de Janeiro, O Cruzeiro, 1958.

SCHAMA, Simon. *Citizens. A Chronicle of the French Revolution*. New York, Vintage, 1990.

SCHULZ, John. *A crise financeira da abolição: 1875-1901*. São Paulo, Edusp, Instituto Fernand Braudel, 1996.

——. *O Exército na política. Origens da intervenção militar: 1850-1894*. São Paulo, Edusp, 1994.

SENA, Coronel Davis Ribeiro de. "A guerra das caatingas". In: *Revista do Exército Brasileiro*, 3: 7-37, v. 127, jul.-set. 1990.

SENNA, Ernesto. *Deodoro: Subsídios para a história. Notas de um repórter*. Brasília, Ed. UnB, 1981.
——. *Rascunhos e perfis*. Brasília, Ed. UnB, 1983.
SENNA, Homero. *Uma voz contra a injustiça. Rui Barbosa e o caso Dreyfus*. Rio de Janeiro, Fund. Casa de Rui Barbosa, 1987.
SHAKESPEARE, William. *Hamlet*. Trad. de Millôr Fernandes. Porto Alegre: L&PM, 1999.
SHOUMATOFF, Alex. *The Rivers Amazon*. San Francisco, Sierra Club, 1986.
SILVA, Hélio. *1888: A República não esperou o amanhecer*. Rio de Janeiro, Civilização Brasileira, 1972.
SILVA, J. C. Brandão. "Favila Nunes. Repórter em Canudos". In: *Revista do Exército Brasileiro*, 2: 62-69, v. 128, abr.-jun. 1991.
SMITH, Anthony. *Explorers of the Amazon*. New York, Viking, 1990.
SODRÉ, Nélson Werneck. *História da imprensa no Brasil*. São Paulo, Martins Fontes, 1983.
——. *História militar do Brasil*. Rio de Janeiro, Civilização Brasileira, 1979.
STAROBINSKI, Jean. *1789: Les Emblèmes de la raison*. Paris, Flammarion, 1979. Trad.: *1789: Os emblemas da razão*. São Paulo, Companhia das Letras, 1988.
TAUNAY, Visconde de. *Pedro II*. São Paulo, Nacional, 1933.
TAVARES, Odorico. *Bahia: imagens da terra e do povo*. Rio de Janeiro, José Olympio, 1951.
TOLEDO, Benedito Lima de. *São Paulo: três cidades em um século*. São Paulo, Duas Cidades, 1983.
——. *Álbum iconográfico da avenida Paulista*. São Paulo, Ex Libris, 1987.
TUCÍDIDES. *History of the Peloponnesian War*. London, Cambridge, Harvard University Press, 1991. 4 v.
UNIVERSIDADE DO ESTADO DA BAHIA. *Arqueologia histórica de Canudos: Estudos preliminares*. Salvador, Uneb, 1996.
VARGAS, Milton. "A história da Poli, ou a ideia frustrada do ensino prático". In: *Folha de S.Paulo* (São Paulo), 15 ago. 1993, Especial A-2.
VASQUEZ, Pedro. *Fotógrafos pioneiros no Rio de Janeiro. Victor Frond, George Leuzinger, Marc Ferrez e Juan Gutierrez*. Rio de Janeiro, Dazibao, 1990.
VENANCIO FILHO, Alberto. *Francisco Venancio Filho e o movimento euclydianista*. Rio de Janeiro, 1989.
VENANCIO FILHO, Alberto (Org.). *Francisco Venancio Filho. Um educador brasileiro (1894-1994)*. Rio de Janeiro, Nova Fronteira, 1995.
VENTURA, Roberto. "Canudos como cidade iletrada". In: ABDALA JUNIOR, Benjamin; ALEXANDRE, Isabel M. M. (Orgs.). *Canudos: Palavra de Deus, sonho da terra*. São Paulo, Senac, Boitempo, 1997.

VIANA FILHO, Luiz. *A vida do barão do Rio Branco*. Rio de Janeiro, José Olympio, 1959.
VILLA, Marco Antonio. *Canudos. O campo em chamas*. São Paulo, Brasiliense, 1992.
——. *Canudos. O povo da terra*. São Paulo, Ática, 1995.
——. *A queda do Império: Os últimos momentos da Monarquia no Brasil*. São Paulo, Ática, 1996.
WAGLEY, Charles. *Uma comunidade amazônica. Estudo do homem nos trópicos*. São Paulo, Brasília, Nacional, INL, 1977.
WHITE, Hayden. "The Question of Narrative in Contemporary Historical Theory". In: _____. *The Content of the Form: Narrative Discourse and Historical Representation*. Baltimore; Londres: The Johns Hopkins University Press, 1987.
_____. *Metahistory: The Historical Imagination in Nineteenth-century Europe* (*1973*). Baltimore; Londres: The Johns Hopkins University Press, 1985.
ZILLY, Berthold. "Um depoimento brasileiro para a história universal: Traduzibilidade e atualidade de Euclides da Cunha". *Humboldt*, Bonn, v. 38, n. 72, pp. 8-12, 1996.
_____. "A guerra como painel e espetáculo: A história encenada em *Os sertões*". *História, Ciências, Saúde: Manguinhos*, Rio de Janeiro, v. 1, n. 1, pp. 13-37, 1997.

CRÉDITOS DAS IMAGENS DO CADERNO ICONOGRÁFICO

As fotos do Acervo Instituto Moreira Salles foram gentilmente cedidas por Antonio Fernando De Franceschi e Rinaldo Gama.

PÁGINA 1: *a.* Revista *Dom Casmurro.* Euclides da Cunha. Rio de Janeiro, maio de 1946. Número especial de aniversário. Acervo Roberto Ventura.
PÁGINA 2: *a* e *b.* Revista *Dom Casmurro.* Euclides da Cunha. Rio de Janeiro, maio de 1946. Número especial de aniversário. Acervo Roberto Ventura.
PÁGINA 3: *a.* Centro de Estudos e Pesquisas Euclidianas Dr. Oswaldo Galotti. Casa de Cultura Euclides da Cunha
b. Pontes, Eloy. *A vida dramática de Euclides da Cunha.* Rio de Janeiro: José Olympio, 1938. Acervo Roberto Ventura.
PÁGINA 4: *a.* Grêmio Euclides da Cunha. Reprodução Lucila Wroblenski.
PÁGINA 5: *a.* Centro de Estudos e Pesquisas Euclidianas Dr. Oswaldo Galotti. Casa de Cultura Euclides da Cunha. Reprodução Roberto Ventura.
b. Revista *Dom Casmurro.* Euclides da Cunha. Rio de Janeiro, maio de 1946. Número especial de aniversário. Acervo Roberto Ventura.
PÁGINA 6: *a.* Revista *Dom Casmurro.* Euclides da Cunha. Rio de Janeiro, maio de 1946. Número especial de aniversário. Acervo Roberto Ventura.
b. Foto de Marc Ferrez. Acervo Instituto Moreira Salles.
PÁGINA 7: *a.* Acervo Roberto Ventura.
b. Acervo Joel Bicalho Tostes. Reprodução Roberto Ventura.

                c. Revista *Dom Casmurro*. Euclides da Cunha. Rio de Janeiro, maio de 1946. Número especial de aniversário. Acervo Roberto Ventura.

PÁGINA 8: a. Centro de Estudos e Pesquisas Euclidianas Dr. Oswaldo Galotti. Casa de Cultura Euclides da Cunha. Reprodução Roberto Ventura.

                b. Revista *Dom Casmurro*. Euclides da Cunha. Rio de Janeiro, maio de 1946. Número especial de aniversário. Acervo Roberto Ventura.

PÁGINA 9: a. Foto de Benjamin Mullock. Coleção Gilberto Ferrez. Acervo Instituto Moreira Salles.

                b. Foto de Flávio de Barros. Arquivo Histórico do Museu da República.

PÁGINA 10: a. Arquivo Teodoro Sampaio do Instituto Geográfico e Histórico da Bahia.

                b. Davis Ribeiro de Sena. *Canudos: Campanha militar*. Ministério do Exército, 1997. Acervo Roberto Ventura.

                c. Agência Estado.

PÁGINA 11: a. Centro de Estudos Baianos/Coleção José Calasans. Reprodução Roberto Ventura.

                b. Grêmio Euclides da Cunha. Reprodução Roberto Ventura.

PÁGINA 12: a e b. Foto de Flávio de Barros. Arquivo Histórico do Museu da República.

PÁGINA 13: a e b. Foto de Flávio de Barros. Arquivo Histórico do Museu da República.

PÁGINA 14: a. www.presidencia.gov.br/historia.htm

                b. Guimarães, Carlos Eugênio de Andrade. *Artur Oscar: Um soldado do Império e da República*. Rio de Janeiro. Biblioteca do Exército. 1965.

                c. Foto de Flávio de Barros. Arquivo Histórico do Museu da República.

PÁGINA 15: a. Foto de Flávio de Barros. Arquivo Histórico do Museu da República.

PÁGINA 16: a. Pontes, Eloy. *A vida dramática de Euclides da Cunha*. Rio de Janeiro: José Olympio, 1938. Acervo Roberto Ventura.

                b. Foto de Arthur Silva. Casa de Cultura Euclides da Cunha.

                c. Davis Ribeiro de Sena. *Canudos: Campanha militar*. Ministério do Exército, 1997. Acervo Roberto Ventura.

PÁGINA 17: a e b. Arquivo Fotográfico Municipal de São José do Rio Pardo.

PÁGINA 18: *a.* Revista *Dom Casmurro*. Euclides da Cunha. Rio de Janeiro, maio de 1946. Número especial de aniversário. Acervo Roberto Ventura.
b. Centro de Estudos e Pesquisas Euclidianas Dr. Oswaldo Galotti. Casa de Cultura Euclides da Cunha.

PÁGINA 19: *a.* Grêmio Euclides da Cunha. Reprodução Roberto Ventura.

PÁGINA 20: *a.* Acervo da Fundação Biblioteca Nacional — Brasil.
b. Coleção Pedro Corrêa do Lago. Reprodução Roberto Ventura.

PÁGINA 21: *a.* Arquivo da Academia Brasileira de Letras. Reprodução Roberto Ventura.

PÁGINA 22: *a.* Centro de Estudos e Pesquisas Euclidianas Dr. Oswaldo Galotti. Casa de Cultura Euclides da Cunha. Reprodução Roberto Ventura.
b. Casa de Cultura Euclides da Cunha. Reprodução Roberto Ventura.

PÁGINA 23: *a.* Venâncio Filho, Francisco. *Euclides da Cunha a seus amigos*. São Paulo, Companhia Editora Nacional, 1938. Acervo Roberto Ventura.
b. Foto de Egas Chaves Florence. Arquivo do Itamaraty. Reprodução Roberto Ventura.

PÁGINA 24: *a.* Arquivo do Itamaraty. Reprodução Roberto Ventura.
b. Arquivo da Academia Brasileira de Letras. Reprodução Roberto Ventura.

PÁGINA 25: *a* e *c.* Revista *Dom Casmurro*. Euclides da Cunha. Rio de Janeiro, maio de 1946. Número especial de aniversário. Acervo Roberto Ventura.
b. Venâncio Filho, Francisco. *Euclides da Cunha a seus amigos*. São Paulo, Companhia Editora Nacional, 1938. Acervo Roberto Ventura.

PÁGINA 26: *a.* Revista *Dom Casmurro*. Euclides da Cunha. Rio de Janeiro, maio de 1946. Número especial de aniversário. Acervo Roberto Ventura.

PÁGINA 27: *a.* Arquivo da Academia Brasileira de Letras. Reprodução Roberto Ventura.
b. Agência Estado.
c. Venâncio Filho, Francisco. *Euclides da Cunha a seus amigos*. São Paulo, Companhia Editora Nacional, 1938. Acervo Roberto Ventura.

PÁGINA 28: *a* e *c.* Revista *Dom Casmurro*. Euclides da Cunha. Rio de Janeiro, maio de 1946. Número especial de aniversário. Acervo Roberto Ventura.
b. Arquivo Dirce de Assis Cavalcanti.

PÁGINA 29: *a.* Revista *Dom Casmurro.* Euclides da Cunha. Rio de Janeiro, maio de 1946. Número especial de aniversário. Acervo Roberto Ventura.

b e *c.* Revista *A Careta.* Acervo Roberto Ventura.

PÁGINA 30: *a.* Revista *A Careta.* Acervo Roberto Ventura.

b. Grêmio Euclides da Cunha. Reprodução Roberto Ventura.

PÁGINA 31: *a.* Casa de Cultura Euclides da Cunha. Reprodução Roberto Ventura.

b. Revista *Dom Casmurro.* Euclides da Cunha. Rio de Janeiro, maio de 1946. Número especial de aniversário. Acervo Roberto Ventura.

PÁGINA 32: *a.* Foto de Guimarães. Casa de Cultura Euclides da Cunha.

SOBRE OS ORGANIZADORES

MARIO CESAR CARVALHO é repórter especial da *Folha* e recebeu os seguintes prêmios de jornalismo: Ayrton Senna, Folha, Abril e do Parlamento Latino-Americano. Tem dois livros publicados: *O cigarro* (Publifolha) e *Carandiru — Registro geral* (Wide Publishing/A Revista).

JOSÉ CARLOS BARRETO DE SANTANA é professor titular do Departamento de Ciências Exatas da Universidade Estadual de Feira de Santana (UEFS), do qual é o atual diretor. Desenvolve pesquisa em história das ciências no Brasil na transição Império-República, é autor de *Ciência e arte: Euclides da Cunha e as ciências naturais* (Hucitec, 2001) e organizou o livro O *rio São Francisco e a Chapada Diamantina* (*Teodoro Sampaio*) da coleção Retratos do Brasil (Companhia das Letras, 2002).

1ª EDIÇÃO [2003]
2ª EDIÇÃO [2019]

ESTA OBRA FOI COMPOSTA PELA SPRESS EM NEW BASKERVILE E IMPRESSA PELA LIS GRÁFICA EM OFSETE SOBRE PAPEL PÓLEN SOFT DA SUZANO PAPEL E CELULOSE PARA A EDITORA SCHWARCZ EM JUNHO DE 2019

A marca FSC® é a garantia de que a madeira utilizada na fabricação do papel deste livro provém de florestas que foram gerenciadas de maneira ambientalmente correta, socialmente justa e economicamente viável, além de outras fontes de origem controlada.